# FUEGO SUBTERRÁNEO

**Historia del radicalismo de la
clase obrera en los Estados Unidos**

Sharon Smith

Título original: *Subterranean Fire*,
publicado en inglés por Haymarket Books, 2015.
© 2015 Sharon Smith

Ésta edición publicado en 2018 por:
Haymarket Books
P.O. Box 180165
Chicago, IL 60618
773-583-7884
www.haymarketbooks.org

ISBN: 978-1-60846-859-1

Está disponible información de Library of Congress Cataloging-in-Publication.

# FUEGO SUBTERRÁNEO

## Historia del radicalismo de la clase obrera en los Estados Unidos

Sharon Smith

*Traducción:*
Eduardo Gasca / Eva Sastre Forest

Haymarket Books
Chicago, IL

*a Kamal y Ahmed*

Pero si piensan que colgándonos acaban con el movimiento obrero —el movimiento del que esperan la salvación millones de oprimidos, los millones que trabajan afanosamente y viven en medio de la necesidad y la miseria, los esclavos asalariados— si es esa su opinión, ¡cuélguennos entonces! Aquí estarán apagando una chispa, pero ahí, y allá, y detrás de ustedes, y frente a ustedes, y por todas partes se alzarán las llamas. Es un fuego subterráneo. No pueden apagarlo. El suelo que pisan está ardiendo.

August Spies, mártir de Haymarket.
Palabras pronunciadas durante el juicio, 7 de octubre de 1886

Los hombres hacen su propia historia, pero no la hacen a su libre arbitrio, bajo circunstancias elegidas por ellos mismos, sino bajo aquellas circunstancias con que se encuentran directamente, que existen y les han sido legadas por el pasado.

Carlos Marx
*El dieciocho brumario de Luis Bonaparte*

# RECONOCIMIENTOS

He tenido la gran fortuna de verme rodeada de un increíble equipo de compañeros de trabajo y colaboradores en Chicago: Alan Maass, Marlene Martin, Paul D'Amato, Lance Selfa, Lee Sustar, Elizabeth Schulte, Nicole Colson, Joel Geier, David Whitehouse, Sherry Wolf, Bill Roberts, Eric Ruder, Adam Turl y Sarah Macaraeg. Este libro tiene una enorme deuda con los numerosos radicales y sindicalistas militantes que han dedicado sus vidas a la construcción de la lucha de clases en todos sus aspectos. Sus experiencias y su política nos señalan el camino hacia delante a todos los que hoy buscamos con urgencia una nueva senda para el movimiento de la clase trabajadora. En verdad nos apoyamos sobre hombros gigantes.

# NOTA EDITORIAL

Sharon Smith accedió muy amablemente a escribir una introducción para la edición en castellano en diciembre de 2013. Pero cuando leí su texto, consideré que más que una introducción para enmarcar la obra (para ello sirve el prólogo a la edición original), su escrito era una continuación del relato desde el punto en que lo dejó cuando terminó de escribir la obra en 2006, ya que la autora nos estaba describiendo algunas de las luchas acaecidas en los Estados Unidos entre 2006 y 2013. De modo que su introducción se ha convertido en el Apéndice final de este libro.

Eva Sastre Forest

# INTRODUCCIÓN

Los Estados Unidos están considerados no solo como la sociedad más rica del mundo actual, sino también como la más desigual de entre todas las naciones industrializadas avanzadas.[1] El nivel de pobreza de los norteamericanos más pobres, según el *Human Development Report 2005* de las Naciones Unidas, es comparable al de algunas regiones del Tercer Mundo.[2] La tasa de mortalidad infantil iguala a la de Malasia. Los afroamericanos que viven en Washington D.C., poseen un índice de mortalidad infantil más elevado que el de los habitantes del estado hindú de Kerala.[3] En todos los Estados Unidos las madres negras tienen el doble de probabilidades que las blancas de dar a luz hijos prematuros, y los niños negros tienen el doble de probabilidades de morir antes de cumplir su primer año.[4] Desde el año 2000, y tras veinte años de descenso, las tasas de pobreza en los Estados Unidos han aumentado considerablemente y han igualado a las de México, sobrepasando el 20% en 2005. Como promedio, un niño varón nacido dentro del 5% más rico de la población de los Estados Unidos vivirá un 25% más que un niño varón nacido dentro del 5% más pobre de la población.[5] Desde sus inicios, y a pesar de toda la retórica en sentido contrario, el capitalismo norteamericano ha dependido para su desarrollo de que existiera una enorme desigualdad social y de clase. Incluso en los periodos de auge económico en los que han aumentado los ingresos medios, una parte significativa de la clase trabajadora ha seguido viviendo en la pobreza extrema. Esa cruda realidad pudo ocultarse más fácilmente durante el *boom* económico que siguió a la Segunda Guerra Mundial, cuando los salarios de los obreros fabriles sindicados en los Estados Unidos eran los más altos del mundo. Sin embargo, cuando el *boom* de la posguerra se frenó a mediados de la década de los 70, los patronos norteamericanos

13

se unieron para lanzar un ataque sostenido que cambiara definitivamente el equilibrio de fuerzas de clase para decantarlo decisivamente a favor del capital, forzando un empeoramiento del nivel de vida de la clase trabajadora y destruyendo su capacidad de organización. Desde entonces, la desigualdad de clases se ha incrementado casi sin interrupción, tanto en los momentos de auge como en los de recesión, y hoy día ha alcanzado los niveles récord de los años 20, la década previa a la Gran Depresión.[6] En 1970, el ingreso real medio de los directores ejecutivos de las cien corporaciones más poderosas de los Estados Unidos era de 39 veces mayor que el salario del trabajador medio. En 2002 ya ganaban mil veces más que el trabajador medio.[7]

Como comentó Warren Buffett (el cuarto hombre más rico del mundo) en su carta anual a los accionistas de Berkshire Hathaway: "Si en Norteamérica se está librando una guerra de clases, mi clase es la clara vencedora".[8] Así que el desafío urgente que debe afrontar el movimiento de la clase trabajadora hoy día es cambiar el equilibrio de las fuerzas de clase. No hay duda de que en el siglo XXI la clase trabajadora está encarando una profunda crisis social, aunque esa crisis rara vez aparezca en los informativos o sea mencionada en el Congreso. Y para cambiar este estado de cosas debemos indagar sobre las raíces de esta crisis y tener una perspectiva histórica que nos permita señalar cuál es el camino a seguir.

Para el éxito del movimiento obrero, la organización sindical resulta, por supuesto, crucial. Pero los sindicatos jamás han representado a la mayoría de los trabajadores norteamericanos. La pertenencia a sindicatos llegó hasta el 35,5% de la fuerza obrera al acabar la Segunda Guerra Mundial.[9] Pero a partir de la década de los 80, la pertenencia a sindicatos no ha dejado de caer, y la fuerza de éstos se ha debilitado. En 2004 apenas un 12,5% de los trabajadores asalariados pertenecían a un sindicato, según las estadísticas del Bureau of Labor de los Estados Unidos. Y en el sector privado, el número de trabajadores sindicados en 2004 cayó al 7,9%, aproximadamente la mitad de los que había en 1983.[10] La intención de este libro es examinar por qué la pertenencia a sindicatos ha sido siempre proporcionalmente tan escasa y por qué en las recientes décadas ha decaído tanto. Es algo en lo que hay que pensar si se quiere construir un movimiento sindical más fuerte en el futuro.

Las huelgas y luchas que dieron lugar a la organización permanente de los trabajadores representan las mayores victorias del movimiento obrero. Sin embargo, también algunas grandes luchas que acabaron en derrota impactaron en el equilibrio de las fuerzas de clase. Para entender la dinámica de la lucha de clases en los Estados Unidos es importante contemplar tanto las victorias como las derrotas del movimiento obrero norteamericano. Igualmente, algunas organizaciones obreras cuya vida fue relativamente corta han tenido la misma importancia en la configuración del carácter del movimiento de la clase trabajadora que las que sobrevivieron y prosperaron. Los Caballeros del Trabajo, la organización sindical más poderosa en los años 80 del siglo XIX, se desvaneció como fuerza significativa a finales de la década de 1890. Los Trabajadores Industriales del Mundo (Industrial Workers of the World, IWW) ejercieron su mayor influencia durante las dos primeras décadas del siglo XX, aunque dejaron de ser una fuerza importante mucho antes del auge del Congreso de Organizaciones Industriales (Congress of Industrial Organizations, CIO) en los años 30. Pero tanto los Caballeros del Trabajo como el IWW desempeñaron un rol crucial durante periodos clave de la lucha de clases, enarbolando la causa del sindicalismo industrial y formando activistas que jugaron un importante papel en la organización de la siguiente generación de trabajadores. El Movimiento Sindical Revolucionario de Dodge (The Dodge Revolutionary Union Movement, DRUM), organización de trabajadores negros de la industria automotriz que nació de una huelga no autorizada en la planta Dodge de la General Motors en 1968, duró tan solo unos pocos años. Pero durante su breve existencia, DRUM demostró el potencial de los trabajadores afroamericanos para librar una poderosa lucha contra el racismo, al ganarse la solidaridad de un amplio estrato de sindicalistas blancos. Además, puesto que la raza y la clase están tan estrechamente entrelazadas en esta sociedad históricamente segregada, los movimientos contra el racismo han impactado profundamente en el curso de la lucha de clases, incluso cuando esta lucha se ha producido fuera del ámbito del movimiento obrero organizado. La batalla por la Reconstrucción que sobrevino tras la Guerra Civil configuró el carácter del movimiento obrero de las generaciones futuras. Las rebeliones urbanas que sacudieron las ciudades norteamericanas en los años 60 fueron luchas contra el racismo y la pobreza, y ayudaron a transformar el panorama político junto a los poderosos movimientos de los derechos civiles y el Poder Negro. La rebelión de Los Angeles en 1992 estalló como respuesta a la absolución de cuatro agentes de policía que habían sido grabados en vídeo mientras golpeaban al taxista negro Rodney King. Aquel desbordamiento de ira duró cuatro días y tan solo pudo ser reducido mediante la intervención de miles de efectivos de la Guardia Nacional y tropas federales, que tomaron la ciudad. Aquel episodio sacó a la luz y obligó a abordar temas como el racismo y la brutalidad policial.

## La mayoría de la clase trabajadora

El estereotipo de la clase trabajadora suele asociarse a un hombre blanco y *blue-collar* [*de cuello azul*, por el mono de trabajo]. En realidad, la clase trabajadora está conformada por trabajadores cualificados y no cualificados que trabajan en fábricas, lavanderías, restaurantes, escuelas, oficinas y plantas de explotación; aparceros, agricultores arrendatarios y trabajadores inmigrantes que trabajan en el campo; mujeres trabajadoras y esposas sin trabajo; o sea, está conformada por quienes tienen empleo y por los desempleados.

De hecho, según el economista Michael Zweig, los varones blancos ocupan una minoría –tan solo el 46%– del total de empleos propios de la clase trabajadora, las mujeres ocupan el 47,4% de esos empleos, y "la mayoría de la clase trabajadora está representada por negros e hispanos". Los afroamericanos constituyen el 10,7% de la fuerza laboral, aunque de éstos, tan solo el 12,6% ocupa empleos propios de la clase obrera. Por su parte, los latinos constituyen el 9,2% de la fuerza laboral, el 11,3% de los cuales realiza trabajos propios de la clase obrera.[11]

Así que Zweig estima que la clase trabajadora constituye aproximadamente el 62% de la población de los Estados Unidos, una clara mayoría. Pero probablemente subestima el porcentaje de trabajadores que hay realmente. Por un lado acierta al considerar como profesionales de clase media a quienes poseen algún grado de "independencia y autoridad" en el trabajo, una categoría que incluye a la mayoría de abogados, doctores e informáticos. Pero por otro, Zweig también incluye en la categoría "clase media" a los maestros de las escuelas públicas y a los profesores universitarios, a pesar de que los maestros han estado muy representados en el movimiento sindical desde hace décadas. Porque los maestros, al igual que las enfermeras y muchos trabajadores sociales, han venido experimentando en décadas recientes una progresiva descualificación de sus labores, antes consideradas profesionales, en favor de un proceso de trabajo cada vez más dirigido desde arriba. Como los médicos, que en un número cada vez mayor están empleados en empresas de seguros enfocadas al lucro y carecen de "independencia y autoridad" sobre sus decisiones médicas profesionales.[12]

Zweig reconoce que: "El Ministerio del Trabajo presenta un porcentaje mayor que el contemplado por mí de lo que podría considerarse clase trabajadora. El Ministerio señala que en 1996, el 82% de los 100 millones de trabajadores del sector privado no agrícola norteamericano ocupan empleos *non-supervisory* (asalariados sin cargos)".[13] Pero como las estadísticas del Ministerio del Trabajo incluyen a contables, doctores, abogados y otros profesionales privados, la cifra real de norteamericanos que conforman la clase trabajadora posiblemente resulte algo menor. Lo más probable es que la cifra real se ubique en algún punto entre la estimada por Zweig y la del Ministerio del Trabajo, y ascienda a más del 70% de la población de los Estados Unidos, o sea la inmensa mayoría.

La lucha de la clase trabajadora solo ha avanzado cuando se ha construido una solidaridad capaz de unir a los trabajadores en un movimiento de clase amplio. Los textos históricos suelen ocultar los ejemplos de esa solidaridad, e incluso la historia reciente del movimiento obrero suele minimizar o ignorar su importancia. El presente estudio dedica un espacio considerable a los momentos relevantes en que se produjo esta unidad de clase, puesto que comprendiendo cómo superaron las divisiones en el pasado se podrá trazar el rumbo de la solidaridad futura.

Analizar la historia de la clase trabajadora en toda su complejidad también comporta desafiar los mitos existentes en torno a la composición genérica y racial del movimiento obrero y de la clase trabajadora norteamericana en su totalidad.

Los trabajadores blancos, varones y cualificados estaban bien representados dentro de la jerarquía de oficios cualificados que dominaban la Federación Americana del Trabajo (American Federation of Labor, AFL). Pero los Caballeros del Trabajo, el IWW y otras organizaciones obreras y políticas acogieron a los trabajadores no cualificados –negros, inmigrantes y mujeres– y lideraron algunas de las batallas de clase más importantes de la historia norteamericana, mucho antes de que en los años 30 el CIO (Congress of Industrial Organizations) acabase con el exclusivismo del sindicalismo gremial.

Los historiadores del movimiento obrero han solido minimizar o ignorar el papel de las mujeres de la clase trabajadora en la lucha de clases. Hasta los años 60, la inmensa mayoría de los sindicatos no había hecho ningún esfuerzo organizativo en los ámbitos laborales dominados por mujeres. Pero a aquellos que piensen que las mujeres han sido espectadoras pasivas del movimiento obrero les sorprenderá saber el papel heroico que jugaron en las huelgas. Porque durante los momentos más álgidos de la lucha de clases, las huelgas arrastraron a la batalla a familias enteras, dentro y fuera de los piquetes.

En el caso de la minería del carbón, por ejemplo, las mujeres rara vez eran empleadas como mineras, pero combatieron solidariamente con sus maridos, hermanos e hijos en algunas de las confrontaciones más enconadas y violentas de la historia. No es casualidad que Madre Jones, la carismática mujer que viajó a través del país apoyando a los mineros en huelga hace aproximadamente un siglo, sea una de las figuras más legendarias de la historia de la clase trabajadora.

Normalmente, en cuanto se iniciaba una huelga las empresas mineras desalojaban a los obreros y a sus familias de las viviendas de la compañía, obligando a comunidades enteras a quedarse sin techo durante las semanas o meses que durase el conflicto. Entonces las familias huelguistas construían colonias con tiendas de campaña, a ser posible cerca de la entrada de la mina, en donde familias enteras se agrupaban para impedir el paso a los esquiroles. En la tristemente célebre huelga de Ludlow, Colorado, en 1913, las mujeres no se limitaron a organizar los campamentos para dar alimento y refugio a los 10.000 mineros en huelga y a sus familias, sino que también se unieron a los piquetes y organizaron la solidaridad internacional.[14]

Siempre que se les brindó la oportunidad, las mujeres trabajadoras mostraron su voluntad de luchar por sus derechos como mujeres desde dentro del movimiento sindical. Y aunque fueron muy pocos los casos, representaron un poderoso desafío a los estereotipos de género de la época. Por poner un ejemplo, entre los delegados que asistieron a la convención del sindicato de caldereros del estado de Washington en junio de 1919, las mujeres, según un reportero que estaba presente, "destacaban especialmente", y cuando escucharon una moción que proponía negar el empleo a las mujeres casadas, "la combatieron hasta echarla atrás".[15]

## Política y lucha

Quienes centren su foco únicamente en las maquinaciones del aparato sindical oficial puede que caigan en el error de subestimar el potencial de sus bases. En cuanto al incremento del número de miembros de un sindicato, nunca se ha producido de forma lineal y continua, sino que se ha concentrado en periodos relativamente breves de agitación social. Como señalaba el historiador socialista Bert Cochran en 1959:

> El crecimiento sindical a gran escala nunca se produce como un fenómeno aislado de los grandes acontecimientos sociales, sino que constituye un componente más dentro de una oleada de lucha generalizada (...) Si establecemos la década de los 80 del siglo XIX como el inicio del movimiento sindical moderno y examinamos las cifras desde esa fecha hasta el presente, el resultado es asombroso: *el crecimiento de los sindicatos norteamericanos ocurrió en cinco breves estallidos, concentrados en cinco periodos de tiempo relativamente cortos y siempre con el trasfondo de grandes convulsiones sociales ocasionadas por la depresión o la guerra.*[16]

Esos estallidos de lucha, y las estrategias que compitieron por liderar la lucha de clases en cada una de esas épocas, constituyen uno de los intereses centrales de este libro.

Este es el cuadro de los cinco periodos señalados por Cochran:

CUADRO DE LOS PERIODOS DE RÁPIDO CRECIMIENTO SINDICAL[17]

| Periodo | Años | Cantidad de años | Crecimiento aprox. del nº de miembros |
|---------|------|------------------|----------------------------------------|
| I | 1884-86 | 3 | de 110.000 a 950.000 |
| II | 1897-1903 | 7 | de 447.000 a 1.914.000 |
| III | 1917-20 | 4 | de 3.061.000 a 5.048.000 |
| IV | 1934-38 | 5 | de 3.609.000 a 8.000.000 |
| V | 1940-43 | 4 | de 8.500.000 a 13.500.000 |

Cuando Cochran escribió esto, el número de trabajadores sindicados ya había iniciado un sostenido descenso –del que por cierto aún no se ha recuperado. Uno de los argumentos claves del presente libro es que dicho declive en el número de personas afiliadas a los sindicatos coincidió con una caída dramática del radicalismo de la clase trabajadora como consecuencia directa de la caza de brujas anticomunista de los años 40 y 50 del pasado siglo, en la época conocida como el "macartismo" (así bautizada en alusión a su más ferviente propulsor, el senador Joseph McCarthy). La caza de brujas, promovida desde las más altas instancias del gobierno, expurgó a los radicales del movimiento sindical, arrancando de raíz y para siempre las tradiciones radicales de su base histórica.

A partir de entonces, los nuevos dirigentes de la clase trabajadora se sintieron liberados de la presión de los radicales y empezaron a seguir una estrategia basada en la colaboración y en tratar de evitar los conflictos de clase. Y eso es lo que han hecho en los últimos sesenta años. Aunque esa estrategia ha probado ser desastrosa para el movimiento sindical y la clase trabajadora en general.

## Radicalismo de la clase trabajadora

El radicalismo no es un fenómeno ajeno a Norteamérica, como muchos parecen haber asumido en décadas recientes. Lo cierto es que la lucha por la abolición de la esclavitud y la posterior batalla por la Reconstrucción fueron movimientos *radicales* absolutamente decisivos para el futuro del movimiento de la clase trabajadora, tanto del Norte como del Sur. El fin de la esclavitud fue una victoria gracias a la cual se abrió la posibilidad de crear un movimiento obrero multirracial. Pero la derrota de la Reconstrucción representó el triunfo del racismo moderno, que desde entonces ha sido el obstáculo fundamental para la unidad de la clase trabajadora. El hecho de que exista una fuerza laboral con bajos salarios y no sindicada en el Sur compitiendo con los trabajadores del

Norte, ha configurado el carácter de todo el movimiento de la clase trabajadora, al conferir a los patronos sureños una ventaja inicial respecto a los patronos del Norte, que pagan a sus trabajadores salarios más altos.

Los momentos clave de la lucha de clases siempre han tenido un fuerte componente radical, y siempre que el movimiento obrero ha avanzado y ha aumentado su confianza, los políticos radicales han visto incrementar su influencia entre los trabajadores.

Hasta la era McCarthy, los debates políticos se daban *dentro* del movimiento obrero casi en cualquier momento, y de hecho, en distintas coyunturas históricas, el papel de los anarquistas y los socialistas fue clave para hacer avanzar el movimiento sindical. Los estudios sobre los años en que se conformó el movimiento sindical aportan una percepción extraordinaria sobre las turbulentas dinámicas que había tanto dentro como fuera de la federación gremial AFL incluso muchas décadas antes de que el dominio del sindicalismo gremial diera paso a la organización industrial de masas en los años 30.

La primera "Gran Revuelta" del movimiento obrero durante los años 80 del siglo XIX (cuando los Caballeros del Trabajo crecieron de 60.000 a 700.000 miembros entre 1884 y 1886) fue, según el historiador John R. Commons, un movimiento que "desde cualquier punto de vista, adoptó las formas y el cariz de una guerra social. El odio visceral que sentía el movimiento obrero por el capital era evidente en cada huelga".[18]

Durante ese periodo, el movimiento obrero redobló sus esfuerzos a lo largo y ancho del país. Una de sus acciones fue respaldar sindicalmente la campaña electoral por la alcaldía de Nueva York del independiente Henry George en 1886. El día de las elecciones estuvo marcado por un fraude masivo en la votación. Según el historiador Eric Chester, "en ciertos centros de votación, bandas de alborotadores, con la complicidad de la policía, se encargaban de que solo pudiesen depositar sus papeletas electorales los votantes del Partido Demócrata (...) Llenaron las urnas con papeletas falsas y arrojaron al East River las que contenían votos a favor de Henry George". Aún así, George recibió 68.000 votos, un tercio del total.[19]

Los anarquistas de Chicago August Spies y Albert Parsons, dos de los fundadores de la Asociación Internacional del Pueblo Trabajador (International Working People's Association, IWPA) contribuyeron a dirigir la huelga de 1886 en demanda de la jornada de ocho horas, y pagaron con sus vidas ese liderazgo. El manifiesto fundacional de la organización, publicado en 1883, sentaba cuáles eran sus objetivos fundamentales, como recuerda el historiador Paul Avrich:

PRIMERO: Destrucción del dominio de clase existente y por todos los medios, es decir, mediante una acción enérgica, inexorable, revolucionaria e internacional.

SEGUNDO: Establecimiento de una sociedad libre basada en la organización cooperativa de la producción.

TERCERO: Libre intercambio de productos equiparables entre las organizaciones productivas sin mediar comercio ni afán de lucro.

CUARTO: Organización de la educación sobre una base laica, científica e igual para ambos sexos.

QUINTO: Igualdad de derechos para todos sin distinción de sexo o raza.

SEXTO: Regulación de todos los asuntos públicos mediante contratos libres entre las comunas y asociaciones autónomas (independientes), sobre una base federalista.[20]

El manifiesto anarquista concluía con la famosa frase de Marx: "¡Trabajadores de todos los países, uníos! ¡No tenéis nada que perder salvo vuestras cadenas, y sí en cambio un mundo que ganar!"[21] Durante ese periodo de formación, a menudo se superponían elementos del marxismo, el socialismo reformista y el "socialismo revolucionario" de los sindicalistas anarquistas, lo que refleja la fluidez política y la intensidad de los debates que se dieron entre los obreros radicales a finales del siglo XIX.

El siglo XX trajo consigo la consolidación de la AFL, el surgimiento del IWW anarco-sindicalista y la fundación del Partido Socialista. A comienzos de siglo, como explica el historiador David Montgomery en *The Fall of the House of Labor* (*La caída de la casa del Trabajo*), "los socialistas, los demócratas y los independientes competían eficazmente entre ellos por conseguir los votos de los trabajadores que deseaban un nuevo régimen político". Por ejemplo, en un estudio electoral que se hizo en tres ciudades mineras de Pensilvania en 1910 se vio que los votos socialistas casi doblaban a los demócratas y casi igualaban a los republicanos.[22]

El siglo XX también fue testigo de un nuevo repunte de la lucha de clases. El recrudecimiento de la lucha de la clase trabajadora de 1917-20 se debió tanto a la amplia reacción que hubo contra una guerra mundial del todo impopular, como al triunfo de la Revolución Rusa en 1917, que extendió por todo el mundo la idea de que era posible un gobierno de la clase trabajadora. Montgomery señala: "La aparición de consejos de trabajadores en Rusia y Alemania, e incluso en las cremerías de Limerick en Irlanda, causó un profundo impacto en la conciencia de los trabajadores norteamericanos: en 1919, 'consejo' y 'delegado' eran palabras con resonancias revolucionarias, similares a las que tuvieron los términos 'convención' y 'ciudadano' en 1789".[23]

La radicalización que siguió a la Revolución Rusa implicó a toda una generación de trabajadores, muchos de ellos veteranos del Partido Socialista y del IWW, muchos de los cuales jugaron —desde posiciones comunistas, socialistas o trotskistas— un papel destacado en la época más importante de la lucha de clases en la historia de los Estados Unidos: la Gran Depresión. La insurgencia del movimiento obrero en los años 30 fue una revuelta contra el desempleo y la pobreza masivos causados por la depresión económica. La década de la Depresión no tiene parangón alguno en cuanto al tamaño y el alcance de la radicalización de la clase trabajadora, que obtuvo victorias sin precedentes para el movimiento obrero organizado. La militancia del Partido Comunista se disparó a decenas de miles de personas, al tiempo que los socialistas, los comunistas y otros radicales se alzaron como líderes de masas en las huelgas más cruciales. Este punto álgido de la lucha de clases brinda lecciones únicas sobre la dinámica existente entre lucha y radicalización, y desafía directamente la idea de que los trabajadores estadounidenses son por naturaleza demasiado conservadores como para abrazar ideas radicales.

El último periodo de crecimiento sindical señalado por Cochran fue entre 1940 y 1943, durante la Segunda Guerra Mundial. Aunque la guerra estuvo acompañada por una ola masiva de huelgas, el carácter político de este periodo fue muy diferente al de épocas anteriores. La oposición a la guerra por parte de la izquierda se vio empequeñecida por el apoyo entusiasta del Partido Comunista a los esfuerzos bélicos de los Estados Unidos. Y también jugó en contra del movimiento sindical la prohibición de hacer huelgas en tiempo de guerra. Esa fue la época en que se cimentó la alianza entre los líderes sindicales y los objetivos globales del imperialismo norteamericano, que dura ya más de seis décadas, y también fue la época en que se crearon las condiciones para el posterior triunfo del macartismo y la consiguiente persecución de los sindicalistas de izquierda a lo largo de toda la posguerra.

La lucha de clases vivió otra etapa de florecimiento entre 1967 y 1974, en el contexto de una gran revuelta social contra la guerra de Vietnam, el racismo y otras injusticias. Esas luchas repercutieron hondamente en la clase trabajadora: se hicieron huelgas no autorizadas, se lograron importantes avances para la sindicalización del sector público, y surgieron una serie de movimientos sindicales de base dentro de las grandes industrias. Pero aun con todo, los sindicatos no pudieron impedir que los patronos reanudaran su ofensiva contra los trabajadores, estrategia que han seguido de forma ininterrumpida hasta hoy.

Para aquellos que están interesados en el potencial que podría revitalizar el movimiento sindical actual, es tan importante conocer los resultados conseguidos por la clase obrera en el pasado, como los debates y las luchas políticas que mantuvieron. En esencia, el resultado rara vez nos lleva a una conclusión cerrada o inevitable, y suele implicar una batalla sobre estrategias a menudo configuradas por políticas que compiten entre sí. Pero al movimiento de la clase trabajadora no le favorece evitar esos debates, como se ha venido haciendo desde el macartismo, sino más bien al contrario, le conviene saludar los puntos de vista radicales para discutirlos a fondo.

Este es el espíritu de los argumentos –abiertamente inspirados en el marxismo– que encontrarán en este libro.

Sharon Smith, enero de 2006

# PARTE I

# La lucha de clases en
# "La Tierra de la Oportunidad"
# 1865-1930

## CAPÍTULO UNO

# ¿SON DIFERENTES LOS TRABAJADORES NORTEAMERICANOS?

El año 1886 estuvo marcado en los Estados Unidos por la masiva huelga política de más de 300.000 trabajadores –40.000 tan solo en Chicago– para exigir la jornada laboral de ocho horas. El Sindicato del Trabajo de Chicago, de dirección anarquista, hizo un llamamiento a todos los trabajadores asalariados sobre la necesidad de procurarse armas antes del comienzo de la huelga por las ocho horas propuestas, "a fin de estar en posición de enfrentar a nuestro enemigo con su propio argumento: la fuerza".[1] Durante ese tumultuoso periodo, los titulares de prensa de toda la nación expresaban la alarma de los líderes empresariales, preguntándose: "¿Es la Revolución?"[2] La lucha culminó con una masacre policial el día 4 de mayo* en Haymarket Square, Chicago, y con el juicio y ejecución de cuatro de los dirigentes del movimiento, entre ellos August Spies y Albert Parsons.

El alcance y la violencia de la huelga de 1886 convencieron al colaborador de Carlos Marx, Friedrich Engels, de que la rápida industrialización estaba generando una conciencia de clase a escala masiva. Como le escribió a Florence Kelley Wischnewetsky, "la clase trabajadora norteamericana se está moviendo, no hay duda. Y después de algunas salidas en falso, muy pronto estará en el buen camino. Considero que esta apa-

---

* Que luego daría lugar al 1º de Mayo o May Day como fiesta internacional de la clase trabajadora. Aunque algunos países, como EEUU, la transformaron en el Labor Day, celebrado el primer lunes de septiembre. (N. de la T.)

rición en escena de los norteamericanos es uno de los mayores acontecimientos del año".[3] Sin duda, Engels sabía que el camino hacia un partido independiente de los trabajadores no sería fácil. En 1893 escribió una carta al socialista alemán Adolph Sorge en la que le decía: "No se puede negar que las condiciones que hay en Norteamérica implican dificultades muy grandes y peculiares para el desarrollo sostenido de un partido de los trabajadores".[4] Pero Engels siguió confiando hasta el fin de su vida en que los trabajadores de los Estados Unidos lograrían formar, como en todas partes, un partido político independiente.

Más de un siglo después, sin embargo, los trabajadores de los Estados Unidos siguen sin tener ningún partido político independiente de los demócratas y republicanos, respaldados por las grandes corporaciones. En este sentido, la clase trabajadora norteamericana no ha seguido el mismo camino que los movimientos obreros de la mayoría de los demás países industrializados, que han desarrollado y sostenido partidos laboristas o socialdemócratas. Pero al mismo tiempo, los trabajadores de los Estados Unidos han mostrado históricamente una enorme capacidad para enfrentarse a sus patronos. En los cincuenta años que siguieron a la Guerra Civil, el periodo formativo del movimiento sindical vivió en medio de grandes *booms* económicos y repentinas depresiones, así como dramáticos altibajos de la lucha de clases.

Entre 1881 (el primer año del que se dispone de cifras fiables) y 1905, 7,5 millones de trabajadores tomaron parte en un total de 38.303 huelgas a lo largo de los Estados Unidos. En ese mismo periodo fueron asesinados 198 huelguistas o simpatizantes, hubo 1.966 heridos y 6.114 fueron arrestados.[5] Durante más de un siglo la lucha de clases se ajustó a un patrón de periodos (a veces prolongados) de calma, interrumpidos por enormes explosiones de lucha. Con mucha frecuencia esos periodos de calma, lejos de representar una armonía entre las clases, fueron testigo de dramáticos reveses para el movimiento obrero. Los años de encono reprimido e ira clasista daban paso a masivas erupciones de lucha, que podrían describirse con las palabras del historiador inglés E.J. Hobsbawm como la versión norteamericana de "la negociación colectiva mediante la sublevación".[6] El historiador Jeremy Brecher describió así la huelga del ferrocarril Southwestern en 1886: "La respuesta normal de los trabajadores a los intentos [de los patronos] de romper la huelga era 'matar' las máquinas. Esto se hacía apagando el fuego de la máquina, dejando salir el agua, desconectando los cables y destruyendo parte del mecanismo".[7] El revolucionario ruso León Trotsky destacó la extraordinaria militancia de los trabajadores norteamericanos en su artículo de 1934 "Si Norteamérica se hiciera comunista":

> El temperamento norteamericano es enérgico y violento, y antes de que el comunismo pueda establecerse sólidamente, insistirá en romper un buen número de fruteros y echar todas las manzanas por tierra. Los norteamericanos son gente entusiasta y buenos deportistas más que especialistas y estadistas, y contravendría su tradición realizar cambios de importancia sin tomar partido y sin romper cabezas.[8]

La asombrosa combatividad de los trabajadores norteamericanos ha coexistido siempre con su débil tradición política. Aunque la masacre de Haymarket en Chicago contribuyó para que el Primero de Mayo se estableciese como un día de celebración para los trabajadores de todo el mundo, esa fiesta sigue sin celebrarse en los Estados Unidos. Lo cierto es que muchos sindicalistas jamás han oído hablar del Primero de Mayo, ni saben que su origen está en la lucha de los trabajadores norteamericanos por la jornada de ocho horas. Lo mismo ocurre con el 8 de marzo, que conmemora la huelga de los trabajadores de la industria del vestido de Nueva York (la mayoría inmigrantes y mujeres) en 1909. Esa huelga inspiró el establecimiento del 8 de marzo como el Día Internacional de la Mujer Trabajadora, una fiesta que se celebra en todo el mundo.[9] Pero al igual que el Primero de Mayo, el Día Internacional de la Mujer continúa formando parte de la historia oculta del movimiento obrero, y es desconocida por la inmensa mayoría de los trabajadores norteamericanos.

## El mito del "excepcionalismo norteamericano"

Los patronos de los Estados Unidos han sido siempre muy conscientes de que la promesa de prosperidad podría resultar un arma útil en la lucha de clases, una zanahoria alternativa al palo de la represión que tan a menudo esgrimen. Como advertía en 1926 Julius Rosenwald, el fundador de la firma antisindicalista Shefferman: "No piensen que todo lo que hacemos por nuestros empleados, en el sentido de compartir los beneficios, permitirles adquirir acciones, proporcionarles comida barata, atención médica, áreas de esparcimiento, vacaciones y demás, se hace por motivos filantrópicos. En absoluto. Lo que hacemos por ellos es porque pensamos que nos es provechoso, que es un buen negocio".[10]

Muchas teorías ha aseverado que fue la promesa de la "movilidad ascendente"* la que incapacitó a la clase trabajadora norteamericana para adquirir una auténtica conciencia de clase. Y mucho más aún para implicarse en un movimiento global por el socialismo. Si agrupamos esas teorías, todas caerían en la categoría de lo que ha llegado a conocerse como "el excepcionalismo norteamericano". Las teorías del excepcionalismo norteamericano han recorrido mucho mundo desde los días en los que a los inmigrantes se les animaba a irse a Norteamérica con el cuento de que las calles estaban pavimentadas con oro y con declaraciones como que en "la tierra de la oportunidad" cualquiera podía llegar a hacerse rico. En 1831, el historiador y sociólogo francés Alexis de Tocqueville se maravillaba ante la "democracia" que había visto en los Estados Unidos, sobre todo comparándola con la existencia de la nobleza

* La movilidad de clases que haría progresar y prosperar a la Nación. Aquello de que cualquiera puede ascender en la escala social. (N. de la T.)

terrateniente en Europa. "La posición de los norteamericanos es del todo excepcional", comentó, "y puede creerse que ningún pueblo democrático vuelva a verse nunca más en una situación como esta".[11] Los defensores del excepcionalismo norteamericano citan con frecuencia los entusiastas comentarios de Alexis de Tocqueville.

Sin embargo su entusiasmo se vio amortiguado por la profunda desigualdad de clases observada en los Estados Unidos, donde hay "algunos hombres que son muy opulentos y una multitud que son miserablemente pobres". De Tocqueville expresó sus reservas diciendo que "la aristocracia fabril que está creciendo ante nuestros ojos es una de las más rudas que hayan existido jamás en el mundo".[12]

Quienes intentan probar que la sociedad norteamericana logró adquirir una conciencia de clase trabajadora suelen desconocer la pérdida de entusiasmo de De Tocqueville hacia la clase fabril en crecimiento.[13] Su visión aporta una percepción sobre los límites de la "democracia" y de la "movilidad de clases" en la sociedad norteamericana en el siglo XIX. Como argumentaban los editores Rick Halpern y Jonathan Morris en *¿Excepcionalismo norteamericano? La formación de la clase trabajadora norteamericana en el contexto internacional*, el enfoque que orienta la mayoría de las teorías del excepcionalismo norteamericano es problemático porque "la clave de la diferencia norteamericana no es la presencia sino la ausencia":

> La falta del nivel suficiente de "conciencia de clase", que la incapacitaba para crear un partido obrero, hace comprensibles tanto la relativa debilidad del sindicalismo de comienzos del siglo XX en los Estados Unidos como el dominio sin oposición de los dos grandes partidos. Por supuesto, dicho marco imposibilita cualquier tipo de investigaciones que resulten interesantes o importantes sobre las políticas de la clase trabajadora, el radicalismo, la organización y sus actividades. (...) Y aunque los defensores del excepcionalismo no hallaron ninguna evidencia de que

existiera un conflicto de clases, los historiadores del movimiento obrero iban a desvelar una historia de luchas que rivalizaría con la de cualquier proletariado europeo.[14]

Lo cierto es que las luchas masivas que sacudieron a la sociedad norteamericana en la segunda mitad del siglo XIX ponían al descubierto el brutal punto vulnerable de la democracia "única" norteamericana y la naturaleza explosiva del conflicto de clases. Como sostiene el historiador Neville Kirk: "En los años inmediatamente posteriores a la Guerra Civil, el Norte vio cómo revivía un movimiento obrero comprometido con el principio de la política obrera independiente. En el Sur, los deseos de los negros libres (...) de controlar su trabajo y la propiedad de la tierra contradecían de lleno las expectativas burguesas de que la libertad de los negros equivaldría a la libertad de ganar un salario y vender su fuerza de trabajo a los patronos capitalistas".[15] Las violentas batallas de ese periodo, escribe Kirk, mostraron "lo muy poco consensual, neutral y pluralista que eran el estado liberal norteamericano y el bloque dominante: había que garantizar a toda costa la acumulación del capital y el 'derecho' de los patronos a la supremacía absoluta en el ámbito del trabajo".[16]

A pesar de lo dicho, algunos temas del excepcionalismo merecen consideración y pueden ayudar a entender el carácter de la conciencia de clase durante los años de formación del movimiento sindical.[17]

Primero, como sostenía De Tocqueville, el carácter de la sociedad norteamericana era diferente del europeo porque los Estados Unidos carecían de un pasado feudal, y por consiguiente de aristocracia terrateniente. Al contrario de lo que había sucedido con la democracia burguesa europea, la Revolución Norteamericana concedió el sufragio universal (aunque solo para los varones blancos) desde un principio. Y aunque se negó el voto a las mujeres, y a la población negra no se le dio derecho de ciudadanía alguno, los trabajadores norteamericanos carecían del ímpetu de clase como para formar movimientos de trabajadores independientes que tuviesen el instinto de luchar por derechos democráticos.

En segundo lugar, para una minoría significativa de los trabajadores la "movilidad de clase ascendente" resultaba una posibilidad. La industria de los Estados Unidos se expandió rápidamente en las décadas posteriores a la Guerra Civil. En 1860, la producción norteamericana de hierro y acero era de una quinta parte respecto a la inglesa. Pero a finales de siglo Estados Unidos ya era el mayor productor de acero del mundo.[18] A pesar de las brutales condiciones de trabajo, los trabajadores podían aspirar a ocupar cargos dentro de la empresa e incluso a tener intereses en la misma. Además, tras la Guerra Civil el gobierno de los Estados Unidos concedió la propiedad de la tierra a todo aquel que se estableciese en tierras de propiedad gubernamental, lo cual abrió las puertas para que se produjese una masiva migración hacia el Oeste. La migración a la frontera del Oeste contribuyó a desplazar a muchos trabajadores que de otro modo se hubiesen quedado a luchar por mejorar sus condiciones de vida.

En tercer lugar, estaban los inmigrantes, que constituyeron una parte muy importante de la clase trabajadora de los Estados Unidos, pero a los que separaban diferencias idiomáticas y culturales en medio de una sociedad ya dividida racial y étnicamente. Más aún, muchos inmigrantes eran solamente "proletarios temporales", que podían moverse hacia el Oeste, quedarse y aspirar a ascender en la escala social o regresar a casa. Por consiguiente, no podían constituir por sí solos la base para el desarrollo de un movimiento de la clase trabajadora permanente.

Tomados en conjunto, los aspectos que acabamos de describir pueden ayudar a explicar por qué una parte sustancial de los trabajadores buscaron soluciones individuales y no colectivas durante la segunda mitad del siglo XIX. Pero tampoco hay que exagerar la importancia de estos factores. Esas teorías describen aspectos temporales, no permanentes, de la sociedad norteamericana. Es cierto que dichos factores dificultaron que los trabajadores norteamericanos desarrollasen organizaciones de clase, pero solo hasta las primeras décadas del siglo XX. Ya en 1886, Engels previó que esos factores irían desapareciendo como obstáculos para la conciencia de clase:

> Hubo dos circunstancias que impidieron durante mucho tiempo que las inevitables consecuencias del sistema capitalista se mostrasen a plena luz del día en Norteamérica. Estas fueron el fácil acceso a la propiedad de la tierra y la afluencia de la inmigración. Durante muchos años, ambas permitieron que una gran masa de la población nativa norteamericana "se retirara" del trabajo asalariado en cuanto alcanzaba la edad adulta para convertirse en granjeros, comerciantes o patronos, mientras que el duro trabajo asalariado, propiamente proletario, recaía sobre todo en los inmigrantes. Pero Norteamérica ha superado esa etapa inicial. El inagotable espacio salvaje ha desaparecido y las ilimitadas praderas pasan cada vez más rápidamente de manos de la Nación y los Estados a manos de propietarios privados. La gran válvula de seguridad que podía evitar la formación de una clase proletaria permanente prácticamente ha dejado de funcionar. Hoy día en Norteamérica ya existe una clase –e incluso una herencia– proletaria de largo cuño.[19]

En los albores del siglo XX ya no quedaba en el Oeste frontera alguna que conquistar. Y aunque el capitalismo continuó expandiéndose en estos primeros años del nuevo siglo, los patronos optaron por elevar la productividad del trabajo en vez de recurrir a una fuerza laboral más abundante. Así que en los años 20 la inmigración pasó a sufrir un severo control –que duraría varias décadas– y la "movilidad ascendente" dejó de ser una posibilidad para la inmensa mayoría de los trabajadores. Si en el siglo XIX no existía el potencial para desarrollar una organización de masas de la clase trabajadora, en el siglo XX fue todo lo contrario. Como sostuvo el socialista inglés Duncan Hallas: "Todos los factores especiales que operaron en los Estados Unidos hasta 1900 ó 1929, dejaron de ser tan decisivos. Así que a partir de ese momento, la presencia o ausencia de un movimiento obrero político ha de juzgarse por acontecimientos y luchas específicos".[20]

## Prosperidad y conciencia de clase

La idea más persistente de los teóricos del excepcionalismo se basa en la creencia de que es la propia prosperidad la que ha impedido que haya una conciencia de clase en los Estados Unidos. Los defensores más acérrimos de esa idea no han sido los exaltados defensores del *status quo*, sino académicos "expertos" en el terreno de la sociología. En 1906, el sociólogo Wamer Sombart ya declaró que la clase trabajadora de los Estados Unidos se había dejado enamorar demasiado por el capitalismo como para construir un movimiento socialista. En su libro *¿Por qué no hay socialismo en los Estados Unidos?* Sombart afirmaba que los Estados Unidos eran "la tierra prometida del capitalismo", en cuyos "arrecifes de rosbif y tarta de manzana se estrellan y hunden las utopías socialistas (...)".[21] Al tiempo que Sombart llegaba a esta conclusión, millones de trabajadores vivían hacinados en barriadas y chabolas urbanas por todo el país, apenas podían permitirse una comida decente, y la guerra entre clases rugía por todas partes desde hacía tiempo en "la tierra de la oportunidad". En efecto, en 1903 David M. Parry, presidente de la Asociación Nacional de Fabricantes (National Association of Manufacturers, NAM) arremetía contra "el actual programa de violencia, boicoteo y tiranía que están siguiendo la mayoría de los sindicatos", y llamaba a combatir cualquier "legislación de naturaleza socialista".[22] Más aún, aunque el salario medio era mayor en los Estados Unidos que en Europa, la brecha entre los salarios de los trabajadores cualificados y los no cualificados era más grande.[23]

Las teorías del excepcionalismo norteamericano volvieron a ganar popularidad durante el prolongado *boom* económico que siguió a la Segunda Guerra Mundial, cuando más de dos décadas de prosperidad sin precedentes adormecieron temporalmente, a la sombra del "Sueño Americano", la conciencia de clase de los trabajadores. El sociólogo Daniel Bell proclamó su famoso "fin de la ideología" en 1960, añadiendo más tarde: "La abundancia (...) fue el sustituto norteamericano del socialismo".[24] En 1973 el sociólogo Benjamin S. Kleinberg sostenía que los intereses de los trabajadores norteamericanos coincidían con los del capitalismo estadounidense: "La solución para solventar las tensiones entre las diferentes clases sociales no requiere ninguna redistribución fundamental del producto social, solo un crecimiento continuado. El crecimiento del producto nacional es visto como un bien en sí mismo. (...) En la medida en que los individuos puedan satisfacer sus deseos de mejorar materialmente sus niveles de vida perderán su interés por la ideología, e incluso por la política misma".[25]

Desde que Kleinberg hizo esa declaración, varias décadas de salarios y niveles de vida en caída libre han puesto en evidencia la miopía de su visión. "A cuatro de cada cinco hogares le toca ahora una porción más pequeña de la tarta económica que hace un cuarto de siglo", señalaba el historiador del movimiento obrero Lichtenstein en 2002. Hoy día, los directores ejecutivos ganan mil veces más que el salario medio de un trabajador.[26] Y en cuanto a los salarios reales, los trabajadores varones jóvenes han sufrido el descenso más pronunciado: un 25% entre 1970 y principios de los 90.[27]

Sin embargo, el excepcionalismo norteamericano experimentó una reencarnación durante los años 90, si bien es cierto que sus bases fueron muy poco firmes. Como comentaron Halpern y Morris: "Los libros y artículos que se ocupan del excepcionalismo forman una pequeña industria en crecimiento dentro de las publicaciones académicas a ambos lados del Atlántico".[28]

El analista político Seymour Martin Lipset introduce una variante particular sobre el excepcionalismo norteamericano, pues no se apoya en las promesas de prosperidad, sino únicamente en la ideología. En su libro de 1997, *El excepcionalismo norteamericano: una espada de doble filo*, Lipset reconoce que:

> Estados Unidos continúa siendo excepcional entre las naciones desarrolladas por el bajo nivel de protección que proporciona a los pobres mediante la asistencia social y la política habitacional y de salud. De ello resulta que, aunque es el país más rico de todos los países desarrollados, tiene la proporción más alta de personas viviendo en la pobreza, según los detallados análisis estadísticos del Luxembourg Income Study, los más completos disponibles. Estados Unidos también figura en el último lugar entre los diez países (seis en Europa, además de Australia, Canadá e Israel) con mayor desigualdad en cuanto a la distribución de ingresos.[29]

Más adelante Lipset admite que en las tres últimas décadas los norteamericanos desconfían cada vez más de los dirigentes y las instituciones políticas: "Esa erosión de la confianza en el gobierno norteamericano resulta inquietante", escribe. Pero la sociedad estadounidense está protegida permanentemente contra la amenaza de una revuelta izquierdista –sostiene Lipset– gracias a la aceptación popular de un conjunto excepcional de "valores norteamericanos", incluidos un fuerte sentido de la moralidad y una ética del trabajo propiamente norteamericana que garantizan "la supervivencia del Sueño Americano".[30]

Sería fácil descartar las teorías tradicionales del excepcionalismo norteamericano por obsoletas o por no probadas. Pero los académicos de izquierda a menudo se hacen eco de los mismos argumentos que sus colegas más próximos al pensamiento dominante, particularmente durante los periodos más prolongados de calma laboral. Y más de un escritor izquierdista ha negado el potencial de lucha de la clase trabajadora norteamericana, solo para ver cómo el siguiente repunte del movimiento obrero le demostraba que estaba equivocado.

## ¿Están "comprados" los trabajadores norteamericanos?

Especialmente durante los años 60, muchos izquierdistas consideraban que el hecho de que la clase trabajadora viviese en el corazón del imperialismo norteamericano era un problema, en vez de verlo como un elemento potencialmente poderoso para la lucha contra el capitalismo y la guerra de Vietnam. Infinidad de teóricos de izquierda sostenían que la promesa de poseer una casa en los suburbios y una TV a color había desviado una y otra vez los intereses de clase de los trabajadores norteamericanos. En 1967, el filósofo germano-norteamericano Herbert Marcuse, gurú de la contracultura de los años 60, sostenía que el sistema proporcionaba una "no-libertad confortable, serena, razonable y democrática. (...) Bajo las condiciones de un nivel de vida cada vez más elevado, la inconformidad con el sistema perece resultar socialmente inútil".[31] A finales de esa misma década, una serie de revueltas de la clase trabajadora y el surgimiento de una mayoría de la clase trabajadora opuesta a la guerra de Vietnam demostraron lo equivocada que estaba la observación de Marcuse. Entre 1960 y 1969 el número de huelgas no autorizadas en todas las industrias se duplicó, pasando de 1.000 a 2.000. El año 1970 fue testigo de una gran oleada de huelgas –incluida una de 67 días contra la General Motors– que formaron parte de este periodo de auge de la lucha de clases que solo empezaría a amainar en 1974.[32]

Algunas de esas luchas eran políticas además de económicas. En 1969, el 95% de los mineros del carbón de West Virginia se lanzaron a una huelga no autorizada en demanda de una legislación gubernamental que cubriese el "pulmón negro", una enfermedad que mata a miles de mineros. Otras luchas fueron emprendidas por grupos de trabajadores influenciados por los movimientos antibélicos y el Poder Negro. La más significativa de esas luchas condujo a la formación en 1968 del Movimiento Sindical Revolucionario de Dodge (DRUM). Tras suspender la producción en la planta principal Dodge de la General Motors con una huelga no autorizada, los trabajadores negros formaron DRUM para combatir tanto a la compañía como el racismo sindical.[33]

Muchas de las otras huelgas que se realizaron durante ese periodo involucraron a algunos de los trabajadores mejor pagados de los Estados Unidos, como los de la industria de la automoción y los camioneros. Se demostró que los teóricos como Marcuse, que habían descartado a esos trabajadores por estar demasiado bien pagados y formar parte del bastión del sistema, estaban totalmente equivocados. El repunte del movimiento obrero entre 1967 y 1974 validó una vez más la teoría marxista sobre el papel histórico de la clase trabajadora.

## Explotación y lucha de clases

Carlos Marx entendía el potencial revolucionario de la clase trabajadora como una consecuencia objetiva de la explotación. La definición marxista de la clase trabajadora, por consiguiente, tiene poco que ver con la de los sociólogos. Aunque los niveles de ingresos obviamente guardan alguna relación con la clase, ni el nivel de ingresos ni el grado de conciencia de clase determinan la clase social. Algunos trabajadores ganan lo mismo o más que algunas personas que entran en la categoría de clase media. Y muchas personas que se consideran de clase media son de hecho trabajadores. Tampoco se puede definir la clase a través de categorías como "blue collar" [*de cuello azul*: el que ejecuta trabajos manuales] *versus* "white collar" [*de cuello blanco*: el empleado de oficina]. Para los marxistas, lo que define a la clase trabajadora es su relación con la producción. Podríamos decir que trabajadores son aquellos que no tienen el control de la producción, sino que son controlados desde arriba y se ven forzados a vender su fuerza de trabajo a los patronos. Esa definición incluye a la inmensa mayoría de los empleados que hay en los Estados Unidos.

La explotación reduce a los trabajadores individuales a meros engranajes de la producción en serie, y de esa forma los despoja, o los aliena, de los frutos de su trabajo. Como escribió Marx en *El capital*: "Todos los medios para el desarrollo de la producción se transforman en medios para dominar a los productores y explotarlos; mutilan al trabajador hasta convertirlo en un fragmento de hombre, lo degradan al nivel de accesorio de una máquina, destruyen hasta el último vestigio de atractivo en su tarea y la convierten en una tarea odiosa".[34] En otra parte de *El capital* Marx añadió: "De lo que se desprende que la condición del obrero, independientemente de que su paga sea alta o baja, irá empeorando en la misma proporción en que se acumula el capital".[35]

El consultor corporativo Frederick Winslow Taylor fue el primero en propugnar las técnicas de la "administración científica" de la producción, a comienzos del siglo XX, y a partir de entonces estas técnicas no han dejado de perfeccionarse. Los principios operativos de Taylor —cuotas de producción rigurosamente cronometradas y una estricta división del trabajo— han sido adoptados universalmente por las industrias de fabricación en serie, que despoja a los trabajadores de cualquier tipo de control sobre el proceso de producción. Hoy, por ejemplo, los trabajadores de la planta NUMMI de la Toyota en California están "moviéndose" en la cadena de montaje 57 segundos por minuto.[36]

En los años 60, los trabajadores estadounidenses eran los mejor pagados del mundo, pero también pagaban un precio muy alto por el drástico aumento de su tasa de explotación. Entre 1947 y 1972, el rendimiento por trabajador había aumentado a más del doble. Y mientras que el número de obreros fabriles creció un 28,8% entre 1950 y 1968, la producción fabril aumentó un 91%. En 1950 las acerías producían la mitad del acero mundial, y la industria automotriz era responsable del 76% de la producción mundial de vehículos.[37] Pero quienes se beneficiaron de todo ello no fueron los trabajadores, sino quienes se sentaban en las juntas directivas de las grandes corporaciones norteamericanas.

## El repunte del movimiento sindical de 1967-74

En 1972, 8.000 trabajadores votaron con un margen del 97% a favor de ir a la huelga en la planta de la General Motors de Lordstown, Ohio. Liderada por trabajadores jóvenes y veteranos de Vietnam, la huelga de Lordstown fue una respuesta colectiva al aumento de la explotación. Mediante una combinación de automatización y aceleramiento de la línea de montaje, la planta de Lordstown elevó su producción de 66 automóviles por hora en 1966 a más de 100 por hora en 1971.[38] El joven presidente local de la Unión de Trabajadores de la Industria Automotriz (United Automobile Workers, UAW) le dijo al autor Studs Terkel: "Si los muchachos no se hubieran levantado a pelear, se habrían convertido en robots ellos también. Lo que querían era poder fumar un cigarrillo, hablar un poquito de tonterías con el de al lado, abrir un libro, quedarse mirando algo, o tan solo soñar despiertos durante un rato. No se puede hacer eso si uno se convierte en una máquina".[39]

El historiador socialista Hal Draper comprendió la importancia de las condiciones materiales en la conformación de la lucha de clases:

> Para comprometerse con la lucha de clases no es preciso "creer en ella" (...) La clase trabajadora recurre a la lucha de clases cuando el capitalismo deja de satisfacer sus necesidades y aspiraciones económicas y sociales, no cuando los marxistas le dicen que luche. No existe evidencia de que a los trabajadores les guste luchar más que a cualquier otra gente; pero sí es evidente que el capitalismo los obliga y los acostumbra a hacerlo.[40]

Aunque la conclusión pesimista de Marcuse era errónea, su teoría y otras similares continuaron influyendo en la generación de estudiantes radicales de los años 60, perpetuando la creencia de que los trabajadores estadounidenses habían sido "comprados" por el sistema. Lo cierto es que, incluso en el siglo XXI, muchos activistas que luchan contra la injusticia global siguen confundiendo la prosperidad del capitalismo norteamericano con la prosperidad de su población, sin tener en cuenta la desigualdad abismal que existe dentro del país.

Muchas teorías izquierdistas del excepcionalismo norteamericano, como la de Sombart, contienen verdades parciales, pero ninguno de los factores descritos por ellas ha sido decisivo. Nada hay fundamentalmente diferente en torno a la clase trabajadora norteamericana que la haga incapaz de actuar como clase, o que pueda explicar por qué los trabajadores en los Estados Unidos no han desarrollado aún una tradición política independiente. Ciertamente, esa fue la conclusión a la que llegaron renombrados marxistas que estudiaron las condiciones de la clase trabajadora norteamericana antes y después de los albores del siglo XX. Como escribió Mike Davis: "Cada cual en su momento, Marx, Engels, Kautsky, Lenin y Trotsky, se dejaron fascinar por las perspectivas de desarrollo de un movimiento revolucionario en los Estados Unidos. Aunque cada uno hacía énfasis en diferentes aspectos de la dinámica social contemporánea, todos compartían la creencia optimista de que 'a la larga' las leyes objetivas del desarrollo harían emparejar las diferencias entre los niveles de conciencia de clase en Europa y Norteamérica".[41]

La mayoría de los marxistas tenían una visión equilibrada de las fortalezas y debilidades de la clase trabajadora de los Estados Unidos. León Trotsky, quien conoció muy bien la lucha de clases en la época de la Depresión durante su exilio final en México, insistía en ese tema. Cuando se le preguntó sobre el "retraso" de los trabajadores norteamericanos respondió: "Ese es un término muy relativo. (...) El trabajador estadounidense es muy combativo, como hemos visto durante las huelgas. Han hecho las huelgas más rebeldes del mundo. Lo que le falta al trabajador norteamericano es el espíritu de generalización, o análisis de su posición dentro de la sociedad en su conjunto".[42]

Como dijo Kirk: "Antes de 1914, en Norteamérica existía un gran apoyo popular al socialismo, dentro y (sobre todo) fuera de la AFL, como lo demuestra el hecho de que existiera un boyante Partido Socialista. (...) Lo que requiere una explicación no es la ausencia de iniciativas para establecer un movimiento obrero independiente o socialista, como sugieren los defensores del 'excepcionalismo', sino más bien la poca frecuencia y la breve duración de esas iniciativas".[43]

## CAPÍTULO DOS

# LAS PECULIARIDADES DEL CAPITALISMO NORTEAMERICANO

La mayoría de las teorías del excepcionalismo norteamericano hacen hincapié en que a medida que los Estados Unidos fueran convirtiéndose en la economía más rica del mundo y aumentando sus ingresos, los efectos reales de ese incremento serían percibidos por la clase trabajadora y harían hincapié en su conciencia de clase. Pero ese enfoque se equivoca, porque la enorme riqueza producida por el capitalismo norteamericano jamás ha sido distribuida, ni siquiera remotamente, de manera equitativa.

En una carta de 1892 dirigida al socialista germano-norteamericano Hermann Schlüter, Engels comentaba: "Vuestra burguesía sabe mucho más incluso que el gobierno austríaco sobre cómo enfrentar a una nacionalidad con otra: judíos, italianos, bohemios, etc., contra alemanes e irlandeses, y cada una de ellas contra todas las demás; creo que entre los trabajadores de Nueva York existen diferencias en cuanto a los niveles de vida nunca vistas en ninguna otra parte".[1]

Ya en 1881 Marx observaba que el capitalismo norteamericano se estaba desarrollando *más rápida* y *más osadamente* que en cualquier otro país".[2] Los mandatarios norteamericanos siempre han empleado todos los medios a su disposición para dividir y debilitar el movimiento de la clase trabajadora, y cuando este se ha sublevado, han hecho todo lo posible para aplastarlo. El magnate del ferrocarril del siglo XIX Jay Gould llegó a declarar que él podía "contratar a la mitad de la clase trabajadora para que matase a la otra mitad".[3]

La naturaleza de la clase dominante norteamericana no es muy diferente de la europea: ambas quieren hacer avanzar, política y económicamente, sus intereses de clase. Sin embargo, Estados Unidos es distinta en cuanto a la agresividad de sus mandatarios cuando se ven amenazados desde abajo. El historiador socialista Leo Huberman observaba: "Los trabajadores norteamericanos batallaron duramente durante siglo y medio para que se aprobara una ley que recogiera su derecho a organizarse en sindicatos y a negociar contratos colectivos sin interferencia de los patronos".[4]

Como anota el historiador del movimiento obrero Stephen H. Norwood:

> A comienzos del siglo XX, Estados Unidos era el único país industrial avanzado del mundo en el que las corporaciones ejercían un poder militar coercitivo. En Europa los patronos no contrataban mercenarios armados. (...) Pero paradójicamente Estados Unidos, la nación que nunca padeció el feudalismo y que fue pionera en la introducción de las libertades civiles, permitió a las corporaciones desarrollar poderosos ejércitos privados –que solían actuar fuera de la ley– para negarles a los trabajadores derechos constitucionales básicos. (...) Durante los años 30, la Ford Motor Company creó el "Departamento de Servicio" para reprimir a los sindicatos y quebrar las huelgas. Dirigido por el expugilista Harry Bennett, constituía el ejército privado más grande del mundo, entre 3.500 y 6.000 hombres.[5]

Kirk hace la misma comparación al describir la época que siguió a la Guerra Civil: "Las relaciones laborales en los Estados Unidos se fueron caracterizando cada vez más por los niveles de violencia, represión y coerción oficiales que, en términos generales, no tenían parangón alguno en el 'Apacible Reino' de la Gran Bretaña".[6] Además, argumenta Kirk:

En comparación con Inglaterra, la naturaleza más incendiaria de las relaciones sociales y de clase en los Estados Unidos estaba íntimamente relacionada con las etapas de desarrollo y las características del capitalismo en los dos países. La mayor agudeza de la crisis del capitalismo competitivo en los Estados Unidos a finales del siglo XIX (...) y su transición más rápida, incontrolada y disociadora del capitalismo competitivo al monopólico; la inexistencia de un imperio formal y unas prácticas "caballerosas" que pudieran amortiguar las prácticas del capital norteamericano; las estrategias mucho más agresivamente individualistas y transformadoras de los patronos hegemónicos norteamericanos (que fundamentalmente abrazaron la *"open shop"* [contratación de obreros no agremiados] y el taylorismo) y sus poderosos aliados tanto del sector judicial como del resto de la maquinaria del estado, que eran ajenos a las prácticas republicanas (...), todo eso se combinó para generar niveles de conflicto y turbulencia más elevados en los Estados Unidos.[7]

La ignorancia de las leyes por parte de los magnates del siglo XIX, como Cornelius Vanderbilt y Andrew Carnegie, no se limitaba a las relaciones laborales. La competencia a muerte significaba que los capitalistas, enfrentados a frecuentes auges económicos y a depresiones salvajes, también estuviesen enfrentados entre ellos y empleasen el soborno, el chantaje y las tácticas del saqueo para sacar ventaja. Es muy conocida la declaración del propietario naviero Vanderbilt cuando en una ocasión dijo: "¿La ley? ¿Y qué me preocupa a mí la ley? ¿Acaso no tengo el poder?"[8] Cuando algunos socios intentaron apoderarse de una de sus propiedades, Vanderbilt les escribió esta tajante misiva:

Caballeros:
Ustedes han intentado hacerme trampa. No los voy a demandar legalmente, porque la ley tarda demasiado. Los arruinaré.
Sinceramente suyo,
Cornelius Vanderbilt[9]

El historiador Sidney Lens argumentaba que el crecimiento económico del siglo XIX "estuvo acompañado por una orgía de corrupción y latrocinio como jamás se había visto en esta nación". Durante la Guerra Civil, en financiero J.P. Morgan "un día le compraba *al gobierno* 17.000 dólares en rifles defectuosos, ya inutilizados, y al siguiente se los revendía *al mismo gobierno* por 110.000 dólares". En mayo de 1901, la feroz guerra en la bolsa de valores que entablaron Morgan y E.H. Harriman condujo a un colapso financiero que arruinó a miles de inversores. Y cuando un periodista le preguntó a Morgan si no le debía dar algún tipo de explicación al público, éste le respondió: "No le debo nada al público".[10]

Sin embargo los fabricantes norteamericanos abandonaron pronto sus rivalidades individuales y se unieron como clase para luchar contra el movimiento obrero, adoptando, a diferencia de los europeos, gran cantidad de despiadados métodos cuyo objetivo final era fortalecer el dominio corporativo. Esos métodos *combinados* contribuyeron tanto a la explosividad de la lucha de clases como al fracaso de los repetidos intentos por parte de los trabajadores de conformar una alternativa política al dominio de los partidos capitalistas dominantes.

Exploraremos los siguientes factores:

• un grado de racismo y segregación racial que sobrepasa el de cualquier otra sociedad industrial, con la excepción del *apartheid* surafricano.

• un sistema político basado en el dominio compartido de dos partidos asociados, el Demócrata y el Republicano, que a su vez –más recientemente el Demócrata– logran disfrazarse de aliados de los oprimidos.

• confianza en unos extraordinarios niveles de represión política, que combinan violencia armada y un sinfín de encarcelamientos, ejecuciones y guerras legales e ideológicas, para reprimir los movimientos opositores.

## "Divide y vencerás": el papel del racismo

A finales de los años 60 el presidente Lyndon Johnson encargó un estudio sobre las causas de las rebeliones en el gueto negro, que por entonces asolaban las ciudades del país. El informe de la Comisión Kerner, publicado en 1968, concluía que Estados Unidos "se desplaza hacia dos sociedades distintas, una blanca y una negra, separadas y desiguales". El informe decía: "Lo que los norteamericanos blancos nunca han entendido de verdad –pero los negros jamás podrán olvidar– es que la sociedad blanca está profundamente implicada en el gueto. Las instituciones blancas lo crearon, las instituciones blancas lo mantienen y la sociedad blanca lo tolera".[11]

En 1998, coincidiendo con el trigésimo aniversario del informe de la Comisión Kerner de 1968, la Fundación privada Milton S. Eisenhower hizo público su propio estudio, titulado "La brecha del milenio", que se hacía eco de las conclusiones de la Comisión Kerner. La Fundación Eisenhower reveló varias cosas: que incluso con una tasa de desempleo nacional por debajo del 5%, la tasa de desempleo de los jóvenes afroamericanos varones en áreas urbanas como el centro-sur de Los Angeles era de más del 30%; que el número de presos varones negros era cuatro veces más alto que el de Suráfrica bajo el apartheid; que los índices de pobreza infantil en los Estados Unidos eran cuatro veces más elevados que la media de los países de Europa Occidental; y que más de la mitad del 43% de los niños afroamericanos y de otros grupos oprimidos racialmente que asistían a las escuelas públicas vivían en la pobreza.[12]

Lo cierto es que 2003 –casi sesenta años después de que en 1954 la Corte Suprema de los Estados Unidos emitiera su decisión *Brown contra la Junta de Educación de Topeka*, en la que se prohibió la segregación en las escuelas, y más de treinta años después de que la Corte ordenase la integración escolar– las escuelas del país han vuelto a practicar la segregación de siempre.[13]

Los estudiantes blancos asisten hoy día a escuelas que son un 80% blancas. Las escuelas más segregadas racialmente están en el norte –Nueva York, Illinois, Michigan y California–; muchas escuelas de los suburbios ricos tienden a ser únicamente para blancos, y muchas escuelas del interior más pobre de las ciudades son exclusivamente para negros o latinos.[14]

En 2000, según el Fondo Educacional, los distritos escolares de Nueva York, los que tienen la concentración más elevada de estudiantes blancos, recibieron 2.034 dólares más de financiación federal y local por estudiante que los distritos con una concentración más elevada de minorías raciales.[15]

Pero aparte de la segregación escolar, existen otras manifestaciones del racismo. Respecto a la vivienda, las políticas gubernamentales siempre han restringido las posibilidades de los negros para establecerse en las áreas blancas más prósperas. Los programas federales de vivienda, que en las décadas de 1940 y 1960 ayudaron a millones de familias blancas a adquirir casas, excluían a la mayoría de los afroamericanos, alegando el "acatamiento" de las ordenanzas racistas locales. Incluso cuando los negros lograban acceder a una hipoteca, lo más frecuente era que apareciese una turba racista que aterrorizaba a sus familias y acababa echándolos del barrio. De este modo fueron estableciéndose enclaves exclusivos para blancos por todo el país. Como escribieron en 1993 los científicos sociales Douglas S. Massey y Nancy A. Denton: "Ningún grupo en la historia de los Estados Unidos ha experimentado jamás un nivel tan sostenidamente elevado de segregación residencial como el que se les ha sido impuesto a los negros de las grandes ciudades norteamericanas en los últimos cincuenta años".[16]

En 2002, Paul Street, de la Liga Urbana de Chicago, se hacía una pregunta retórica:

> ¿Por qué los afroamericanos tienen el doble de posibilidades de estar desempleados que los blancos? ¿Por qué la tasa de pobreza de los negros es más del doble que la de los blancos? (...) ¿Por qué los afroamericanos constituyen aproximadamente la mitad de la población reclusa (dos millones) de los Estados Unidos, y por qué uno de cada tres adultos jóvenes negros está en prisión, o en libertad provisional, o bajo la supervisión del sistema de justicia criminal norteamericano? ¿Por qué los afroamericanos continúan estando en estricta separación geográfica del tronco general de la sociedad, en su mayoría todavía acordonados en las comunidades más desvalidas de la nación, treinta años después de la aprobación de la ley de derechos civiles referida a una vivienda justa? ¿Por qué lo negros padecen más que nadie las irregularidades del proceso electoral estadounidense, desde problemas con el registro de votantes hasta con el funcionamiento de las máquinas de votación? ¿Por qué la Norteamérica negra constituye un enclave tercermundista de ciudadanos de segunda dentro del estado más rico y poderoso del mundo?[17]

## Capitalismo y esclavitud

El sistema esclavista grabó a fuego el racismo en las mismas entrañas del sistema capitalista. Como escribió Marx: "Sin la esclavitud no habría algodón, sin algodón no habría industria moderna. Es la esclavitud la que ha conferido valor a las colonias, son las colonias las que han creado el comercio mundial, y el comercio mundial es la condición necesaria para que haya una industria fabril a gran escala".[18] No hay otro lugar en el que esto sea más cierto que en Estados Unidos, donde el trabajo esclavizado en las plantaciones sureñas sentó las bases para el desarrollo de la economía industrial del Norte.

Pero Marx también avisó de que la existencia del trabajo esclavizado había permitido que el capital industrial se expandiera rápidamente y aumentara la tasa de explotación de los trabajadores asalariados: "De hecho, la esclavitud velada de los trabajadores asalariados en Europa necesitaba de la esclavitud sin complejos del Nuevo Mundo, era su pedestal. (...) El capital gotea sangre y suciedad por todos los poros y de la cabeza a los pies".[19]

Como sostenía el historiador Theodore Allen:

> ¿Por qué Estados Unidos prohibió por ley que la burguesía industrial satisficiera legalmente su creciente necesidad de mano de obra empleando a los afroamericanos que huían de la opresión racial en el Sur? La respuesta es que en Estados Unidos el gobierno estaba constituido sobre la estricta condición de dar plena fe y reconocimiento a la esclavitud, y que cedió el 60% [*sic*] de la cuota electoral a los estados esclavistas. Como consecuencia de ello, el país estuvo dominado por los propietarios de esclavos sureños desde la Revolución Norteamericana hasta la Guerra Civil, y la supremacía blanca se instituyó como una especie de supra-religión nacional, con el apropiado castigo para los "apóstatas". Bajo estas circunstancias, la identidad "blanca" se presentó como una propuesta irrechazable. Pero demostró ser tan inoperante para los intereses de clase de los trabajadores euroamericanos como lo fueron la "Salvación" o la creencia en un inminente Día del Juicio Final para los intereses de clase de los trabajadores en Inglaterra.[20]

La esclavitud fue abolida, pero la supremacía blanca tuvo muchas secuelas; primero, cuando floreció para derrotar la Reconstrucción en el Sur, y luego, cuando se recurrió a ella para combatir sistemáticamente el potencial de la unidad de clase multirracial que amenazaba el avance de la industrialización. A partir de allí, el racismo ha sido la pieza central de la estrategia de la clase dominante para mantener permanentemente divididos los diferentes sectores de la clase trabajadora.

Cuando acabó la Guerra Civil, estaba por ver cuál sería el sistema que reemplazaría el dominio de los propietarios de esclavos. La respuesta tan solo llegó tras la prolongada lucha por la Reconstrucción, que tenía como objetivo reconstruir la sociedad sureña sobre unas bases distintas.

## La batalla por la Reconstrucción

Mientras las tropas federales ocupaban el Sur para hacer cumplir las leyes nacionales, los afroamericanos liberados y los radicales norteños intentaron transformar el Sur de posguerra. En 1865, el Congreso ratificó la Decimotercera Enmienda, que proscribía la esclavitud en todo el territorio de los Estados Unidos. A esta le siguió en 1868 la Decimocuarta Enmienda, que otorgaba la ciudadanía a los afroamericanos y prohibía a los antiguos secesionistas confederados ocupar cargos federales o estatales. La Decimoquinta Enmienda, aprobada en 1870, declaraba que ningún ciudadano podía ser privado del derecho al voto por causa de raza, color o condición de servidumbre anterior. Cuando el Congreso concedió a los negros el derecho al voto, también privó de sus privilegios a 100.000 confederados blancos.[21]

Entre 1867 y 1868 el Congreso aprobó una serie de Leyes de la Reconstrucción que dividieron a la antigua Confederación (con la excepción de Tennessee) en cinco distritos bajo el mando de militares autorizados que obligaron a los estados sureños a redactar nuevas constituciones y a ratificar la Decimocuarta Enmienda. El Congreso aprobó las Leyes de la Reconstrucción pasando por encima del veto del presidente racista Andrew Johnson –que había sido el Vicepresidente demócrata de Abraham Lincoln y que había asumido la presidencia tras su asesinato.

Durante los años que siguieron a las Leyes de la Reconstrucción, los blancos pobres de los estados sureños empezaron a suscribirse al Partido Republicano junto a los negros; era la primera vez, y les motivaban intereses comunes de clase. Los republicanos radicales adelantaron políticas de asistencia a los deudores, la jornada de ocho horas y otros derechos de los trabajadores, y muchos estados adoptaron por vez primera la educación pública libre para todos los ciudadanos. Además, se les concedió a los pequeños granjeros la exención de impuestos, mientras que a los grandes terratenientes se les aumentaron.[22]

Como argumentó W.E.B. Du Bois: "El Sur, la ausencia de ley que había desde Guerra Civil (...) se convirtió en guerra laboral, en un intento por parte de los capitalistas y terratenientes empobrecidos de obligar a los jornaleros a trabajar bajo formas capitalistas".[23] El resultado de la lucha por la Reconstrucción resultaba imposible predecir de antemano. Y antes de que "la opresión racista fuese convertida en el pegamento que mantenía unido todo el sistema", aseveró el historiador Jack Bloom,

> se dieron casi todas las combinaciones posibles. Los blancos de clase alta fomentaron una relación paternalista con los negros que utilizaban para mantener a raya las aspiraciones de clase de los blancos de clase baja. Los blancos de clase media y alta se aliaban para reprimir a los negros cada vez que estos intentaban desafiar las disposiciones económicas y sociales que constituían la base de las condiciones opresoras de sus vidas. Los blancos de clase baja y los negros se unían contra las prerrogativas clasistas de la clase alta. Pero la dinámica principal en ese proceso fue el exitoso esfuerzo de los blancos de clase alta por conservar su dominio económico y político de la región.[24]

Los afroamericanos recién liberados dejaron clara su intención de transformar la sociedad de plantaciones del Sur en una democracia participativa. Catorce negros sureños fueron elegidos al Congreso por seis estados del Sur, y dos afroamericanos de Misisipi fueron elegidos para el Senado de los Estados Unidos.[25] Lo cual contrasta con el hecho de que el primer congresista negro del Norte no resultara elegido hasta la década de 1920, y que el primer senador negro de los Estados Unidos no fuera elegido hasta principios de los años 60.[26] Los votantes de Carolina del Sur eligieron un gobernador afroamericano, y los negros fueron mayoría en varias legislaturas estatales sureñas, lo que inclinó la balanza a favor de la Reconstrucción.[27]

El agente de la Oficina de Libertos Refugiados y Tierras Abandonadas en Florida, Jacob A Remley, se asombró al hallar que "los libertos mostraban un conocimiento de su situación política y sus relaciones con ella que difícilmente cabía esperar de gente a la que hasta ese momento se les había prohibido adquirir conocimiento sobre esos asuntos".[28] Como grupo, los afroamericanos expresaban claramente su deseo de conseguir el derecho a voto y a "tener contratos de trabajo con agricultores justos y poder adquirir tierras", según describió el historiador Paul Ortiz.[29]

Los afroamericanos abrazaron el activismo político y desafiaron abiertamente el dominio de las corporaciones. Los legisladores negros de Florida, por ejemplo, declararon colectivamente su oposición a una ley pro-corporaciones de 1872:

> El capital no necesita de legislación alguna para velar por su funcionamiento. El capital es lo bastante fuerte como para cuidarse y valerse por sí mismo; pero las corporaciones constituyen un poder peligroso, en especial las grandes o consolidadas, y el pueblo norteamericano las teme y desconfía de ellas. No queremos que los Tom Scott, Jim Fisk o Vanderbilt nos gobiernen en este estado, porque eso significaría que influirían en la legislación

para que favoreciera sus intereses personales. La gran maldición de Florida han sido las corporaciones deshonestas, con la mirada puesta únicamente en sus propios intereses.[30]

Pero los antiguos propietarios de esclavos estaban decididos a no perder terreno y a aproximarse cuanto fuese posible a las condiciones de esclavitud. El lema de los supremacistas blancos para acabar con la Reconstrucción era "Redención". Los "redencionistas" no tenían la intención de acabar con la Reconstrucción a nivel federal, sino de derrotar a los republicanos en los comicios estatales empleando la violencia y el fraude electoral.

Como afirmaba el historiador C. Vann Woodward, los redencionistas "se autoproclamaron abiertamente como los grandes defensores de los propietarios de la tierra contra quienes no la poseían y contra las masas que no pagaban impuestos".[31] En el condado de Nachitoches, Louisiana, de mayoría negra, "no se contabilizó ni un solo voto republicano en 1878, fueron asesinados más de cincuenta negros y a otros muchos se les expulsó de sus hogares durante la campaña, según un informe del Fiscal del Distrito.[32] Jack Bloom describió la situación en Alabama: "En un condado, el lugar de votación fue tomado por asalto en el momento en que se contaban los votos; al juez que estaba haciendo el recuento lo tirotearon, mataron a su hijo y robaron la urna electoral".[33]

Al amparo del Ku Klux Klan (KKK) los "redencionistas" realizaron linchamientos e incendiaron hogares, utilizando la violencia racial para derrotar la Reconstrucción. Tras la Guerra Civil, conocidos miembros del Partido Demócrata se sirvieron del KKK para dejar fuera de juego a los republicanos radicales, tanto negros como blancos:

El ingrediente realmente nuevo de la actividad regular del Klan después de 1867 fue la oposición a los radicales republicanos. Como el Klan cobró adquirió mucha más importancia que los grupos de "vigilantes" de los inicios, la clase alta y los dirigentes políticos conservadores se interesaron mucho en ellos. En muchos lugares se hicieron con los puestos de dirección del Klan, al menos temporalmente. El Klan se convirtió, en efecto, en el brazo terrorista del Partido Demócrata, les gustase o no a los dirigentes del partido.[34]

El Partido Republicano, empeñado en asegurar el predominio del trabajo libre (o asalariado) por encima del sistema de la esclavitud hereditaria, se enfrentó a la Confederación en la Guerra Civil. Pero los republicanos compartían intereses de clase con los demócratas, incluida una gran lealtad para con el derecho de los fabricantes a aprovecharse de los trabajadores "libres" (no sindicados). El círculo gobernante del Partido Republicano derrotó finalmente a su propia ala radical cuando se unió a los demócratas para promulgar el Compromiso de 1877, que decretó la retirada del Sur de las tropas federales y asestándole el golpe final a la Reconstrucción.

De modo que el Partido Republicano, que había sido el partido de la abolición, dio la espalda a las demandas democráticas de los afroamericanos y posibilitó la victoria de la supremacía blanca. Los republicanos radicales fueron echados de sus cargos en cada uno de los estados sureños a finales de la década de 1870, y los programas y derechos asegurados por los legisladores de la Reconstrucción fueron desactivados de inmediato. Los legisladores sureños restituyeron varias leyes, entre ellas los Códigos Negros, impuestos por los propietarios de esclavos durante los dos primeros años que siguieron a la Guerra Civil y que criminalizaban a los afroamericanos por "vagancia".[35]

Los Códigos Negros aseguraban un gran suministro de prisioneros negros, que eran cedidos en arriendo como mano de obra convicta en condiciones sumamente parecidas a las de la esclavitud. Como documentaban los registros de una plantación de Misisipi en 1880: "los prisioneros comían y dormían sobre el suelo desnudo, sin cobijas ni colchones, y muchas veces sin ropa. Se les castigaba por 'cavar lento' (diez latigazos), 'plantar con desidia' (cinco latigazos) y 'ser descuidado con el algodón' (cinco latigazos). Algunos que intentaron escapar fueron azotados 'hasta que la sangre les corría por las piernas'".[36]

Tras acabar con la Reconstrucción, los racistas blancos siguieron comportándose con gran ferocidad, empleando el linchamiento, la castración y demás formas de violencia para imponer un reinado del terror sobre la población afroamericana. "Entre 1882 y 1903, fueron linchadas 285 personas en Louisiana, 232 de ellos negros y muchos de los restantes trabajadores inmigrantes".[37] La policía local rara vez "encontraba" a los culpables y por lo general ni siquiera simulaba perseguirlos. De hecho, la policía solía unirse a los grupos de blancos entre vítores. El linchamiento fue un medio de aterrorizar a la población negra hasta bien entrado el siglo XX.[38]

## Segregación impuesta desde arriba

Al acabar el siglo XIX, los legisladores sureños aprobaron leyes segregadoras (bautizadas como leyes "Jim Crow") y restricciones electorales que privaban a los afroamericanos del sur de sus derechos ciudadanos. Jim Crow proscribió todas las formas de integración racial, al prohibir que los pobres –tanto blancos como negros– tuvieran cualquier tipo de contacto social. Jim Crow ilegalizó que los blancos y los negros comiesen en los mismos restaurantes, utilizasen los mismos baños o tomasen agua de las mismas fuentes. Cada localidad, sin embargo, podía –y así lo hicieron– agregar sus propias leyes segregadoras. A mediados del siglo XX, la ciudad de Atlanta obligaba a los testigos que acudían a los tribunales a jurar sobre biblias diferentes, y la ciudad de Nueva Orleans estableció distritos distintos para el ejercicio de la prostitución. En los años 30, en Birmingham, Alabama, el castigo para el "delito" de "propugnar la igualdad social entre blancos y negros" era castigado con el arresto.[39]

Es más, hubo una serie de decisiones de la Corte Suprema de los Estados Unidos entre 1873 y 1898 que refrendaron la "constitucionalidad" de la segregación racial. En su ignominiosa decisión de 1896 *Plessy versus Ferguson*, la Corte refrendó una ley de Louisiana que ordenaba que los blancos y los negros usasen vagones de ferrocarril distintos, bajo la razón jurídica de que las ordenanzas segregadoras no violaban ni la Decimotercera ni la Decimocuarta Enmienda de la constitución de los Estados Unidos. La sanción de la corte dio pié al absurdo eslogan segregacionista "Separados pero Iguales" que se siguió utilizando durante casi sesenta años, hasta 1954.

Los estados norteños no promulgaron leyes segregacionistas, pero sí practicaban la segregación racial. A principios del siglo XX, la ciudad de Topeka, en el estado de Kansas, practicaba la segregación en su sistema de educación secundaria. Muchos de los hoteles y restaurantes de Boston se negaban a atender a los negros. La mayoría de los patronos norteños se negaron a contratar afroamericanos hasta que se produjo la enorme escasez de mano de obra ocasionada por la Primera Guerra Mundial, y durante las grandes huelgas contrataban deliberadamente a negros para hacer de esquiroles y agitar así el odio racial que socavaba los sindicatos. El ejército norteamericano segregó a los soldados blancos y negros durante toda la Segunda Guerra Mundial.[40]

Pero la violencia racista no se limitaba a los bastiones sureños de la supremacía blanca. Como describió Norwood:

> La creciente inseguridad y vulnerabilidad de los negros en el Norte quedó dramáticamente demostrada en los violentos ataques contra las comunidades afroamericanas antes consideradas hospitalarias para los negros y en las que estos habían residido desde hacía mucho tiempo. En Springfield, Ohio, hubo sangrientos disturbios contra los negros en 1906, y también en Springfield, Illinois, "dentro del ámbito de influencia de la tumba y el hogar de Lincoln el Emancipador".[41]

Pero los trabajadores blancos sureños y los aparceros pobres no se beneficiaban en lo más mínimo de este nivel de racismo extremo. De hecho, cuanto más elevado era el grado de racismo, más perdían. Cuando el Sur aprobó el racista *poll tax* (impuesto para votar), imponiendo requisitos como la propiedad y otros para excluir a los votantes negros, muchos blancos pobres también perdieron su derecho al voto. Después de que Misisipi aprobara su propio *poll tax*, el número de blancos con derecho a voto cayó de 130.000 a 68.000.[42]

El líder de los derechos civiles W.E.B. Du Bois sostenía que la exclusión de los negros fortaleció el voto sureño porque "el blanco del Sur llega a las elecciones con un poder electoral en sus manos varias veces mayor que el de un votante del Norte".[43] Pero agregaba: "Debido al sistema de supremacía blanca, el Sur vota y debe votar por la reacción. Por lo tanto, no puede haber, ni en el Norte ni en el Sur, un tercer partido en discordia. (...) Pero el sólido bloque reaccionario del Sur siempre dependerá del conservadurismo del Norte para elegir un presidente".[44]

Los efectos de la segregación se extendieron mucho más allá de la arena electoral. Jim Crow fortaleció las reglas del capital. Cada vez que los patronos querían defenderse del sindicalismo, utilizaban el racismo para dividir a los trabajadores negros y blancos igualando los salarios de todos a la baja. Y eso fue así hace cien años y lo ha seguido siendo hasta hace pocas décadas. Ciertamente, como argumentaba el socialista Ahmed Shawki hablando de los años 70: "En un estudio hecho en las principales áreas metropolitanas, Michael Reich halló una correlación entre el grado de desigualdad de ingresos entre blancos y negros y el grado de desigualdad de ingresos *ente blancos*".[45] Un estudio sobre esa década concluía:

> Pero lo más dramático es que en cada uno de esos grupos de *blue collars* (trabajadores manuales) los blancos del Sur ganaban menos que los negros del Norte. A pesar de la tremenda discriminación que sufría la mano de obra cualificada negra en el Norte,

los blancos sureños más "privilegiados" ganaban un 4% menos que aquéllos. Los operarios varones sureños ganaban de media un 18% menos que los negros varones norteños. Y los trabajadores blancos del Sur que trabajaban en el sector servicios ganaban un 14% menos que los negros norteños del mismo sector.[46]

Tras la victoria de los redencionistas, la historia oficial de la Reconstrucción reescribió los hechos, asignando los papeles más relevantes a los codiciosos *"carpetbaggers"* [aventureros norteños que fueron al Sur tras la Guerra de Secesión], mientras que a los reconstruccionistas se les atribuía, falsamente, una corrupción rampante. No se intentaba siquiera ocultar el aspecto racista de esa aseveración. Du Bois cuenta cómo envió un manuscrito (que le habían solicitado) para la decimocuarta edición de la *Enciclopedia Británica*... solo para descubrir que el editor había eliminado de la misma toda su descripción de la Reconstrucción. En lugar de lo escrito por Du Bois apareció este texto: "La Reconstrucción constituyó un ignominioso intento de someter a la gente blanca al ignorante gobierno del Negro; según un profesor de historia de Harvard (las cursivas son nuestras), 'los costos legales fueron grotescamente extravagantes; *los electos de color de algunos estados se arrojaron a una orgía de gastos corruptos*'".[47]

Los mandatarios estadounidenses reclamaban que cuando promovían la ideología racista contra los afroamericanos, la "ciencia" estaba de su parte... La definición de la palabra "Negro" en la edición de 1930 de la *Enciclopedia Británica* incluía estas pseudocientíficas frases:

Peso del cerebro, indicador de la capacidad craneana, 1.020,6 gramos (gorila superior 567, europeo promedio 1.275,7); (...) epidermis gruesa (...) emiten un olor peculiar rancio, equiparable (...) al de un macho cabrío, (...) la inferioridad mental inherente a los negros, una inferioridad que es más marcada aún que sus diferencias físicas. (...) Ningún negro de pura raza se ha distinguido jamás como hombre de ciencia, poeta o artista.[48]

# Darwinismo social: "supervivencia de los más ricos"

El venenoso y pertinaz racismo contra los afroamericanos no tiene parangón en la sociedad estadounidense. Pero desde la primera oleada de inmigración irlandesa a finales de la década de 1820, la opulenta élite de Norteamérica también ha cultivado agresivas ideas racistas en contra de casi cualquier grupo de extranjeros llegado a las costas del país. La hostilidad daba la bienvenida a cada oleada sucesiva de inmigrantes europeos, especialmente los provenientes del sur y el este de Europa, que eran vistos como razas inferiores por los patronos del siglo XIX e inicios del siglo XX.[49]

Incluso durante los muchos periodos en que los patronos incentivaban la inmigración masiva para cubrir sus necesidades de mano de obra, no dejaban de atizar la histeria antiinmigrantes. La ideología racista sirve al conveniente propósito de justificar el tratamiento inhumano y degradante de la mano de obra inmigrante abriendo una brecha entre los trabajadores blancos y los extranjeros.

La Ley de Exclusión de Chinos de 1882 prohibió la inmigración china, aunque las compañías ferrocarrileras habían explotado brutalmente a los trabajadores chinos para construir los ferrocarriles de la nación entre los años 1860 y 1870. En 1867, 10.000 trabajadores ferrocarrileros chinos llevaron a cabo una de las huelgas más importantes del siglo. Exigían una paga mejor, menos horas de trabajo (incluida la jornada de ocho horas para los empleados en la construcción de túneles), la prohibición de los azotes y el derecho de los trabajadores a moverse de sus trabajos. Pero no recibieron ningún apoyo del movimiento obrero, y la huelga fue aplastada en una semana.[50]

Los trabajadores mexicanos tradicionalmente han desempeñado un papel fundamental para la agricultura estadounidense. En la década de 1920, la ley, al tiempo que reducía drásticamente la inmigración en general, permitía la inmigración ilimitada desde México. Esto, según Montgomery, "institucionalizaba una puerta giratoria para los trabajadores del campo inmigrantes de México, quienes en tiempo de cosecha igualaban en número a la totalidad de los provenientes del resto del mundo, pero podían ser (y de hecho lo eran) devueltos en masa a su país cuando los agricultores ya no necesitaban su trabajo".[51]

Las leyes de inmigración han experimentado muchos cambios desde entonces, pero este patrón de empleo para los trabajadores se ha mantenido. Incluso aunque la ley federal prohíba la entrada de mexicanos, los funcionarios de inmigración miran hacia otro lado cuando los patronos violan abiertamente esa ley, reservando sus castigos a los trabajadores indocumentados, que son arrestados y deportados en redadas de inmigración para cubrir las apariencias. Las empresas agrícolas han disfrutado así de manera permanente de una provisión virtualmente ilimitada de mano de obra temporal mexicana, una fuerza laboral de bajo salario constituida por familias sin derechos legales que trabajan durante largas horas en faenas agobiantes.

Pero aunque la rápida expansión del capitalismo llevó a la miseria a la inmensa mayoría de los trabajadores, en los albores del siglo XX los gobernantes norteamericanos desarrollaron una explicación "científica" ad-hoc. La enorme desigualdad entre la élite corporativa opulenta y los trabajadores fue justificada por una escuela académica conocida como "eugenésica", un retorcimiento grotesco de la teoría de la evolución de Darwin. Haciendo una interpretación reaccionaria de la "supervivencia de los más aptos" (algo que jamás estuvo en la intención de Darwin), el ala dominante del movimiento eugenésico consideraba al sector más rico de la sociedad genéticamente superior al pobre, y a los blancos en general como superiores a las demás razas y grupos étnicos.

La eugenésica, la "ciencia" de la "mejora de la herencia" (la imagen del rico anglosajón blanco), contraponía la población "aristogénica" (la de buenos genes) con la mayoría "cacogénica" (la de malos genes). El movimiento eugenésico fue iniciado y fundado por el poder corporativo en la sombra, con el respaldo de equipos de biólogos, psicólogos y antropólogos ganados para la causa, que aportaron una plétora de "evidencias" de que la desigualdad social era simplemente el resultado de que algunas personas poseían genes mucho mejores que otras. Quienes estaban en la cima de la escala social habían demostrado su superioridad racial, en tanto que los que estaban en el nivel inferior eran biológicamente incapaces para el éxito, según aquellos científicos.[52]

La teoría llegó a adquirir relevancia nacional tras la segregación de Jim Crow y la privación de los derechos civiles a los negros del Sur. El movimiento eugenésico sin duda les proporcionó un considerable aliento a los segregacionistas –que ponían barreras de color a la mano de obra afroamericana–, y a la mayoría de los patronos norteños –que se negaban a contratar negros salvo como esquiroles–. Además, muchos patronos justificaban el maltrato a los trabajadores de origen extranjero sobre la base de que los inmigrantes eran inferiores genéticamente. Durante la huelga de los mineros del carbón en 1902, George Bayer, el presidente de Reading Railroad, recibió informes de que los 145.000 huelguistas y sus familias se estaban muriendo de hambre. La respuesta que dio fue: "Ellos no padecen. Total, ni siquiera saben hablar inglés".[53]

Directivos de corporaciones como Alexander Graham Bell y la señora E.H. Harriman (casada con el presidente del Union Pacific Railroad) ayudaron a propagar el movimiento eugenésico a través de la Sección Eugenésica de la Asociación de Criadores Norteamericanos, fundada en 1906. John D. Rockefeller donó 21.432 dólares a esa organización entre 1910 y 1917. Otra organización eugenésica, la Fundación para el Mejoramiento de la Raza, fundada por la familia Kellog (la de los cereales) disfrutó del patrocinio de los Rockefeller, los Carnegie, la Ford Motor Company, la U.S. Steel Company y otros importantes intereses corporativos.[54]

Como sostiene el historiador David Gersh, el movimiento eugenésico fue fundado con dinero de corporaciones, patrocinado por grupos caritativos y políticos, y legitimado por académicos. Por ejemplo, el psicólogo de Harvard Robert Yerkes, de la Organización para las Prisiones y el Trabajo Carcelario, propugnaba "tanto la eugenésica positiva (las personas superiores deberían contraer matrimonio entre ellos y tener muchos hijos) como la eugenésica negativa (esterilización, segregación, restricción matrimonial y restricción inmigratoria para los declarados como seres inferiores)".[55]

A comienzos del siglo XX, el auge del imperialismo norteamericano le dio mayor impulso aún al movimiento eugenésico. Resultaba más fácil justificar la colonización de otras naciones por parte de los militares de los Estados Unidos si a los conquistados se les consideraba seres inferiores. El poema de Rudyard Kipling "La carga del hombre blanco", fue utilizado para justificar la apropiación de las Filipinas por parte de los Estados Unidos tras la Guerra Hispano-Norteamericana; fue muy aclamado popularmente y disfrutó de una amplia difusión en 1899.[56]

Las políticas de contratación basadas en la eugenésica fueron incorporadas rápidamente a las técnicas de administración científica que guiaban las políticas corporativas en los primeros años de la década de 1920. Como describió Montgomery, las empresas procuraban

> seleccionar a los trabajadores de la nacionalidad, raza y sexo adecuados para cada empleo. Al parecer todos estaban de acuerdo con H.A. Worman, de la International Harvester, en que "cada raza tiene aptitudes para determinado tipo de trabajo", si bien disentían a menudo sobre qué "raza" era la mejor para uno u otro trabajo. En la Central Tube Company de Pittsburg, el director de personal analizaba la "adaptabilidad racial" de treinta y seis grupos étnicos diferentes a veinticuatro tipos de trabajo distintos bajo doce conjuntos de condiciones y lo graficaba todo sobre un diagrama como guía práctica para la contratación.[57]

## Los "aptos" y "no aptos" para tener hijos

La socialista Margaret Sanger fue una de las pioneras en la lucha por el control de la natalidad durante los primeros años del siglo XX. Los proyectos iniciales de Sanger gozaron del apoyo de los radicales del IWW y el Partido Socialista, guiados por el deseo de ayudar a las mujeres de la clase trabajadora a tener acceso a la anticoncepción como medio de mejorar sus vidas. En marzo de 1914 Sanger empezó a sacar un periódico, el *Woman Rebel*, que abrazaba la causa del control de la natalidad y los derechos de la mujer en general. Inmediatamente el Servicio Postal de los Estados Unidos procedió a declarar "obscena" la publicación y la proscribió del sistema de correos de la nación.[58]

Sin embargo, durante los años siguientes, el radicalismo de Sanger decayó, dejándose seducir por los argumentos de la eugenésica a medida que buscaba aliados en las clases pudientes que le subvencionasen proyectos ambiciosos, incluida una fundación de Paternidad Planificada. Ya para 1919 la publicación de Sanger *Birth Control Review* planteaba "Más hijos de los aptos y menos de los no aptos: ese es el tema principal del control de la natalidad".[59]

Los "no aptos" para engendrar niños, según los eugenésicos, incluían a los discapacitados mentales y físicos, los presos y los pobres no blancos. En 1932 ya actuaban sobre la base de esa conclusión y promovieron leyes que imponían la esterilización obligatoria de "los débiles mentales, los locos, los criminales y los físicamente defectuosos", leyes que se implantaron en 27 estados.[60]

En 1939, la Federación de Control de la Natalidad de Norteamérica —según relata la historiadora Dorothy E. Roberts— "planificó un 'Proyecto para Negros' con la intención de limitar la reproducción de los negros que 'todavía tienen crías de forma negligente y desastrosa, con el resultado de que el incremento de la población entre los negros, más incluso que entre los blancos, proviene de la parte menos inteligente, menos apta y más incapacitada para criar hijos apropiadamente".[61]

Los programas de control poblacional esterilizaron contra su voluntad o sin que lo supieran a gran número de mujeres negras, latinas y aborígenes durante gran parte del siglo XX. En 1974 un tribunal de Alabama descubrió que durante ese mismo periodo fueron esterilizadas anualmente en ese estado entre 100.000 y 150.000 adolescentes negras pobres. Un estudio de 1970 mostraba que el 25% de las aborígenes habían sido esterilizadas con programas financiados por el gobierno federal, y que las mujeres negras y latinas casadas habían sido esterilizadas en proporciones mucho mayores que las mujeres de la población en general.[62] Para 1968, un tercio de las mujeres en edad de concebir de Puerto Rico –todavía colonia de los Estados Unidos– habían sido esterilizadas permanentemente. Muchas de ellas lo fueron sin su claro consentimiento, o sin decirles que la operación era irreversible.[63]

## El racismo y el movimiento sindical

El nivel extremo de racismo dejó una impronta permanente en el movimiento sindical de toda la nación. Hoy en día, el Sur continúa siendo un bastión antisindical en gran parte porque el legado de la supremacía blanca aún no ha sido destruido. Históricamente, la existencia de una fuerza de trabajo sureña no sindicada y de bajo salario cuelga como una losa del cuello del movimiento sindical de los Estados Unidos. Pero hasta los años 30, el movimiento sindical, en lugar de defender los intereses de la clase trabajadora y desafiar la segregación y la intolerancia racial, solía tolerarlas, y a veces incluso las apoyaba activamente.

En el debate sobre la esclavitud, el movimiento sindical norteamericano temprano no supo aliarse con la causa de la abolición desde sus inicios. Mientras una minoría de los obreros estadounidenses se comprometió activamente contra la esclavitud, las principales organizaciones de trabajadores se vincularon con el Partido Demócrata proesclavista. Como sostiene Davis, las consecuencias fueron de largo alcance: "En ausencia de una corriente antiesclavista en el movimiento de la clase trabajadora, éste perdió la oportunidad de forjar sus propios vínculos de unidad con las masas negras del Sur o de crear su propia tradición democrático-revolucionaria".[64]

Sin duda, esa alianza se basaba *parcialmente* en la habilidad de los demócratas para convencer a los trabajadores blancos de que el partido republicano era el partido del gran capital. Los demócratas argumentaban que las políticas republicanas entregarían "las ganancias a los intereses particulares en detrimento de las grandes clases industriales del país (...) y buscarían engrandecer a unos pocos a expensas de la mayoría". Además, los demócratas advertían a los trabajadores blancos de que la abolición de la esclavitud "traería a los negros a los estados norteños para ocupar los puestos de los trabajadores blancos".[65]

El motín racial de Nueva York contra la recluta, en 1863, fue una explosión de violencia racista de los inmigrantes irlandeses, quienes a su vez *también* eran en esa época objeto de una malsana intolerancia. La revuelta estuvo dirigida tanto contra el sistema de reclutamiento, que era clasista y exoneraba a los ricos de ir a la guerra, como también contra los negros. Davis sostenía que "puso al descubierto la conciencia esquizofrénica del inmigrante pobre: su odio al rico encopetado y también su resentimiento hacia los negros".[66]

Después de la Guerra Civil algunos sectores del movimiento sindical abrieron sus puertas a los trabajadores negros. La Unión Laboral Nacional, formada en 1866, invitó a ingresar a los negros. Pero cuando algunos sindicatos miembros protestaron ante la idea de la integración racial, no se enfrentó a ellos. Más significativo fue el auge de los Caballeros del Trabajo en los años 80, que organizó a los negros, a las mujeres y a la mayoría de los inmigrantes en el primer sindicato industrial de masas de la historia de los Estados Unidos. Los Caballeros introdujeron el eslogan "la herida de uno nos importa a todos", que se convirtió desde entonces en un principio rector de la lucha de clases.[67] En 1886, en el punto culminante de su fuerza, los Caballeros decían contar con unos 60.000 trabajadores negros entre sus miembros. Para 1887 ya había unas 65.000 mujeres enroladas en la orden.[68]

Montgomery describe el papel de los Caballeros durante la enconada huelga de 1886 contra la ferroviaria Southwestern Railroad de Jay Gould:

> Apoyaron mítines, campañas de prensa y boicots que atrajeron a las distintas asambleas que se convocaron en las ciudades ferroviarias a hombres y mujeres, a trabajadores negros y blancos de gran variedad de oficios y ocupaciones, acrecentando la ansiedad de las élites del lugar. El credo de la "hermandad universal" predicado por los Caballeros asumió un aspecto especialmente militante cuando se formó la Asamblea Distrital 101 y exigieron a la Southwestern Railroad que les reconociera como agente de todos los ferroviarios y presentándole a la empresa demandas salariales para todas las secciones.[69]

Sin embargo, en lo tocante al problema de la inmigración china, los Caballeros del Trabajo no estuvieron a la altura. Al tiempo que acogían gustosamente a muchos inmigrantes, se unieron a otros sindicatos en la campaña por frenar la inmigración china.[70] Esa contradicción debilitó los pasos dados por los Caballeros, que no consiguieron representar a un movimiento sindical unido más allá de las barreras raciales.

Los Caballeros del Trabajo también se mostraron confusos en otros temas importantes. El excéntrico líder de la orden, Terence Powderly, se oponía al arma de la huelga porque era una "reliquia de la barbarie" que solo proporcionaba un "alivio temporal" a los trabajadores. Por otro lado, aunque hacían énfasis en la solidaridad de clase, los Caballeros rechazaban explícitamente las políticas radicales, y se negaban a marchar detrás de las banderas rojas o los contingentes de trabajadores armados en las manifestaciones que reivindicaron la jornada de ocho horas en 1886. No obstante, y haciendo caso omiso a la oposición de Powderly, el Primero de Mayo de 1886 las asambleas generales de los Caballeros respondieron al llamamiento a una huelga nacional, "y la abrazaron jubilosamente".[71]

A pesar de sus debilidades, el rasgo definitorio de los Caballeros fue su compromiso con el sindicalismo industrial, y sentaron por vez primera las bases para la acción unificada de la clase trabajadora. Como aseveró Engels en la época, ellos proporcionaron un modelo a las generaciones futuras de trabajadores norteamericanos:

> Los Caballeros del Trabajo son la primera organización nacional creada por la clase trabajadora norteamericana como un todo; cualesquiera sean su origen y su historia, cualesquiera sus deficiencias y pequeñas absurdidades, su plataforma y su constitución allí están, son obra de prácticamente la totalidad de los trabajadores asalariados norteamericanos (...) He aquí la materia prima con la cual ha de modelarse el futuro del movimiento de la clase trabajadora norteamericana, y con él, el futuro de la sociedad norteamericana en general.[72]

Pero para finales del siglo XIX, los Caballeros empezaron a perder influencia, al tiempo que crecía la importancia de la AFL como federación de gremios. El rumbo del movimiento sindical estadounidense dio un profundo vuelco a la derecha, pues la AFL no solo se negaba a organizar la mano de obra no especializada, sino que también se negaba a obligar a sus miembros a organizar a los negros en los mismos sindicatos que los blancos.

Técnicamente, la AFL se oponía a que existiera una barrera de color que excluyera a los trabajadores negros. Pero en la última década del siglo XIX la federación admitió la entrada de la Asociación Internacional de Maquinistas (International Association of Machinists, IAM), que se negaba a aceptar a negros dentro de su sindicato. En 1899, dos sindicatos con "barreras de color" declaradas –la Orden de los Telegrafistas Ferrocarrileros y la Hermandad de los Guardavías de Ferrocarriles– se unieron a la Federación.[73] Un año después, la AFL hizo una enmienda a su constitución para permitir el ingreso de sindicatos segregados solo para negros. De modo que al terminar el siglo, la AFL era una federación de sindicatos segregados, si no de palabra, sí de hecho. Solo el 3% de sus miembros eran negros, y la inmensa mayoría de ellos estaban organizados en sindicatos locales segregados, aunque trabajaran junto a los blancos y para el mismo patrono que ellos.[74]

Las políticas exclusionistas de la AFL no se limitaban a los afroamericanos, sino que se extendían a los inmigrantes y las mujeres que nutrían las filas del trabajo no cualificado, y que también quedaban excluidos de la mayoría de los sindicatos gremiales. Al contrario que los sindicatos industriales, que unían a los trabajadores cualificados y no cualificados en organizaciones comunes, el sindicalismo gremial surgió como un medio para proteger a los que desempeñaban algún oficio manual cualificado de la descualificación que acompañaba al auge de la producción fabril. Esa estrategia resultó por demás inútil y no logró impedir el declive e incluso la desaparición de la mayoría de los oficios manuales dominantes en el siglo XIX, como los de laminador, pudelador y rematador.[75] Más aún, esa estrategia de sectorizar los gremios socavaba la solidaridad de clase general, y a menudo enfrentaba a los sindicatos gremiales con los obreros no cualificados que trataban de entrar en sus sindicatos.

Samuel Gompers, el presidente de la AFL, era un racista declarado que compartía la ideología del movimiento eugenésico. Aunque en su época de joven cigarrero en Nueva York Gompers había sido socialista, a medida que ascendió en el liderazgo de la AFL se fue convirtiendo en un conservador. En su autobiografía defendió "el principio de que la preservación de la nación dependía de la preservación de la pureza y el vigor racial". Cuando propugnó las pruebas de capacidad de lectura y escritura como método para excluir a los inmigrantes, dijo que esas pruebas "difícilmente excluirían a los naturales de Inglaterra, Irlanda, Alemania, Francia o los países escandinavos. Pero cerrarían el paso a un número considerable de italianos del sur, de eslavos, y de otras procedencias más indeseables y dañinas aún".[76]

Por lo general Gompers se refería despectivamente a los negros como *"darkies"* (oscuritos), y los describía como holgazanes, ignorantes e inmorales.[77] Aunque la mayoría de los sindicatos afiliados a la AFL ya excluía a los afroamericanos, Gompers se negaba a admitir que el movimiento sindical tuviese alguna responsabilidad sobre los trabajadores negros que por aquel entonces hacían de rompehuelgas, y prometía un castigo ejemplar para los esquiroles negros, "una raza mucho más odiosa que cualquier otra conocida".[78]

Su amenaza se llevó a efecto en East St. Louis en 1917, cuando los dirigentes de la AFL local, que en principio solo se habían negado a organizar a los negros en sindicatos, dieron un giro y les declararon la guerra. Cuando durante la Primera Guerra Mundial empezaron a emigrar al Norte grandes cantidades de negros, los dirigentes de la AFL en East St. Louis denunciaron que la "amenaza creciente" que éstos le planteaban al movimiento sindical era de tal magnitud que "hay que tomar una acción drástica (...) para librarnos de parte de los que ya están aquí".[79]

En una semana estalló la revuelta de East St. Louis. Como narra Philip Foner:

> Turbas de residentes blancos enfurecidos tomaron las calles y comenzaron a disparar, a linchar y a quemar negros dondequiera que los hallaban, matando a hombres, mujeres y niños. Durante casi dos días campearon los disturbios, hasta que finalmente se

restauró el orden. Al menos 39 negros y 8 blancos perdieron la vida en la revuelta, y hubo un centenar o más de heridos (...) lo que en términos de pérdida de vidas la convirtió en una de las peores revueltas contra los negros acaecidas en el siglo XX.[80]

Aunque fueron los dirigentes de la AFL quienes habían incitado a la revuelta en East St. Louis, la federación se negó a denunciar la segregación y la violencia pocos meses más tarde, en su convención de 1917. La mayoría de la AFL rechazó la propuesta de resolución que presentó la izquierda. Esta resolución, que denunciaba la privación de los derechos civiles, la segregación, el linchamiento y otros aspectos de la discriminación racial, hacía un llamamiento a la AFL para que utilizase su influencia "a fin de que sean eliminados todos los impedimentos políticos, cívicos y económicos que resultan tan ofensivos y destructores de los derechos de los negros como seres humanos y ciudadanos estadounidenses". La resolución fue reprobada rotundamente antes incluso de ser votada.[81]

## El UMWA multirracial

Los Mineros Unidos de Norteamérica (United Mine Workers of America, UMWA) se desmarcaron de los patrones racistas de la AFL. El trabajo en las minas era arriesgado, y la seguridad de los mineros dependía de la confianza establecida entre los trabajadores cualificados y no cualificados, cuyas vidas literalmente dependían unas de otras. Además, muchos de los mineros eran afroamericanos, y la inmensa mayoría de los nuevos trabajadores que se incorporaban a esta industria eran inmigrantes.

Como la mayoría de compañías mineras obligaban a las familias de los trabajadores a vivir agrupadas dentro de sus propiedades en alojamientos proporcionados por ellas, así como a comprar en sus tiendas a precios abusivos, la compañía se convirtió no solo en el patrono sino además en el terrateniente y en el tendero con el que siempre estaban endeu-

73

dados. Esto hacía que las comunidades mineras sintieran un intenso odio hacia la compañía al tiempo que una inmensa lealtad hacia el sindicato. Había una gran solidaridad entre los trabajadores y sus familias. En catorce escuelas de Pensilvania, los hijos de los mineros fueron a la huelga para protestar contra los maestros esquiroles que habían tenido sus padres y hermanos durante la huelga del carbón de 1902.[82]

Como señala Montgomery, "el baluarte de los mineros –casi su iglesia seglar– era el sindicato. En la década de 1910 ningún sindicato de la AFL despertaba tanta lealtad por parte de sus miembros, ni respuestas tan entusiastas a los llamamientos a la huelga, ni tanta furia entre sus miembros ante las malas actuaciones de sus dirigentes... como ocurría en la UMWA".[83]

El sindicato de mineros formaba parte de la AFL, pero su estructura era industrial. En 1900 abandonaron las políticas iniciales de segregación y la inmensa mayoría de las secciones de la UMWA pasaron a ser "mixtas", de negros y blancos. Incluso en el Sur segregado. En Alabama, en donde en 1904 la mitad de los 12.000 mineros del sindicato eran negros, un observador describió cuál era la situación: "En algunos campamentos, en donde las condiciones de vida eran casi de total segregación, los mineros se reunían en la sala de sesiones del sindicato, escuchaban los informes de los oficiales negros, y elegían a negros para el comité local o como delegados para acudir a la convención".[84]

En 1902, la UMWA declaró que contaba con 20.000 mineros negros sindicados, o sea entre el 10 y el 15% del total de sus miembros. Castigaban con multas y otras acciones disciplinarias a las filiales mineras locales que discriminaban por motivos de raza. En 1912, la UMWA insistió en que el contrato regional que cubría Illinois, Indiana, Ohio y Pensilvania incluyese una cláusula "según la cual ningún trabajador sufriría discriminación alguna por motivo de raza, religión, nacionalidad o color".[85] En 1919, la UMWA contaba con organizadores sindicales de muchas razas y nacionalidades, incluidos algunos chinos y japoneses.[86]

La UMWA fue el primer y más importante ejemplo de organización sindical industrial multirracial que había prosperado en el Sur segregado. Sin embargo, fue más bien la excepción, y no la regla. Hubo que esperar a la aparición del CIO en los años 30, para que el movimiento sindical desafiara al sindicalismo gremial y empezaran por fin a destruirse las barreras raciales a escala nacional.

La tradición "principista" de los mineros contribuyó a poner de relieve las terribles deficiencias de la AFL. Y aunque es cierto que la directiva de la UMWA no era radical, muchos de sus miembros se sintieron atraídos por el socialismo. Como informa Lens:

> Durante el mandato del presidente John Mitchell –y luego de John L. Lewis– la UMWA fue una extraña combinación de militancia y radicalismo de base y de moderación en la cúspide. Por ejemplo, durante la huelga del carbón de 1902, el Partido Socialista pudo conformar hasta tres y cuatro secciónales diarias en las regiones carboneras. La huelga del carbón, informaba uno de los organizadores del partido, "ha hecho más por la causa del socialismo en los Estados Unidos que cualquier otro acontecimiento previo".[87]

# Unidad multirracial en el Sur segregado

A comienzos del siglo XX los patronos sureños dependían del sistema de supremacía blanca, y peleaban ferozmente por mantenerlo intentando por todos los medios mantener dividida a la clase trabajadora por motivos de raza. Pero los trabajadores madereros negros y blancos de Louisiana, separados en sindicatos "birraciales" (secciónales blancas y negras dentro del mismo sindicato), luchaban denodadamente por superar los múltiples obstáculos para conseguir la unidad de clase. Sus intentos no tuvieron éxito, pero no por motivos raciales, sino por la violencia de las compañías.

Cuando en 1911 se formó la birracial Hermandad de Trabajadores de la Madera (Brotherhood of Timber Workers, BTW), las compañías madereras de Louisiana emplearon ejércitos privados para aplastarla. El ejército de la compañía disolvía las reuniones del sindicato golpeando y apaleando a los trabajadores y expulsando a las familias de los sindicalistas de sus casas. Los miembros de la BTW portaban sus propias armas de fuego como elemento de protección cada vez que acudían a la huelga. Finalmente, la compañía se impuso por la fuerza. Norwood señala: "Aunque las compañías fueron incapaces de explotar las divisiones raciales entre los huelguistas para acabar con ellos, acabaron imponiéndose gracias a su mayor poder de fuego".[88]

Algunos años después, la Great Southern Lumber Company incluyó el "asesinato a sangre fría" como uno de los métodos para acabar con el intento organizativo birracial de la AFL en Bogalusa, Louisiana. La compañía ordenó a sus tropas cazar y capturar al líder negro del sindicato de leñadores y aserradores. Este se escondió en la sede del sindicato, protegido por sindicalistas blancos. El ejército privado de la compañía rodeó el edificio y asesinó a cuatro de los trabajadores blancos, pero el sindicalista afroamericano escapó. De nuevo vale la pena señalar que la violencia de la compañía no fue capaz de debilitar la solidaridad racial de los trabajadores, ni siquiera en la derrota.[89]

Tampoco hay que desestimar el papel jugado por el gobierno en cuanto al apoyo dado a los patronos en su esfuerzo por combatir la solidaridad racial. Como sostiene Montgomery:

> Incluso después de haberse consumado la privación de los derechos civiles y la segregación legal de los afroamericanos en las minas de carbón de Alabama y West Virginia, en los muelles de

Nueva Orleans y en los campos madereros de Louisiana, los esfuerzos de la clase trabajadora lograron superar algunas de las barreras de separación racial que había en el Sur en la década de 1880. Y todos esos esfuerzos tuvieron que enfrentarse no solo al poder económico de los patronos y al recelo mutuo entre blancos y negros, sino además al baluarte definitivo de la supremacía y la segregación blanca: *el Estado*.[90]

Así que a pesar de todas las dificultades, los trabajadores y los aparceros lograron forjar algunos momentos de solidaridad racial en el Sur segregado. La década de 1890 fue testigo de dos ejemplos notorios: el movimiento Populista, en el que los sureños fueron los más radicales, y la huelga general de Nueva Orleans en 1892. Aunque ninguno de estos intentos por forjar la unidad multirracial logró sobrevivir mucho tiempo, ambos proporcionaron una percepción de lo volátil que era la dinámica entre raza y clase.

## El movimiento Populista

El Partido del Pueblo, creado en 1892 como una tercera alternativa a los dos partidos existentes, dio expresión a la hostilidad generalizada que había contra los "barones de la industria" que dominaban tanto el Partido Demócrata como el Republicano. Los populistas querían representar "a la gente común" y negaban el ingreso en su partido a los comerciantes y los terratenientes. Entre sus otros puntos programáticos, el movimiento populista propugnaba "la propiedad colectiva del pueblo de los medios de producción y distribución".[91] Su programa también declaraba que "los intereses del movimiento obrero rural y urbano son los mismos", y pedía una reducción de las horas de trabajo y el cierre de la agencia rompehuelgas Pinkerton.[92]

Las otras demandas de los populistas incluían, como señala Lens, "'acuñación libre e ilimitada de monedas de plata y oro en una proporción legal de 16 a 1', propiedad y gestión gubernamental de los ferrocarriles, teléfonos y telégrafos, impuesto progresivo sobre la renta y expropiación de las tierras en poder de los ferrocarriles y otras corporaciones 'que excedieran sus necesidades reales'".[93]

Algunos dirigentes populistas intentaron ganarse a los blancos pobres haciendo un programa de clase, común para ellos y para los afroamericanos pobres. Pero no lo tenían fácil. El populismo surgió en un momento histórico en que el sistema de la supremacía blanca estaba listo para triunfar en todo el Sur y el programa del partido no desafiaba abiertamente las leyes segregacionistas o Códigos Negros, aparte de que sus cláusulas variaban de una seccional a otra.

Sin embargo, el Partido del Pueblo sí articuló un programa de solidaridad racial basado en los intereses de clase. El líder populista Tom Watson, por ejemplo, argumentaba a favor de la unidad racial en términos que se hacían eco de los del abolicionista Frederick Douglass: "Se les hace odiarse mutuamente porque sobre ese odio descansa la piedra angular del despotismo financiero que los esclaviza a ambos. Se les engaña y ciega de modo que no puedan ver cómo ese antagonismo racial perpetúa un sistema monetario que les convierte en mendigos a los dos".[94]

Aunque los líderes del movimiento eran mayoritariamente blancos, muchos populistas desafiaron directamente el sistema de supremacía blanca. En Georgia, el estado en donde se producía el mayor número de linchamientos, los populistas defendían a los afroamericanos de la violencia racial. En un caso, 2.000 aparceros blancos se unieron para defender a un populista negro de una amenaza de linchamiento. En Misisipi, Tejas y Carolina del Norte, los populistas lucharon por la creación de escuelas públicas mixtas y gratuitas para niños afroamericanos y blancos. En Carolina del Norte los legisladores populistas cambiaron los límites del distrito electoral para poder elegir a un congresista negro.[95]

El partido realizaba mítines que solían reunir a miles de personas. En su momento de mayor auge, el Partido del Pueblo logró conquistar los votos de millones de negros y blancos pobres en una gran coalición contra los ricos y poderosos para denunciar el empeoramiento de las condiciones de los pequeños granjeros y agricultores.

Como reseña Bloom:

> En 1894, a pesar del fraude masivo y la manipulación de la votación, el Partido del Pueblo obtuvo el 44,5% de los votos. Lograron dos escaños en el Congreso y muchos asientos más en las asambleas legislativas de Alabama y Misisipi, donde lograron un tercio de la votación. En 1896 ganaron el control del Senado en Carolina del Norte y compartieron el control del Parlamento con el Partido Republicano. Ese año, el candidato populista para el gobierno del estado de Louisiana obtuvo el 44% de los votos.[96]

Como respuesta al amplio éxito del movimiento populista, los estados sureños aprobaron leyes que intensificaban el sistema de la supremacía blanca, como fueron las restricciones al sufragio –entre ellos el *poll tax* que recortaba los derechos de los negros– y las leyes segregacionistas de Jim Crow. "El movimiento populista –sostiene Bloom– al que la élite sureña había respondido excluyendo a los negros de la política, pudo haber provocado la misma reacción en el Norte. Después de todo, el movimiento populista iba dirigido contra los intereses comerciales del Norte, y su intención era unir al Sur y al Norte contra esos intereses".[97]

## La huelga general de Nueva Orleans en 1892

En 1911 Nueva Orleans era la ciudad más integrada racialmente de los Estados Unidos. Los trabajadores negros y blancos trabajaban codo a codo en los muelles, y los negros eran una parte sustancial de toda la fuerza obrera que había en la ciudad. Los trabajadores de Nueva Orleans habían establecido una fuerte tradición sindical birracial mucho antes de la huelga de 1892.[98] Pero Nueva Orleans era también un bastión de la supremacía blanca. Cada paso adelante del movimiento sindical constituía un retroceso para la supremacía blanca, y viceversa, en un cambiante equilibrio de fuerzas que duró desde el final de la Guerra Civil hasta principios del siglo XX.

La huelga general de 1892 se desarrolló en pleno crecimiento del Populismo. En las elecciones de 1892, el Partido Demócrata y el Partido Republicano de Louisiana sufrieron el embate del nuevo partido. La plataforma del Partido del Pueblo de Louisiana rezaba: "Vosotros, Hombres de Color (...) debéis daros cuenta ahora de que ya no hay esperanza de más beneficios materiales para vosotros en el Partido Republicano, y que si permanecéis en él seguiréis siendo en el futuro leñadores y aguateros como en el pasado (...) Demócratas (...) el espectro de la supremacía negra ha sido utilizado para mantenros atrapados en la maquinaria de una política manipuladora".[99]

En una impresionante demostración de solidaridad, 25.000 trabajadores (casi toda la fuerza obrera de la ciudad) se pusieron en huelga contra el odio racial. La inmensa mayoría de los huelguistas pertenecían a sindicatos birraciales., y uno de los cinco dirigentes de la huelga era afroamericano. Los sindicatos se mantuvieron unidos solidariamente durante todo el conflicto. Un sindicalista simpatizante reseñó: "Hay un total de 25.000 hombres parados. En esta ciudad no hay periódicos que imprimir, ni gas ni luz eléctrica; tampoco carros, ni carpinteros, ni pintores: de hecho nada está funcionando. (...) Es una huelga que pasará a la historia".[100]

Los patronos de Nueva Orleans, enfrentados a la fuerza Populista en las urnas y a la unidad racial de la clase trabajadora local, respondieron con todo su poderío. Así que, tras once días de lucha y ante la amenaza del empleo de la fuerza militar, la huelga terminó. Esta derrota fue un golpe descomunal para la unidad de la clase trabajadora.

Durante los años siguientes, la legislatura del estado de Louisiana instituyó las severísimas leyes de Jim Crow. En las votaciones de 1900 añadieron el requisito de poseer una propiedad para poder votar. En poco tiempo, el voto negro cayó un 90%, y el *voto blanco* lo hizo en un 60%, lo que condujo al derrumbe de los populistas.[101] La derrota de la huelga y el colapso electoral del Partido del Pueblo dejó sin oposición a la supremacía blanca en Nueva Orleans, y abrió un periodo en el que se aceleró la violencia racista en todo el Sur. La tensión racial era tal, que durante un episodio de brutalidad policial acaecido en Nueva Orleans en 1900, un negro llegó a disparar a 27 blancos, entre ellos a siete policías. El incidente desencadenó una enorme revuelta racista contra los afroamericanos, en la que lincharon al tirador y mataron a otros cinco negros.[102]

Pero la revuelta fue seguida por otro cambio de conciencia igualmente veloz, aunque esta vez dentro del movimiento sindical y en forma de solidaridad birracial. En 1907, los trabajadores negros y blancos se volvieron a unir para bloquear el puerto de la ciudad durante tres semanas, y esta vez triunfaron en sus demandas. Más tarde, una Comisión Investigadora del Puerto integrada por políticos locales identificó que el mayor problema del puerto era su *falta* de segregación racial, concluyendo: "Uno de los grandes inconvenientes para Nueva Orleans es que las razas blanca y negra trabajan en términos de igualdad", recomendando que en el futuro se separara a negros y blancos "por razones sociológicas".[103]

## Raza, clase y "Teoría de la blancura"

Dadas las profundas raíces que tiene del racismo en la sociedad estadounidense, no resulta sorprendente que el "separatismo negro" constituya una corriente política históricamente importante. El nacionalismo negro es una respuesta legítima al colosal y sostenido nivel del racismo dirigido contra los afroamericanos desde los tiempos de la esclavitud. Ha crecido en influencia entre los afroamericanos, particularmente cuando el nivel de la lucha de clases ha sido bajo y la posibilidad de una unidad de clase multirracial se percibe como demasiado remota. Como sostiene Ahmed Shawki en *Liberación negra y socialismo*: "El principal factor del surgimiento del nacionalismo negro es sobre todo el racismo blanco".[104]

La noción del "privilegio de la piel blanca", o de que todos los blancos comparten el interés común de sostener un sistema de supremacía blanca, ha sido el núcleo unificador del nacionalismo negro, desde el nacionalismo conservador del movimiento "Volver a África" de Marcus Garvey en la década de 1920, al nacionalismo revolucionario de la Liga de los Trabajadores Negros Revolucionarios que lanzaron el DRUM en los años 60.

¿Pero quién es el responsable de la perpetuación del racismo –tanto ideológica como estructuralmente– en la sociedad estadounidense? ¿Y a quién beneficia? En años recientes, la idea de que todos los blancos salen ganando con el racismo y son igualmente responsables por la opresión negra ha ido ganando aceptación, especialmente en los círculos académicos. La "Teoría de la blancura", hoy en boga entre muchos historiadores del movimiento obrero, también aborda el tema del privilegio de la piel blanca. Pero el marco teórico de esta teoría tiene más en común con el posmodernismo que con las ideas o la política del nacionalismo negro. El historiador David Roediger ayudó a poner en marcha esa tendencia académica con la publicación en 1991 de su libro *El salario de la blancura*. A pesar del sistema de supremacía blanca, sancionado por la ley, impuesto por la fuerza y respaldado por los dos partidos políticos mayoritarios tras la Reconstrucción, Roediger afirma que "la 'blancura' de la clase trabajadora y la supremacía blanca son creaciones, en parte, de la propia clase trabajadora blanca".[105]

Roediger acusa a los marxistas de reducir el racismo a algo que simplemente "gotea" desde arriba, y les critica su tendencia a "concentrarse en el papel que juega la clase dominante en la perpetuación de la opresión racial y considerar incautos, aunque virtuosos, a los trabajadores".[106]

Sin duda Roediger rinde homenaje al reverenciado líder de los derechos civiles W.E.B. Du Bois. Ciertamente, la expresión "salario de la blancura" remite a la obra clásica de Du Bois *La reconstrucción negra en Norteamérica*, en donde el autor señala los efectos del racismo en los trabajadores blancos sureños: "Los trabajadores blancos, aunque percibían un salario bajo, se veían compensados en parte por una especie de paga pública y psicológica. Había cierta deferencia hacia ellos y recibían un trato cortés porque eran blancos. Se les permitía el acceso libre a la función pública, a los parques públicos y a las mejores escuelas".[107]

Pero tomada fuera de contexto, la cita de Du Bois puede llevar a conclusiones erróneas. El autor coloca el comentario anterior entre otros dos que muestran claramente su intención de explicar cómo la ideología de la supremacía blanca impedía que los trabajadores negros y blancos se unieran como clase en detrimento *de ambos*. Primero, argumenta Du Bois, el racismo "introdujo una cuña entre los trabajadores blancos y los negros que logró lo que parecía imposible: que probablemente no existan en el mundo dos grupos de trabajadores con intereses tan prácticamente idénticos que se odien tan profunda y persistentemente entre sí, y que puedan ser mantenidos tan alejados unos de otros que ninguno de ellos pueda darse cuenta de que tienen intereses en común".[108]

Algunos párrafos más adelante, Du Bois agrega: "El resultado de ello fue que los dos tuvieron que conformarse con salarios bajos; los blancos porque temían ser suplantados por los trabajadores negros, y los negros porque vivían bajo la amenaza de ser sustituidos por los trabajadores blancos".[109]

Para Roediger, sin embargo, lo más importante era el aspecto psicológico, el "salario psicológico" de los blancos. Según él "la blancura de la clase trabajadora refleja –incluso bajo la forma de representación teatral popular cómica en la que unos actores blancos hacen papeles de negros– profundos odios mezclados con la apetencia de poseer valores que se les atribuyen a los negros".[110] El historiador del movimiento obrero Brian Kelly señala que este énfasis en la blancura por parte de algunos historiadores "lo deja a uno preguntándose si la supremacía blanca no tendría alguna *otra* función más allá de la defensa de los intereses materiales y psicológicos de los blancos de la clase trabajadora".[111]

En cualquier caso, los episodios más importantes de unidad racial, incluso los habidos durante la era de la segregación, merecen más explicación que esta. El propio Roediger admite que "la conciencia popular de la clase trabajadora que surgió en las etapas finales de la Guerra Civil, especialmente en el Norte, contempló la liberación de los esclavos negros como un *modelo*, y no solo como una amenaza. Al igual que los negros liberados, los trabajadores blancos también vivieron la Guerra Civil como un 'Jubileo' y, en palabras del líder obrero de Detroit Richard Travellick, 'se llegó a tener la esperanza de que estábamos al borde de la emancipación'".[112]

No obstante, Roediger concluye: "Los pocos registros que hay sobre la organización birracial no permite generalizar ni afirmar que la unidad entre negros y blancos sitúe automáticamente al movimiento sindical en una mejor posición táctica para enfrentarse al capital".[113]

Aunque Roediger no esté de acuerdo,[114] el marco político de la actual "teoría de la blancura" parece deberle mucho al retoño posmoderno conocido como "política de la identidad", tan popular entre buena parte de la izquierda académica posterior a la década de 1970.[115]

# La teoría de la blancura y la política de la "diferencia"

Ernesto Laclau y Chantal Mouffe –autodefinidos como posmarxistas– fueron los primeros en articular el marco teórico de la política de la identidad en su libro de 1985 *Hegemonía y estrategia socialista: hacia una política democrática radical*.[116] Su teoría abstracta (al extremo) disocia todas las formas de opresión no solo de la sociedad en general sino de ellas mismas. Ellos plantean que la sociedad es un terreno "entrecruzado de antagonismos" en el que cada forma de opresión existe como un sistema enteramente autónomo.

Según este esquema, la clase social no es más que otra forma de opresión, separada de todas las demás, dejando al sistema de *explotación* igualmente a la deriva. Más aún, cada sistema de opresión por separado posee su exclusivo conjunto de beneficiarios: todos los blancos se benefician del racismo, todos los hombres se benefician del sexismo y todos los heterosexuales se benefician de la homofobia: cada uno en un sistema de "subordinación" de flotación libre.

Así que no es sorprendente que Laclau y Mouffe sostengan que: "La posibilidad de un *discurso unificado* de la izquierda también desaparece. Si las diferentes posiciones de sometimiento y los diversos antagonismos y puntos de ruptura constituyen una *diversidad* y no una *diversificación*, está claro que no pueden ser devueltas a una posición desde la cual todas puedan ser abarcadas y explicadas mediante un único discurso".[117] De este modo, la política de la identidad, la política de la "diferencia", busca refutar el potencial unificador de los intereses de la clase trabajadora.

Los autores insisten en que el propio Estado es autónomo, y hacen grandes esfuerzos por refutar la hipótesis marxista de que el Estado actúa a favor de los intereses de la clase dominante.[118] Esa teoría, de haberse fundamentado en la realidad, habría tenido enormes implicaciones para el origen de la supremacía blanca, ya que *podría* ser una creación "en parte, de la propia clase trabajadora blanca", como asevera Roediger.

Pero como dice el historiador Gregory Meyerson respondiendo a ese análisis:

> Si bien es cierto que las distintas categorías de identidad se entrecruzan –se vive la clase a través de la raza y el género, etc.– y que además estoy dispuesto a aceptar que no se debe privilegiar ninguna experiencia de opresión sobre otra, eso no quiere decir que las múltiples opresiones requieran ser explicadas por múltiples causas estructurales. (...) La clase trabajadora [de Roediger] parece demasiado autónoma, y a la vez cerrada herméticamente dentro del proceso de dominio de clase en marcha. Esa autonomía, sostenida sin ninguna consistencia (...) requiere que Roediger suplante el análisis de clase por el análisis psíquicocultural.[119]

## ¿Quién se beneficia del racismo?

En la crítica de Roediger resulta fundamental la idea de que el marxismo minimiza la importancia de la raza:

> La idea de que la raza es una creación totalmente ideológica e histórica y que la clase no lo es tanto, la ha reducido hasta el punto de que la noción de la clase (o lo "económico") se ha convertido en más real, más fundamental, más básica o más *importante* que la raza, tanto en términos políticos como en términos de análisis histórico (...) No tiene sentido que el "problema de la raza" sea reducido a un problema de clase.[120]

Pero el análisis de Roediger es defectuoso en varios respectos. Primero, parece suponer que los intereses de la clase trabajadora han sido definidos históricamente *solo* por las acciones de los blancos varones, como si las mujeres y los afroamericanos –por no mencionar a otros sectores oprimidos de la población– no hubiesen jugado un papel activo en la definición de la identidad de la clase. Segundo, Roediger supone erróneamente que cuando el marxismo dice que la clase es el antagonista principal de la sociedad capitalista, esté descartando la importancia de la raza. Es significativo que toda su tesis descanse en la hipótesis de que los trabajadores blancos se benefician de la existencia del racismo.

Meyerson se enfrenta a ese conjunto de suposiciones, y remarca el énfasis que hace Marx sobre la centralidad de las relaciones de clase situando a la opresión en el primer plano, como una precondición para la unidad de la clase trabajadora:

> El marxismo correctamente interpretado hace énfasis en la primacía de la clase en muchos sentidos. Uno, por supuesto, es la primacía de la clase trabajadora como agente revolucionario: una primacía que no convierte en "secundarios", como a menudo se piensa, a las mujeres y a la gente de color. Tal equivalencia entre blanco varón y clase trabajadora, así como la correspondiente división entre una identidad de la clase trabajadora masculina y blanca y todas las demás –identidad que por consiguiente es vista o como primordialmente de género y raza o como híbrida–, constituye una visión a la que el presente ensayo se opone de lleno. La primacía de la clase significa que la construcción de una organización multirracial y multigenérica internacional (o varias) de la clase trabajadora, debería ser la meta de cualquier movimiento revolucionario: la primacía de la clase convierte en central la lucha contra el racismo y el sexismo. La inteligibilidad de esta posición radica en la primacía *explicativa* de los análisis clasistas para la comprensión de los determinantes estructurales de raza, género y opresión de clase. La opresión es múltiple y entrecruzada, pero sus causas no lo son.[121]

Designar a la clase como el primer antagonismo en la sociedad capitalista no significa interferir en modo alguno la "importancia" del racismo, como pretende Roediger. El marxismo supone tan solo una relación *causal*: que la supremacía blanca como sistema fue instituida por el capital en detrimento del trabajo en su totalidad. La teoría marxista se basa en el supuesto de que los trabajadores blancos *no* se benefician de un sistema de supremacía blanca. Sobre la esclavitud, el más opresivo de todos los sistemas de explotación, Marx sostenía: "En los Estados Unidos de Norteamérica, cualquier movimiento independiente de los trabajadores quedó paralizado porque la esclavitud desfiguraba parte de la república. El trabajo no se podía emancipar en la piel blanca mientras se marcaba con hierro candente la piel negra".[122] Marx no fue el único en suponer que el racismo, al dividir la clase trabajadora siguiendo líneas ideológicas, lesionaba por igual los intereses de clase de los trabajadores blancos y negros. Frederick Douglass afirmó inequívocamente sobre los dueños de esclavos: "Los dividieron en dos para conquistarles a cada uno".[123]

Douglass desarrolló esta idea: "Ambos son expoliados, y por los mismos expoliadores. Al esclavo le roba su amo toda paga que exceda lo requerido por sus necesidades físicas; y al hombre blanco le roba el sistema esclavista porque es puesto a competir con una clase de jornaleros que trabajan sin salarios".[124]

El capitalismo obliga a los trabajadores a competir entre ellos. La presión incesante de un estrato de trabajadores –de bajo salario o sin empleo– constituye un recordatorio constante de que hay trabajadores compitiendo por un número de empleos limitado que puedan permitir un nivel de vida decente. La clase trabajadora no tiene interés en mantener un sistema que se nutre de la desigualdad y la opresión. Toda evidencia empírica demuestra exactamente lo contrario. El racismo contra los negros y otros grupos oprimidos racialmente sirve a la vez para rebajar los niveles de vida de la totalidad de la clase trabajadora y debilitar la capacidad de los trabajadores para luchar en defensa propia. Siempre que los capitalistas puedan amenazar con reemplazar a un grupo de trabajadores por otro –peor pagado– ninguno de los dos grupos saldrá beneficiado.

El Sur, históricamente antisindical, no solo ha reducido los salarios de los trabajadores negros, sino que, como ya se ha señalado, también ha disminuido los salarios de los trabajadores blancos en general, e impedido que el movimiento sindical logre salir victorioso en coyunturas importantes. Así que la clase trabajadora en su conjunto no tiene, ni siquiera a corto plazo, nada que ganar con la opresión.

## Cuestión de conciencia

Pero la teoría marxista tiene mucho cuidado en distinguir entre los beneficios materiales y la psicología, o conciencia, respecto a la raza. Mientras los intereses materiales (es decir, la clase) son fijos y objetivos, la conciencia es fluida y subjetiva.

Cuando Marx identificaba a la clase trabajadora como el agente para el cambio revolucionario, estaba describiendo su potencial histórico, no de una conclusión cerrada. Sin el contrapeso de la lucha de clases, la competencia entre grupos de trabajadores puede actuar como un obstáculo para el desarrollo de la conciencia de clase y fomentar el crecimiento de lo que Marx llamaba "falsa conciencia". Marx no consideraba "incautos" a los trabajadores, como pretende Roediger en su caricatura del marxismo.[125] Más bien entendía, como sostiene en *El manifiesto comunista*, que "las ideas dominantes de cada época han sido siempre las ideas de su clase dominante".[126]

La ideología de la clase dominante sirve, en sus distintas formas, para justificar el estatus quo, incitando a los trabajadores a luchar unos contra otros y anulando la capacidad de los trabajadores para unirse y luchar contra sus patronos. La ideología racista, que los segregacionistas sureños y el movimiento eugenésico afirmaban con tanta fuerza, realmente actuó en su momento culminante como un poderoso factor disuasivo contra la unidad de clase. Y el racismo continúa siendo el elemento divisor clave dentro de la clase trabajadora.

Pero la conciencia es un fenómeno cambiante, no estático. La dinámica es tal, que las circunstancias objetivas de los trabajadores están siempre en conflicto con la ideología burguesa, como evidencian los excepcionales ejemplos de unidad multirracial que hubo incluso en el Sur de Jim Crow.

Al análisis de Roediger se le escapa esa dinámica *activa* de la lucha de clases, tan importante para la teoría marxista, en la que los intereses objetivos de clase de los trabajadores chocan con "las ideas de su clase dominante". Los trabajadores de Nueva Orleans demostraron la volatilidad de esa dinámica en 1892, en una huelga general sin barreras raciales; también se demostró en las sangrientas revueltas raciales de 1900 y después en una lucha sindical victoriosa que implicó a trabajadores negros y blancos en 1907. Marx decía en *El manifiesto comunista*: "Esa organización de los proletarios en una clase (...) vuelve una y otra vez a verse socavada por la competencia entre los propios trabajadores. Pero siempre surge de nuevo, más fuerte, más firme, más poderosa".[127]

Al igual que los Caballeros del Trabajo se contradecían al hacer campaña contra la inmigración china al tiempo que admitían a mujeres, a negros y a la mayoría de trabajadores inmigrantes, los trabajadores como individuos también abrigaban ideas contradictorias en sus mentes. Los trabajadores no son héroes incautos o románticos, sino agentes activos en proceso para determinar cuáles son sus genuinos intereses de clase.

Puesto que la conciencia es subjetiva, no cabe esperar que ningún sector de la clase trabajadora se comporte de manera predeterminada. Marx distinguía entre una clase "en sí misma" y una clase "para sí misma", que habría alcanzado una más amplia conciencia de clase. La intervención política de los radicales dentro del movimiento de la clase trabajadora a menudo ha desempeñado un papel crucial para el avance de la conciencia de clase.

Como escribió Marx: "La revolución es necesaria no solo porque la clase *dominante* no puede ser derrocada de otra manera, sino porque la clase *derrocadora* solo podrá tener éxito si se sacude toda la vieja inmundicia y se vuelve capaz de fundar una sociedad nueva".[128] Históricamente el racismo y la segregación han sido los obstáculos más importantes para la unidad de la clase trabajadora en los Estados Unidos; lo peor de la "vieja inmundicia", a quien habrá que vencer para que el movimiento obrero logre sus objetivos.

## El duopolio corporativo

El Partido Demócrata fue un partido proesclavista en la Guerra Civil, mientras que los republicanos representaban a los reformadores radicales y a la clase capitalista industrial norteña. Después de que la victoria del Norte estableciese el dominio del capital industrial, los antiguos dueños de plantaciones sureñas conformaron la columna vertebral segregacionista del Partido Demócrata hasta la era Reagan en los años 80 del siglo pasado, cuando muchos "Dixiecrats"* comenzaron a cambiarse al Partido Republicano, más conservador.

Los demócratas y los republicanos han sido las dos alas de la clase capitalista y han compartido el poder político a lo largo de 150 años. El historiador Matthew Johnson describió la relación que había a finales del siglo XIX entre los "capitanes de la industria" –ferrocarriles, minería y banca– y los dos partidos:

> Los amos de los negocios se sentaban en las cámaras altas del Congreso (o "Club de los Millonarios", como se les llamaba humorísticamente) junto a sus socios de confianza, que eran representantes o gobernadores de Estado, y entre todos conforma-

ban una larga y distinguida nómina de republicanos (...) Por su parte, el partido opositor [los demócratas], los "de afuera", se parecían a los republicanos –que por lo general eran los "de adentro"–, y también solían tener como representantes a grandes amos de los negocios o a abogados de las corporaciones.[129]

Ya en la época de la esclavitud, las ofertas de los demócratas mostraron tener un doble filo: los políticos del partido tentaban a la clase trabajadora prometiéndoles reformas favorables[130] y *al mismo tiempo* agitaban resentimientos raciales. Así fue como el Partido Demócrata obtuvo un considerable número de seguidores entre los trabajadores blancos, principalmente entre los irlandeses y otros inmigrantes, antes incluso de la Guerra Civil.

Parte del atractivo del Partido Demócrata para los trabajadores inmigrantes era, como sostiene David Brody, que "los trabajadores inmigrantes, ubicados siempre en el lado receptor de la hostilidad nacionalista, tenían ahora en el afroamericano un blanco perfecto sobre el cual descargar su propia rabia".[131]

El Partido Demócrata ha sido siempre un partido de la clase dominante, igual que el Republicano. Pero durante más de cien años se les ha venido retratando, y con un éxito considerable, como el que tenía mayor sensibilidad hacia las necesidades de los trabajadores y los pobres. Sin embargo, siempre que los trabajadores han depositado su fe en los demócratas han sido traicionados.

La base fundamentalmente burguesa del Partido Demócrata debería resultar muy preocupante para el movimiento sindical, pero las lealtades de clase profesadas por los demócratas (más notables durante las campa-

* De *Dixie*, nombre dado a los estados del Sur, y *Democrat*, militante del Partido Demócrata, para designar a los demócratas disidentes de dichos estados, en especial a los que hicieron oposición al candidato propio en las elecciones de 1948. [N. de la T.]

ñas electorales) siempre han confundido a los activistas sindicales y a buena parte de la izquierda política.

## El cementerio de los movimientos sociales

En lo que ya sería su pauta permanente de comportamiento, los demócratas se las ingeniaron para absorber –y con ello destruir– el movimiento Populista de la década de 1890. El éxito electoral de los populistas suponía una amenaza directa al dominio ejercido por el Partido Demócrata en el Sur. Por tal razón, William Jennings Bryan, el candidato a la presidencia por los demócratas en 1896, se planteó el reto de robarle todos los votos al Partido del Pueblo.

Aunque Bryan perdió las elecciones de 1896 frente al candidato republicano William McKinley, sí logró hacerse con la mayoría del voto populista, de modo que el Partido del Pueblo se derrumbó inmediatamente después de esa espectacular derrota. El líder populista Tom Watson se pasó al Partido Demócrata y abandonó la lucha por la unidad racial para abrazar el mensaje demócrata de la supremacía blanca. La debacle populista significó por consiguiente el primer aviso de que el Partido Demócrata sería "el cementerio de los movimientos sociales".

Bryan, por su parte, llegó a ser Secretario de Estado en 1913 bajo la presidencia del demócrata Woodrow Wilson. En su nuevo rol de ejecutor imperialista, Bryan dirigió las invasiones norteamericanas de Haití, Nicaragua, México y la República Dominicana. Cuando Bryan –que no escondía sus sentimientos racistas– se enteró de que los haitianos ricos educaban a sus hijos en Francia exclamó: "¡Válgame Dios, quién iba a pensarlo! ¡Negros hablando francés!"[132]

Mientras el movimiento Populista debatía si romper o no con el sistema bipartidista, dentro de la AFL se vivía un debate similar. Al igual que los populistas, los delegados socialistas a la convención de la AFL de

1893 lograron ganarse a la mayoría para aprobar el principio de "la propiedad colectiva de los medios de producción". Pero un año más tarde, Gompers y otros conservadores se aliaron para derrotar esa demanda. Los socialistas de la AFL se vengaron echando a Gompers de la presidencia de la Federación tras una votación mayoritaria en ese sentido.[133]

Pero en 1895 Gompers recuperó el cargo, esta vez de manera permanente. Y bajo su liderazgo, la AFL se integró al sistema bipartidista. Este paso contaba con el apoyo de muchos dirigentes seccionales, a quienes les era útil en lo personal congraciarse con los políticos locales en ciudades como Nueva York o Boston, donde los alcaldes demócratas manejaban eficaces mecanismos para otorgar prebendas. Aunque los socialistas siguieron siendo la piedra en el zapato para el bando de Gompers (hasta un 40% de los delegados de la AFL continuaron apoyando las resoluciones socialistas hasta la Primera Guerra Mundial), los conservadores salieron victoriosos.

La AFL finalmente consolidó su alianza con los demócratas tras apoyar la candidatura presidencial de Woodrow Wilson en 1912. Gompers había rechazado la idea de apoyar a un partido obrero, argumentando que la AFL perdería todo su poder de negociación tanto con los demócratas como con los republicanos si no apoyaban a uno de ellos.[134] Así que los dirigentes sindicales quedaron atados y ligados para siempre al Partido Demócrata.

## El Gran Fingidor

El presidente Franklin Delano Roosevelt se ganó la lealtad de los demócratas de la clase trabajadora norteamericana durante la Gran Depresión de la década de 1930. Desde entonces, y a lo largo de muchas generaciones, se ha ido forjando la leyenda de que Roosevelt era el amigo y aliado de los sindicatos y de los pobres.

Roosevelt invocaba a menudo la compasión para con los pobres, y su administración realizó grandes cambios en la política de su arrogante predecesor, el republicano Herbert Hoover. Roosevelt declaró en 1933: "Ninguna empresa cuya existencia dependa de pagar a sus trabajadores menos que el salario de subsistencia tiene derecho a continuar en este país".[135] Roosevelt concedió a los trabajadores algunas reformas importantes, como la Ley Nacional de Relaciones Laborales (la llamada Ley Wagner) de 1935, que finalmente garantizaba el derecho legal a afiliarse a los sindicatos.

Pero Roosevelt concedía esas reformas porque se dio cuenta de que a comienzos de los años 30 el descontento de la clase trabajadora estaba alcanzando un punto de ebullición, y con esas reformas esperaba evitar una rebelión. Aunque siempre se le recuerda como un reformador social, él mismo resumió su filosofía de esta manera: "Un verdadero conservador corrige las injusticias para preservar la paz social".[136]

Así que tras el derrumbe de la bolsa de valores en 1929 y el inicio de la Gran Depresión, las políticas de Roosevelt tenían como objetivo restaurar la estabilidad del capitalismo. Porque como argumenta Lens:

> Si Norteamérica no estuvo cerca de la revolución en 1932 tan solo fue porque aún contaba con recursos considerables para mitigar las necesidades de los hambrientos y los necesitados. No era una situación para considerar con ligereza, y cuando el presidente Roosevelt asumió el cargo en marzo de 1933, el *New Deal* [Nuevo Trato] no podía correr el riesgo de atacar frontalmente al movimiento obrero, incluidos los pobres, como habían hecho otras administraciones en el pasado (...) Algunos historiadores han declarado que fue Roosevelt quien impulsó los sindicatos en los años 30, pero los hechos no indican que fuera así. Aunque es cierto que hubo una interacción de causa y efecto, fue la gigantesca presión de millones de personas acuciadas por la frustración la que arrastró al *New Deal* a apaciguar el sindicalismo.[137]

Pero incluso en el punto álgido del descontento de la clase trabajadora, en 1937, Roosevelt afirmaba: "Yo soy el mejor amigo que el libre mercado haya tenido jamás".[138] Ciertamente, su objetivo era nada menos que "la salvación del capitalismo norteamericano".[139]

Roosevelt consiguió que un sector del capital respaldase el programa del Partido Demócrata –intervención estatal dentro del país e internacionalismo fuera de él– para sacar de la crisis a la economía estadounidense. Aunque esos capitalistas conformaban tan solo una minoría de los líderes empresariales, se contaban entre los más poderosos. Entre quienes apoyaban a Roosevelt figuraban algunos de los más altos ejecutivos de varios de los intereses corporativos de mayor envergadura, como la General Electric, la IBM, la R.J. Reynolds y la Standard Oil de Nueva Jersey y California.

Esos gigantes corporativos unieron fuerzas con prominentes financieros internacionales para respaldar el programa demócrata. Dicho y hecho; en las elecciones de 1932 un 25% del total de las contribuciones que Roosevelt recibió para su campaña electoral superaban los mil dólares y habían sido donados por banqueros y agentes de bolsa.[140]

Como describen los historiadores Joel Rogers y Thomas Ferguson:

> En el centro [de la coalición *New Deal*] no estaban los millones de granjeros, negros y pobres –lo que hubiese podido preocupar a los comentaristas liberales–; ni siquiera estaban las masas de trabajadores empleados o en huelga que pudieran presionar al gobierno desde abajo (y más tarde ayudasen a implementar algunos de los logros del *New Deal*) sino otra cosa: un nuevo bloque de poder formado por industrias de capital concentrado, bancos inversores y bancos comerciales que operaban internacionalmente.[141]

Muchos trabajadores militantes de base trataron de romper con los demócratas durante la década de la Depresión, pero en ese momento decisivo se impuso la opinión de los dirigentes sindicales. Y desde enton- ces, la lealtad del movimiento sindical hacia el Partido Demócrata ha permanecido invariable. El argumento siempre ha sido el mismo: que frente a los republicanos, los demócratas representan "un mal menor". Este compromiso del movimiento sindical con los demócratas corporati- vos ha debilitado enormemente el poder de negociación de los sindicatos con el Capital, al tiempo que ha garantizado el voto de la clase trabaja- dora a los Demócratas sin que éstos hayan tenido que renunciar a sus políticas pro-corporativas. De hecho, los Demócratas han actuado así generación tras generación desde Roosevelt, sin temor a que los sindica- tos decidieran optar en algún momento por seguir un rumbo político independiente.

## Violencia y conflicto de clases

Engels dijo una vez de la clase dominante norteamericana: "En nin- guna otra parte del mundo actúan de modo tan descarado y tiránico como allí".[142]

En *El martillo y la hoz,* Robin Kelley describió las experiencias de los comunistas cuando fueron a organizar a los aparceros negros de Alaba- ma en la década de 1930: "Si nos situamos en el Sur y nos hacemos la pregunta que se hizo Warner Sombart '¿Por qué no hay socialismo en los Estados Unidos?', la respuesta es 'por la violencia y la ausencia de la ley'. En ese momento, los comunistas y los sindicalistas de Alabama corrían el riesgo de ser detenidos, golpeados, secuestrados e incluso asesina- dos".[143] Es cierto que la violencia de la clase dominante no pudo impedir que los trabajadores se organizasen, y de hecho, la Unión de Aparceros de Alabama (Share Croppers Union, SCU) creció hasta los 10.000 miembros en 1935. Pero también es cierto que la violencia y la represión *fueron las razones* que obligaron a la SCU a ser una organización clan- destina armada.

En el Sur segregado, la violencia y la represión ejercidas por la clase dominante estaban a la orden del día. Pero todos los gobernantes, tanto del Norte como del Sur, han respondido siempre con violencia cuando han tenido que afrontar momentos álgidos de lucha. Cuando George H.W. Bush envió las tropas federales para aplastar la rebelión de Los Angeles en abril de 1992, estaba siendo fiel a una tradición que venía de lejos.

Esa tradición había sido establecida durante las oleadas de huelgas de las últimas décadas del siglo XIX. Las corporaciones de mayor tamaño, en especial las de los ferrocarriles y el acero, manejaban enormes recursos. Se podían permitir la contratación de ejércitos privados de esquiroles, como los famosos Pinkerton, mientras sus aliados cercanos al gobierno les facilitaban resoluciones judiciales favorables y aportaban tropas gubernamentales para atacar a los huelguistas.

Davis describe "la violencia excepcional de la batalla por el reconocimiento de los sindicatos en los Estados Unidos":

> Para establecer una comparación con el caso de Inglaterra: si bien es cierto que los trabajadores norteamericanos obtuvieron el voto sin restricciones medio siglo antes que sus colegas ingleses, también tuvieron que luchar durante una generación más que aquellos contra los tribunales hostiles y los patronos intransigentes para consolidar sus primeros sindicatos gremiales. Puede que el movimiento obrero norteamericano no haya tenido nunca que afrontar la carnicería de una Comuna de París o el fracaso de una revolución, pero ha derramado su sangre en incontables *"pinkerloos"* a manos de los agentes de Pinkerton o de la milicia.[144]

## La huelga de la Homestead

La violencia de los patronos ha contribuido históricamente a que la lucha de clases en los Estados Unidos tuviera un carácter explosivo. La huelga de la Homestead Steel de 1892 es un ejemplo de la intensidad que experimentaba la guerra de clases a finales del siglo XIX. Henry Clay Frick, un reconocido anti-sindicalista, recortó drásticamente los salarios en su acería de Pittsburg para provocar deliberadamente una huelga. Durante la misma, Frick contrató a trescientos detectives Pinkerton y los trasladó en barcazas a las factorías Homestead, ubicadas junto al río. Inicialmente una multitud de trabajadores armados impidió que los Pinkerton llegaran a la orilla. Como narra Brecher:

> Los huelguistas, acompañados de un gran número de simpatizantes armados venidos de otras ciudades, trataron de hallar el modo de echar a los Pinkerton de las barcazas. Primero construyeron barricadas de acero y hierro en bruto desde donde poder disparar sobre las embarcaciones, tirando a quemarropa. Lanzaron cartuchos de media libra de dinamita contra ellas, abriendo agujeros en los costados pero sin lograr hundirlas. (...) Los trabajadores echaron gasolina al agua del río junto a ellos, pero no lograron prenderle fuego. Enfilaron una balsa en llamas hacia ellos, pero la corriente la arrastró más allá. Apuntaron con un tubo de gas natural hacia las barcazas y prendieron el gas con petardos de la festividad del 4 de Julio, pero solo se generó una pequeña explosión. (...) Al final del día los Pinkerton tuvieron que enfrentarse a un motín de sus propios hombres.[145]

Cuando acabó la batalla, cuarenta trabajadores habían sido alcanzados por las balas y nueve habían muerto. Pero fueron abatidos veinte Pinkerton, y siete de ellos murieron. A pesar de recibir la solidaridad de otros trabajadores, los obreros de la Homestead acabaron perdiendo la batalla. La milicia de Pensilvania ocupó la ciudad y pocos meses después los huelguistas regresaron a su trabajo, con su sindicato destruido.[146]

## La masacre de Ludlow

"No hubo otras huelgas en la historia norteamericana que expresaran de una forma tan descarnada lo que era la guerra de clases ni que se parecieran tanto a la guerra real, como las que se dieron en las comunidades mineras del Oeste", sostiene Lens. Así lo describe:

> Aunque apenas lucharon unos cuantos centenares, quizás unos miles, y aunque su efecto sobre la economía de la nación era marginal, ellos representaban la confrontación extrema que había entre trabajo y capital. Los patronos recurrían a los sheriffs del condado, contrataban guardias y tropas estatales y federales, mientras que los mineros recurrían instintivamente a sus rifles Winchester o a los cartuchos de dinamita. Los tiroteos, las voladuras, los calabozos a cielo abierto, las órdenes de detención y las deportaciones, eran abundantes y frecuentes.[147]

La infame masacre de Ludlow ilustra el nivel de violencia desenfrenada que infligían las corporaciones a los trabajadores que se ponían en huelga en esa época. En la mañana del 20 de abril de 1914, el ejército privado de la Colorado Fuel & Iron Company, propiedad de John D. Rockefeller, acompañado de tropas estatales, abrió fuego sobre las familias de los mineros huelguistas que dormían dentro del recinto en sus tiendas de campaña. Los mineros respondieron el fuego durante horas, pero finalmente se quedaron sin municiones. Entonces los guardias embistieron contra el campamento, rociaron las tiendas con gasolina y las incendiaron; apalearon y dispararon a los mineros ahora desarmados y destrozaron sus pertenencias personales. Trece mujeres y niños murieron calcinados, y tres huelguistas fueron ejecutados allí mismo.

Pero la huelga no acabó ahí. Al contrario, se convirtió en una guerra abierta. La UMWA, la Federación del Trabajo de Colorado y la Federación de Mineros del Oeste hicieron un llamamiento conjunto a todos sus miembros a empuñar el fusil, y distribuyeron armas y municiones. El 29 de abril los mineros derrotaron tanto a las tropas estatales como a las privadas. El presidente Wilson respondió enviando al ejército de los Estados Unidos a ocupar la región, y allí estuvieron hasta que finalmente los delegados asistentes a la conferencia de la UMWA celebrada en diciembre, ofrecieron su rendición, tras más de un año de huelga.[148]

## El mandato judicial y la huelga de Pullman de 1894

Como demuestran claramente los ejemplos anteriores, la represión corporativa tradicionalmente ha gozado del apoyo activo del gobierno. Los mandatos judiciales criminalizando piquetes e incluso huelgas enteras han proporcionado a los patronos la sanción legal para atacar a los huelguistas durante más de cien años. La experiencia de la huelga en Pullman del Sindicato Norteamericano del Ferrocarril (American Railway Union, ARA) en 1894, demuestra cómo los tribunales establecieron precedentes legales desde muy al principio, imponiendo intimaciones no cuando se violaban la ley y el orden sino en defensa de los derechos ilimitados de las corporaciones a obtener beneficios.

La huelga de Pullman destacó inicialmente por la *ausencia* de violencia en los piquetes de huelguistas, tan característica de esa época. El presidente del sindicato, Eugene Debs, pidió a los huelguistas "respetar la ley y el orden", y así lo hicieron en las primeras semanas del conflicto.[149] La huelga generó una inmensa solidaridad, motivada por la hostilidad general de la clase trabajadora hacia los magnates del ferrocarril, conocidos popularmente como los "barones ladrones". Cientos de miles de simpatizantes de la huelga a todo lo largo y ancho del país lucían la cinta blanca del ARA para expresar su solidaridad con los obreros de la Pullman. Las milicias de California, llamadas para atacar a los huelguistas, se negaron a cumplir las órdenes. Un reportero de Battle Creek, Michigan, comentó: "La compañía no encontraría hombres aquí que movieran los trenes ni trayendo a un millón de soldados".[150]

Trabajando codo a codo con los patronos de la Pullman, el Fiscal General de los Estados Unidos Richard Olney solicitó una orden judicial urgente contra la huelga, argumentando que el sindicato huelguista estaba involucrado en una conspiración para "restringir el comercio". El gobierno dictaminó que la huelga de Pullman violaba tanto la Ley Antitrust de Sherman como la Ley de Comercio Interestatal –a pesar de que la intención de ambos textos legislativos era poner freno a los monopolios corporativos, no ayudarlos. Los jueces federales concedieron la intimación (requerimiento del cumplimiento de la ley mediante autoridad o fuerza) contra la huelga, lo que situó de inmediato a los 150.000 trabajadores huelguistas como "violadores de la ley".[151]

Tras la intimación y en cuestión de días, 6.000 hombres de las tropas federales y estatales ocupaban la ciudad de Chicago, junto a 3.100 policías y 5.000 agentes judiciales. Las tropas fueron tomando posiciones, mientras la compañía rechazaba la reiterada oferta de Debs de poner fin a la huelga si el patrono accedía ir a un arbitraje. Las tropas atacaron primero con bayonetas y luego con armas de fuego.

La violencia colectiva era el único contrapeso efectivo ante el poder de la tropa, y obtuvo algún éxito inicial. Miles de hombres, mujeres y niños ocupaban las vías y a veces lograban detener los trenes tripulados por soldados rompehuelgas. Los huelguistas y quienes los respaldaban aprendieron que se necesitaban entre treinta y cuarenta personas para mover un vagón de ferrocarril, meciéndolo hacia adelante y hacia atrás, como hicieron repetidas veces.

Una semana más tarde, el presidente Grover Cleveland prohibió las asambleas populares en todo Illinois, extendiendo la prohibición a otros focos huelguistas como Wyoming, Dakota del Norte, Idaho, Colorado, Washington y California.

Pero la solidaridad era tan fuerte que hasta un grupo de oficiales del ejército, reunido en Chicago, declaró su apoyo a la huelga y objetó el empleo del ejército como fuerza rompehuelgas. (Se les juzgó en una corte marcial por ello). Las autoridades pasaron a la ofensiva y arrestaron a Debs y a otros tres dirigentes de la huelga, registraron sus oficinas en el sindicato y les formularon cargos por conspiración criminal. Dos taberneros simpatizantes pagaron la fianza, ya que el sindicato no tenía dinero.[152]

El Consejo de Asuntos Sindicales y Laborales llamó a todos los ciudadanos a una huelga solidaria, pero solo se sumaron 25.000 trabajadores, debido a la ocupación militar de la ciudad. Entonces Debs pidió a la AFL que convocara una huelga nacional solidaria. Como sostiene Lens, ese llamamiento nacional "indudablemente hubiese sacado a la calle a varios millones de trabajadores, y podría haber forzado al presidente Cleveland a asumir una posición más neutral".[153]

Pero una vez más Gompers desperdició la oportunidad de dar una respuesta combativa que implicase a toda la clase trabajadora. La AFL declaró: "Una huelga general en este momento es inoportuna, imprudente y contraria a los intereses del pueblo trabajador".[154] Muy probablemente Gompers estaba cuidando sus propios "intereses", pues intuía que Debs y el Sindicato Norteamericano del Ferrocarril (American Railway Union, ARU), que era un sindicato industrial, eran una amenaza para el dominio de la AFL dentro del movimiento sindical.[155]

En cuestión de semanas, la huelga terminó en una derrota espectacular, y el ARU fue aniquilado. La Southern Pacific Railroad abrió una contratación "de perro amarillo"*. Meses más tarde la Corte Suprema de los Estados Unidos refrendó en su totalidad la intimación contra la huelga de la Pullman. La Corte agregó que tal acción preventiva había sido considerada necesaria porque la huelga significaba una "conspiración maliciosa" para dañar las "probables expectativas" de obtener beneficios del patrono.[156]

# El Temor Rojo y el sistema penal

Los ataques de los patronos norteamericanos, ayudados por la complicidad del gobierno y la complacencia de los medios, han tenido siempre un fuerte componente ideológico. Durante la huelga de Pullman en 1894, un titular del *Chicago Tribune* clamaba horrorizado: "La Turba tiene el Control", a pesar de que hasta ese momento los piquetes de huelguistas se habían comportado ordenadamente y habían sido respetuosos con la ley. Basándose en una información "filtrada" a la prensa por el departamento de publicidad de la Asociación de Gerentes Generales de los patronos, los titulares de prensa de todo el país formulaban las siguientes acusaciones contra de los huelguistas de Pullman: "Anarquistas camino a América desde Europa"; "De la Huelga a la Revolución"; "Se dice que los Anarquistas y los Socialistas planean la destrucción y el saqueo del Tesoro".[157]

Pero la histeria contra los comunistas y los anarquistas no era algo nuevo. Hacía dos décadas que vivía su apogeo, mucho antes de la huelga de la Pullman. A finales de la década de 1870, tras la huelga ferrocarrilera de 1877, el empresario de Chicago Marshall Field había creado una "Asociación de Ciudadanos" con el propósito declarado de "combatir a los comunistas".[158]

## Los mártires de Haymarket

Cada vez que los movimientos radicales han sido respaldados por un gran número de trabajadores, los mandatarios estadounidenses han desatado una gigantesca histeria anti roja. El primer "temor rojo" nacional dio la bienvenida al movimiento por la jornada de ocho horas de 1886,

* Que obliga a los trabajadores a firmar una cláusula en la que se comprometen a no afiliarse jamás a ningún sindicato. [N. de la T.]

encabezado por los anarquistas y que culminó en el incidente de Haymarket el 3 de mayo, en Chicago.

Ese incidente ha sido calificado de "revuelta", "masacre" o "atentado con bombas", dependiendo del punto de vista de clase del que escriba. La cronología de los sucesos se inicia durante el exitoso movimiento nacional que exigía la jornada de ocho horas y que involucró a 300.000 trabajadores, de los cuales 190.000 se declararon en huelga la segunda semana de mayo de 1886. El impulso favorable a la huelga crecía, a pesar de la negativa a participar en ella por parte de la directiva de los entonces poderosos Caballeros del Trabajo.[159]

La influencia de los anarquistas de Chicago Albert Parsons y August Spies era tan grande dentro del movimiento sindical de la ciudad, que el *Chicago Mail* los mencionaba en un ominoso editorial del 1 de mayo: "En esta ciudad hay dos rufianes peligrosos; dos cobardes furtivos que están tratando de crear problemas. Uno de ellos se llama Parsons, el otro Spies. (...) Hay que estar pendientes de ellos. (...) Si hay problemas, démosles una lección".[160]

Cuarenta mil trabajadores pararon en Chicago exigiendo la jornada de ocho horas, acción que culminó el 3 de mayo en un altercado con los rompehuelgas a las afueras de la McCormick Harvester Works, donde la policía mató a cuatro trabajadores e hirió a muchos más. La manifestación convocada para el día siguiente en Haymarket Square para protestar contra la brutalidad policial atrajo a unas 1.200 personas, que se redujeron a 300 cuando empezó a llover. Justo cuando iban a concluir los discursos, un piquete de policías que estaba en la plaza ordenó dispersar la concentración. Cuando los oradores se retiraban, alguien tiró una bomba al grupo de policías, matando a 8 e hiriendo a 67. Como respuesta a la bomba, la policía abrió fuego sobre los presentes, matando e hiriendo a civiles y a agentes policiales indiscriminadamente.[161]

Sin que hubiera ninguna evidencia en su contra, ocho anarquistas de Chicago fueron juzgados y declarados culpables de los hechos de Haymarket Square. Pero no fueron culpados de asesinato, sino de "conspiración para cometer asesinato"; por "incitar" a la violencia, no por cometerla. El 11 de noviembre de 1887, después de que la Corte Suprema de los Estados Unidos rechazase sus apelaciones, cuatro de ellos fueron ejecutados en la horca (hubo un quinto condenado a muerte pero se suicidó en su celda). Los otros tres recibieron largas condenas.

Seis años después, en 1893, el gobernador de Illinois, John Peter Altgeld, finalmente decretó un perdón, reconociendo que no había evidencias incriminatorias contra ninguno de los inculpados por el lanzamiento de la bomba.[162] El verdadero culpable nunca fue detenido. Parsons culpó del hecho a algún agente policial que habría querido provocar la violencia. El historiador del movimiento obrero Samuel Yellen comentó: "La posibilidad de que haya habido un agente *provocateur* no debe descartarse de antemano. Los agentes policiales de Chicago en aquel tiempo eran proclives a urdir estratagemas como esa".[163]

No obstante, el incidente de Haymarket desató una oleada de histeria antirradical por parte de todos los "moldeadores de la opinión pública", como afirma Avrich. Los titulares de prensa acusaron a los "dinamarquistas" [es decir, *dinamiteros anarquistas*] y a los "Rufianes Rojos" de haber tirado la bomba, y clamaron pidiendo venganza. "Los únicos anarquistas buenos son los anarquistas muertos" vociferó el *St. Louis Globe-Democrat*.[164]

Dado que los inmigrantes alemanes constituían la base más sólida del anarquismo de la época, la prensa arremetió contra todos los trabajadores de origen europeo. El *Chicago Times* describía a las "fuerzas enemigas" de Norteamérica como "chusma asesina venida del Rin, el Danubio, el Vístula y el Elba".[165]

Los ciudadanos más ricos de Chicago, entre ellos Marshall Field, donaron más de 100.000 dólares para ayudar a la policía a acabar con la "subversión" radical, marcando una pauta que continuaría a lo largo de todo el año 1891. La policía de Chicago aprovechó la oportunidad para asaltar las oficinas de los periódicos radicales, destrozando los equipos e incautando listas de direcciones de correo, irrumpiendo en las salas de reuniones y asaltando las casas de los radicales para golpearlos y arrestarlos. "Hagan los asaltos primero y respeten la ley después", fue la orden del Fiscal del Estado, Julius S. Grinnel.[166]

## Sacco y Vanzetti

En 1927 dos anarquistas italianos, Nicola Sacco y Bartholomeo Vanzetti, corrieron la misma suerte que los mártires de Haymarket. Después de que su amigo y camarada anarquista Andrea Salsedo "saltara" misteriosamente hacia la muerte desde un decimocuarto piso mientras estaba siendo interrogado por el FBI, Sacco y Vanzetti decidieron armarse, y pronto serían arrestados y acusados de robo y asesinato. La campaña internacional para salvar sus vidas fracasó, debido al temor rojo que imperaba en los años 20 tras el triunfo de la Revolución Rusa de 1917.[167]

El temor rojo resultó muy útil ideológicamente para reprimir el movimiento de la clase trabajadora que surgió tras la Revolución Rusa. Inmediatamente después de iniciarse la revolución bolchevique, el gobierno de los Estados Unidos arremetió contra los militantes socialistas, anarquistas y sindicalistas inmigrantes. La Ley contra el Espionaje de 1917, aprobada bajo el mandato presidencial del demócrata Woodrow Wilson, declaró ilegal cualquier declaración pública en contra de la participación de los Estados Unidos en la Primera Guerra Mundial así como cualquier acción que pudiese interferir en el esfuerzo bélico. Hacia finales de 1917, casi toda la correspondencia era sometida a la aprobación del gobierno, y cualquier correo "inaceptable" fue prohibido por el Sistema Postal estadounidense.

Los agentes gubernamentales asaltaron las oficinas del Partido Socialista y las ocuparon durante tres días. En Dakota del Sur el ejército disolvió su convención anual. En el Oeste, los activistas de Trabajadores Industriales del Mundo (Industrial Workers of the World, IWW) sufrieron un arresto masivo amparado en la Ley de Espionaje y fueron "cubiertos de brea y plumas, golpeados, encarcelados y abandonados sin agua ni comida en el desierto".[168]

Presagiando la caza de brujas anticomunista que comenzaría en la década de los 40, el gobierno formó la Liga Protectora Americana, con 250.000 voluntarios, cuya tarea era descubrir cualquier actividad desleal en fábricas y vecindarios. Mientras tanto, todos aquellos que habían nacido en el extranjero fueron obligados a registrarse, y el gobierno decidió "retener" en la cárcel a 6.000 de estos inmigrantes. Al final, amparándose en la Ley contra el Espionaje, fueron arrestadas y acusadas de deslealtad 1.532 personas.[169]

## Ethel y Julius Rosenberg

La historia se repetiría una vez más en 1953, con la ejecución de Ethel y Julius Rosenberg. En esos años la histeria anticomunista conocida como "macartismo" estaba en su punto culminante. Ambos habían militado durante muchos años en el Partido Comunista. En 1935, a los 19 años, Ethel había encabezado una huelga de trabajadoras navieras, y ambos habían participado activamente en la lucha contra el fascismo.[170]

Los Rosenberg fueron acusados, basándose en un testimonio que hablaba "de oídas", de haber pasado secretos atómicos a Rusia durante la Segunda Guerra Mundial. El informe oficial del FBI admitió que el gobierno no poseía ninguna evidencia de que Ethel Rosenberg estuviese implicada en un acto de espionaje, pero la mantenía a la espera en el llamado "corredor de la muerte" como baza de negociación para presionar la confesión de su marido. Aun en el caso de que las acusaciones del gobierno contra Julius Rosenberg fuesen ciertas –que trató de que se compartiese la información atómica con Rusia para que ninguna de las dos naciones pudiese nunca utilizar la bomba atómica en contra de la otra– sus motivos eran admirables.[171] Y especialmente válidos tras la gigantesca mortalidad y destrucción causadas por las bombas atómicas arrojadas por Estados Unidos sobre Hiroshima y Nagasaki en agosto de 1945.

Internacionalmente surgió una enorme campaña de protesta a favor de los Rosenberg. Hasta el Papa, anticomunista por antonomasia, pidió clemencia. Pero la corte suprema de los Estados Unidos se negó a detener la ejecución, y el presidente Eisenhower a conceder la clemencia.[172] El 19 de junio de 1953, Ethel y Julius Rosenberg fueron ejecutados, dejando atrás dos hijos.

A lo largo de sus tres años de prisión a la espera de ser ejecutados, los Rosenberg insistieron en su inocencia y se negaron a llegar a algún acuerdo con el fiscal. En una carta de Julius a Ethel, escrita mientras estaban presos en Sing-Sing, decía que el gobierno utilizaba su ejecución para atemorizar a los demás militantes de la izquierda. "Nuestro caso está siendo utilizado para paralizar abiertamente a los progresistas y sofocar la crítica contra la carrera hacia la guerra atómica". Jean Paul Sartre describió la ejecución de los Rosenberg como "un linchamiento legal que ha cubierto de sangre a toda la nación".[173]

Estados Unidos sigue siendo una de las pocas naciones del mundo desarrollado que sigue aplicando la pena de muerte de forma habitual. Y su gigantesco sistema penitenciario ha jugado históricamente un papel fundamental para fortalecer el dominio de clase, también el sistema de supremacía blanca del Sur. La prohibición de la esclavitud hereditaria mediante la Decimotercera Enmienda permitía hacer una excepción para que los convictos de un crimen pudiesen ser sometidos a esclavitud o servidumbre involuntaria mientras cumplían su condena. El académico afroamericano Joy James describió así el papel del trabajo carcelario de los negros en el Sur Profundo durante la Guerra Civil:

> Hace cien años morían más afroamericanos en el sistema de arrendamiento de convictos que los que murieron durante la esclavitud. Eran obligados a trabajar hasta reventar y lo hacían para una empresa comercial coordinada con el estado. La industria privada reemplazó la mano de obra de la plantación por la mano de obra de la prisión, una mercancía que siempre podía ser reabastecida mediante redadas en las que arrestaban a los negros porque eran negros.[174]

"Estados Unidos tiene la tasa de encarcelamiento más alta del mundo industrializado", añade James. De los más de dos millones de personas que actualmente cumplen condena en las cárceles estadounidenses, la gran mayoría son pobres. El 70% son negros o de otros grupos racialmente oprimidos de la población. En junio de 1997 el número de mujeres que cumplían condena en Estados Unidos era diez veces mayor que el de España, Inglaterra, Escocia, Alemania e Italia juntos.[175]

# PARTE II

# LA BATALLA POR LOS SINDICATOS INDUSTRIALES—VISTA DESDE ABAJO

CAPÍTULO TRES

# EL AUGE DE LA IZQUIERDA OBRERA (1900-1930)

La caza de brujas anticomunista que envolvió a la sociedad estadounidense en las décadas de 1940 y 1950 suele ser recordada como un ataque a los actores, directores y guionistas de cine de Hollywood, que eran interrogados inmisericordemente por el senador Joseph Mc Carthy durante las audiencias-espectáculo del Comité de Actividades Antinorteamericanas (House Un-American Activities Committee, HUAC). Pero el macartismo atacó a toda la izquierda, desde los comunistas hasta los pacifistas, y a cualquier activista. Durante los momentos más álgidos de la histeria anticomunista, a comienzos de los años 50, miles de socialistas y sindicalistas fueron despedidos de sus trabajos o encarcelados por expresar sus creencias políticas.

El macartismo borró *físicamente* a los radicales del movimiento sindical estadounidense, y con ellos cualquier recuerdo sobre el papel que en tantas ocasiones habían jugado los grupos de socialistas y otros radicales en el impulso a la lucha de clases durante las tres primeras décadas del siglo XX. El efecto a largo plazo del macartismo ha sido borrar esa historia –la de las luchas de masas que construyeron el movimiento sindical– reemplazándola por el mito de que el radicalismo siempre ha sido un fenómeno ajeno a la clase trabajadora norteamericana.

La realidad es totalmente diferente. Los anarquistas jugaron un papel fundamental en el movimiento a favor de la jornada de ocho horas en los años 80 del siglo XIX. El movimiento Populista llegó a convertirse en una amenaza electoral para el Partido Demócrata una década después. Los anarcosindicalistas sureños de los Trabajadores Industriales del Mundo (IWW) encabezaron algunas de las huelgas más importantes del movimiento sindical durante las dos primeras décadas del siglo XX.

Además, dos organizaciones políticas, el Partido Socialista y más adelante el Partido Comunista, mostraron su potencial para crecer dentro de las organizaciones de masas de la clase trabajadora en momentos cruciales de la lucha de clases, aunque al final, ninguno de estos dos partido tuvo éxito. Comprender por qué fue así es clave para explicar el posterior conservadurismo del movimiento sindical en los Estados Unidos.

## La aurora del Imperio Norteamericano

Los Estados Unidos surgieron como potencia mundial en los albores del siglo XX, tras haber derrotado a España en la Guerra Hispano-Estadounidense de 1898. El ejército estadounidense, tras invadir las colonias españolas de Guam, Cuba, Puerto Rico y Filipinas en 1898, se apropió de tres de ellas –Puerto Rico, Guam y Filipinas– y en la bahía de Guantánamo de Cuba estableció una base militar permanente. Pero la población de las Filipinas quería la independencia, pues ya habían padecido el dominio colonial español desde el siglo XVI, así que cuando los Estados Unidos iniciaron la ocupación de su país, los dirigentes filipinos lanzaron una guerra de independencia que duró hasta 1913. Entre 1900 y 1903 las fuerzas estadounidenses mataron a más de un millón de personas en las Filipinas, y todo porque querían "civilizar" a su población aborigen. El general del ejército norteamericano Shefter explicó: "Puede que resulte necesario matar a la mitad de los filipinos para que la otra mitad de la población pueda ser elevada a un nivel de vida más alto que el que le depara su presente situación de semibarbarie".[1]

Así que los Estados Unidos –que habían sido ellos mismos una colonia inglesa– adquirieron sus propias colonias. A partir de ese momento, el patriotismo norteamericano y el orgullo por su victoria *anti*colonialista sobre Inglaterra en 1776 se combinaron perfectamente con los objetivos expansionistas del imperialismo norteamericano. El impacto de la Guerra Hispano-Estadounidense en la política interior de los Estados Unidos se reflejó en la popularidad de Teodoro Roosevelt, presidente entre 1901 y 1909 y héroe de la guerra de Cuba, en donde dirigió en 1898 la "batalla de Las Lomas de San Juan". A Roosevelt le sucedió William Taft, quien había servido como primer Gobernador General civil tras la ocupación estadounidense de las Filipinas entre 1901 y 1903.

El ascenso del imperialismo norteamericano trajo consigo un repunte del patriotismo de los mandatarios estadounidenses, que difundían entre fanfarrias los valores excepcionalmente "democráticos" de la nación para justificar las guerras más allá de sus fronteras. De aquí en adelante, el Partido Demócrata y el Partido Republicano se mantendrían siempre unidos fusionando los objetivos de la política nacional con los objetivos imperialistas. La promoción de los valores "norteamericanos", que alcanzaba niveles de paroxismo durante las grandes guerras, proporcionaba una ventaja ideológica añadida a la hora de tomar medidas contra los radicales "antiamericanos" de dentro del país.

Mientras tanto, la supremacía blanca reinó sin oposición en la "tierra de los libres y el hogar de los valientes". A ningún político le importaba la exclusión masiva de los afroamericanos. El Partido Republicano, preocupado en cazar los votos de la base demócrata segregacionista sureña, borraba cualquier vestigio que los vinculase a su pasado anticonfederado. El presidente William Howard Taft dijo en 1908 que los afroamericanos eran "políticamente unos niños, no tienen mentalidad adulta".[2] Taft facilitó el camino a su sucesor, el demócrata Woodrow Wilson, cuya elección, según el historiador Harvard Sitkoff, "condujo a la administración más dominada por el Sur y más antinegros que había habido desde 1850".[3]

En el siglo XX la supremacía blanca llegó a los extremos más sórdidos, independientemente del partido que ocupara la Casa Blanca. En 1911, la ciudad de Nueva Orleans prohibió a los afroamericanos asistir al festival anual del Mardi Gras.[4] Ese mismo año, un teatro de Livermore, Kentucky, vendió entradas para el linchamiento de un afroamericano. Los que tenían asientos en platea pagaron a precio de oro por disparar todo lo que quisieran sobre el cuerpo del muerto, mientras que los que ocupaban asientos más baratos podían disparar un único tiro. En 1916, una turba de 10.000 personas se reunió en la plaza principal de Waco, Tejas, para vitorear el "acuchillamiento, mutilación y quemamiento en vida" de un joven negro mentalmente discapacitado.[5]

La mayoría de los patronos –que continuaban luchando a brazo partido para impedir que sus trabajadores se sindicaran– se unieron al ataque de patriotismo declarando que al enfrentarse a la amenaza "antiamericana" que suponían los sindicatos para la libertad individual estaban cumpliendo con su deber patriótico. La Asociación Nacional de Fabricantes (National Association of Manufacturers, NAM), fundada en 1895, presionaba con todas sus fuerzas para frenar cualquier legislación prolaboral. En 1903, la Asociación libró su primera batalla por la aceptación de obreros no agremiados (*"open shop"*) bajo el disfraz de "proteger" el derecho de los trabajadores a negarse a afiliarse a los sindicatos.[6]

Pero hasta las compañías más recalcitrantes sentían una enorme presión para hallar alguna solución a las frecuentes interrupciones de la producción ocasionadas por las huelgas. Y ello requería algún grado de negociación racional, o al menos aparentarlo. A ese fin, un grupo de fabricantes formó la Federación Cívica Nacional (National Civic Federation, NCF) en 1900.

Muchos de los dirigentes más relevantes de la NCF seguían activos en la NAM, pero representaban a un sector del capital que esperaba establecer una relación más estable con los líderes sindicales considerados más "responsables", al tiempo que iban reduciendo el número de militantes radicales dentro de los sindicatos.[7]

La NCF intentó proyectarse como tercera parte y mediadora objetiva en las querellas industriales, promoviendo la imagen de colaboración obrero-patronal. Pero el ingreso en la Federación únicamente mediante invitación garantizaba a los industriales un resultado favorable en todos los acuerdos a que se llegara en las huelgas. A los dirigentes empresariales y a sus aliados en el gobierno les estaban reservadas dos terceras partes del número de integrantes, pero a la representación sindical nunca se le permitió exceder de un tercio. El expresidente Grover Cleveland, quien había enviado a las tropas federales a aplastar la huelga de Pullman en 1894, aceptó la invitación de la NCF para formar parte de la misma como representante del "gobierno". Las invitaciones que se cursaban a miembros de la AFL para integrar la NCF tan solo se dirigían a los dirigentes de la AFL que compartían con los fabricantes la hostilidad hacia los radicales. A Gompers "le encantó" entrar en la NCF, y fue su primer vicepresidente. El historiador Philip Yale Nicholson señaló: "Gompers siempre adoró los elogios y la adulación que recibía por parte de los hombres de negocios". El presidente de la UMWA, John Mitchell, y unos cuantos representantes más de las filiales ferrocarrileras de la AFL también se sumaron a la *consentida* presencia del movimiento sindical dentro de la NCF.[8]

La NCF medió en las huelgas en veintidós estados en 1901. Pero demostró una inutilidad casi total para lograr alguna colaboración genuina entre el movimiento sindical y el capital. La pertenencia de Mitchell a la NCF no impidió que continuase la guerra de clases en las minas de toda la nación, como quedó claro en la huelga del carbón de 1902, en la que asesinaron a 14 mineros, 42 resultaron heridos y 67 fueron acusados de asalto, además de incendiarse 22 edificaciones y producirse 69 "disturbios" aislados.[9] Con todo y con eso, los dirigentes empresariales le regalaron a Mitchell un anillo de diamantes valorado en mil dólares como gratitud cuando acabó la huelga en 1902.

A muy poca gente del movimiento sindical le gustaba la NCF, ni la participación de Gompers en ella. Como ridiculizó el socialista Morris Hillquit: "El juego de la Federación Cívica es el más astuto que hayan ingeniado nunca los patronos de cualquier país. No le quita nada al capital, no les da nada a los trabajadores y todo lo hace con tal apariencia de generosidad que algunos de los ingenuos diplomáticos del movimiento sindical se ven arrollados por ella".[10]

Aunque hacia 1905 la NCF perdió su influencia, ya había sentado un precedente que guiaría la futura colaboración del movimiento sindical con el gobierno y el empresariado durante la Primera y la Segunda Guerra Mundial. En 1903 Mitchell declaró: "El movimiento sindical en este país solo podrá progresar si se identifica con el Estado".[11]

El movimiento sindical comenzó a mostrarse como una fuerza efectiva durante el fuerte aumento de la lucha que se produjo entre finales de la década de 1900 y 1904. El número de huelgas a mediados de los años 90 era de 1.000 ó 1.300 anuales. Para 1904, la cantidad se elevó a casi 4.000. La militancia de la AFL creció de 350.000 a 1.650.000 miembros, mientras que la de los sindicatos en general se cuadruplicó entre 1899 y 1904, pasando de 447.000 a 2.072.000. Aunque el Sindicato Norteamericano del Ferrocarril (ARU) había quedado destruido por la derrota de Pullman en 1894, en 1904 las hermandades gremiales ferrocarrileras representaban a 200.000 trabajadores. Las enconadas luchas del siglo XIX no se habían librado en vano.[12]

Como sostiene el historiador radical Sidney Lens: "Ningún sindicato conquistaba sus objetivos sin que hubiera alguna acción de los piquetes, alguna violencia, arrestos y muertes. Pero en ciertos terrenos, principalmente en las industrias descentralizadas, el patrono reconocía que no podía destruir a su némesis, y concluía que era preferible algún tipo de colaboración antes que la guerra. Ciertamente, bajo determinadas circunstancias, la colaboración podía resultar provechosa". Los sindicatos de la construcción, continúa Lens, consiguieron "un arreglo poco menos que amistoso con el patrono", mientras que la UMWA pudo "establecer una tregua armada" con los dueños de las minas.[13]

Pero el carácter de la fuerza obrera de los Estados Unidos estaba cambiando. El avance de la producción fabril dependía de la progresiva descualificación de la fuerza de trabajo manufacturera, y confiaba cada vez más en los obreros semicualificados o no cualificados; precisamente la categoría de trabajadores más menospreciada por la AFL. Aunque la AFL creció, muchos sindicatos obreros que habían sido importantes en el siglo XIX fueron decreciendo hasta la insignificancia a comienzos del XX, incluida la antaño poderosa Asociación Amalgamada de Trabajadores del Hierro, el Acero y el Estaño. Y la inmensa mayoría de los trabajadores no cualificados siguió sin estar organizada.

## La Sublevación de las 20.000

La sublevación de las trabajadoras del vestido de Nueva York en 1909 significó la primera y más importante lucha de las mujeres que trabajaban en una industria predominantemente femenina. Comenzó con una huelga en la fábrica Triangle Shirtwaist. El 28 de septiembre de 1909, después de que los trabajadores empezaran a afiliarse a la Seccional 25 del Sindicato Internacional de Trabajadores de Ropa Femenina (International Ladies' Garment Workers' Union, ILGWU) la compañía declaró el cierre patronal [*lockout*] contra todos sus trabajadores y comenzó a publicar avisos solicitando rompehuelgas. Aunque el ILGWU era un sindicato obrero de la AFL, la Seccional 25 fue fundada para organizar la industria del vestido sobre una base industrial, unificando obreros cualificados y no cualificados en un solo sindicato.

El primer día de la huelga de la Triangle los matones desbarataron los piquetes, lo que desencadenó una huelga general de trece semanas en toda la industria local del vestido, con los trabajadores abandonando sus puestos en masa y atestando literalmente los locales del sindicato. En unas pocas semanas, entre 20.000 y 30.000 trabajadores del sector del vestido –el 75% de la fuerza laboral de la industria del vestido de la ciudad– se habían unido a la huelga. Tres cuartas partes de los huelguistas eran mujeres, muchas de ellas adolescentes judías. Su principal demanda era el reconocimiento sindical, el *closed shop* o sindicación obligatoria.

A pesar de que se trataba de una demanda militante, la situación de aquellas jóvenes trabajadoras no solo atrajo el apoyo de los socialistas y las sufragistas comprometidas, sino también de algunas personas de la alta sociedad, que contribuyeron recaudando dinero y dando publicidad a la huelga.

La Liga Sindical de las Mujeres (Women's Trade Union League, WTUL), una organización encabezada por mujeres de clase media, se dedicó a organizar actos a favor de los trabajadores de la industria del vestido. Los piquetes de mujeres resistieron las acostumbradas palizas y arrestos a manos de la policía, y el 3 de diciembre la WTUL dirigió a 10.000 huelguistas hasta la oficina del alcalde con una queja contra de la brutalidad policial. Como narra la historiadora feminista Meredith Tax:

> La solidaridad que construyeron las huelguistas fue su mayor logro y lo que convierte a su huelga en memorable. Mostraron al mundo que la lenta inclusión de millones de mujeres en la fuerza laboral de los Estados Unidos había sentado nuevas condiciones para la lucha femenina y liberado a las mujeres del retraimiento a las faenas del hogar en número suficiente como para que pudiesen actuar juntas. Muchos observadores las considera-

ron como una clase trabajadora análoga a la de las sufragistas, y una demostración de que el movimiento femenino podía actuar así cuando estaba en juego la supervivencia.[14]

En un mitin del 27 de diciembre, los dirigentes sindicales anunciaron que habían llegado a un compromiso con los fabricantes de vestidos, pero que no habían logrado el reconocimiento del sindicato. Los dos mil trabajadores presentes en el mitin los acallaron a gritos, vociferando: "¡Devolvedlo, no lo vamos a considerar!", "¡Queremos que reconozcan al sindicato!". Sin embargo, ese fue el comienzo del fin. Después de que los huelguistas rechazaran el compromiso del sindicato, señala Tax, muchas sufragistas, y hasta la AFL, "desertaron de la huelga porque se estaba volviendo demasiado radical".

La huelga se prolongó a duras penas hasta el 15 de febrero de 1910, cuando el sindicato la declaró oficialmente terminada, aunque todavía permanecían en huelga trece tiendas. Un año más tarde, el 25 de marzo de 1911, la fábrica de blusas Triangle se incendió. Los huelguistas no habían podido lograr que la compañía pusiera fin a su política de encerrar a sus obreras dentro del edificio mientras trabajaban. Atrapadas en el interior mientras arreciaba el incendio, 146 de las 500 obreras de la Triangle perecieron y muchas más resultaron heridas de gravedad.

## El Partido Socialista de América

El Partido Socialista (PS) fue fundado en 1901, en medio de un gran auge de la lucha de clases. Sus miembros llegaron a pasar de 100.000 en 1912, y ese mismo año el candidato presidencial Eugene Debs recibió novecientos mil votos, casi el 6% de la votación general. En 1912 fueron elegidos 12.000 socialistas en todo el país, principalmente para cargos locales, entre ellos los alcaldes de setenta y nueve ciudades. El periódico del partido, *Appeal to Reason* [*Llamada a la Razón*] alcanzó una circulación de 250.000 ejemplares en 1908, y para febrero de 1912 había ascendido su tirada a más de 500.000. *La jungla*, la vibrante denuncia que hizo Upton Sinclair de las condiciones en la industria de la carne enlatada, hizo su primera aparición como novela por entregas en las páginas del *Appeal to Reason*.[15]

Los socialistas constituyeron también una importante minoría, y por lo general desafiaron el conservadurismo de Gompers en las convenciones anuales. En 1912, el candidato del Partido Socialista para la presidencia de la AFL obtuvo un tercio de la votación frente a Gompers.[16] En respuesta a esa amenaza creciente, Gompers comenzó a ayudar a la construcción de la Milicia de Cristo, formada en 1912 como un intento consciente de contrarrestar la influencia socialista entre los trabajadores católicos.[17] No tuvo mucho éxito, pero la Milicia consiguió irritar a los sindicalistas socialistas, como informó la federación letona del partido en la convención del Partido Socialista de 1912:

> La iglesia trata de organizar a los huelguistas de acuerdo con sus creencias, como se vio en la reciente huelga del Illinois Central Railroad. Así, la solidaridad de clase de los trabajadores se ve menoscabada y triunfan sus enemigos. El meter al Carpintero de Nazaret en las convenciones de los sindicatos constituye un necio intento de distraer la atención del obrero de los asuntos importantes. La "Milicia de Cristo" se ha convertido en enemigo activo de los trabajadores y está ayudando a la milicia estatal a aplastar a los huelguistas. Habría que dejarles claro a los trabajadores cuál es el papel de la iglesia: el de agencia rompehuelgas.[18]

## Los socialistas, los demócratas y la guerra imperialista

El Partido Socialista se las ingenió para congregar representantes de casi todas las corrientes de la izquierda, desde acérrimos reformistas y dirigentes sindicales hasta ardientes revolucionarios. Miles de populistas del ala izquierdista que habían abandonado el Partido del Pueblo des-

121

pués de que éste se plegara a los demócratas se afiliaron rápidamente al Partido Socialista. Algunos de los dirigentes de los trabajadores fueron también miembros fundadores del PS, incluidos el carismático Debs –quien pronto se convirtió en el portavoz más popular del partido–, "Big Bill" Haywood, de la Federación Occidental de Mineros, y la leyenda de la minería, la Madre Jones.

Pero fueron el abogado laboral conservador Morris Hillquit y el editor periodístico de Milwaukee Victor Berger quienes se hicieron con el aparato de dirección del partido. Hillquit había encabezado una escisión "constitucionalista" del Partido Socialista Laborista (PSL) en 1899. Berger era un antiguo populista. Ambos se dedicaron a la construcción del Partido Socialista como una fuerza electoral, y fueron candidatos a diversos cargos numerosas veces. Los votantes de Milwaukee eligieron cinco veces a Berger para la Cámara de Representantes entre 1910 y 1929.[19]

El Partido Socialista se afilió pronto a la Segunda Internacional, una federación global de partidos socialistas y obreros.[20] A estos integrantes tan diversos los unía un rechazo sin concesiones al Partido Demócrata, y su constitución declaraba la total independencia de cualquier partido capitalista. Los socialistas nunca cedieron en ese punto. El partido se mantuvo firme incluso cuando el presidente demócrata Woodrow Wilson obtuvo un amplio apoyo liberal para su reelección en 1916. Su consigna de campaña: "Él nos dejó fuera de la Guerra", llevó a la mayoría de los votantes a creer que Wilson continuaría manteniendo a los Estados Unidos fuera de la Primera Guerra Mundial. Sin embargo, una vez reelegido, Wilson adoptó una nueva consigna: la guerra haría que el mundo fuese "más seguro para la democracia". Y declaró las hostilidades a Alemania en abril de 1917.[21]

Los socialistas se opusieron a la entrada de los Estados Unidos en la Primera Guerra Mundial y mantuvieron firmes esa oposición basándose en los principios, a pesar de la enorme presión reinante. "Gompers abandonó la oposición inicial de la AFL a la guerra en otoño de 1916, justo a tiempo para que el presidente Wilson lo nombrase asesor civil del recién conformado Consejo de Defensa Nacional", comenta Philip Nicholson. Gompers "estaba ansioso por colaborar con el gobierno para acabar con el Partido Socialista y destruir totalmente al IWW, sus dos principales rivales para el liderazgo de la fuerza sindical". En verdad, añade Nicholson: "Cuando se formula la pregunta de qué fue lo que le ocurrió a la militancia sindical y al socialismo en los Estados Unidos, el comienzo de la respuesta se puede fundamentar en la entrada de la nación en la Gran Guerra. Con la declaración de guerra el presidente Wilson hizo de Gompers el portavoz oficial de todo el movimiento sindical, y ambos se dedicaron a destruir cuanto se opusiese a los objetivos del capital tanto dentro como fuera del país".[22]

Pero para muchos sectores de trabajadores industriales, la guerra continuaba siendo impopular, entre ellos muchísimos obreros inmigrantes que no sentían ningún tipo de lealtad profunda hacia el gobierno estadounidense. El IWW propuso convertir la guerra imperialista en una "guerra de clases", y miles de socialistas se dedicaron a construir una oposición a la guerra desde la base".[23]

En diciembre de 1914, por ejemplo, el Partido Socialista de Oklahoma adoptó una resolución: "Si se declara la guerra, los socialistas de Oklahoma nos negaremos a alistarnos; pero si se nos fuerza a entrar en el servicio militar para asesinar a nuestros hermanos trabajadores, moriremos combatiendo a los enemigos de la humanidad en vez de perecer luchando contra ellos".[24]

Tras la entrada de los Estados Unidos en la guerra, varios miles de granjeros pobres de Oklahoma formaron sociedades secretas antibélicas, con nombres como "Unión de la Clase Trabajadora", que vinculaban su oposición a la guerra con su oposición al capitalismo. En agosto de 1917 una sociedad antibélica de Oklahoma armó a sus mil miembros y se sublevó, declarando: "Decidimos que nosotros no vamos a ir a pelear a una guerra que no es nuestra, y nos negamos a ir". Las tropas de Oklahoma acudieron inmediatamente para someter el alzamiento. En la batalla que siguió, conocida como la Rebelión del Maíz Verde, murieron varios socialistas y muchos más resultaron heridos.[25]

Los dirigentes del Partido Socialista resultaron blancos fáciles para la represión gubernamental que acompañó el inicio de la guerra. A finales de la Primera Guerra Mundial, casi todos los miembros de la dirección del Partido Socialista, incluidos Debs y Berger, estaban en la cárcel, acusados de "deslealtad" según las Leyes de Espionaje y Sedición en Tiempos de Guerra de 1917-18. La socióloga marxista Rhonda Levine comenta sobre ese periodo:

> Mientras que en el siglo XIX se usó la represión privada para reprimir a la militancia obrera, en los primeros años del siglo XX se optó por la represión estatal y regional, a la que siguió una represión federal a gran escala durante la Primera Guerra Mundial y los primeros años de posguerra. La enorme represión política que hubo en estos años debilitó enormemente a la oposición izquierdista estadounidense durante toda la década de 1920.[26]

Debs fue a prisión por pronunciar un vehemente discurso antibélico ante un auditorio de doce mil personas en la convención del Partido Socialista del estado de Ohio, celebrada en Canton el 16 de junio de 1918. Se le declaró culpable de "proferir palabras con la intención de causar insubordinación y deslealtad dentro de las fuerzas armadas de los Estados Unidos, de incitar a la resistencia a la guerra y de fomentar la causa de Alemania".[27]

En 1920 Debs se lanzó a la campaña por la presidencia desde su celda en la prisión y sacó casi un millón de votos. El discurso de Debs, registrado por un taquígrafo del gobierno, fue leído ante un auditorio:

Todos y cada uno de esos conspiradores aristócratas y candidatos a asesinos se autoproclaman superpatriotas; todos insisten en que la guerra está siendo librada para asegurar la democracia en el mundo. ¡Qué patraña! ¡Qué desfachatez! ¡Qué fraude! Esos autócratas, esos tiranos, esos ladrones y asesinos con las manos manchadas de sangre serían los "patriotas", mientras que los hombres que tienen el valor de plantarles cara, que dicen la verdad y pelean por las víctimas de su explotación, serían los desleales y los traidores. Si eso fuese cierto, entonces quiero ponerme al lado de los traidores. [Gran aplauso] (...)

Y aquí permítanme destacar el hecho –y esto hay que repetirlo hasta el agotamiento– de que la clase obrera que libra todas las batallas, la clase obrera que hace los mayores sacrificios, la clase obrera que derrama su sangre a mares y pone los muertos, jamás ha tenido voz a la hora de declarar la guerra o hacer la paz. Es la clase dominante la que invariablemente hace ambas cosas. Solo ellos declaran la guerra y solo ellos declaran la paz. (...)

Sugiero de paso que nos detengamos un momento a pensar en el término "terrateniente". "¡TERRATENIENTE!" "¡Amo de la tierra!" El amo de la tierra es en verdad un superpatriota. Ese amo que posee la tierra les dice que están peleando en esta guerra para asegurar la democracia en el mundo: él, que expulsa a toda la humanidad de sus dominios privados; él, que se beneficia a expensas del pueblo asesinando y mutilando a millares con el pretexto ser el gran patriota norteamericano. Es a él, a ese patriota que en realidad es el archienemigo del pueblo, al que ustedes necesitan echar del poder. Él constituye una amenaza muchísimo mayor para vuestra libertad y vuestro bienestar que los *junkers* prusianos del otro lado del océano Atlántico.[28]

En 1918, estando aún procesado por la Ley de Espionaje, los votantes de Milwaukee eligieron a Berger para la Cámara de Representantes. Pero el Congreso se negó a concederle el escaño alegando que era un criminal convicto que estaba en contra de la guerra. Berger fue elegido nuevamente en 1919 en unos comicios especiales, y de nuevo el Congreso le negó su asiento. Resultó elegido por tercera vez en 1921, y esta vez sí ocupó su escaño sin que hubiera oposición por parte del Congreso.[29]

## Reforma *versus* Revolución

Así que los socialistas se mantuvieron unidos y firmes en su pensamiento sobre la naturaleza clasista del Partido Demócrata y se negaron a apoyar su guerra imperialista. El PS mantuvo su oposición inquebrantable a la guerra, incluso después de que casi todos los demás afiliados a la Segunda Internacional cayeran en el patriotismo y cada partido nacional apoyara la victoria de los gobernantes de su propio país. Sin embargo, y a pesar de lo enorme que fue esta crisis, los socialistas no rompieron con la política de la Segunda Internacional.

En cambio, un grupo de revolucionarios europeos –entre ellos Lenin en Rusia y Rosa Luxemburgo en Alemania– abandonaron la Segunda Internacional nada más empezar la Primera Guerra Mundial. Esa ala revolucionaria del movimiento socialista pasó a fundar la Tercera Internacional (conocida también como la Internacional Comunista o Komintern) tras la Revolución Rusa de 1917. El desacuerdo en torno a la guerra había sido el síntoma de un desacuerdo mucho mayor: sobre si el socialismo podía ser conquistado simplemente mediante la reforma o por el contrario, a través de una revolución. Lenin apostaba por la creación de organizaciones explícitamente revolucionarias dentro de cada país que construyeran un movimiento de masas de la clase trabajadora para luchar por el socialismo.[30]

El Partido Socialista de América se negó a unirse a la Tercera Internacional y se mantuvo firmemente comprometido con una estrategia gradual de reforma. En verdad, los dirigentes socialistas se mostraban completamente hostiles hacia el ala revolucionaria de su propio partido. Las facciones de derecha e izquierda del partido estaban en constante conflicto en torno a un abanico de cuestiones políticas cruciales, y ese conflicto se aceleró con el tiempo. El ala derecha se orientaba hacia la AFL, en tanto que el ala izquierda contribuyó a la fundación del anarcosindicalista IWW. El ala derecha proclamaba el dogma racista, mientras que el ala izquierda se oponía a la discriminación racial. El ala derecha reprobó la Revolución Rusa, y el ala izquierda la abrazó.

Pero una y otra vez el ala derecha lograba imponer sus ideas. La razón era simple: el ala derecha controlaba el aparato dirigente, mientras que el ala izquierda por lo general se había mantenido muy apartada de la organización del partido durante los años de su formación. Así que varios de los dirigentes más importantes del ala izquierdista del partido no habían desempeñado ningún papel directo en la elaboración de su política. En los veinticinco años que pasó Debs como miembro del Partido Socialista tan solo había asistido a una convención desde su fundación. Un comportamiento que, por otro lado, permitió una coexistencia relativamente pacífica, aunque también lo marginó.

Otro ejemplo de cómo el ala izquierda prefería no participar en la organización del partido es el de Big Bill Haywood, que durante muchos años se había negado a competir por un cargo en la dirección. Cuando finalmente cambió de manera de pensar, fue elegido para el comité ejecutivo nacional del partido; y lo consiguió en su primer intento, en enero de 1912. Para entonces, sin embargo, el ala derecha ya llevaba mucho tiempo controlando la maquinaria del partido. Frente a la creciente influencia de Haywood y otros revolucionarios dentro del partido, el ala derecha forzó una confrontación con él. Y lo hicieron, aunque desde una posición de fuerza organizacional.

Hasta ese momento se le había permitido al ala derecha del partido dirigir la organización casi sin oposición. La estrategia abrazada por

Hillquit y también Berger presuponía que Estados Unidos podía "evolucionar" hacia el socialismo simplemente logrando que más miembros del partido fueran elegidos para ocupar cargos gubernamentales. Hillquit afirmó contundentemente: "Para los socialistas, la época de la revolución física ha pasado".[31] Con el transcurrir de los años, el ala derecha del PS cada vez medía más su éxito en términos estrictamente electorales.

La estrategia electoral del partido tendía además a que los dirigentes socialistas se limitaran a *abogar* por el cambio social durante los discursos de las campañas políticas, en vez de hablar de *construir* luchas de base social para pelear por las reformas en la práctica. La influencia del partido era amplia, pero la mayoría de sus apoyos no venían del mundo sindical. Como señala Duncan Halles, "la base votante del Partido Socialista no tenía una estrecha relación con las organizaciones sindicales,. Y eso lo confirma el patrón de su éxito electoral. En 1912 el Partido Socialista Norteamericano contaba con 100.000 miembros. Pero la mayoría de votos no venían de la costa del Este, que era fundamentalmente industrial, sino del Oeste, un área recientemente asentada".[32]

Según el partido, la lucha de clases podía interferir en el éxito electoral. Y de hecho lo hacía. El ala derecha del PS mantenía su firme oposición a la confrontación de clases –incluidas la mayoría de las huelgas–, argumentando que éstas solían implicar una actividad "ilegal". En 1906, durante la campaña para el Congreso en Milwaukee, Berger les aseguró a los industriales locales que no tenían por qué temer una victoria socialista porque "puedo decir, en base a la experiencia, que los socialdemócratas de esta ciudad se han opuesto siempre a casi todas las huelgas que se han declarado aquí".[33]

Más tarde, Trotsky recordaría en su autobiografía a aquella panda de dirigentes enmohecidos del Partido Socialista:

A día de hoy, sonrío al recordar a los dirigentes del socialismo norteamericano. En los Estados Unidos existe una amplia clase de médicos, abogados, dentistas y profesionales varios –algunos de mucho éxito, otros no tanto– que dividen sus preciosas horas de descanso entre los conciertos de celebridades europeas y el Partido Socialista Norteamericano. (...) Son simples variantes de "Babbitt"* que complementan sus actividades profesionales con aburridas meditaciones dominicales sobre el futuro de la humanidad.[34]

Por el contrario, Eugene Debs sí personificaba al ala izquierda del Partido Socialista. Se había radicalizado cuando el presidente demócrata Grover Cleveland aplastó la huelga de la Pullman en 1894, y jamás volvió a votar a los demócratas. Cuando se unió al Partido Socialista ya era un socialista revolucionario comprometido. Durante el resto de su vida siguió dedicándose a la construcción de un movimiento revolucionario de la clase trabajadora. Después de la Revolución Rusa de 1917 declaró: "Soy bolchevique desde la coronilla hasta la planta de los pies, y estoy orgulloso de serlo. ¡El Día del Pueblo ha llegado!"[35]

Aunque Debs fue cinco veces candidato a la presidencia de los Estados Unidos por el Partido Socialista, no creía que la sociedad socialista pudiese ser conquistada tan solo con los votos. Para Debs, una campaña presidencial tan solo era otra excusa más para emprender una gira nacional pronunciando discursos. Pasó la mayor parte de su tiempo en la carretera, atrayendo a grandes multitudes e hipnotizando a las audiencias con su optimismo. Utilizaba un lenguaje llano y echaba mano del humor para explicar las ideas del socialismo. "Votar por el socialismo no es el Socialismo, como un menú no es la Comida", dijo en un discurso en 1911. "La clase trabajadora debe sacudirse de toda esa lacra de amos y explotadores, y tomar el poder y el control de los medios de producción. (...) Así que no se trata de 'Reforma', que es la máscara del fraude, sino de Revolución. Tenemos que derrocar el sistema capitalista, abolir el dominio de clase y la esclavitud asalariada, y sustituirlos por la industria cooperativa".[36]

## ¿Socialismo segregacionista?

Como el ala izquierda del Partido Socialista era incapaz de imponerse de manera efectiva dentro de la organización, en el PS consiguieron imponerse incluso las políticas más reaccionarias. El ala derecha del partido albergaba a racistas y segregacionistas declarados que no veían ninguna contradicción entre los principios socialistas y la ideología de la supremacía blanca. De hecho, había líderes influyentes de este grupo que creían que la victoria del socialismo resolvería el "asunto de la raza" de una vez por todas, mediante la *segregación total* de las razas. Berger figuraba entre ellos. Así resumió sus opiniones en 1902:

> No cabe duda de que los negros y los mulatos constituyen una raza inferior, ni tampoco de que los caucásicos y ciertamente los mongoles están en la civilización muchos miles de años antes que ellos, así que a los negros se les hará difícil darles alcance. Los numerosos casos de violación que ocurren cada vez que los negros se establecen en grandes cantidades, demuestran además que el libre contacto con los blancos conduce a una mayor degeneración de los negros y demás razas inferiores.[37]

Berger predijo que la *segregación* en una sociedad socialista pondría fin a la "degeneración" racial, haciéndose eco de la filosofía del movimiento eugenésico. La mayoría de las filiales sureñas del Partido Socialista se negaban a permitir el ingreso de afroamericanos. Un artículo aparecido en 1914 en el *Social Democratic Herald* declaraba que los negros eran unos bribones inferiores y depravados que "van por ahí violando mujeres y niños".[38] El gran número de segregacionistas que había dentro del Partido Socialista impedía que pudiera asumir una posición formal en contra del linchamiento y la privación de los derechos civiles de los afroamericanos, ni siquiera contra las leyes segregacionistas de Jim Crow.

Afortunadamente, el ala izquierda del partido albergaba un número igualmente grande de antirracistas. El socialista negro Hubert Henry Harrison sostuvo en un discurso pronunciado en 1912:

> Al capitalista le resulta provechoso mantener divididos a los trabajadores. Por eso crea y mantiene vivos esos prejuicios. Les hace creer que sus intereses son distintos y utiliza a la mitad de ellos para aporrear a la otra mitad. En Rusia, cuando los trabajadores exigían reformas, los capitalistas los malmetían contra los judíos. En Norteamérica los malmeten contra los negros. Eso hace que olviden su propia situación, ya que pueden mirar a otra clase desde una posición de superioridad.[39]

Debs también fue un comprometido antirracista. Decía: "El mundo entero está obligado con el negro, y el hecho de que la bota del blanco todavía pise el cuello del negro no hace sino demostrar que el mundo sigue sin estar civilizado. La historia del negro en los Estados Unidos es una historia de crímenes sin parangón".[40]

Debs combatía al racismo dondequiera que lo encontraba. Cuando recorría el Sur se negaba rotundamente a hablar ante auditorios segregados, y denunció en numerosas ocasiones las leyes de Jim Crow. En 1915, cuando se estrenó *El nacimiento de una nación*, que glorificaba al Ku Klux Klan y degradaba a los afroamericanos, Debs convocó a los socialistas a que hicieran manifestaciones contra la película, y él mismo for-

---

* Personaje central de la novela del mismo nombre escrita por Sinclair Lewis. El retrato que Sinclair Lewis hace en Babbitt de la clase media estadounidense de entreguerras es demoledor. La contundencia con que el escritor denuncia la hipocresía de esa sociedad es brutal, pero es que además Lewis no deja títere con cabeza y arremete contra formas de pensar, convencionalismos y actitudes. [N. de la T.]

mó parte de un piquete a la entrada del cine donde se proyectaba en su pueblo natal de Terre Haute, Indiana.

Eugene Debs tenía un pensamiento muy avanzado respecto a la mayoría de los socialistas de su época. Pero no comprendió que el racismo extremo de la clase dominante estadounidense *requería* que el movimiento socialista forjara unos principios de oposición al racismo en todas sus formas. Debs rechazó la idea de que el Partido Socialista debiera luchar explícitamente contra la opresión racial, afirmando: "No tenemos nada especial que ofrecerle al negro, y no podemos hacer llamamientos a todas las razas por separado. El Partido Socialista es el partido de la clase trabajadora, independientemente del color, es el partido de la clase trabajadora de todo el mundo".[41] Pero esta postura de Debs ante el racismo resultaba políticamente inadecuada en una sociedad dominada por la segregación racial.

En cuanto al tema de la segregación, el ala derecha y el ala izquierda del PS estaban a kilómetros de distancia. También les dividía la posición respecto al sufragio femenino. En 1910 Berger declaró: "Ahora está claro, nadie negará que la gran mayoría de las mujeres del hoy en día son conservadoras, retardatarias y reaccionarias en mucho mayor grado que los hombres de su mismo estrato social. (...) Pues bien, si eso es cierto, el voto femenino de las generaciones venideras simplemente significará el deliberado reforzamiento de cierta iglesia y por tanto el incremento de las fuerzas de la ignorancia y la reacción".[42]

El partido también estaba fuertemente polarizado en torno al tema de la inmigración. Berger sostenía que el socialismo solo llegaría a los Estados Unidos y a Canadá si se mantenían como "países blancos". Advertía de que a menos que la inmigración fuese severamente restringida, especialmente en cuanto a japoneses y chinos, "este país seguramente se convertirá en un país negriamarillo dentro de unas pocas generaciones". Durante un debate, Berger fustigó a sus críticos recordándoles que los socialistas se deben primero a su clase y a su familia, como si esa lógica perversa fuese evidente de por sí.[43]

El tema de la inmigración fue ampliamente debatido en las convenciones del Partido Socialista de 1908 y 1910, sin que se llegase a una posición definitiva. El ala izquierda no formuló una propuesta propia, por lo que el debate tuvo cierto grado de apoyo implícito a la restricción de la inmigración a los Estados Unidos. Aunque Debs no fue delegado en ninguna de las dos convenciones, condenó enérgicamente al PS por su postura reaccionaria contra los trabajadores de origen extranjero: "Si el socialismo, el socialismo internacional y revolucionario, no se posiciona con firmeza –sin recular ni hacer concesiones– a favor de la clase trabajadora y de las masas explotadas y oprimidas de cualquier procedencia, entonces no estará a favor de ninguno de ellos; su pretensión revolucionaria será falsa y todo lo que proclama será un engaño y una trampa".[44]

Finalmente, el PS fijó su posición sobre la inmigración en su convención de 1912. El ala derecha presentó una resolución sobre la inmigración que, según el historiador Ira Kipnis,

> hizo que el informe aprobado por la mayoría en 1910 pareciera incluso proasiático. La actual resolución llamaba al reforzamiento y estricta aplicación de las leyes excluyentes existentes. Decía que el sentimiento racial era producto de la biología y por consiguiente, no podía ser erradicado. El antagonismo racial persistiría bajo el socialismo y jugaría un importante papel en la vida económica. "Aunque en una forma socialista de sociedad no llegue a traducirse en una guerra abierta, en cualquier caso, y como resultado de la selección natural y sexual, existirá una rivalidad de razas por la expansión a lo largo y ancho de todo el globo".[45]

Aunque esa resolución no fue aprobada, su sustituta no era mucho mejor. Propuesta por Hillquit, decía así: "El Partido Socialista de los Estados Unidos está a favor de todas las medidas legislativas tendentes a impedir la inmigración de rompehuelgas, de trabajadores contratados, y de la inmigración masiva de trabajadores de países extranjeros demandada por la clase patronal con el propósito de debilitar el movimiento sindical y rebajar el nivel de vida de los trabajadores norteamericanos".[46]

# El sindicalismo revolucionario del IWW

En junio de 1905 Debs y Bill Haywood se unieron a otros militantes del ala izquierda del Partido Socialista para colaborar en la formación del sindicato IWW (Industrial Workers of the World, Trabajadores Industriales del Mundo), cuyos miembros pasaron a ser conocidos popularmente como los *wobblies*. Aparte de Debs, entre los 203 delegados asistentes a la reunión fundacional en Chicago se encontraban varias de las figuras más legendarias del movimiento obrero: Haywood, secretario de finanzas de la Federación de Mineros del Oeste; Lucy Parsons (viuda del mártir de Haymarket Albert Parsons); la Madre Jones; la obrera revolucionaria Elizabeth Gurley Flynn; y Charles O. Sherman, líder de los Obreros Metalúrgicos Unidos (un sindicato industrial escindido de la Asociación Internacional de Maquinistas de la AFL).

Pero el ala derecha del Partido Socialista decidió boicotear la convención fundacional del IWW. Justificaron esa decisión argumentando que los delegados del Partido Socialista acababan de ganar una resolución en la convención de la AFL pidiendo el "derrocamiento del sistema salarial", lo cual, según ellos, hacía innecesaria una organización revolucionaria.[47]

Haywood declaró desde el podio:

> Compañeros trabajadores: este es el Congreso Continental de la clase trabajadora. Estamos aquí para confederar a los trabajadores de este país en un movimiento de la clase trabajadora que tenga como propósito la emancipación de la clase trabajadora del

yugo esclavizador del capitalismo. (...) La meta y el objetivo de esta organización debería ser que la clase trabajadora posea el poder económico, los medios de vida y el control de la producción y la distribución, prescindiendo de los amos capitalistas.[48]

Los delegados a la convención rindieron tributo a los mártires de Haymarket y aprobaron una resolución de apoyo a la Revolución de 1905 que entonces se vivía en Rusia. La constitución del IWW declaraba que "la lucha de clases debe continuar hasta que todos que trabajan se unan (...) y sea suyo lo que producen con su trabajo". Los delegados rechazaron explícitamente el modelo organizativo del sindicalismo gremial, y en su lugar conformaron trece sindicatos industriales basados en las industrias de la minería, la agricultura, el transporte, la construcción, los ferrocarriles y otras industrias importantes.

Los fundadores del IWW querían romper frontalmente con el sindicalismo gremial de la AFL. Haywood y los *wobblies* tenían una visión muy negativa de los dirigentes de la AFL; para ellos Mitchell, de la UMWA, era un "imbécil", y la dirección de la AFL unos "farsantes". Los portavoces del IWW solían referirse a la Federación Americana del Trabajo (AFL) como la ASL, "Separación Americana del Trabajo".[49]

El IWW se marcó como objetivo organizar lo antes posible un sindicato industrial de masas. Recibió con entusiasmo a todos los obreros no cualificados y se dedicó a organizar los ámbitos laborales dominados por afroamericanos, mujeres e inmigrantes. Los *wobblies* montaban conscientemente las huelgas desde abajo hacia arriba, mediante piquetes y acciones solidarias masivas. Esa estrategia construyó la solidaridad de clase que permitiría la formación del Congreso de Organizaciones Industriales (CIO) décadas más tarde, durante la Gran Depresión de los años 30. Cientos de miles de trabajadores aprendieron lo que era la lucha de clases durante la época dorada del IWW, en las dos primeras décadas del siglo XX. Y lo cierto es que muchos radicales del movimiento sindical que contribuyeron a dirigir las masivas batallas de los años 30 se habían formado en la lucha de clases como *wobblies*.

Desde sus inicios, el IWW dijo que no se conformaba con mejorar los derechos de los trabajadores dentro del capitalismo, sino que había que construir "un gran sindicato industrial" que pudiera conformar "la estructura de la sociedad nueva (...) dentro del armazón de la vieja".[50] La ideología política dominante entre los fundadores del IWW era el anarcosindicalismo, o sindicalismo revolucionario. Los anarcosindicalistas no concebían su organización como un mero sindicato industrial, sino como una organización revolucionaria. En principio descartaban la idea de organización política de los socialistas, insistiendo en que la acción huelguista de los trabajadores podía conducir por sí sola a la transformación revolucionaria de la sociedad, es decir, que una huelga de masas podría paralizar al capitalismo y dar paso a una sociedad nueva. Así que dentro del IWW hubo poco acuerdo entre los socialistas y los anarcosindicalistas sobre qué significa el concepto Revolución, o cómo podría realizarse.

## Haywood enjuiciado

Los *wobblies* tuvieron poco tiempo para disfrutar el éxito de su reunión fundacional, ya que los líderes del IWW se convirtieron inmediatamente en objetivos del gobierno. Apenas siete meses después de formar la organización, Haywood fue arrestado y acusado de asesinato, y su arresto fue anunciado con gran bombo. Las autoridades acusaron a Haywood, al presidente de la Federación Occidental de Mineros Charles Moyer, y al miembro de la Federación George A. Pettibone, de haber asesinado al antiguo gobernador de Idaho y conocido antisindicalista Frank Steunenberg. Por añadidura, a Haywood se le formuló la acusación de haber ordenado en el pasado los asesinatos de veinticinco jefes de minas. Agentes de Pinkerton contratados por el gobernador de Colorado secuestraron a los tres hombres y los transportaron inmediatamente a Idaho. "Jamás saldrán de Idaho con vida", declaró al *Chicago Tribune* en febrero de 1916 el agente de Pinkerton de la agencia de Denver James McPharlan.[51]

Debs, indignado, estableció un paralelismo entre estos hechos y la persecución de los mártires de Haymarket, y escribió en *Llamada a la razón*: "Hace unos veinte años los tiranos capitalistas condujeron a la muerte a varios inocentes por dar la cara por el movimiento obrero. No lo volverán a intentar. ¡Que se atrevan! Desde la tragedia de Haymarket han pasado veinte años de educación, agitación y organización revolucionaria, y si intentan repetirlo habrá una revolución".[52]

El juicio de Haywood tuvo eco mucho más allá de los *wobblies* y los socialistas de izquierda. El propio Hillquit habló ante una manifestación de veinte mil partidarios de Haywood en el Grand Central Palace de la ciudad de Nueva York. El Partido Socialista hizo una edición especial de *Llamada a la razón* de la que imprimió un millón de ejemplares como parte de la campaña de defensa de Haywood. Hasta Gompers denunció el secuestro en la convención de la AFL de 1906, y la AFL reunió sindicatos de todas partes de los Estados Unidos para recaudar fondos para defender a Haywood.[53]

En Boston, 50.000 sindicalistas se manifestaron a favor de Moyer y Haywood coreando: "Si Moyer y Haywood mueren, si Moyer y Haywood mueren, veinte millones de sindicalistas sabrán por qué".[54] Cuando el presidente Teodoro Roosevelt tildó a los tres acusados de "ciudadanos indeseables", miles de estudiantes universitarios expresaron su solidaridad con Haywood poniéndose desafiantes distintivos en los que se leía "Yo soy un ciudadano indeseable".[55]

El abogado radical Clarence Darrow –que había sido el defensor de Debs durante la huelga de la Pullman– representó a Haywood en su juicio por asesinato en 1907. Sin embargo, antes incluso de que comenzara el juicio, el montaje del gobierno comenzó a venirse abajo, ya que uno de los dos testigos principales de la acusación se retractó. La defensa de Haywood demostró que el testigo restante tenía un historial de perjurios y confesión de crímenes no cometidos. El jurado votó a favor de la absolución de Haywood el 29 de julio de 1907. Pettibone resultó absuelto poco después, y los cargos contra Moyer fueron retirados.[56]

Pero Haywood había pasado quince meses en la cárcel, batallando por su vida. Y durante su prolongada ausencia se estuvo librando una enconada lucha *dentro* del IWW. Por un lado estaban los que creían que el IWW debía centrar sus esfuerzos en la lucha sindical del día a día; por el otro un grupo que insistía en que había que poner el acento en la actividad revolucionaria. Daniel DeLeon, el líder doctrinario del Partido Laboral Socialista, atacó duramente al bando "revolucionario" y contribuyó sin duda a incrementar el nivel de animosidad durante el debate. En 1906 el presidente del IWW, Charles O. Sherman, abandonó la organización. En 1907, dos tercios de los 27.000 miembros de la Federación Occidental de Mineros votaron a favor de abandonar el IWW.[57]

La contienda interna continuó perturbando a la joven organización tras el regreso de Haywood. Y en su convención de 1908, el IWW volvía a estar dividido, esta vez entre socialistas y anarcosindicalistas. Como describió Lens:

> En parte era una cuestión de temperamento, y en parte, de filosofía. Los trabajadores del Oeste, que llegaban a Chicago con sus monos azules, camisas negras y corbatas rojas cantando "Aleluya, soy un vagabundo" no eran precisamente muy amantes de las votaciones. Aceptaban la doctrina de la lucha de clases de Marx, y muchos militaban en el IWW y en el Partido Socialista. Pero consideraban la acción electoral como una añagaza ya gastada y querían restringir el trabajo del IWW al frente económico. Vincent St. John, un minero de metales proveniente de Telluride, expresaba sus recelos, al igual que hacía Haywood –que por cier-

to, se había convertido al sindicalismo en un viaje a Francia. Daniel DeLeon, por su parte, insistía en que la organización sindical debía realizar ambos esfuerzos, el económico y el electoral. (...) Eugene Debs, atrapado entre los dos bandos, distanciado de la tendencia apolítica y sin embargo muy próximo al enfoque industrial y revolucionario, se negó a atacar públicamente al IWW, pero sí disminuyó su nivel de participación.[58]

La visión de sindicalismo industrial que tenía Debs demostró ser más afín a aquello en lo que se convirtió el CIO (Congreso de Organizaciones Industriales) en los años 30, pero se mantuvo como miembro leal (aunque a menudo crítico) del Partido Socialista hasta su muerte en 1926.

En el debate de 1908, DeLeon definió a sus oponentes como "vagabundos proletarios" y "hatajo de pillos", y abandonó el IWW en la convención de ese mismo año.[59] Aunque su partida no constituyó una pérdida, sería un error despachar el contenido de esos debates como meras riñas. Los desacuerdos en el seno del IWW implicaban aspectos de estrategia cruciales que determinaron el curso del ala radical del movimiento sindical durante más de una generación.

A finales de 1908 –apenas tres años después de su fundación– el IWW se había debilitado mucho, habiendo perdido a Debs y a un buen número de otros dirigentes sindicales y sin contar con una base fuerte dentro de los sindicatos existentes. La fuerza de los *wobblies*, sin embargo, siguió descansando en el apego de sus miembros por la solidaridad de masas. En diciembre de 1906, un grupo de 3.000 *wobblies* de la planta de la General Electric en Schenectady, Nueva York, dirigió la primera huelga de brazos caídos de la historia de los Estados Unidos. Cuando el patrono despidió a tres miembros del IWW, sus camaradas pararon la producción y se mantuvieron inactivos durante sesenta y cinco horas, desactivando por completo a los otros 17.000 obreros de la planta.[60] Después de 1908 los *wobblies* experimentaron un rápido crecimiento de su influencia. El IWW organizaba acciones entusiastas de apoyo a los trabajadores del campo, a los obreros textiles, a los leñadores y a cualquier grupo de trabajadores de cualquier sector que se pusieran en huelga en cualquier parte del país.

Muchos de los grandes éxitos de los *wobblies* se lograron bajo la dirección única de los anarcosindicalistas. Y algunos dirigentes claves del IWW, entre ellos Haywood y Gurley Flynn, siguieron siendo militantes del Partido Socialista. Gurley Flynn, conocida como la "Chica Rebelde" ayudó a dirigir algunas huelgas muy importantes, entre ellas la de los obreros textiles de Lawrence, Massachusetts, en 1912. La huelga de Lawrence ilustra el punto fuerte del IWW, que no era otro que un compromiso sin precedentes a favor de la organización autónoma de los trabajadores.

## La huelga de Lawrence de 1912

Los empresarios textiles de Lawrence, Massachusetts, reclutaban trabajadores inmigrantes "del mayor número posible de grupos idiomáticos con la finalidad de evitar que se unieran y pudieran crear problemas; si en vez de unirse competían entre ellos, podían seguir manteniendo los salarios bajos", escribió Meredith Max. Añadiendo:

> En 1912 había veinticinco grupos étnicos diferentes en las hilanderías de Lawrence. Los inmigrantes eran atraídos a Lawrence mediante carteles colocados por todas las ciudades de los Balcanes y el Mediterráneo mostrando a trabajadores felices cargando sacos llenos de dinero desde el portón de la fábrica hasta el banco. En muchas viviendas obreras esos anuncios eran la única decoración de sus esperanzas muertas.[61]

La mitad de la fuerza de trabajo estaba formada por mujeres y niños que se morían *literalmente* de hambre. Como señala Tax: "El hilador medio moría a la edad de treinta y seis años, veintinueve menos de lo que vivía un abogado o un cura", mientras que "la mortalidad infantil en Lawrence era de 172 niños de cada 1.000".[62]

En enero de 1912, la AFL y la IWW apenas contaban con unos pocos centenares de miembros en ese centro textil de Nueva Inglaterra. Pero cuando el patrono redujo la paga de los obreros de Lawrence más de treinta céntimos por semana, miles de ellos se lanzaron a la huelga. Los organizadores de la IWW ya habían actuado en Lawrence meses atrás, cuando las tejedoras de la Atlantic Cotton Mills se pusieron en huelga durante cuatro meses después de que el patrono anunciara que la tarifa bajaría de los 79 céntimos por cada siete piezas a 49 por cada doce. Ahora los *wobblies* enviaron a los organizadores Gurley Flynn (la "Chica Rebelde") y J.P. Thompson, imprimieron miles de octavillas y afiches calificando la reducción salarial de "asesinato del plan de pago" y comenzaron a realizar mítines en el portón de la fábrica. Como dijo Gurley Flynn: "Nosotros les hablábamos del marxismo tal y como lo entendíamos: la lucha de clases, la explotación de la mano de obra, la utilización del estado y de las fuerzas armadas del gobierno en contra de los obreros... En Lawrence todo eso estaba ahí, delante de nuestros ojos. No necesitábamos ir lejos a buscar ejemplos".[63]

La huelga en sí misma se inició espontáneamente cuando el 11 de enero de 1912 la administración entregó los sobres con la paga rebajada. Al día siguiente, los obreros, indignados, fueron parando sus máquinas, un taller tras otro. Cuadrillas de piquetes marcharon por la ciudad entonando la consigna de combate: "Mejor morir de hambre peleando que morir de hambre trabajando". Al acabar el primer día, 10.000 obreros y obreras estaban en huelga. Como señala Lens: "En un solo día se sindicaron cuatro veces más personas de lo que lo habían hecho en los seis años anteriores".[64]

Cuando se les informó de que las aceras exteriores a las fábricas eran legalmente consideradas como una propiedad privada, y que por tanto no podían estarse allí parados, los huelguistas de Lawrence formaron un piquete móvil en el que miles de obreros se pusieron simplemente a "caminar" alrededor de la planta, abucheando "estruendosamente" a quien cruzase la línea de piquete. Los trabajadores montaron piquetes masivos de veinticuatro horas portando carteles que decían "No seas esquirol"; también organizaron manifestaciones de hasta 10.000 participantes, que marchaban por la ciudad cantando "Solidaridad para siempre" y otras canciones de la IWW.[65]

La AFL, por su parte, no quería tener nada que ver con aquellos huelguistas ingobernables. Gompers menospreció la huelga de Lawrence diciendo que era "un suceso pasajero", mientras que los dirigentes locales de la AFL ordenaron a sus obreros cualificados *atravesar* los piquetes esperando que los propietarios les devolvieran el favor reconociendo al sindicato.[66]

Cuando el héroe del movimiento sindical Big Bill Haywood llegó a Lawrence el 24 de enero, 15.000 huelguistas fueron a darle la bienvenida con tres bandas de música. Haywood prohibió explícitamente a los huelguistas el empleo de la violencia, a pesar de la reputación mediática de que los *wobblies* "instigaban al derramamiento de sangre y al sabotaje industrial". Un grupo de reputados ciudadanos de Lawrence fue arrestado por esconder dinamita alrededor de la ciudad con la esperanza de que la culpa recayese en la IWW.[67] Aparte de unas pocas y leves escaramuzas, los huelguistas fueron sumamente pacíficos, si bien la Comisión de Seguridad Pública local no tardó en declarar que "ya no habría más condescendencia con esos huelguistas sin ley", ordenando a la policía y a la milicia "disparar a matar".[68]

Cuando el 29 de enero los propietarios de las hilanderías anunciaron que abrirían las plantas, miles de huelguistas llenaron las calles de

Lawrence. La policía utilizó la excusa de que era una manifestación masiva para disparar sobre la multitud pacífica, matando a un joven huelguista. Aunque fueron balas de la policía las que ocasionaron la muerte del huelguista, la policía acusó a un misterioso "hombre que llevaba un mono marrón". Y así fue como arrestaron al huelguista Joseph Caruso y le acusaron de participar en el asesinato. Arrestaron también a los dirigentes de la IWW Joe Ettor y Arturo Giovannitti (que estaban a dos millas de distancia cuando ocurrió el incidente), por haber causado implícitamente el asesinato al "incitar a la turba al alboroto".[69]

Los tres, todos de nacionalidad italiana, pasaron en la cárcel el resto de la huelga. Un diario de Boston elogió los arrestos, declarando: "La condena de Ettor significa la primacía en Lawrence de las razas blancas".[70]

Pero la pérdida de dos de sus líderes sindicales no paralizó la organización de los huelguistas. Un perplejo capitán de policía informó: "Les diré: en las calles no había ningún líder. (...) En general las multitudes callejeras estaban lideradas por mujeres y niños".[71] La IWW realizó un especial esfuerzo por animar a las mujeres huelguistas a asumir el liderazgo (algo que por otra parte, hacían en todas las huelgas), y las mujeres fueron parte importante del comité de huelga de Lawrence. Como explicó Gurley Flynn: "La IWW ha sido acusada de poner a las mujeres al frente. La verdad es esta: que la IWW no las sitúa en la retaguardia... y ellas se ponen al frente".[72]

La huelga llegó a su punto crucial cuando la Federación Socialista Italiana de Nueva York se ofreció para acoger a los hijos de los trabajadores durante el tiempo que durara la huelga. Margaret Sanger viajó a Lawrence para acompañar a los primeros 119 niños; y cuando estos llegaron a la Grand Central Station de Nueva York, unos cinco mil socialistas y *wobblies* los recibieron cantando *La Internacional*.[73]

Una semana más tarde, otros 126 niños salieron de Lawrence. Pero la policía de la ciudad empezó a arrestar a los niños, y el 24 de febrero atacó a un grupo de padres y niños que llegaban a la estación de ferrocarril, golpeándolos con bastones y deteniendo a treinta padres e hijos bajo la acusación de "congregación". El incidente fue tan impactante que muchos ciudadanos notables, entre ellos la Primera Dama Helen Herron Taft, viajaron a Lawrence para ver con sus propios ojos la situación. Esta comitiva fue seguida por una nube de reporteros que por fin empezaron a narrar la historia desde el punto de vista de los huelguistas.[74]

Respaldado por multitud de sindicatos de todo el país, el congresista socialista Victor Berger pidió una investigación del Congreso sobre la desnutrición infantil. Aunque en las audiencias preliminares Gompers se dedicó a formular "sus acostumbradas acusaciones contra la IWW, su anarquía y su revolución", lo relevante fue el testimonio de los propios niños, que centró la atención nacional sobre los "salarios del hambre" pagados a los obreros textiles de Lawrence. Una adolescente de catorce años, que había resultado gravemente herida al enredársele el cabello en una máquina, simplemente dijo que se había puesto en huelga "porque en casa no había suficiente comida".[75]

En cuestión de una semana los empresarios textiles capitularon. Los 20.000 huelguistas se reunieron el 14 de marzo y votaron unánimemente aceptar la nueva oferta. La capacidad de la IWW para forjar la solidaridad entre los trabajadores inmigrantes quedó muy bien ilustrada en el momento en que celebraron la victoria, cuando los trabajadores de Lawrence cantaron juntos *La Internacional* en más de una docena de idiomas diferentes.

## Los límites del anarcosindicalismo

La oposición del IWW al capitalismo como sistema y su empeño por reunir a todos los trabajadores en "una gran organización sindical" marcó algunos de los momentos culminantes de la lucha del movimiento obrero. Al mismo tiempo, y sin embargo, el compromiso de los *wobblies* con el anarcosindicalismo resultó un impedimento en cuanto a su capacidad para convertirse en una alternativa organizacional tanto al liderazgo conservador del Partido Socialista como al predominio del sindicalismo gremial de la AFL. La aversión a la "política" de los líderes del IWW les impidió representar un desafío revolucionario y efectivo a la política del Partido Socialista.

Además, el IWW se negaba a firmar contratos sindicales con los patronos, lo cual acabó limitando su impacto como sindicato de trabajadores. Los *wobblies* preferían recurrir al arma de la huelga antes que firmar contratos que reforzaran los acuerdos con los patronos. Con el tiempo eso demostró ser especialmente problemático, ya que la mayoría de las huelgas eran para lograr el reconocimiento sindical y a menudo los patronos se negaban a honrar los acuerdos verbales. Por esa razón el impacto del IWW en muchas localidades fue de corta duración, a pesar de su espectacular papel en el avance de la lucha de clases. La huelga de Lawrence ilustra esa debilidad. Inmediatamente después de la huelga, el IWW tenía 14.000 afiliados en Lawrence; pero un año más tarde, había caído a apenas unos centenares. Aunque los *wobblies* organizaron a aproximadamente un millón de trabajadores, el número de sus miembros siempre osciló entre los 100.000 y los 120.000.[76]

La meta del IWW de lograr un sindicalismo revolucionario demostró ser inalcanzable. Por definición, los sindicatos son organizaciones reformistas, necesarias para fortalecer el poder de negociación de los trabajadores con el capital. Y las organizaciones revolucionarias se forman para desafiar, y en última instancia derrocar, al régimen del capital. El anarcosindicalismo intenta combinar esas dos metas –una basada en la reforma del sistema, la otra en su derrocamiento– en una única organización amplia de clase.

Pero la reforma constituye una precondición necesaria para la revolución. Una organización sindical estable posibilita el crecimiento y fortalecimiento de la confianza de la clase trabajadora, que es crucial para asumir la ofensiva en la lucha de clases. Más aún; aunque una huelga masiva puede paralizar el sistema capitalista, dejará intacto al Estado. Un aparato gubernamental bien estructurado refuerza el régimen corporativo, así que para que un desafío revolucionario resulte efectivo debe reconocer la importancia de una organización explícitamente política.

No obstante, la mayoría de los socialistas, incluidos los que tenían doble militancia en el PS y en el IWW, consideraban que la acción "política" era hacer campaña electoral a favor de los candidatos del Partido Socialista, en vez de construir un partido político dedicado a ganarse a los trabajadores para el proyecto de la revolución. Para muchos revolucionarios, la rígida separación de la "política" y la lucha de clases resultó ser una estrategia inadecuada. A comienzos de la década de 1920, como señala Lens, "el IWW había quedado diezmado por la conversión de un gran número de partidarios al comunismo".[77]

## El Partido Socialista vira a la derecha, y el movimiento sindical vira a la izquierda

En 1912 la dirección del Partido Socialista había preparado el terreno para la defenestración de la mayoría de los revolucionarios de la IWW. Haywood, recién elegido para el comité ejecutivo nacional del partido, y fortalecido con la victoria de la huelga de Lawrence, finalmente estaba listo para desafiar el dominio del ala derecha. Parte de ese desafío, que había ganado un apoyo considerable, era su esfuerzo por democratizar el partido. Como describe Kipnis: "El comité ejecutivo, según Haywood, debe abandonar su práctica de actuar como una corte suprema en todos los asuntos locales. Debe también dejar de arrogarse la potestad de legislar sobre todas las materias del partido".[78]

Los dirigentes del partido habían comenzado a prepararse meses atrás para mantener a Haywood fuera del comité ejecutivo, orquestando una campaña difamatoria basada en su filiación a la IWW. Pero en el meollo del debate estaba la diferencia de principios entre la estrategia de la reforma y la de la revolución: cuál de las dos, las elecciones o la lucha de clases, conquistaría finalmente la sociedad socialista. Hillquit lanzó el ataque, acusando falsamente a Haywood de haber renunciado a las votaciones a favor del sindicalismo "sin ley".[79]

En realidad, Haywood –que se había postulado para gobernador de Colorado mientras estuvo encarcelado en esa ciudad en 1906– era un miembro leal del partido que había continuado propugnando el voto socialista. No obstante, sí argumentaba que la ley capitalista funcionaba a favor de los poderosos en los Estados Unidos y les permitía matar a los huelguistas y a sus hijos. "¿Ustedes me reprochan que diga que desprecio la ley?", le preguntó en enero de 1912 a un entusiasmado auditorio en el Sindicato del Cobre en Nueva York. "Yo no soy un ciudadano observante de la ley", prosiguió. "Deberíamos decir que nuestro propósito es derrocar al sistema capitalista, y por la fuerza si es necesario".[80] Hillquit contraatacó aduciendo que el partido trabajaba por el cambio utilizando "métodos regulares y legales establecidos para ese propósito". En su réplica, Haywood preguntó si Hillquit planeaba "parapetarse tras una barricada de libros de leyes para dispararle una serie de alegatos bien redactados al ejército atacante de los secuaces capitalistas".[81]

En la convención, tras haber manipulado los votos seccionales para que salieran elegidos como delegados una "gran mayoría de "profesionales, hombres de negocios y dirigentes de los sindicatos obreros", según dice Kipnis, el ala derecha aprobó la siguiente enmienda: "Todo miembro del partido que se oponga a la acción política o propugne el crimen, el sabotaje u otros métodos de violencia como arma de la clase trabajadora para ayudarla en su emancipación deberá ser expulsado de la militancia en el partido".[82] Debs, que se negó a asistir a la convención, hizo llegar sus opiniones. Asumía una posición intermedia, oponiéndose a las "tácticas anarquistas" al tiempo que argüía que la expulsión era una pena demasiado severa".[83]

La dirección del Partido utilizó esa enmienda para echar a Haywood del comité ejecutivo nacional en febrero de 1913. Haywood no quiso renovar su militancia en el partido, y miles de socialistas revolucionarios siguieron el ejemplo.

La campaña contra Haywood coincidió con un alejamiento decisivo del Partido Socialista de la lucha sindical. En 1912 el partido había contribuido con más de 12.000 dólares a apoyar huelgas y casos de defensa jurídica laboral. La cifra bajó a 400 dólares en 1913 y a cero en 1914.[84]

Pocos años después el partido expulsó a la mayor parte de los revolucionarios de la IWW, y el movimiento sindical experimentó un crecimiento masivo, acompañado de una creciente radicalización entre los trabajadores. Pero el ala derecha del Partido Socialista, unida por su oposición a la militancia obrera, no supo identificarse con esa radicalización. Tras la victoria de la Revolución Rusa, decenas de miles de trabajadores inmigrantes ingresaron en las federaciones de idiomas extranjeros del Partido Socialista, pero allí descubrieron que los líderes del partido se oponían a los bolcheviques. El propio conservadurismo del partido impidió que éste combatiese de una manera efectiva las enérgicas medidas que se adoptaron contra sus miembros años después.

Durante la Primera Guerra Mundial, Gompers acordó que se prohibieran todas las huelgas de la AFL y permitió que el gobierno fijara los salarios mientras durase la guerra. A cambio, a la AFL se le aseguró el derecho a sindicar a los trabajadores que estaban bajo jurisdicción gubernamental. Pero tan pronto como finalizó la guerra, el 11 de noviembre de 1918, la lucha de clases estalló de nuevo. Entre 1914 y 1920 el movimiento sindical organizado duplicó su tamaño. Cuatro millones de trabajadores tomaron parte en las huelgas de 1919. Los obreros de las minas exigieron la nacionalización de éstas y demandaron la jornada de seis horas. En 1918-19 los partidos obreros crecieron en más de cuarenta ciudades norteamericanas.[85] En 1920, como señala el historiador del movimiento obrero David Montgomery, los sindicatos desautorizaron 253 huelgas, es decir, "a 850.837 trabajadores; el 58% de los huelguistas de todo ese año".[86]

La victoria de una revolución de los trabajadores en Rusia en 1917 elevó en alto grado la confianza de éstos en todo el mundo. Los trabajadores de los Estados Unidos no fueron la excepción. Un estudio realizado en 1920 por el Movimiento Mundial Intereclesiástico informó: "El gobierno ruso es un gobierno de trabajadores y no ha caído todavía. El que la prensa lleve ya dos años informando de que la república rusa está a punto de caer parece haberle dado al pueblo trabajador, incluso aquí, una especie de orgullo de clase que no ha decaído".[87] El auge radical contagió a la propia AFL, cuando los delegados a la convención aprobaron, con la objeción de Gompers, una resolución a favor de la "propiedad pública y la administración democrática" de los ferrocarriles de la nación.[88]

## La huelga general de Seattle de 1919

El punto culminante de la lucha fue indudablemente la Huelga General de Seattle, cuando 65.000 trabajadores huelguistas tomaron la ciudad entre el 6 y el 11 de febrero de 1919. La huelga fue notable no solo por su inmensa demostración de solidaridad de clase, sino también por su identificación consciente con la Revolución Rusa.[89]

Desde su inicio, la lucha incorporó demandas tanto políticas como laborales. Como describió el historiador Jeremy Brecher: "Cuando un socialista y antiguo presidente de la AFL de Seattle, Hulet Wells, fue condenado por oponerse a la recluta durante la guerra y luego torturado en prisión, el movimiento sindical de Seattle estalló en manifestaciones callejeras gigantes". Añadiendo: "Hasta los miembros más conservadores del movimiento sindical de Seattle apoyaban la revolución bolchevique y se oponían a la intervención norteamericana en contra de ella".[90]

El 21 de enero, 35.000 trabajadores del astillero de Seattle fueron a la huelga por el aumento de la paga. Pero la huelga enseguida adquirió una dimensión política, cuando un representante de la gubernamental United States Shipping Board Emergency Fleet Corporation telegrafió a los dueños del astillero para exigirles que no concedieran ningún aumento de salario. El telegrama, dirigido a la *Asociación* de la Industria Metalúrgica –el organismo de los patronos– fue entregado accidentalmente al *Consejo* de la Industria Metalúrgica, el organismo de los trabajadores. Los indignados huelguistas le pidieron al Consejo Laboral Central someter a la votación de los miembros de sus sindicatos la autorización para una huelga general. En dos semanas, 110 sindicatos locales habían dado su autorización y formado un comité de huelga general integrado por trescientos miembros, con un comité ejecutivo de quince miembros encargado de la dirección de la huelga. Como describe Brecher, el comité de huelga formó "virtualmente un contragobierno en la ciudad". Y prosigue:

> Los trabajadores de diversos gremios se organizaron para prestar servicios esenciales tras la aprobación de los subcomités del comité ejecutivo, que los eximía de la huelga. Los conductores de los camiones de la basura acordaron recoger la basura húmeda, que podía ocasionar riesgos para la salubridad, mas no el papel y las cenizas. Los bomberos acordaron seguir trabajando. Los conductores y trabajadores de las lavanderías desarrollaron

un plan para mantener abierto uno de los locales y atender la colada de los hospitales; antes de la huelga les enviaron instrucciones a los patronos de que no aceptasen más ropa para lavar, y también trabajaron algunas horas después del vencimiento del plazo para el inicio de la huelga, a fin de completar el proceso de lavado de manera que la ropa no se enmoheciese. Los vehículos autorizados para operar portaban letreros que decían: "Eximido por el Comité de la Huelga General. (...) Tanto los patronos y los funcionarios gubernamentales como los huelguistas acudían ante el Comité de Huelga a solicitar las exenciones".[91]

Veteranos de guerra uniformados se encargaron de la seguridad ciudadana durante el transcurso de la huelga.[92] Los trabajadores organizaron 21 comedores públicos alrededor de Seattle que servían (a ellos y a sus familias) más de 30.000 comidas al día.[93] Durante la Huelga General de Seattle no hubo violencia, y las detenciones disminuyeron prácticamente a la mitad. Pero la ausencia de violencia no impidió que el alcalde Ole Hanson llamase a las tropas federales, quienes junto a la Guardia Nacional, la policía local y 2.400 alguaciles juramentados especialmente para la ocasión, ocuparan la ciudad el 7 de febrero. Hansen reclamó para sí más tarde el mérito de haber impedido una insurrección: "La intención, anunciada tanto abierta como encubiertamente, era echar abajo el sistema industrial; primero aquí y después en todas partes. (...) Cierto es que no hubo disparos, ni bombas ni asesinatos. Pero la Revolución, repito, no necesita violencia".[94]

La presencia de la tropa no logró por sí sola someter a los trabajadores de Seattle. Fue el comité de huelga quien finalmente puso fin a la misma el 11 de febrero, alegando "la presión de los agentes sindicales internacionales, de los comités ejecutivos de los sindicatos, de los 'líderes' del movimiento sindical e incluso de aquellos líderes a quienes la prensa más confusa calificaba de 'bolcheviques'".[95]

Pero el apoyo de los trabajadores de Seattle a la Revolución Rusa continuaba, como se vio en el otoño de 1919, cuando los estibadores se negaron a cargar las armas destinadas a un general antibolchevique (que combatía para derrocar el gobierno de los trabajadores) "golpeando a los rompehuelgas que trataron de cargarlas".[96]

El Partido Socialista creció a lo largo de ese periodo, aunque sin llegar a sobrepasar su récord de 1912. En las elecciones locales de 1917, los candidatos del PS en Nueva York recibieron el 22% de los votos; en Chicago y Toledo, el 34% en cada una de ellas, y en Dayton, el 44%.[97] En 1919, el Partido Socialista llegaba por segunda vez a los 100.000 afiliados.[98]

# El nacimiento del comunismo norteamericano

Era inevitable, sin embargo, que las eternas divisiones internas del Partido Socialista condujesen a una escisión entre reformistas y revolucionarios. Esa escisión tuvo lugar en la convención de 1919, cuando sus dirigentes se enfrentaron a una mayoría que apoyaba la Revolución Rusa y que quería afiliarse al Komintern. Para reconquistar su propia mayoría, la dirección reformista del PS simplemente expulsó a dos tercios de su militancia, incluidas seis federaciones de idiomas extranjeros.

El Partido Socialista nunca se recuperó. Para 1929, el número de afiliados se había desplomado a apenas unos teóricos 600, que eran, en realidad, muchos menos. Como describe Howe:

> Hillquit fue franco respecto a la situación del Partido, y admitió que, como mucho, cobraba cierta vida espasmódica en unas cuantas ciudades durante las campañas electorales para recaer nuevamente en el sopor. Poco después dijo [a otro dirigente del Partido]: "Debes recordar que los camaradas de Nueva York son

muy inactivos". Los izquierdistas rivales a menudo llamaban al Partido Socialista "el asilo de ancianos".[99]

Aunque el Partido Socialista reviviría en la década de 1930, la mayoría de los trabajadores militantes de esa generación buscaron el liderazgo político en otras partes.

Sin embargo, en 1919 las perspectivas para crear a corto plazo un nuevo partido revolucionario no parecían prometedoras. Los socialistas expulsados, que eran unos 50.000, no lograban acordar una estrategia común, y rápidamente se escindieron en dos bandos rivales. El grupo angloparlante se planteó colarse en una convención convocada por los líderes del partido para exigir su reincorporación. El otro grupo, un poco mayor, que representaba a las federaciones de idiomas extranjeros, quería separarse para formar su propia organización. Los planes del primer grupo fueron totalmente infructuosos: una vez dentro del local de la convención la policía los expulsó de inmediato.

Al final, las dos facciones rivales fundaron partidos separados, aunque con principios políticos indistinguibles. El Partido Comunista de los Trabajadores se fundó el 1º de septiembre de 1919, en Chicago, mientras el Partido Comunista de los Estados Unidos nació un día después, el 2 de septiembre de 1919, también en Chicago. Ambos partidos se afiliaron inmediatamente al Komintern. A instancias de éste, los dos grupos se unieron para formar el Partido Comunista Unido en 1921, aunque continuaron sus interminables disputas.[100]

Así, el comunismo norteamericano nació en el contexto de la rivalidad entre dos facciones. Y ese faccionalismo continuó caracterizando su existencia durante los ocho años siguientes. Hallas describe así al Partido Comunista de comienzos de los años 20:

> (...) Por otra parte, el Partido Comunista –producto de una fusión realizada en 1919-20– era esencialmente una federación de facciones. Tiene que haber sido uno de los peores partidos en el

Komintern, lo cual ya dice mucho. Estaba dividido internamente y plagado de problemas, y fue inefectivo hasta que coincidieron dos eventualidades. Una, cuando en el periodo 1929-32 hubo una caída catastrófica del 40% de la producción industrial y se inició una depresión mundial que impactó enormemente en los Estados Unidos. Segunda, que en 1929 el Partido Comunista de los Estados Unidos se había estalinizado y barrió a todas las facciones en conflicto.[101]

Manteniendo una fuerte alianza con el IWW –e incorporando la hostilidad de los *wobblies* hacia la AFL– los comunistas norteamericanos se negaron en un principio a trabajar dentro de la AFL. Sobre este punto entraron rápidamente en conflicto con la insistencia del Komintern de que había que trabajar dentro de *todos* los sindicatos existentes. En julio de 1921, el Komintern, comparando la situación estadounidense con el auge de los movimientos de los trabajadores en Europa, formuló una refutación explícita a la negativa de los comunistas norteamericanos a trabajar dentro de la AFL:

> El mismo proceso revolucionario se está dando en *Norteamérica*, aunque más lentamente. Los comunistas no deben bajo ningún concepto abandonar las filas de la reaccionaria Federación del Trabajo. Por el contrario, deberían procurar poner un pie en los viejos sindicatos con el objetivo de revolucionarlos. Como también es vital que trabajen con los miembros del IWW más cercanos al Partido sin que eso excluya que se discutan las posiciones políticas del IWW[102]

Así que las facciones rivales se unieron de manera permanente y formaron el Partido de los Trabajadores (el Partido Comunista), con el propósito de "coordinar a toda la gente de izquierda que haya dentro de todos los sindicatos". William Z. Foster, que se unió al movimiento comunista en 1921, contribuyó mucho a lograr ese objetivo. Foster era un activista sindical reconocido que había formado la Liga de Educación

Sindical (Trade Union Educational League, TUEL) en 1920, una formación obrera abierta que rápidamente estableció bases en un buen número de sindicatos de la AFL. Como describe Montgomery: "La mayor influencia de la TUEL era dentro de los sindicatos que en 1921 mostraban una orientación más progresista, especialmente los mineros, los del vestido femenino, ropa masculina, carpinteros y maquinistas".[103]

Pero hacia 1923, en medio de la atmósfera de histeria anticomunista que invadió a la sociedad estadounidense, la TUEL se encontró cada vez más aislada y Foster más arrinconado, incluso por parte de sus aliados dentro de la AFL. De hecho, en aquel entonces la AFL dedicaba gran parte de sus esfuerzos a una campaña para prohibir la inmigración. Cuando se hizo pública la orientación comunista de Foster, empezaron a evitarlo incluso en su base de operaciones de Chicago, donde había disfrutado durante años de una buena relación colaborativa con la AFL.

En 1924 la TUEL unió sus fuerzas a las de la Federación del Trabajo de Chicago en un intento por apoyar la campaña presidencial independiente del senador republicano disidente Robert M. LaFollette. Sin embargo, como señala Montgomery, "fue tan intensa la presión de la AFL contra esa jugada, que finalmente fueron muy pocos los progresistas de la Federación que acudieron a la reunión. El resultado fue que los comunistas dominaron fácilmente la convención e hicieron suya la determinación de aquellos que habían venido reclamando una acción inmediata, dejando a un lado a los vacilantes dirigentes de la Federación del Trabajo de Chicago, que acabaron abandonando el movimiento de forma abrupta.[104]

A mediados de la década de 1920 hubiese sido difícil predecir que el Partido Comunista conseguiría llegar a tener una influencia tan masiva sobre el movimiento sindical apenas diez años más tarde.

# El temor rojo de los años 20

El comunismo norteamericano nació en medio de la ola de represión política que acompañó la entrada de los Estados Unidos en la guerra. La represión se aceleró como respuesta a la radicalización que siguió a la Revolución Rusa. El temor rojo de ese periodo, como el de la era de McCarthy en los años 40 y 50, tenía el doble propósito de reforzar los objetivos de la política exterior de los mandatarios estadounidenses y aplastar la oposición interna de la clase trabajadora.

Los socialistas y los *wobblies* fueron encarcelados o deportados por "traicionar" a Norteamérica bajo la Ley de Espionaje. El Servicio Postal de los Estados Unidos suspendió o prohibió el reparto de todas las publicaciones antibélicas. Los patronos que aplastaron huelgas durante ese periodo justificaron sus acciones con el lenguaje del patriotismo. Con el IWW se ensañaron especialmente. En Jerome, Arizona, los propietarios de las minas de cobre formaron la "Liga Jerome de la Lealtad" para destruir una huelga de mineros encabezada por el IWW en 1917. En Bisbee, Arizona, un ejército de dos mil "alguaciles" atacó otra huelga de mineros, y, como describe Nicholson, "los trabajadores, y todos los abogados laborales locales y los miembros y simpatizantes del IWW (incluidos varios hombres de negocios) fueron apiñados en vagones para transportar ganado con un mínimo de provisiones y abandonados a su suerte en medio del desierto de Nuevo México".[105] En Butte, Montana, los propietarios de minas ordenaron el asesinato del organizador del IWW Frank Little, cuyo "cuerpo torturado y mutilado fue hallado colgando de un puente del ferrocarril" en agosto de 1917.[106]

La represión "especial para tiempos de guerra" duró mucho más que la guerra misma. En septiembre de 1919, el Congreso creó la Legión Americana como brazo ejecutor de la Asociación Nacional de Fabricantes (NAM) "con el propósito declarado –como escribió Nicholson– de combatir el radicalismo, especialmente cuando este se manifestase a favor de la filiación sindical obligatoria":

> Antes de acabar el año 1919, los legionarios habían ayudado a romper una huelga de tranviarios en Denver, Colorado (agosto) y habían asaltado la sala de reuniones del IWW en Centralia, Washington (noviembre). Cuando se encontraron con la resistencia armada de los *wobblies* en Centralia, los legionarios capturaron, castraron y lincharon al líder del IWW Wesley Everett, veterano condecorado de la Primera Guerra Mundial. Los patriotas *vigilantes* de la Legión Americana no escondían sus ideales políticos. Para el orador central invitado a la Convención de la Legión Americana de San Francisco en 1923, uno de sus héroes era el dictador fascista italiano Benito Mussolini.[107]

En 1920, treinta y dos estados prohibieron que se ondeasen banderas rojas, y el estado de Nueva York declaró al Partido Socialista "organización ilegal".[108] En 1921, señala Montgomery, tan solo once de las ochenta y ocho ciudades más importantes del país habían eliminado sus prohibiciones especiales para tiempos de guerra, entre ellas la de realizar mítines en la calle. El Departamento de Justicia de los Estados Unidos colaboraba estrechamente con el Departamento del Trabajo, incluida la Oficina de Inmigración, para perseguir "radicales peligrosos", mientras se utilizaban las leyes de inmigración para arrestar y deportar a radicales y activistas sindicales nacidos en el extranjero.[109]

Entre 1917 y 1920, muchos estados aprobaron leyes que ilegalizaban al IWW por practicar "sindicalismo criminal". El 19 de noviembre de 1919, el fiscal general A. Mitchell Palmer (que por aquel entonces buscaba la nominación presidencial por el Partido Demócrata), ayudado por un joven Edgar J. Hoover, envió a los agentes del Departamento de Justicia a asaltar locales en más de doce ciudades, arrestando a 2.000 presuntos radicales solo en Nueva York. El 2 de enero de 1920 continuaron los asaltos ordenados por Palmer, y sus agentes atacaron de forma simultánea a comunistas y miembros del IWW en treinta y tres ciudades. Fueron deportados entre 5.000 y 10.000 inmigrantes por pertenecer presuntamente "a una organización radical". Como describe Lens: "Pocas veces había presenciado Norteamérica tales tácticas policiales. En Boston 5.000 hombres y mujeres fueron arrestados, esposados y paseados por las calles".[110] Levine señala: "Los asaltos destruyeron prácticamente todas las organizaciones comunistas locales".[111]

Mientras tanto, según explica Montgomery, el Congreso se marcó como objetivo la exclusión de los emigrantes "de nacionalidades 'indeseables', aunque sin cerrar las puertas a los noreuropeos o privar a los dueños de las granjas del Oeste de mano de obra inmigrante".[112] Mezclando la eugenésica con el anticomunismo, el senador activista de Washington Albert Johnson se negó a permitir la entrada en el país de quienes fuesen "sucios, antinorteamericanos y tuvieran hábitos peligrosos".[113]

El temor rojo estaba estrechamente ligado a los esfuerzos del gobierno por refrenar la lucha de clases, como se evidenció en el intento por parte del Congreso en 1919 de convertir en crimen el hecho de "apoyar una huelga de ferroviarios".[114] Pero sus esfuerzos no siempre tuvieron éxito. Aunque el Senado tomó una ley de posguerra sobre la reprivatización de los ferrocarriles para incorporarle una 'prohibición de hacer huelga', esta prohibición acabó siendo anulada por la Comisión del Senado después de que la Asociación Internacional de Maquinistas (IAM) amenazara con hacer una huelga a nivel nacional si dicha ley era aprobada.

Los sindicatos de la AFL se sumaron a la histeria anticomunista. En 1923, la UMWA ordenó la expulsión de todos los militantes comunistas; en 1924 y 1925 los sindicatos de carpinteros y maquinistas hicieron lo mismo; y en la convención de la AFL de octubre de 1923 expulsaron al único delegado sindical comunista, William Dune.[115]

La represión culminó en 1927 con la ejecución de Sacco y Vanzetti. Los dos anarquistas italianos se habían convertido en símbolos de la persecución que sufrían todos los trabajadores extranjeros, así que medida que se acercaba la fecha de su ejecución, las protestas y las huelgas se fueron extendiendo por todas partes, desde las trabajadoras de la industria del vestido de Nueva York hasta los mineros del carbón de la región central. Cuando el IWW llamó a hacer huelgas para apoyar a los anarquistas, se echaron a la calle mineros de regiones tan distantes como Colorado.[116] Pero el anticomunismo avanzaba inexorable. Hacia finales de la década de 1920, el número de deportaciones *anuales* se había elevado a más de 38.000.[117]

## "Los locos años veinte": el paraíso de los patronos

En la década de 1920 la mayoría de la población estadounidense se concentraba por primera vez en las ciudades industriales.[118] La década contempló la creciente concentración de capital y riqueza, con más de mil doscientos casos de fusiones de empresas manufactureras entre 1918 y 1928.[119] El impuesto sobre la renta para los norteamericanos más ricos cayó del 77% de la Primera Guerra Mundial a apenas el 25%. Como señala Levine: "Hacia finales de 1929, las doscientas corporaciones de mayor tamaño poseían casi la mitad de la riqueza corporativa de todos los Estados Unidos, el 38% de la riqueza comercial y el 20% del total de la riqueza nacional".[120] Había una buena razón para que la década fuese conocida como "los locos años veinte"; por sus desmesuradas ganancias y la desenfrenada opulencia de la clase dominante.

El auge de las industrias de fabricación en serie que siguió a la Primera Guerra Mundial aceleró mucho la productividad laboral: entre 1914 y 1927 la productividad se incrementó un 55% en el hierro y el acero, un 178% en los automóviles y un 292% en el caucho.[121] Durante la prolongada bonanza de los años 20, reputados economistas proclamaron que "los auges y las depresiones eran cosa del pasado", afirmando que lo previsible era que a partir de ese momento la economía de los Estados Unidos disfrutara de una "prosperidad permanente". El magnate banquero Melvin A. Traynor declaró pleno de confianza: "No tememos la recurrencia de las condiciones que puedan volver a arrojar a la nación a las profundidades de los pánicos financieros más violentos, como ha ocurrido en el pasado".[122]

Los dirigentes de las corporaciones se pasaron la década rebajando drásticamente los salarios y aniquilando sindicatos (y con gran éxito por cierto), mientras promovían sus propios sindicatos, propatronales e inofensivos. En 1923, la sentencia de la Corte Suprema en el caso *Adkins versus Hospital Infantil* decretó que las leyes del salario mínimo constituían una violación de la "protección de la libertad de contratación" vigente en la Constitución. Durante la década de 1920 las corporaciones utilizaron el doble de intimaciones (disposiciones de obligado cumplimiento) contra las huelgas que "en cualquier otro periodo", según Nicholson.[123]

Los esfuerzos de los patronos estuvieron además muy bien acompañados por el "temor rojo" gubernamental hasta bien entrada la década de 1920. La Asociación Nacional de Fabricantes continuó con su ofensiva antisindical, y apoyada en el temor al rojo, la Asociación orquestó una vasta campaña de literatura para desacreditar el sindicalismo, vinculándolo con "actividades comunistas".[124] Las corporaciones de todo el país se enrolaron en una campaña autodenominada "Plan Americano", como desafío patriótico a la tiranía del sindicalismo "antiamericano". Como describe Lens: "Desde un millar de foros diferentes pero coordinados entre sí, los seguidores del 'Americanismo' proclamaban airadamente que los sindicatos estaban violando el derecho del trabajador a la 'libre elección'".[125]

Muchos patronos aprovecharon la oportunidad para forzar a los trabajadores a firmar contratos con cláusulas que les comprometían a no unirse jamás a un sindicato –los conocidos burlonamente por el movimiento sindical como "contratos de perro amarillo". La Bethlehem Steel se negaba a vender su acero a aquellos contratistas que "fuesen tan antipatriotas como para contratar mano de obra sindicada".[126]

Aunque fueron 688.538 los trabajadores que tomaron parte en más de 1.100 huelgas entre 1922 y 1926, la mayoría de las huelgas fueron derrotadas. Y cuando se producía una "victoria", era relativa, pues por lo general implicaba un recorte salarial, aunque fuera menor del que inicialmente exigían los patronos. En 1929, la AFL había perdido un millón de miembros, y cayó desde los cuatro millones que tenía en 1920 a tres millones a finales de 1929.[127] La UMWA apenas representaba a 80.000 mineros en 1928, pero su militancia bajó a 40.000 en 1932.[128]

## Rumbo al sur para escapar de los sindicatos

Una de las peores derrotas del movimiento sindical de esa época la sufrieron los trabajadores textiles del Sur, debido al intento de la clase patronal por preservar el estatus del Sur como paraíso antisindical.

A finales de los años 20 muchos fabricantes textiles del Norte habían comenzado a escapar de la sindicalización reubicándose en el Profundo Sur. En 1927 la producción textil algodonera ya estaba concentrada en el Sur; el 67% si se mide por yardas producidas, y el 56% si se mide por el valor.[129] La diferencia salarial entre el Norte y el Sur era enorme. En 1928, la Oficina del Trabajo estimaba –según una encuesta que cubría 17 ocupaciones– que el salario por hora en el Sur era un 43,6% más bajo. También en 1928, el salario en las hilanderías sureñas era de 29,1 céntimos/hora, mientras que en Nueva Inglaterra era de 41,4 céntimos/hora.[130] *Business Week* describió esa significativa diferencia salarial como "un cebo puesto ante las narices de los propietarios hilanderos de Nueva Inglaterra".[131]

Las compañías textiles, cargadas con los problemas crónicos de sobreproducción ocasionados por las fluctuaciones estacionales que genera la moda, intentaban salvaguardar sus intereses peleando despiadadamente contra cualquier reforma laboral.[132] Un propietario hilandero de Carolina del Sur declaró cándidamente: "Gobernamos como el Zar de Rusia".[133] El historiador Irving Bernstein dice de ese periodo:

> En los aspectos que afectaban a sus intereses, los propietarios de hilanderías ejercían un firme control sobre la maquinaria del estado y el gobierno local. Casi todos los representantes y senadores de los estados textileros sureños que iban a Washington sentían que su deber sagrado era proteger a la industria de la intromisión foránea en materias como competencia exterior, leyes de trabajo infantil e investigación federal de las condiciones de trabajo. Y cuando ocasionalmente se elevaba una voz de protesta (...) la hostilidad de los propietarios de las hilanderías garantizaba que nadie la escuchara.[134]

Los propietarios de hilanderías controlaban todas las instituciones de las ciudades en donde estaban sus compañías; incluido el clero. Como expuso uno de ellos: "Aquí tenemos como pastor a un jovenzuelo proveniente de un seminario del Este (...) y el muchacho tonto anda por ahí diciendo que nosotros contribuimos a pagar los salarios de los predicadores para controlarlos. Esa es una maldita mentira, y nos libraremos de él".[135]

Las políticas de contratación en la industria textil sureña excluían virtualmente a los trabajadores negros: de los 100.000 obreros textiles que había en Carolina del Norte en 1930, menos de 3.000 eran afroamericanos, y todos estaban empleados en los trabajos peores y de mayor peligro.[136] Pero los fabricantes textiles sureños pagaban salarios de pobreza a toda su fuerza laboral, que era mayoritariamente blanca. En 1919, una investigación del Senado mostró que los salarios de la industria textil eran los más bajos de todo el sector fabril, con la posible excepción del tabaco.

Las leyes sureñas de la década de 1920 defendían la semana laboral de 60 horas y la jornada de diez-doce horas típica de la industria textil. Pero la ley de Alabama no establecía límites en el horario de trabajo, Carolina del Norte y Georgia permitían la semana de más de 60 horas, los niños menores de catorce años eran una fuerza laboral más, y Carolina del Sur no concedía ninguna compensación a los trabajadores que sufrían accidentes en su puesto de trabajo.

Además de precarias, las leyes laborales existentes se cumplían de una manera muy laxa. Una investigación de 1929 llevada a cabo por la Cámara de Representantes de Carolina del Sur averiguó que la oficina del Comisionado de Agricultura, Comercio e Industria se hallaba "en estado de inercia y letargo". Y en cambio, la investigación concluyó que el comisionado sí estaba "muy alerta" en cuanto a "ocultar y excusar prácticamente todas las violaciones de las leyes laborales".[137]

En los años 20, Trabajadores Textiles Unidos (United Textile Workers, UTW), un sindicato de la AFL, fracasó en su intento por organizar a los trabajadores, aunque no está claro cuánto empeño pusieron en ello. La militancia de la UTW se redujo notablemente en el transcurso de la década, y en 1929 representaba a menos del 3% de los 1.100.000 trabajadores textiles de la nación, todos ellos del Norte. El estudioso del movimiento obrero Robert R. Brooks señala: "El sindicato parecía consistir únicamente en un conjunto de oficinas, una dotación de funcionarios y un espléndido despliegue de archivadores".[138]

Así que la UTW no estaba bien preparada para afrontar la ira de los fabricantes textiles sureños cuando los miembros de su Filial 1630 en Elizabethtown, Tennessee, se pusieron en huelga en abril de 1929. Los trabajadores protestaban contra los constantes aumentos de producción, las horas extras no remuneradas y las reducciones salariales. Los notables de la ciudad respondieron organizando pandillas de *vigilantes* "decididos a cortar de raíz la amenaza de huelga".[139] Bandas armadas, encabezadas por hombres de negocios y la policía de Elizabethtown, condujeron a dos organizadores sindicales hasta la frontera del estado y les advirtieron de que no regresaran nunca más. Uno de los organizadores detenidos informó de que el presidente local del First National Bank estaba al frente de la banda armada que lo había capturado, y que le había dicho a punta de revólver que "me llenaría de agujeros si volvía". Otro miembro del sindicato fue golpeado por una turba de gente –encabezada por un cargo local de la Iglesia Presbiteriana– después de irrumpir en su hogar en medio de la noche. Su hermana llegó con un rifle, y tras un intercambio de disparos, los matones se marcharon.[140]

El presidente de la AFL, William Green (sucesor de Gompers) viajó a Elizabethtown para ofrecer el apoyo de la Federación a los 4.000 huelguistas. Entonces la compañía despidió a todos los miembros de la Seccional 1630. El sindicato llamó a una segunda huelga y paralizó dos hilanderías de Elizabethtown. Esta vez los huelguistas tuvieron que enfrentarse a 800 agentes de la policía y a alguaciles pagados por los administradores, que desembolsaron 1.000 dólares diarios al estado de Tennessee por utilizar su fuerza policial, además de pagarle 50.000 dólares al condado como gesto de "buena voluntad" por la utilización de sus alguaciles. La tropa se comunicaba directamente con los jefes de las plantas, y arrestó a 1.250 trabajadores huelguistas que estaban en el piquete. La violencia posterior culminó con el bombardeo del principal acueducto de la ciudad.[141]

El 25 de mayo los dirigentes del sindicato y el patrono llegaron finalmente a un acuerdo. Aunque el acuerdo no reconocía al sindicato, ordenaba al patrono que se reuniera con un comité de trabajadores para discutir las reclamaciones. Sin embargo, el 19 de septiembre la compañía emitió un comunicado en el que declaraba: "La administración no tiene la intención de discutir en ningún momento ningún asunto (...) con individuos u organizaciones de fuera". Y a los trabajadores que tuviesen alguna objeción se les advertía de que no "continuarían en sus empleos".[142]

La derrota de la UTW puso de relieve las enormes desventajas que tenía que afrontar el movimiento sindical en el Sur, especialmente en su industria textil. Aún habría más derrotas durante los años venideros. Pero también existía el potencial para que se produjesen algunos avances significativos.

## El triunfo del estalinismo y el "Tercer Periodo" comunista

La Revolución Rusa de 1917 fue una inspiración para la mayoría de los radicales y revolucionarios, incluso para los que no estaban del todo conformes con las políticas del nuevo régimen bolchevique. Pero la situación cambió drásticamente en el transcurso de la siguiente década. En 1928, el año en que Stalin exilió a Trotsky, el régimen ruso se encargó de revertir por completo todas las conquistas logradas por la clase trabajadora en la revolución de 1917.[143] A partir de entonces, a los partidos comunistas del mundo se les exigió adoptar incondicionalmente como propios cada torsión y cada giro de la política exterior y local de Stalin. Aunque ello liberó al Partido Comunista Norteamericano de su perpetuo faccionalismo, la organización se convirtió en una caricatura de la maquinaria que Stalin construyó para gobernar Rusia. Como dijo el líder Earl Browder a mediados de los años 30: "Si a uno no le interesan las directrices que vienen de Moscú, es que no le interesa nada la construcción del socialismo".[144]

En 1928, cuando Stalin se aseguró por primera vez el control del Partido Comunista ruso, anunció que el capitalismo estaba entrando en un nuevo periodo de crisis económica y que la revolución tardaría poco en estar en la agenda global. Decretó que muy pronto las únicas alternativas posibles serían o el comunismo o el fascismo. El deber de los comunistas del mundo era pues prepararse para la crisis revolucionaria a punto de llegar, declarándoles la guerra a todos los líderes liberales y socialdemócratas, a los que Stalin les puso la etiqueta de "socialfascistas" o partidarios secretos del fascismo bajo la máscara del reformismo social.

Así, a instancias de Stalin, los partidos comunistas de todo el mundo entraron en 1928 en una época tremendamente sectaria, el llamado Tercer Periodo, en el que procuraron realzar su propia imagen revolucionaria denunciando a todas las demás fuerzas de izquierda como traidoras a la "tradición bolchevique". Sin embargo, el Tercer Periodo nada tenía que ver con la política mundial, sino que era el producto de la justificación "revolucionaria" de Stalin para la colectivización forzosa de la agricultura que se había puesto en marcha dentro de la URSS.[145]

Durante el Tercer Periodo, que duró desde 1929 hasta 1934, los comunistas norteamericanos acusaban de "socialfascistas" a los miembros del Partido Socialista y a otros reformistas. En medio del derrumbe de la bolsa de valores de 1929, que anunciaba la Gran Depresión, la edición del 28 de octubre del periódico comunista *Daily Worker* dedicó su artículo editorial a atacar al líder del Partido Socialista: "Norman Thomas, Candidato del Tercer Partido Capitalista".[146]

Pero los estalinistas reservaban su hostilidad más feroz contra el diminuto movimiento trotskista, que por entonces intentaba, en circunstancias sumamente difíciles, construir una alternativa al estalinismo. Siguiendo el lineamiento de Stalin, el PC norteamericano expulsó a su propia facción trotskista en 1928. A partir de ese momento, los comunistas se dedicaron a realizar una campaña sin cuartel contra Trotsky y sus aliados políticos, acusándolos (falsamente) de estar ligados al propio Hitler. La persecución contra Trotsky culminó con su muerte en México en 1940 a manos de un asesino al servicio de Stalin.[147] La campaña del Partido Comunista norteamericano contra los trotskistas duró desde finales de los años 20 hasta entrados los 40, e incluyó ataques físicos contra ellos.[148]

En su Tercer Periodo, los comunistas también se alejaron del movimiento sindical organizado, formando sindicatos "rojos" que pudieran competir con la AFL. En 1929, el PC reemplazó su Liga de Educación Sindical (TUEL), de orientación amplia, por la "revolucionaria" Liga de la Unidad Sindical (Trade Union Unity League, TUUL), completando así su viraje hacia el sindicalismo rojo. Pero la TUUL fue un fracaso total y no logró ninguno de sus objetivos.[149]

CAPÍTULO CUATRO

# LA DÉCADA DE LA DEPRESIÓN: EL MOMENTO CRUCIAL

Los economistas que en los años 20 declararon que "los auges y las depresiones eran cosa del pasado", habían hablado demasiado pronto. Antes de que hubiese terminado la década, la economía estadounidense estaba hundida en la peor crisis de su historia. El derrumbe de la bolsa de valores en octubre de 1929 marcó el inicio de la Gran Depresión y fue el anuncio de un largo periodo de miseria para toda la clase trabajadora. En 1932, un 23,6% de la población estaba sin empleo. Y ciertos sectores industriales fueron golpeados aún con más intensidad, especialmente el sector textil y el automotriz. El empleo en la Ford Motor Company, por ejemplo, cayó de 128.142 puestos de trabajo a apenas 37.000 en 1931.[1]

Como señala Nicholson:

> Por cada suicidio de un hombre de negocios o especulador de bolsa que se hacía público, había miles de trabajadores, mujeres y niños inocentes que morían de hambre, desnutrición o frío. Nadie sabrá jamás cuántas mujeres de la clase trabajadora murieron debido a abortos chapuceros, o cuántos niños fueron asesinados o perecieron por los efectos de la Depresión. Ninguna familia de trabajadores quedó intacta. (...) En medio del terrible y frío invierno de 1932-33, una tercera parte de los trabajadores se quedó en paro y sin ningún ingreso regular. En las grandes ciudades y núcleos industriales la tasa de desempleo fue de entre el 40 y el 50%.[2]

Pero los gobernantes estadounidenses mostraron muy poca solidaridad con esas masas famélicas. Y los patronos utilizaron la amenaza del desempleo para forzar a la baja los salarios de quienes aún tenían trabajo. En 1930, las ganancias reales por semana habían caído un 20% en todas las industrias, y entre un 15% y un 30% en la industria manufacturera y en la minería.[3]

El presidente republicano Herbert Hoover se opuso a cualquier medida de asistencia federal para alimentar a los hambrientos o ayudar a los desamparados. Hoover incluso se negó a reconocer la existencia de un desempleo masivo y no hizo nada por aliviarlo, aparte de designar una comisión gubernamental "para investigar el problema". Con razón, las ciudades chabolistas de los trabajadores empobrecidos llegaron a ser conocidas en todas partes como las "Hoovervilles". Llegó a ser tan impopular que se decía que hasta Mickey Mouse podría haber derrotado a Hoover en 1932.[4]

A pesar de todo, y quizás porque sintió la amenaza del repunte de la lucha de clases, Hoover hizo algunas importantes reformas laborales. Firmó leyes que anulaban los contratos "de perro amarillo" y que restringían el empleo de intimaciones judiciales contra las huelgas. Nicholson comenta: "El concepto de la protección federal del derecho de los trabajadores a formar organizaciones colectivas que los representen se convertiría pronto en una de las bases para la rápida expansión de los sindicatos durante el *New Deal* [Nuevo Trato]. Generalmente se le atribuye ese derecho al nuevo presidente, Franklin Delano Roosevelt, pero en realidad echó a andar bajo la administración de Herbert Hoover.[5]

No obstante, en los primeros años de la década de 1930 la mayoría de los patronos seguía negándose a negociar con los sindicatos.

# Los límites del *New Deal*

Cuando Roosevelt emprendió su campaña electoral a la presidencia en 1932, su plataforma difería muy poco de la de los republicanos, a no ser por la oferta, formulada en términos más bien vagos, de "un nuevo trato para los norteamericanos", así como la promesa de algunas prestaciones para los desempleados. Pero ni Roosevelt ni los demócratas (tampoco los republicanos) objetaron nada cuando en el verano de 1932 el ejército estadounidense atacó una protesta de 15.000 trabajadores desempleados en Washington, D.C. "utilizando tanques y gases lacrimógenos".[6]

Como dice Nicholson: "Hasta la crisis bancaria de 1933 y los primeros cien días del *New Deal*, el gobierno no intervino a favor del pueblo con la misma diligencia con la que respondía a las demandas de ayuda de los empresarios. Se aceptaba como curso legítimo de la acción gubernamental el alivio de la angustia empresarial, pero no la ayuda al pueblo empobrecido".[7]

A comienzos de los años 30, la policía disparó en repetidas ocasiones sobre las marchas de la gente hambrienta. En 1932, la policía de Detroit empleó ametralladoras para segar una manifestación de varios miles de personas famélicas. Resultaron muertos cuatro manifestantes y hubo más de sesenta heridos. Más tarde, un acusador fiscal de la ciudad de Detroit comentó: "Hubiese querido que mataran unos cuantos más de esos malditos amotinados".[8] Frente a las protestas de la población empobrecida, los mandatarios estadounidenses respondían sistemáticamente con la violencia. Pero al actuar de esa manera lo que provocaron fue una época de alzamientos de la clase trabajadora sin precedentes.

Antes incluso de la proclamación de Roosevelt como presidente en 1933, el movimiento sindical vivió un momento de mucha actividad, sobre todo entre los trabajadores jóvenes. Los fabricantes de automóviles, por ejemplo, solían negarse a contratar a nadie que sobrepasara los cuarenta años, pues preferían a jóvenes que pudiesen seguir el ritmo vertiginoso de la cadena de montaje.[9] Pero esos mismos trabajadores jóvenes también demostraron ser enérgicos combatientes en los piquetes de protesta. En enero de 1933, 15.000 trabajadores de la industria automotriz fueron a la huelga, reclamando su derecho a organizarse. Ese mismo año, los enlatadores de la Hormel en Austin, Minnesota, realizaron la primera huelga de brazos caídos de la década, y la ganaron.[10]

En mayo de 1933 Roosevelt aprobó la Ley Nacional de Recuperación Industrial (National Industrial Recovery Act, NIRA), que en su Sección 7(a) concedía a los trabajadores el derecho a organizarse en sindicatos. Y los trabajadores se pusieron manos a la obra. La Sección 7(a) marcaba un salario mínimo y un máximo de horas de trabajo. Pero su pasaje más importante decía: "Los empleados tienen derecho a organizarse y a negociar colectivamente mediante representantes de su propia elección, y estarán libres de la interferencia, restricción o coerción de los patronos".[11] En 1933 hubo 1.695 paros laborales (el doble que en 1932) que implicaron a 1.117.000 trabajadores: casi cuatro veces la cantidad del año anterior. En 1934 las cifras subieron algo más: 1.856 huelgas, con 1.470.000 trabajadores implicados.[12] Pero en todas partes, los patronos opusieron una violenta resistencia.

## La sangrienta huelga de la industria textil de 1934

Al igual que el resto de los trabajadores del país, los obreros de la industria textil interpretaron la NIRA como una invitación a organizarse. Los miembros de Trabajadores Textiles Unidos (United Textile Workers, UTW), afiliados a la AFL, pasaron de contar con apenas 50.000 sindicados en 1933, a 400.000 afiliados a mediados de 1934. Pero los fabricantes textiles no tenían ninguna intención de aceptar la negociación colectiva, y procedieron al despido sumario de los nuevos integrantes del movimiento sindical en cuanto estos protestaron contra las flagrantes violaciones del salario y el horario laboral propios de esta industria.

En una reunión de delegados, la UTW llamó a una huelga nacional el 31 de agosto de 1934 para reclamar el reconocimiento sindical, la reintegración al trabajo de todos los trabajadores despedidos por su actividad sindical y la semana laboral de 30 horas con la escala salarial de 48 horas establecida por la NIRA. Casi 400.000 trabajadores textiles de la Costa Este respondieron al llamamiento, desde Nueva Inglaterra hasta el Profundo Sur. Los trabajadores formaron piquetes móviles que viajaron de una ciudad fabril a otra llamando a los demás a la huelga.

El *New York Times* hizo sonar las alarmas sobre los piquetes móviles, advirtiendo de que las mujeres estaban "tomando una parte cada vez más activa en los piquetes e incitando a los hombres", y de que estaban "evidentemente preparadas para no detenerse ante nada con tal de lograr sus objetivos". El *Times* agregaba: "Las operaciones masivas de los piquetes cobran cada vez un mayor aire de eficiencia y precisión militar, lo que constituye algo totalmente nuevo en la historia de las luchas obreras norteamericanas".[13]

Ante esta situación, los fabricantes ejercieron duras represalias, instaurando un imperio del terror que conduciría a una de las derrotas más sangrientas del movimiento sindical en la historia de los Estados Unidos. Observa Brooks que: "Los miles de milicianos, sheriffs y rompehuelgas armados que fueron arrojados sobre los territorios huelguistas, así como las numerosas muertes a manos de agentes borrachos y guardias nerviosos vinculaban tan claramente a las fuerzas de la ley y el orden con los intereses de los patronos de las textileras, que los reporteros de los diarios norteños empezaron a referirse a la situación como 'la ofensiva de los patronos'".[14]

En el Sur, los patronos justificaron a las bandas armadas que atacaban a los huelguistas mediante un torrente de argumentos racistas y anticomunistas. El *Gastonia Daily Gazette* tituló en primera página: "¡El Comunismo ha llegado al Sur! ¡Matadlo!". Los patronos repartieron panfletos entre los trabajadores blancos preguntando "¿Pertenecerías a un sindicato que se opone a la supremacía blanca?".[15]

En Gastonia, Carolina del Norte, la Guardia Nacional –reforzada con rompehuelgas armados–, recibió órdenes de "disparar a matar" a los huelguistas desarmados: "Sin advertencia previa, se produjeron los primeros disparos, seguidos de muchos más, y por unos minutos aquello fue una locura. Los huelguistas fueron cayendo a tierra uno tras otro, y mientras los gritos de los heridos resonaban por todas partes, los hombres y las mujeres huían despavoridos de la escena".[16] En Burlington, Carolina del Norte, las tropas hirieron con sus bayonetas a cinco piqueteros de un grupo de cuatrocientos, aunque todos ellos portaban distintivos en los que podía leerse: "Piquete pacífico". El gobernador de Georgia, Eugene Talmadge, declaró la ley marcial y encerró a los huelguistas en campos de prisioneros.[17]

Las tropas de la Guardia Nacional ocuparon las ciudades textileras de toda Nueva Inglaterra. El gobernador demócrata de Rhode Island denunció que los huelguistas estaban encabezando "un levantamiento comunista, y no una huelga textil", declarando el estado de insurrección. En Sayles, Rhode Island, las tropas estatales dispararon con ametralladoras sobre un piquete. En Woonsocket, las tropas emplearon gas lacrimógeno contra dos mil huelguistas y dispararon sobre ellos, con el saldo de un muerto y cuatro heridos.[18]

Una vez más, la AFL careció del liderazgo necesario para ganar la huelga. El dirigente de la UTW en Rhode Island, Frank Gorman, se negó a aprobar los piquetes móviles y culpó de la violencia a los comunistas.[19] Lens escribe: "Los izquierdistas que ofrecían ayuda sindical eran reprendidos, e incluso castigados. No se hizo ningún esfuerzo por llamar a las huelgas (de la ciudad o el estado), o por involucrar a los sindicatos de la industria del vestido, más allá de asegurarse su ayuda financiera".[20] La organización sindical declaró que la huelga había sido una "victoria" y la suspendió a las tres semanas sin haber ganado nada. Miles de huelguistas perdieron sus empleos, y otros fueron obligados a firmar cláusulas "de perro amarillo" y por tanto, a abandonar el sindicato.

Pero tras la huelga, los trabajadores textiles despertaron y comenzaron a reclamar un partido que representase al movimiento obrero. Como argumenta Eric Leif Davin:

> Tanto en el Sur como en Nueva Inglaterra, la huelga de los Trabajadores Textiles Unidos enseñó a los obreros de las hilanderías a desconfiar del Partido Demócrata, cuyos representantes habían combatido la huelga. El Comité por un Partido del Trabajo de Massachusetts declaró en marzo de 1936: "Se suponía que el *New Deal* nos daría el derecho a organizarnos. Pero cuando los trabajadores textiles se pusieron en huelga en 1934 por el reconocimiento de su sindicato y para acabar con el incremento de velocidad en la producción, los gobernadores demócratas de doce estados llamaron a la milicia para obligarles a regresar a su trabajo y acabar con la huelga. De hecho, 14 trabajadores fueron asesinados por la milicia solicitada por gobernadores demócratas".[21]

Hasta Gorman, que había contribuido a la derrota de la huelga de la industria textil, quedó convencido tras esta experiencia de la necesidad de crear un partido del movimiento obrero. "Muchos de nosotros no entendíamos lo que entendemos ahora", reconoció. "Ahora sabemos lo ingenuo que es creer que las fuerzas del gobierno van a protegernos".[22] Gorman llevó el asunto a la convención de la AFL de 1935, en donde propuso un total de trece resoluciones sobre el nuevo partido del trabajo. A pesar del considerable obstruccionismo burocrático de los dirigentes de la AFL, sus propuestas tan solo perdieron por cuatro votos, 104 contra 108.[23]

# La marea empieza a cambiar

A medida que se imponía la NIRA, crecía el número de trabajadores que decidían sindicarse, y el epicentro de la lucha se iba desplazando desde las marchas contra el hambre y el desempleo, a las huelgas por el reconocimiento sindical en las industrias clave. También fue un periodo de crecimiento para la izquierda. El Partido Comunista subió de 8.000 a 24.000 miembros, y el Partido Socialista también incrementó su militancia.

Este incremento era normal, pues como dice Lens: "En un grupo de mil trabajadores bastaban uno o dos izquierdistas para estimular al grupo y encauzar sus luchas; y los izquierdistas abundaban. La nueva generación –primero activa en las batallas callejeras de los desempleados y posteriormente en las fábricas–, hablaba abiertamente de revolución como si ésta fuese el primer mandato de la agenda histórica".[24]

En 1934 las cosas empezaron a cambiar. Aunque los trabajadores de la industria textil habían sido derrotados, en la primavera y el verano de ese mismo año se realizaron otras tres huelgas –casi simultáneas en Toledo, San Francisco y Minneapolis– que empezaron a cambiar las tornas a favor de los trabajadores. Cada una de esas huelgas demostró en la práctica que, sin importar lo bien armado y pertrechado que pudiese estar el bando empresarial, la solidaridad de clase podía aspirar a la victoria. Los radicales del movimiento sindical jugaron un papel clave en la dirección de estas tres huelgas victoriosas, apoyándose tan solo en la fuerza de la solidaridad de clase y rechazando cualquier tipo de colaboración con los patronos.

## La huelga de Auto-Lite en Toledo, Ohio

El 23 de febrero de 1934, la seccional 18384 de la AFL hizo un llamamiento para ir a la huelga en las plantas de repuestos de la Auto-Lite en Toledo y en dos de sus compañías afiliadas. Pero la seccional había sido designada como un sindicato "afiliado federal" de la AFL, lo que les quitaba cualquier autonomía y la sometía al control nacional. Así que el presidente de la AFL William Green ordenó rápidamente a los huelguistas que volvieran al trabajo. Mes y medio más tarde, a pesar de las continuas coacciones, 400 trabajadores de Auto-Lite volvieron a ponerse en huelga. Pero los huelguistas representaban a menos de la mitad de los trabajadores empleados en Auto-Lite, lo cual hizo relativamente fácil que la compañía mantuviese la planta en funcionamiento. Para desmoralizar aún más a los trabajadores, un tribunal dictó una intimación limitando el número de piquetes de huelga a veinticinco. La AFL decidió amoldarse al dictamen del tribunal, y permitió que los rompehuelgas entraran libremente a la planta.[25]

En abril de 1934 nadie podía esperar que esa huelga terminase en victoria. Pero el Partido de los Trabajadores de Estados Unidos, una pequeña organización dirigida por A.J. Muste, construyó un movimiento de solidaridad que unió a los empleados y a los desempleados en una lucha común. Muste era un tipo singular, radical, un pacifista religioso receloso del estalinismo pero simpatizante del socialismo y dedicado a la construcción del movimiento sindical.[26]

Con un tercio de los habitantes de Toledo sin empleo, la compañía pudo organizar rápidamente un gran ejército de esquiroles. Así que la amenaza más inmediata para los huelguistas venía del gran número de desempleados que había en la ciudad. Pero estos desempleados, que en principio eran una fuerza debilitadora, acabaron siendo claves para ganar la huelga. A través de la Liga de Desempleados del Condado de Lucas también creada por Muste, los huelguistas lograron convencer a miles de trabajadores desempleados de que lo más conveniente para sus propios intereses no era robar los empleos a los huelguistas sino ayudar al sindicato a ganar su huelga. Describe Lens:

Al igual que habían hecho con la federación local de la AFL los jueces prohibieron que la Liga participase en los piquetes, pero a diferencia de aquellos, estos respetaban menos la sagrada investidura de los tribunales. La unidad de los desempleados con los huelguistas era un principio fundamental, casi un dogma religioso para los revolucionarios del Partido de los Trabajadores de Estados Unidos. Así que fieles a su palabra, el primer día movilizaron a 1.000 desempleados frente al portón de Auto-Lite, al siguiente 4.000 y al tercero 6.000.

Los piquetes fueron generalmente pacíficos, hasta que el 23 de mayo, un esquirol lanzó un perno a una huelguista, y algunos huelguistas respondieron de igual manera. La *Associated Press* informó: "De repente, empezó a caer desde los ventanales superiores de la fábrica un aluvión de bombas lacrimógenas, al tiempo que algunos empleados de la compañía, armados con barras de hierro, arrastraban hasta la calle una manguera contra incendios arrojando agua sobre la multitud. La gente respondió lanzando ladrillos al tiempo que retrocedían ahogados entre nubes de gas".[27] Aunque la policía entró a saco, también tuvo que desistir, asfixiada por el gas. Se entabló una batalla que duró quince horas, hasta que una tropa de novecientos guardias nacionales logró finalmente rescatar a los esquiroles atrapados en el interior.

Las tropas abrieron fuego sobre los huelguistas, matando a dos e hiriendo a docenas, pero los trabajadores no retrocedieron. Combatieron a la Guardia Nacional durante seis días, y hubo numerosos heridos en ambos bandos. Finalmente, el 31 de mayo, la compañía accedió a cerrar el paso a la planta a los esquiroles y a retirar las tropas. Al día siguiente, 40.000 trabajadores protestaron ante el Palacio de Justicia del Condado de Lucas para protestar contra del arresto de doscientos huelguistas, y 98 de los 99 sindicatos locales se comprometieron a convocar una huelga general de apoyo a los mismos. El 4 de junio la compañía finalmente cedió, concediéndole a la Seccional 18384 el reconocimiento sindical y accediendo también a la recontratación de todos los huelguistas.[28]

## La huelga general de San Francisco

Al igual que había ocurrido en la huelga de Toledo, los estibadores de San Francisco desafiaron a sus propios dirigentes sindicales cuando llamaron a la huelga en la Costa Oeste en mayo de 1934. Al mismo tiempo que la Asociación Internacional de Estibadores (International Longshoremen's Association, ILA) negociaba un acuerdo secreto con los patronos para eliminar de los muelles a los militantes jóvenes del sindicato, los estibadores de San Francisco votaron unánimemente ponerse en huelga el 9 de mayo. A pesar de los múltiples telegramas, tanto del Departamento del Trabajo de los Estados Unidos como de los dirigentes de la ILA exhortando a posponerla, la huelga siguió adelante tal como estaba programada.

El 11 de mayo, 14.000 estibadores se pusieron en huelga, desde San Diego hasta Seattle. Los huelguistas demandaban que se contratasen exclusivamente trabajadores sindicados, así como la semana laboral de 30 horas en vez de la de 48 que regía entonces. Una de sus demandas más importantes era la creación de una oficina de contratación controlada por el sindicato, en vez del sistema mediante el cual los capataces podían escoger a aquellos que querían que trabajasen cada día, lo cual respondía a una larga tradición de favoritismos en la que para ser contratado eran necesarios los pagos bajo cuerda y los sobornos a los supervisores.

Los militantes de base del sindicato eligieron al comunista Harry Bridges como presidente del comité de huelga de San Francisco.[29] Desde el comienzo, la huelga se destacó por su inmensa solidaridad, con masivos mítines diarios y piquetes las veinticuatro horas del día. Los mil piquetes de San Francisco, que eran activísimos, lograron mantener a raya a los esquiroles, y solo cinco miembros del sindicato podían atravesar las líneas. Como comenta Lens: "Ninguna persona sensata hubiese tratado de atravesar esos piquetes sin la protección de unos cuantos pelotones de policías, e incluso así era difícil que lo lograse. Muchas veces los piquetes no necesitaban recurrir a la violencia, pues su simple presencia desanimaba a los posibles candidatos a ocupar sus puestos".[30]

"Es una huelga diferente a todas las que se han conocido antes en la Costa Oeste", comentó el periódico liberal *Nation*.[31] Cuadrillas de estibadores que circulaban por los muelles solicitaban personalmente a los camioneros y a los marineros mercantes que apoyasen su huelga, y esos trabajadores presionaban a su vez a sus dirigentes sindicales para que sus respectivos sindicatos se unieran solidariamente a la huelga. Una semana después de iniciada la huelga, el sindicato de camioneros se negó a transportar carga, y 25.000 trabajadores marítimos habían respondido a la llamada a la solidaridad poniéndose en huelga en toda la Costa Oeste.[32]

Entretanto, William Green, presidente de la AFL, acusó a los huelguistas de "comunistas". Pero los huelguistas estaban claros, y los dirigentes de la ILA –que a mediados de junio intentaron llegar a un acuerdo sin que lo solicitase la oficina de contratación del sindicato– fueron abucheados en un multitudinario mitin organizado por los huelguistas. A los dos meses de huelga, la comunidad empresarial de la ciudad forzó la apertura del puerto. En la mañana del 5 de julio salió a la calle toda la fuerza policial de la ciudad, abriendo fuego sobre la multitud y desencadenando una batalla que duró todo el día, conocida como el "Jueves Sangriento". Los piquetes se dispersaron, pero solo para reorganizarse horas más tarde, esta vez reforzados por numerosos trabajadores de otros sindicatos. En la refriega que siguió murieron cuatro trabajadores y varios cientos resultaron heridos. Más tarde los trabajadores pusieron flores en el lugar en donde habían muerto dos de sus camaradas, escribiendo: "Aquí murieron dos hombres, asesinados por la policía".[33]

Si los estibadores se hubiesen rendido, la derrota habría repercutido en todos los demás sindicatos locales, y también en todos los de la Costa Oeste. Pero hicieron lo contrario, y el comité de huelga de San Francisco, en vez de retirarse, decidió extender la huelga a todos los demás sindicatos. El 14 de julio, representantes de 115 sindicatos locales votaron a favor de apoyarlos y convocar juntos una huelga general.[34]

Aunque la última cosa que querían los dirigentes de la AFL era extender la huelga general a toda la ciudad, no había nada que pudieran hacer para atajarla. Así que asumieron de inmediato la dirección de la huelga con la finalidad de acabarla cuanto antes. El Consejo Laboral Central de la AFL llamó a la huelga general, sacó a la calle a 130.000 trabajadores y paralizó la ciudad durante cuatro días. Había conseguido arrebatarle la dirección al comité de huelga.

Mientras la policía y las tropas de la Guardia Nacional (que ahora sumaban 4.500 hombres) desataban una ola de represión contra los huelguistas en todo San Francisco, cuadrillas de *vigilantes* asaltaban las oficinas del sindicato y atacaban a los trabajadores allá donde estuviesen reunidos. Como señala Art Preis: "Treinta y cinco pandillas de *vigilantes* fuertemente armados asaltaron los cuarteles generales de los grupos comunistas, socialistas y *wobblies*. (...) En algunos casos la policía, que llegaba después de que los *vigilantes* se hubieran marchado, completaba la tarea de destrucción. Encarcelaron a más de 300 personas".[35]

En lugar de hacer avanzar la huelga, la dirección de la AFL la hirió de muerte. El tercer día empezaron a pedir a los trabajadores que la terminaran. Y el cuarto día, la huelga había acabado:

> Green, el presidente de la AFL, renegó de la huelga desde el primer momento. El segundo día de huelga, el Comité General de Huelga pidió el arbitraje de todas las cuestiones, renunciando

así la demanda básica en torno a la cual giraba la huelga, que era la oficina de contratación del sindicato. El tercer día reabrieron todas las carnicerías y los restaurantes del sindicato, y acabó el embargo de gasolina y *fuel oil*. (...) Y el cuarto día el Comité General de Huelga votó 191 contra 174 a favor de terminar la huelga general.[36]

Los estibadores conquistaron el reconocimiento sindical, pero fueron obligados a transigir en su petición de disponer de una oficina de contratación sindical. Fue una victoria parcial que se quedó demasiado corta respecto a lo que hubiesen podido lograr si la huelga hubiese continuado. Después de la huelga, señala Nicholson, "el área entera bullía y desprendía odio de clase".[37]

## La huelga de camioneros de Minneapolis

La huelga de los camioneros de Minneapolis realizada en 1934 se sucedió en tres oleadas. En febrero se pusieron en huelga los conductores de camiones; en mayo, la huelga se extendió a los trabajadores de los almacenes; y en julio, acabaron ganando. Los líderes de la Seccional 574 del sindicato de camioneros de Minneapolis fueron capaces de mantener el control de principio a fin. El sindicato nacional de camioneros, que por entonces contaba con apenas 95.000 miembros, era demasiado débil como para imponer su voluntad a la orgullosa Seccional 574, a pesar de que el presidente del sindicato, Daniel Tobin, mostró su hostilidad a la huelga en todas sus fases.

La Seccional 574 escribió a Tobin en febrero solicitando un permiso para ir a la huelga, y finalmente recibió una respuesta en la que éste se negaba a conceder el permiso a los sindicatos. Pero esa respuesta llegó dos días *después* de que hubiera finalizado la primera fase de la huelga, y "para entonces ya habíamos ganado y firmado un contrato para incrementar la paga", explicó el presidente de la Seccional 574, Bill Brown.[38]

Entonces Tobin aprovechó la publicación periódica de los camioneros para acusar a los dirigentes de la huelga de Minneapolis de "radicales y comunistas".[39] Así que los dirigentes de la AFL no jugaron ningún papel en la victoria de Minneapolis. Los líderes de la huelga fueron conductores de camión y militantes de base. En especial un grupo de trotskistas de Minneapolis –Karl Skoglund, y los hermanos Vincent, Miles y Grant Dunne–, que jugaron un papel decisivo en cuanto al carácter que asumió la huelga. Otro de sus líderes era el transportista de carbón Farrell Dobbs, que se había unido a los trotskistas en 1934. Dobbs, un trabajador joven que había votado por Hoover en 1926, no concordaba mucho con el estereotipo de "agitador foráneo" con el que normalmente se asociaba a los radicales.

Al igual que en Toledo y San Francisco, la huelga de Minneapolis "mostró que los líderes radicales confiaban en que la militancia de base era capaz de llevar a cabo una planificación tan meticulosa como la de un ejército, y que podía desafiar a lo que comúnmente se llama 'la ley y el orden' cuando la ley y el orden se dedican directamente a aplastar sus sindicatos", observa Lens.

En mayo ya eran 5.000 los camioneros que estaban en huelga, y más allá de la Seccional 574, las acciones de su sindicato involucraban a varios miles de trabajadores de todo Minneapolis. La huelga creció enormemente cuando 35.000 obreros de la construcción abandonaron sus puestos de trabajo como gesto de solidaridad, y después siguieron su ejemplo los taxistas de la ciudad. Hasta el Consejo Laboral Central de Minneapolis respaldó la huelga.[40]

En cada paso que daba, el comité de huelga del sindicato –integrado por setenta y cinco miembros, todos ellos conductores de camiones y militantes de base– llevó la lucha democráticamente, reuniéndose por las noches con todos los trabajadores en huelga y editando diariamente un periódico con una tirada de diez mil ejemplares. Los huelguistas organizaron un hospital y una cocina propios en el mismo garaje que les servía de cuartel general, y allí alimentaban diariamente a diez mil trabajadores y daban tratamiento médico a los heridos.

Equipos de huelguistas patrullaban constantemente las calles de Minneapolis en "patrullas móviles", camiones llenos de piqueteros que podían ser enviados inmediatamente a enfrentarse a los camiones esquiroles que circulaban por toda la ciudad. Los camiones telefoneaban al cuartel general del sindicato cada diez minutos para informar de las novedades, tales como: "Camión intentando transportar carga de productos desde Berman Fruit, con escolta policial. Tenemos solamente diez piquetes, manden ayuda".[41]

Dos mil hombres de negocios de Minneapolis, organizados bajo el aséptico nombre de "Alianza de Ciudadanos", montaron un movimiento antisindical para enfrentarse a los huelguistas. La Alianza creó su propio "movimiento de masas de ciudadanos" que incluía un "ejército de ciudadanos" al que inmediatamente las autoridades de la ciudad acreditaron como "fuerza policial especial". Al igual que la Seccional 547, la Alianza organizó su propio "cuartel general de huelga" para alimentar a sus miles de partidarios y proporcionar atención médica a los rompehuelgas heridos".[42]

La policía y sus "alguaciles" atacaron a los huelguistas de Minneapolis una y otra vez, y hubo gran cantidad de bajas en ambos bandos. Pero como Dobbs comentó en su narración *La rebelión de los camioneros,* "al contrario de lo que esperaban los amos, a los huelguistas no los paralizó el temor a enfrentarse a un ejército de policías y alguaciles".[43] En una de esas confrontaciones, el 22 de mayo, 1.500 policías y rompehuelgas armados que habían sido juramentados a toda prisa como alguaciles, atacaron una concentración de 20.000 huelguistas. Pero como describe Preis, quien perdió fue la policía, y de hecho esta confrontación pasaría a ser conocida como "la Batalla de los Alguaciles Corredores":

Los piquetes cargaron primero contra los alguaciles, y se dieron cuenta de que muchos policías uniformados iban reculando y situándose en la retaguardia (...) Al percibir ese estado de ánimo en los agentes policiales, los piquetes continuaron concentrándose principalmente en los alguaciles. Y de pronto, también los espectadores se pusieron a apoyar a los huelguistas. Viéndose atrapados en una ratonera, muchos alguaciles dejaron caer sus garrotes y se arrancaron las insignias, tratando con poco éxito de pasar inadvertidos entre la multitud hostil. Entonces los piquetes también centraron su puntería sobre los agentes uniformados que habían quedado atrapados en el fragor de la contienda. El escenario de la batalla se iba abriendo a medida que policías y alguaciles por igual eran expulsados del mercado. Los alguaciles eran cazados cuando corrían a toda prisa hacia el cuartel general, y los huelguistas zurraban a los rezagados. Menos de una hora después de iniciarse la batalla no quedaba ni un solo policía a la vista, y los piquetes dirigían el tránsito.[44]

El gobernador de Minnesota, Floyd B. Olson, que representaba al Partido Agrario-Laborista, inicialmente apoyó la huelga, llegando a declarar: "Yo no soy liberal (...) soy radical", e incluso había donado quinientos dólares para el fondo de la huelga.[45] Pero cuando esta se prolongó hasta mayo, con confrontaciones cada vez más sangrientas entre policías y huelguistas, Olson pareció cambiar de opinión y puso en estado de alerta a 3.700 guardias nacionales, que ya no se retirarían hasta el 25 de mayo, cuando los patronos accedieron llegar a un acuerdo.

Pero la huelga se reanudó el 16 de julio, después de que los patronos incumplieran el acuerdo. En la fase más encarnizada de la huelga, los periódicos locales alertaron contra los "Rojos" y la "Revolución Sangrienta". El 20 de julio la policía arremetió de forma criminal contra varios piquetes desarmados, dejando un saldo de dos huelguistas muertos y cincuenta y cinco heridos, en un incidente conocido como "Viernes Sangriento".[46] Una investigación gubernamental del incidente informó más tarde de que: "La policía apuntó directamente a los piquetes y disparó a matar. La integridad física de los policías no estuvo amenazada en ningún momento. (...) En ningún momento los piquetes atacaron a la policía".[47]

Sin embargo, el "radical" gobernador Olson respondió al "Viernes Sangriento" declarando la ley marcial y llamando a la Guardia Nacional, y no precisamente para defender a los huelguistas.[48] La Guardia procedió de inmediato al asalto del cuartel general del sindicato, y arrestó a los hermanos Dunne en una redada dirigida contra cien dirigentes de la huelga. Entonces, todos los sindicatos de taxis y camiones repartidores de hielo, de cerveza y gasolina respondieron poniéndose también en huelga. Cuarenta mil personas marcharon en la procesión funeral del huelguista Harry Ness, asesinado el "Viernes Sangriento", y las autoridades pusieron en libertad a los dirigentes detenidos después de que una manifestación de 40.000 trabajadores indignados así lo exigieran.

De hecho, las tropas casi igualaban en número a los huelguistas, y fue un cara a cara que duró cuatro semanas. Durante todo ese tiempo, los huelguistas siguieron circulando con sus "patrullas móviles" para detener los camiones de esquiroles. Y mientras tanto, los mediadores del Consejo Laboral de Roosevelt trabajaban para negociar un arreglo. Finalmente, el 22 de agosto los patronos cedieron y aceptaron las principales demandas del sindicato. Esos "radicales" y "comunistas", tan menospreciados por Tobin, habían conquistado para la Hermandad Internacional de Camioneros (International Brotherhood of Teamsters, IBT) su primera gran victoria en los años 30.[49]

## El CIO abre sus puertas

En la década de 1930, las condiciones para el desarrollo del sindicalismo industrial de masas de los Estados Unidos estaban más que maduras. Entre 1899 y 1914, la productividad industrial americana se había elevado menos del 10%, pero entre 1920 y 1930 había pasado a incrementarse un 7% anual. Los trabajadores no cualificados y semicualificados se pusieron al frente de la industria y en 1926, la Ford Motor Company anunciaba que el 43% de sus empleos tan solo requería un día de formación.[50]

Y lo más importante, la clase trabajadora ya no estaba segregada únicamente por criterios raciales. La desaceleración de la inmigración después de 1914 había traído consigo un aumento de la migración interna. Medio millón de negros sureños se mudaron al Norte durante la Primera Guerra Mundial para cubrir la escasez generalizada de mano de obra. En 1930, más del 25% de los afroamericanos varones estaban empleados en trabajos industriales, cuando en 1890 apenas llegaban al 7%. A mediados de la década de 1930, los trabajadores negros constituían el 20% de los obreros y el 6% de los operarios de la industria del acero. Una quinta parte de la fuerza laboral en los mataderos de Chicago era afroamericana. De modo que los trabajadores blancos no podían esperar obtener logros si no se unían a los trabajadores negros, y ello no podía ocurrir a no ser que los sindicatos se organizasen sobre la base de una igualdad racial, al menos formal.[51]

Pero a pesar del marcado ascenso de la fuerza industrial de esta época, la mayoría de los dirigentes de la AFL continuaban aferrados a la exclusividad del sindicalismo gremial. Por otro lado, en 1932 la AFL seguía oponiéndose a la compensación federal por desempleo.[52] En la convención de la AFL de 1934, durante un debate acerca de la organización de los trabajadores no cualificados, Tobin repitió los antiguos insultos de Gompers, llamándoles "basura".

A comienzos de los años 30, los trabajadores no cualificados que querían sindicarse no tenían otra opción que solicitar el ingreso en la AFL, pero sus ilusiones se toparon con la indiferencia –y la hostilidad– de los dirigentes sindicales. Los trabajadores no cualificados y semicualificados que se unían a la AFL eran remitidos rápidamente a "seccionales federales" subsidiarias, con menos derechos que las hermandades de trabajadores cualificados. Miles de trabajadores de la industria automotriz y del caucho se apresuraron a ingresar en la AFL después de que la NIRA les otorgara el derecho a sindicarse, pero muchos se salieron igual de rápidamente víctimas de la frustración.

Además, aunque la AFL empezó a aceptar en sus sindicatos a un buen número de trabajadores negros, no hizo ningún intento por romper con su propia tradición racista. En 1924, la Asociación Nacional para el Progreso de la Gente de Color (National Association for the Advancement of Colored People, NAACP) dirigió una carta abierta a la AFL que decía:

> Durante años y años el negro norteamericano ha estado solicitando su admisión en las filas del movimiento sindical, pero el movimiento negro en su conjunto sigue fuera de él. El movimiento sindical blanco no integrará en su seno al movimiento negro. Si permitimos que en Estados Unidos se forme un bloque poderoso de trabajadores negros no sindicados –de trabajadores que tendrían razones para odiar la idea de un sindicato–, todos los trabajadores, negros y blancos, sufrirán las consecuencias.[53]

La NAACP propuso a la AFL "la formación de una comisión interracial de trabajadores para promover una propaganda sistemática contra la discriminación racial en los sindicatos". En 1929 la NAACP invitó de nuevo a la AFL a combatir la discriminación racial. Pero en ambos casos la AFL no se dignó ni a responder.[54]

En 1935, un sector dirigente de la AFL, encabezado por el presidente de la UMWA, John L. Lewis, rompió con el sindicalismo gremial y formó el CIO (Comité para la Organización Industrial, que más tarde cambió su nombre por el de Congreso de las Organizaciones Industriales). Al principio, el CIO era un ala de la AFL. La dirigencia del CIO en la convención de la AFL de 1935 estaba formada por Lewis, Charles Howard, presidente del Sindicato Internacional de Tipógrafos, Sidney Hillman, presidente de Trabajadores Unidos de la Confección, y David Dubinsky, presidente del Sindicato Internacional de Trabajadores del Vestido.[55]

Lewis no era de izquierda. De hecho apoyó al republicano Herbert Hoover en la elección presidencial de 1932.[56] En 1922 expulsó a cientos de opositores de base de la UMWA por haber criticado su liderazgo en una huelga, y durante los años 20 expulsó sistemáticamente a los comunistas y socialistas del sindicato de mineros. En una convención de mineros detuvo la sesión para señalar a un grupo de conocidos comunistas que estaban sentados en la grada, y les ordenó que abandonaran el recinto; entonces, obedeciendo una orden de Lewis, un grupo de sus leales los apaleó allí mismo y sin contemplaciones.[57]

Lewis dirigía la UMWA como una máquina extremadamente burocrática y con una estructura vertical. Estaba cortado por el mismo patrón que el resto de los dirigentes de la AFL. Pero, a diferencia de éstos, reconocía que si la AFL no abría las puertas a los no cualificados, alguna otra organización sindical rival sacaría provecho de esas tendencias organizativas que estaban surgiendo. Como concluyó Saul Alinsky, el biógrafo de Lewis, éste solo "presionó para que se organizase una federación sindical industrial después de leer algunas consignas revolucionarias en los muros de la industria norteamericana".[58]

Junto a otros líderes de la AFL, Lewis trató de convencer a sus colegas más conservadores de que el futuro estaba en el sindicalismo industrial. Pero no consiguieron llegar a ninguna parte. En la convención de la AFL de 1935 esa división finalmente provocó la escisión formal de ambos bandos. La ruptura tuvo el toque dramático de una refriega real en la arena de la convención, cuando "Big Bill" Hutcheson, el presidente conservador del sindicato de carpinteros, llamó "bastardo" a Lewis, y Lewis se abalanzó sobre él corriendo atropelladamente por encima de una hilera de sillas para golpearlo en la mandíbula.[59] La escisión ya era oficial.

Lewis estaba en lo cierto. Cuando en 1935 el CIO abrió formalmente sus puertas como una sección de la AFL, los trabajadores industriales acudieron masivamente. Trabajadores de la industria automotriz y del caucho, que ya estaban en la vanguardia de la lucha de clases, afiliaron rápidamente al CIO a sus sindicatos. En 1938, cuando la AFL finalmente expulsó al CIO y a su millón de miembros, el CIO emergió como una federación sindical capaz de rivalizar con la AFL.

John L. Lewis y otros líderes sindicales que formaron el CIO tenían la esperanza de construirlo a imagen y semejanza del sindicato de los Trabajadores de Minas Unidos: una maquinaria sindical altamente burocrática, pero con la idea de organizar a todos y cada uno de los trabajadores, blancos y negros, cualificados y no cualificados, sobre una base de igualdad. La gravedad del racismo y su efecto divisionista sobre el movimiento sindical *exigía* que el CIO asumiese una posición contra el linchamiento y la segregación y que condenase la discriminación racial.

El CIO editó publicaciones especiales y de amplia difusión para trabajadores afroamericanos, dejando claro que representaba un nuevo tipo de sindicalismo que ya no ponía barreras a la participación de los trabajadores negros. Un folleto del CIO, *El CIO y el trabajador negro: juntos hacia la victoria*, declaraba: "Trabajadores negros, únanse al sindicato en su propia industria. El CIO les da la bienvenida. Les da fuerza para conquistar la justicia y la equidad. El CIO los une a compañeros trabajadores de todas las razas y credos en una lucha común por la libertad, por la democracia, por una vida mejor".[60]

El compromiso concreto del CIO con el cese de la discriminación racial demostró muchas veces no ir mucho más allá de lo simbólico, pero aun así representó una ruptura tajante con la práctica anterior de la AFL, e hizo posible, por vez primera, construir un movimiento sindical multirracial en los Estados Unidos. Hacia finales de la década de 1930, medio millón de negros se habían afiliado a un sindicato del CIO.[61]

## La ley equilibradora de Roosevelt

Cuando en 1933 Roosevelt firmó la Ley Nacional de Recuperación Industrial (NIRA), tenía la esperanza de que concediendo algunas reformas podría aplacar a los trabajadores lo suficiente como para continuar adelante con la tarea de estabilizar la economía estadounidense. La NIRA creó una Administración para la Recuperación Nacional (NRA) que promovería el acatamiento de las disposiciones de la ley. En un discurso radial de 1933, Roosevelt instó específicamente a los trabajadores a *no* luchar por la conquista del derecho a sindicarse: "Los trabajadores de este país tienen con esta ley derechos que no les pueden ser arrebatados, y no se permitirá que nadie lo haga, así que en este momento no es necesaria ninguna medida de fuerza para obtener esos derechos. (...) El principio que se aplica a los patronos se aplica también a los trabajadores, y os pido, trabajadores, cooperar con ese mismo espíritu".[62]

Pero a los trabajadores —cuyos gobernadores llamaban a la Guardia Nacional cada vez que trataban de ejercer su derecho legal a sindicarse— esas palabras les sonaban huecas. Y pronto quedó claro que efectivamente, solo a regañadientes había consentido Roosevelt conceder a los trabajadores el derecho a sindicarse, y que había redactado la Sección 7(a) de la NIRA de un modo vago para que pudiera interpretarse como que también aseguraba los "derechos" de los patronos a formar sindicatos de empresarios. Muchos patronos hallaron conveniente interpretar la NIRA justo de esa manera, a fin de aplastar los genuinos intentos de sindicación. Y muchos trabajadores empezaron a referirse a la NRA como el "National Run Around" [El Camelo Nacional].[63]

Hasta 1935, Roosevelt se vio inmerso en un difícil juego de equilibrios. Como señala Mike Davis:

> Se las ingenió para conseguir el apoyo tanto de la mayoría de los sindicatos como del ala llamada "progresista" del capital (los abogados de las mayores corporaciones, incluida la administración de la General Electric, de la U.S. Steel, los intereses petroleros de Rockefeller y hasta del presidente de la Cámara de Comercio de los Estados Unidos). Equilibró esa alianza conflictiva ofreciéndole a la AFL una interpretación más o menos prosindical de los códigos de la NRA para las industrias más livianas (y del Norte), así como medidas de ayuda energética. Y por otra parte, le cedió a la gran empresa una interpretación de los códigos de la NRA para la industria pesada que reforzaba los "sindicatos de empresarios", que eran como piedras arrojadas en el camino de la genuina organización sindical.[64]

Los afroamericanos tenían una razón adicional para estar disgustados con la NRA: las escalas salariales racistas institucionalizadas. Para muchos trabajadores, las condiciones realmente *empeoraron* después de la aparición de la NRA. Y es que con la finalidad de apaciguar al ala demócrata segregacionista sureña de la coalición del *New Deal*, Roosevelt permitió a la NRA legalizar la discriminación racial practicada en el Sur y por tanto, generalizarla a toda la industria estadounidense.

Efectivamente, los negros quedaron excluidos del derecho a percibir el salario mínimo establecido en algunas industrias porque la NRA permitía a los patronos eximir de esa cobertura a las categorías de trabajos mayoritariamente ocupados por negros. En el Sur, donde la mayoría de trabajadores eran negros, lo habitual era pagarles menos que a los trabajadores negros del Norte que ocupaban los mismos empleos y en las mismas industrias. Y en las industrias en las que los salarios de los trabajadores negros y blancos fueron equiparados, la práctica común de los patronos racistas fue simplemente despedir a todos sus trabajadores negros y reemplazarlos por blancos, argumentando que los salarios mínimos de la NRA eran "demasiado dinero para los negros". Así que en cuestión de meses los trabajadores negros comenzaron a llamar a la NRA la "Negro Removal Act" [la Ley de Eliminación de Negros] y la "Negro Robbed Again" [Negro Robado Otra Vez].[65]

Pero en 1935, al tiempo que crecía el nivel de lucha de la clase trabajadora y la economía empezaba a estabilizarse, los intereses de las corporaciones empezaron a distanciarse de la administración Roosevelt. Como destaca Davis: "Esa deserción en masa de las empresas en 1935 fue la que arrojó a un *reticente* Roosevelt en brazos de Lewis y de los insurgentes del CIO".[66] Roosevelt necesitaba el voto de la clase trabajadora para ganar la reelección en 1936, y dedicó astutamente su campaña a conquistar los corazones y las mentes de los trabajadores. Montó un show bastante convincente, y durante la campaña declaró que si los grandes empresarios lo odiaban... "Doy la bienvenida a ese odio", prometiendo que si se le daba la oportunidad de alcanzar un segundo mandato, "se las verían con el vencedor".[67]

De modo que Roosevelt hizo varias e importantes concesiones a los trabajadores en 1935. Puso en marcha la Ley Nacional de Relaciones Laborales (la Ley Wagner), que finalmente ilegalizaba el hecho de que los patronos se negasen a negociar con los sindicatos; también se aseguró la aprobación de la Ley de Seguridad Social, mediante la cual el gobierno de los Estados Unidos accedía a proporcionar un estándar de vida mínimo a las familias más pobres y a los ancianos. Finalmente, creó la Administración para el Progreso del Trabajo (Works Progress Administration, WPA), más tarde rebautizada como Administración para Proyectos de Trabajo, que ofrecía empleos financiados por el gobierno para trabajadores desempleados, principalmente proyectos de construcción.

Estas concesiones le confirieron a Roosevelt su legendario estatus de "aliado de la clase trabajadora". Pero esas reformas, si bien importantes, eran un movimiento calculado para captar la lealtad del creciente movimiento sindical hacia el Partido Demócrata. Porque aunque durante la campaña a la presidencia de 1936 Roosevelt les dijera a los trabajadores: "Apenas hemos empezado a luchar", no volvió a concederles ninguna otra reforma significativa durante todo el resto de la década de la Depresión.[68]

## Radicalización de las masas

En 1936, los dirigentes del movimiento sindical le entregaron alegremente a Roosevelt el voto de la clase trabajadora. Grupos de trabajadores del CIO se echaron a la calle a lo largo y ancho del país blandiendo la consigna "El Presidente quiere que te unas al Sindicato", lo que para los dirigentes del CIO era una manera de garantizar la popularidad de Roosevelt entre las masas trabajadoras. En 1936, el CIO creó la Liga Independiente del Trabajo, que sus fundadores describieron como un paso audaz hacia la formación de un partido de los trabajadores, aunque no se trataba de nada de eso, sino más bien de todo lo contrario, el propósito real era arrojar a los trabajadores en brazos del Partido Demócrata. De hecho, la Liga había sido creada específicamente para apoyar la campaña electoral por la reelección de Roosevelt.

El historiador Davin sostiene: "La Liga Independiente del Trabajo fue crucial para asegurar y remachar la lealtad de las bases del movimiento sindical de todo el país hacia Roosevelt y los demócratas",[69] agregando:

> Los historiadores han tendido a ignorar la razón por la que se fundó la Liga Independiente del Trabajo, que no era otra que impedir que el movimiento sindical organizado (especialmente los nuevos sindicatos de las industrias de fabricación en serie que

se acababan de integrar al CIO) hiciera una política independiente que pudiera desembocar en la formación del partido de los trabajadores que tantos deseaban (...) Esa guerra civil *dentro* de la "guerra civil sindical" ha permanecido oculta. (...) La lealtad del movimiento sindical organizado y del nuevo votante urbano de la clase trabajadora hacia Franklin Delano Roosevelt y los demócratas *no* era, por consiguiente, una conclusión predeterminada y tuvo que ser conquistada mediante una intensa lucha interna, sostenida y difícil. Y en esa lucha, la idea de un partido de los trabajadores salió derrotada.[70]

A través de la Liga Independiente, el CIO recaudó 750.000 dólares para la campaña de Roosevelt, lo que ayudó a compensar la escasez de fondos aportados por las corporaciones. Durante las semanas finales de la campaña presidencial de 1936, el CIO llegó incluso a suspender sus labores dentro del movimiento, dedicando todos sus recursos organizativos a la reelección de Roosevelt.[71]

Aunque Roosevelt continuaba siendo popular, muchos trabajadores vieron frustradas sus expectativas con el Partido Demócrata. Cuando el movimiento sindical empezó a desafiar el status quo clasista, la retórica compasiva del *New Deal* salió volando por la ventana, y la mayoría de los políticos demócratas demostraron en la práctica que seguían estando de parte de los patronos. En 1934 doce gobernadores demócratas llamaron a la Guardia Nacional para acabar con las huelgas en sus respectivos estados.[72]

Una encuesta Gallup de 1937 mostró que al menos el 21% de la población apoyaba la formación de un partido nacional de obreros y granjeros como alternativa a los partidos Demócrata y Republicano. Las encuestas Gallup realizadas entre diciembre de 1936 y enero de 1938 mostraban que entre un 14% y un 18% de la población estaba dispuesta "a unirse" a un partido de los trabajadores.[73] Dentro del movimiento sindical, ese sentimiento era aún mayor que entre la población en general, especialmente entre los trabajadores que estaban en la vanguardia de la lucha. Los "trabajadores jóvenes de la industria automotriz, textil, del acero y del caucho, que entraban en masa en el CIO y apoyaban el concepto del sindicalismo industrial, eran los mismos que exigían a viva voz que el movimiento sindical se desplazase hacia la acción política independiente", comenta Davin. "Los dos movimientos –el sindicalismo industrial y la acción política independiente– se presentaban como las dos caras de una misma moneda".[74] Tanto en la convención de la AFL como en las del CIO de 1935 y 1936, las resoluciones a favor de la formación de un partido del movimiento trabajador tuvieron un apoyo considerable. También en 1936, "la UAW (automóviles), la ILGWU (textil), los Trabajadores de Minas, Plantas y Fundición, el Sindicato de Arrendatarios del Sur, la Hermandad de Camareros de Coches Cama de [A. Philip] Randolph, los Trabajadores Textiles Unidos y el Gremio de Periodistas Norteamericanos respaldaron resoluciones apoyando un partido nacional de obreros y granjeros".[75]

En 1936, la convención de UAW (Unión de Trabajadores de la Industria Automotriz) votó unánimemente a favor de apoyar activamente la formación de un partido nacional de obreros y granjeros. Pero más significativo aún fue el hecho de que, tras un acalorado debate, los delegados de la UAW *votaron en contra de una resolución de apoyo a la presidencia de Roosevelt*.[76] Ante esta resolución, los líderes del CIO se enfrentaban a un serio dilema: le habían prometido a Roosevelt el apoyo sindical, pero al mismo tiempo ese apoyo explícito podía provocar la rebelión de los militantes de base. Y no de unos cualquiera, sino de militantes de uno de los sindicatos de mayor crecimiento y encima, de un sector clave. Finalmente resolvieron el dilema: los dirigentes del CIO harían lo posible por anular la resolución aprobada por los delegados de la UAW para ofrecerle a Roosevelt el apoyo de todo el movimiento sindical.

Los dirigentes sindicales estaban dispuestos a emplear los medios que fuesen necesarios, incluido el chantaje, para convencer a los delegados de la UAW de que revirtiesen su voto. Adolph Germer, el representante personal de John L. Lewis en la convención, se llevó aparte a los dirigentes de la UAW y les planteó que o bien la convención acordaba apoyar a Roosevelt, o el CIO cancelaría los fondos entregados a la UAW para organizar la industria automotriz. Cuando el presidente de la UAW Homer Martin les explicó a los delegados que el voto tendría que ser revertido "debido al efecto que si no tendría para el futuro de nuestra organización", la convención aprobó rápidamente una nueva moción de apoyo a Roosevelt.[77]

Otros dirigentes sindicales siguieron caminos igualmente tortuosos para conquistar los votos de la clase trabajadora en favor de la reelección de Roosevelt. Preocupado porque las tradiciones socialistas entre los trabajadores del vestido en Nueva York les impedirían votar al Partido Demócrata, Sidney Hillman (presidente de los Trabajadores Unidos de la Confección) propuso crear un partido pseudolaborista. Y así nació, en 1936, el Partido Laborista Americano, con Hillman al frente. El nombre del partido implicaba que era de ámbito nacional y que además, no era partidista. Pero en realidad no era ninguna de las dos cosas. El Partido Laborista Norteamericano existió como fuerza electoral casi exclusivamente en Nueva York y, aunque presentó sus propios candidatos locales, respaldó a Roosevelt en las elecciones de 1936. Como explica Preis:

> Para Hillman la primera y más importante tarea era "vender" la idea a su propia gente dentro del sindicato. (...) Muchos de sus miembros, especialmente en Nueva York y Chicago, habían apoyado tradicionalmente al Partido Socialista, al menos en el ámbito local, y siempre habían rehuido los *Tammany Halls* [la maquinaria política del Partido Demócrata]. La nueva formación trabajaría para asegurar la reelección de Roosevelt. (...) La idea era encauzar a los socialistas "regulares" hacia el bando Demócrata.[78]

Cuando Hillman "vendió" la idea a la dirección de su sindicato, Trabajadores Unidos de la Confección (Amalgamated Clothing Workers,

ACW), presentó al Partido Demócrata como "el mal menor" frente al peligro mayor que suponía la administración Republicana, un argumento que a partir de entonces sería repetido por los líderes del movimiento sindical en todas las campañas electorales. Hillman le dijo a la dirección de la ACW en abril de 1936: "Les digo que la derrota de Roosevelt y la subida al poder de una administración *realmente Fascista* haría del todo imposible la construcción de un movimiento de los trabajadores".[79]

La presión para apoyar a Roosevelt fue enorme incluso entre los socialistas. En la convención de la ACW realizada en mayo, los dirigentes (previamente convencidos por Hillman) "desestimaron las resoluciones de los militantes de base a favor de un partido nacional de obreros y granjeros".[80] Hasta el Partido de Obreros y Granjeros de Minnesota se tragó el anzuelo de la coalición del *New Deal* y su política se hizo virtualmente indistinguible de la de Roosevelt. Muchos veteranos miembros del Partido Socialista sucumbieron a la presión de sumarse a la campaña de apoyo a Roosevelt en 1936, como el viejo socialista David Dubinski, que dejó el PS ese mismo año para ayudar a formar el Partido Laborista Norteamericano.

La reelección de Roosevelt fue uno de los pocos puntos en los que la AFL y el CIO coincidieron plenamente. Preis argumenta: "Los dirigentes de la AFL –que no querían ni por asomo que fuera el CIO quien organizara a los trabajadores industriales no organizados– conformaron junto al CIO un cuerpo 'independiente' para atraer a los trabajadores a la política con el único propósito de reelegir al presidente del *New Deal*".[81]

Así que fue la lealtad del CIO hacia la coalición del *New Deal* la que impidió la formación de un partido de los trabajadores que pudiera presentarse a las elecciones de 1936. Como explica Preis:

> El CIO mezclaba constantemente dos elementos. Por un lado, era una organización de masas de los trabajadores industriales

que lideraba huelgas titánicas, la mayoría de ellas emprendidas por los militantes de base a pesar de su dirigencia. Por el otro, el respaldo de sus líderes al gobierno mermaba las conquistas de esos mismos trabajadores. Así que por no querer "poner en apuros" a las administraciones demócratas, los líderes del CIO mantuvieron permanentemente a la organización con un brazo –el brazo político– atado a la espalda.[82]

La reelección de Roosevelt no evitó la radicalización de la clase trabajadora, un fenómeno que parecía imparable. Porque las concesiones que hacía Roosevelt a los trabajadores, aunque generaban confianza, también provocaban una gran indignación. Entre 1936 y finales de 1937, el nivel de radicalización fue tal, que los trabajadores que estaban a la vanguardia organizativa del CIO (en especial los de la industria automotriz) pasaron definitivamente a la ofensiva. Y lo hicieron desde una posición de fuerza, que quedó ampliamente demostrada durante el invierno de 1936-37 con la huelga de brazos caídos de Flint, episodio que desencadenaría una oleada de huelgas de brazos caídos por toda la nación en los siguientes meses.

De modo que la década de la Depresión fue un momento histórico para el movimiento sindical estadounidense. Se dieron todos los elementos para poder enfrentarse de una vez a los tradicionales intentos de la patronal por dividir y debilitar al movimiento sindical, acabando con las barreras raciales y logrando una unidad de clase efectiva. Se enfrentaron a la violencia de los poderosos, desafiaron el anticomunismo e intentaron romper con los demócratas y los republicanos para formar un partido independiente de la clase trabajadora.

Como explica Levine: "Se generó una situación caótica en la que los capitalistas, cada vez más fragmentados tanto económica como políticamente, iban perdiendo gradualmente el férreo control que habían ejercido sobre la clase trabajadora durante el *boom* de los años 20, y muy especialmente sobre la creciente y cada vez más inmanejable clase trabajadora industrial. A mediados de los años 30, el aumento de las huelgas era la señal más visible de que la clase obrera industrial estaba interviniendo de manera activa y determinando el rumbo de la producción industrial".[83]

Por primera vez existía la posibilidad y el potencial para construir un partido independiente de la clase trabajadora. Un partido que pudiera desarrollarse como alternativa política a los demócratas incluso después de la reelección de Roosevelt en 1936. Pero eso hubiera requerido un liderazgo político efectivo dentro del movimiento de la clase trabajadora. Y como no se creó ningún nuevo partido de los trabajadores, ese lugar lo ocupó el Partido Comunista.

## El Partido Comunista

El Partido Comunista no fue la única organización radical que compitió por el liderazgo de la clase trabajadora durante la época de la Depresión. Las tres huelgas de 1934, que tanto habían ayudado a desequilibrar la balanza de las fuerzas de clase, fueron encabezadas por tres diferentes grupos radicales (socialistas, comunistas y trotskistas). Los trotskistas por ejemplo, tras su brillante dirección de la huelga de camioneros de Minneapolis de 1934 habían demostrado que estaban capacitados para liderar organizativa y políticamente un movimiento sindical democrático, pero eran demasiado pequeños como para poder desempeñar ese papel a nivel nacional.

El Partido Comunista se puso en seguida al frente de todas las demás organizaciones de izquierda, ganándose la fidelidad de cientos de miles de trabajadores que se habían radicalizado durante los años 30. Algunos de estos obreros ingresaron en el partido, otros permanecieron en su ámbito de influencia y en su periferia.

El Partido Comunista fue la única organización que jugó un papel crucial dentro del movimiento sindical nacional en esa época decisiva, y eso fue así por varias razones. Primero, porque el PC era comparativamente el más grande en número. Cuando empezó la Depresión declaró tener 75.000 militantes, mientras que los trotskistas apenas contaban con 131 militantes en el año 1931. A finales de 1938, el PC había crecido hasta los 82.000 militantes, en tanto que los trotskistas, para entonces integrados en el Partido de los Trabajadores Socialistas (Socialist Workers Party, SWP) llegaron a su tope de 25.000. Mientras tanto, el Partido Socialista continuaba su largo y continuo declive, consumido por las riñas internas entre el ala derechista y el ala izquierdista. La militancia del PS realmente *cayó* en 1935, precisamente el año más importante para el crecimiento de la lucha de clases.[84]

Por otro lado, el Partido Comunista supo construir una sólida base entre los trabajadores industriales, atrayendo a su militancia a muchos de los líderes de las plantas de producción que habían dirigido las huelgas convocadas por sindicatos del CIO. En 1935, el PC tenía 630 militantes en la industria automotriz, y en 1939 alcanzó los 1.100, aunque su número de simpatizantes era mucho mayor. En 1937 el PC contaba con 28 células en distintas plantas de Detroit, además de militantes activos en casi todas las secciones sindicales.[85]

Los militantes comunistas de base jugaron un papel destacado en algunas de las más importantes huelgas de trabajadores que se hicieron en la industria del caucho de Akron, Ohio, en 1936; formaron parte del comité de huelga de la Firestone, y el principal cabecilla de los piquetes de huelga de la Goodyear era un dirigente del partido. Ese mismo año, los jefes de todos los piquetes huelguistas solicitaron que fuera el miembro del PC de Akron quien fuese a hablar con ellos.[86]

Además, los comunistas seguían reclamando para sí el título de herederos de la tradición revolucionaria rusa de 1917. El alcance de las atrocidades de Stalin no se dio a conocer fuera de Rusia hasta la década de 1950. Pero en los años 30, el recuerdo de la Revolución Rusa de 1917 seguía inspirando las luchas de la clase trabajadora del mundo entero, y frente al fascismo victorioso en Alemania, Italia y España, Stalin pudo erigirse internacionalmente durante casi toda la década como un sincero luchador contra el fascismo.

Todos esos factores contribuyeron sin duda a la amplia influencia que tuvo el Partido Comunista entre los trabajadores de esa época. Sin embargo, más allá del volumen y la profundidad de sus raíces entre los trabajadores militantes, en la década de 1930 el estalinismo condujo al Partido Comunista por una senda que en última instancia demostró ser desastrosa para el movimiento de la clase trabajadora.

## Construcción de un movimiento multirracial

A pesar de las debilidades del Partido Comunista norteamericano, su compromiso con la lucha antirracista fue ejemplar. Como anota Nicholson, el PC "fue la única organización de la clase trabajadora que combatió activamente el racismo. Los comunistas se esforzaron por situar ese punto en el primer orden del movimiento sindical a nivel nacional cuando ningún otro grupo, aparte de la comunidad negra, lo tocaba siquiera".[87] De hecho, el PC de los años 30 aporta un modelo sobre cómo construir un movimiento de la clase trabajadora poniendo como asunto central la lucha contra el racismo.

Y eso fue así a pesar de la grotesca teoría del "Cinturón Negro" [una región de los Estados Unidos habitada solo por afroamericanos] inventada por el PC en la época del ultrasectario Tercer Periodo, entre 1928 y 1932, cuando Stalin instruyó a los comunistas norteamericanos para que reivindicasen la "autodeterminación del Cinturón Negro" en los Estados Unidos, ordenándoles a los comunistas que procuraran crear una República Negra separada dentro de los estados sureños (donde aún vivía la mayoría de los negros), cuando ni siquiera a los propios afroamericanos se les había ocurrido jamás pretender tal cosa.

Quizá por esta última razón, la teoría del Cinturón Negro apenas influyó en la práctica del Partido Comunista y rara vez se mencionó en su literatura. El 26 de octubre de 1928, los comunistas adoptaron otra perspectiva para combatir el racismo que demostraría tener consecuencias mucho mayores. El partido se empeñó en considerar "la lucha a favor de las masas negras (...) como una de sus tareas fundamentales. (...) El problema negro debe formar parte integral de todas y cada una de las campañas dirigidas por el Partido".[88]

Durante toda la década de la Depresión los comunistas se mantuvieron firmes en su consideración de la actividad antirracista como una prioridad. Más aún, entendieron que el éxito del movimiento sindical dependía de la lucha implacable contra el sistema de supremacía blanca del Sur y contra el sistema racista del Norte. Aunque esos esfuerzos no resolvieron los problemas del estalinismo, el compromiso del partido con la lucha antirracista marcó un enorme avance respecto a la indiferencia de las otras organizaciones socialistas, en especial del Partido Socialista.

## Los comunistas en Alabama

En Alabama, uno de los primeros lugares en donde desembarcó el movimiento comunista para reclutar afroamericanos, no se contempló siquiera la idea de crear una República Negra. En cambio, *sí* incorporaron a su lucha diaria el combate contra el racismo. Lo cierto es que no tenían otra elección, dado el grado de racismo existente en ese estado. En 1929, tres organizadores blancos del PC viajaron a Birmingham, Alabama, para crear un sindicato entre los aparceros negros. Cuando poco a poco empezaron a ganarse la confianza y a ser escuchados por los trabajadores afroamericanos, la respuesta del Ku Klux Klan (KKK) fue emplear gran parte de sus energías en atacar el comunismo.

En 1934 el KKK organizó 44 nuevos *klaverns* en el norte de Alabama, y un grupo de fascistas afiliados comenzó a publicar el *Black Shirt (Camisa Negra)*. Distribuían octavillas con la advertencia: "Atención, negros. No vayáis a mítines comunistas (...) El Ku Klux Klan os está vigilando".[89] En 1934, como describe Robin D.G. Kelley, "el comunista blanco Clyde Johnson sobrevivió al menos a tres intentos de asesinato; el comunista negro Steve Simmons sufrió una paliza casi mortal a manos de *klansmen* [miembros del KKK] en North Birmingham, y pocos meses después, su camarada negro en Bessemer, Saul Davis, fue secuestrado por un grupo de blancos, que lo desnudaron y azotaron durante varias horas. Estos ejemplos representan tan solo una mínima parte del terror antirradical que invadió el distrito de Birmingham en 1934".[90]

En su persecución contra los comunistas locales, el KKK gozaba de pleno apoyo por parte del "Escuadrón Rojo" del departamento de policía de Birmingham, que arrestaba y apaleaba comunistas como rutina procedimental. Con todo tipo de ordenanzas locales a su disposición para emplear contra los comunistas, el Consejo municipal de la ciudad de Birmingham aprobó una más que apuntaba específicamente a los radicales. La "Ordenanza sobre la Literatura de Downs", aprobada en 1934, declaraba ilegal la posesión de una o más copias de literatura "radical", definida ésta en términos muy generales para poder incluir en ella materiales antibelicistas y antifascistas, así como publicaciones prolaborales y liberales.[91]

Los diarios de Birmingham solían ofrecer titulares como "Los Comunistas les dicen a los Negros que fuercen la Igualdad Social en todo el Sur", tesis con la que estaba completamente de acuerdo el Consejo de Industria y Comercio de Birmingham. El *Labor Advocate* advertía contra los comunistas que "predican abiertamente la igualdad social para la raza negra (...) Todo aquel que intente perturbar las relaciones entre las razas es un personaje peligroso y debería ser aplastado AHORA MISMO".[92]

Tanto el Partido Comunista como el Sindicato de Aparceros (Share Croppers Union, SCU) se vieron obligados a llevar armas para defenderse; y desde luego, la mayor parte de las reuniones y actividades se hacían de manera clandestina. El dirigente del PC Harry Haywood explicó que en una reunión a la que asistió había un "pequeño arsenal" de armas: "Los aparceros llegaban a la reunión armados, y al entrar dejaban sus armas junto a sus abrigos".[93] Por otra parte, toda la literatura, fuese comunista o sindical, se distribuía clandestinamente. Como describe Kelley:

> Muchos comunistas de Alabama hablaban con gran orgullo sobre su habilidad para superar en astucia a las autoridades, y revelaban las ingeniosas maneras que usaban los activistas para distribuir los panfletos y violar abiertamente las ordenanzas contra la literatura sediciosa y la constante vigilancia policial. En Birmingham, mujeres negras que se hacían pasar por lavanderas recogían montones de panfletos, plantillas y papel en las casas de los comunistas blancos y se los llevaban escondidos en las cestas de la ropa.[94]

En Montgomery, los líderes comunistas negros "imprimían panfletos del SCU en un mimeógrafo que tenían escondido en casa y dejaban subrepticiamente los paquetes en la barbería de Al Jackson (otro comunista negro de Montgomery) para que los recogieran otros militantes que acudían regularmente 'a cortarse el pelo'".[95]

Como respuesta a la octavilla del KKK, los comunistas de Birmingham lanzaron la suya propia, que decía: "¡KKK! ¡Los trabajadores os están vigilando!"[96] En la primavera y el verano de 1935, la SCU organizó en la zona varias huelgas de sembradores y recogedores de algodón. En la segunda huelga, la mayoría de los trabajadores de la Administración para el Progreso del Trabajo (WPA) local se negaron a actuar como esquiroles, y muchos de ellos respaldaron la huelga. Aunque la solidaridad fue enorme, las huelgas desembocaron en un terrible baño de sangre, pues la policía y las pandillas locales de *vigilantes* apalearon, arrestaron, asesinaron y lincharon a muchos líderes huelguistas, sembrando el terror en toda la comarca.[97]

Esta escalada de la represión hizo que el avance tanto de los comunistas como del SCU fuera asombroso. Cuando en 1932 la policía asesinó a tiros a tres miembros del Sindicato de Aparceros, 3.000 personas marcharon durante casi diez kilómetros tras los ataúdes cubiertos con la bandera de la hoz y el martillo de los comunistas, mientras otro millar de personas los esperaban a lo largo de todo el camino para rendirles homenaje.[98] En 1934, el Partido Comunista contaba en Birmingham con mil militantes, la mayoría negros, mientras que el SCU se aproximó a los 10.000 militantes durante las sangrientas huelgas de 1935.[99]

## La lucha contra el racismo en el Norte

También en el Norte los comunistas establecieron como prioridad la lucha contra el racismo en cualquier ámbito. La tarea se les hacía más fácil porque la Depresión ya había elevado el nivel de conciencia de clase de muchos trabajadores. Tanto los trabajadores blancos como los negros afrontaban el desempleo, el desahucio y el hambre, y se mostraban receptivos a los llamamientos comunistas por la unidad multirracial.

A comienzos de los años 30, los comunistas de Harlem dividían su tiempo a partes iguales entre la lucha contra el desempleo, las manifestaciones contra las políticas racistas de contratación, y las protestas contra los linchamientos.

En 1933, cuando los comunistas y sus aliados viajaron a Washington para acudir a una manifestación por la libertad de los Chicos de Scottsboro, fueron deteniéndose por el camino para ocupar pacíficamente los restaurantes que se negaban a atender a los negros, una táctica que décadas más tarde popularizaría el movimiento por los derechos civiles. El comunista negro Cyril Briggs describió la enorme confianza que adquirió el contingente de Harlem durante aquella marcha: "La marcha marca una nueva etapa en la lucha del pueblo negro, y los trabajadores negros emergen como los líderes de esas luchas (...) reemplazando a los hombres de negocios, a los predicadores y a los líderes profesionales autoelegidos que han traicionado constantemente a nuestra lucha en el pasado". Pocas semanas después de la marcha a Washington, la Defensa Internacional del Trabajo (International Labor Defense, ILD, organización de juristas), auspiciada por el partido, declaraba tener, tan solo en Harlem, nueve delegaciones y 1.700 miembros.[100]

En 1935, los comunistas de la ciudad de Nueva York organizaron una patrulla itinerante de mujeres trabajadoras que empezó su recorrido en los barrios judíos y acabó Harlem. En Harlem, cientos de mujeres, en su mayoría afroamericanas, marcharon exigiendo que los carniceros locales bajaran sus precios un 25%. Como informó el *Daily Worker* del 3 de junio de 1935:

> Más de mil consumidores formaron una brigada itinerante y se desplazaron Avenida Lenox abajo dando mítines frente a todas las carnicerías abiertas. (...) Era tan grande la sensación de poder de los trabajadores, que cuando los carniceros accedían a rebajar los precios, las amas de casa saltaban sobre los aparadores de las carnicerías, quitaban los rótulos con los antiguos precios y ponían los nuevos. (...) No hubo carnicería que se resistiese más de cinco minutos.[101]

En 1936 los jóvenes comunistas hicieron circular por todos los Estados Unidos peticiones contra la segregación en el béisbol, en una campaña que presentaba a beisbolistas blancos y negros pidiendo la integración racial en los deportes profesionales. Como recordó más tarde el redactor de deportes del *Daily Worker*, la idea vino de "unos muchachos de la YCL (Liga de los Jóvenes Comunistas), que pensaron: '¿Por qué no acudimos a los campos de béisbol, al Yankee Stadium, Ebbets Field, el Polo Grounds, con esta petición?' (...) Y terminaron con millón y medio de firmas que hicieron llegar directamente al despacho del juez Landis [el comisionado para el béisbol]".[102]

## Los Chicos de Scottsboro

La primera campaña antirracista de carácter nacional y extendida en el tiempo que realizó el Partido Comunista fue para pedir la liberación de los Chicos de Scottsboro. El caso de los Chicos de Scottsboro empezó en 1931 y se prolongó durante casi veinte años, lo que la convirtió en una de las luchas antirracistas más importantes de la historia de los Estados Unidos. Su importancia se debió también a que era la primera vez que tantos trabajadores negros y blancos se unían en una campaña nacional explícitamente antirracista.

Los Chicos de Scottsboro fueron nueve jóvenes negros, de edades comprendidas entre los trece y los veintiún años, que fueron procesados en Alabama el 30 de marzo de 1931 acusados de haber violado a dos mujeres blancas en un tren de carga. No existía ninguna evidencia que sustentase la acusación de violación, pero eso no tenía la menor importancia, ya que era práctica común en todo el Sur culpabilizar a los negros de las violaciones de mujeres blancas aunque no existiera prueba alguna.

A las dos semanas del incidente, los Chicos de Scottsboro habían sido juzgados, declarados culpables y sentenciados a muerte por un jurado integrado exclusivamente por blancos, y todo ello mientras una gran tur-

ba de racistas blancos se apostaba dentro y fuera de la sala del juicio queriendo lincharlos. Aunque el caso de los Chicos de Scottsboro constituía
una clarísima expresión de racismo, logró dividir a la población negra
según lineamientos clasistas. La NAACP (Asociación Nacional para el
Progreso de la Gente de Color), orientada más bien a la clase media, se
negó en un principio a abordar el caso. Como describe Mark Naison, "no
querían identificar a la Asociación con una pandilla de violadores en
grupo, a menos que tuviesen una razonable certeza de que los chicos
eran inocentes o de que sus derechos constitucionales habían sido
menoscabados".[103] Pero el Partido Comunista no tuvo tales reservas.
Inmediatamente envió a una delegación de juristas de la ILD que se
ofreció a defender a los Chicos de Scottsboro ante el tribunal.

Cuando finalmente la NAACP se involucró en el caso, procuró limitar la defensa a garantizar que a los jóvenes se les hiciese un juicio "justo". Pero los comunistas les replicaron en el periódico negro del Partido,
el *Liberator*: "No puede esperarse nada parecido a un 'juicio justo' cuando se trata de un muchacho negro acusado de violación en un tribunal
de Alabama". La estrategia de la ILD era "darle a los chicos la mejor
defensa legal posible en los tribunales capitalistas, pero al mismo tiempo
enfatizar (...) que más allá de la defensa en los tribunales, a los chicos
solo podía salvarlos la presión de millones de personas, blancas y de
color".[104]

Mediante la ILD y el Comité Nacional de Acción por Scottsboro, el
partido desarrolló una campaña nacional contra el "Linchamiento legal
de Scottsboro", basando su estrategia en la movilización y en la protesta
de masas.[105] En su primera fase, la campaña organizó manifestaciones
que reunían a cientos de trabajadores negros y blancos que marchaban
juntos codo a codo por las calles de Scottsboro, pero a medida que la
campaña iba tomando fuerza, las manifestaciones se fueron convirtiendo en multitudinarias. A comienzos de los años 30, los comunistas organizaban mítines callejeros y presentaban a los padres de los Chicos de

Scottsboro para que hablaran en salas de reuniones atestadas de gente. Ruby Bates, una de las demandantes blancas, se unió al recorrido de discursos públicos después de declarar que la policía la había obligado a mentir y que ella no había sido violada.

A medida que la campaña de Scottsboro se prolongaba, el Partido Comunista iba ganándose el respeto entre los afroamericanos, mientras que la reputación de la NAACP caía en picado entre los negros de Harlem. Como describió un dirigente de la NAACP al referirse a las consecuencias de la campaña de Scottsboro, "ahora recibimos reprimendas en cada esquina, y lo mismo le pasa a todo aquel que levanta su voz a favor de la organización".[106]

El caso de los Chicos de Scottsboro no se resolvió completamente hasta 1950, cuando el último acusado fue finalmente puesto en libertad. Pero durante su prolongada campaña de los años 30, el Partido Comunista demostró en la práctica que los trabajadores negros y blancos podían unirse para luchar contra el racismo. La experiencia fortaleció el movimiento de la clase trabajadora y también influyó en la composición racial del partido. Cuando se produjo el derrumbe del mercado de valores en 1929 el partido solo tenía 50 militantes negros. A mediados de los años 30, la militancia había crecido un 9% a escala nacional.[107] Eso representaba un pequeño pero significativo paso hacia el logro de un movimiento socialista multirracial en los Estados Unidos.

El primer éxito real del Partido entre los trabajadores negros tuvo lugar en el contexto del repunte de huelgas de 1934-35 que llevó a la fundación del CIO. La reputación de los comunistas como antirracistas sinceros sin duda los ayudó a convencer a gran número de afroamericanos para que se unieran al movimiento sindical. Por primera vez en la historia del movimiento sindical estadounidense, los trabajadores negros empezaron a unirse a los sindicatos en un número significativo, y muchos de ellos lideraron las huelgas convocadas por el CIO en 1936 y 1937 por el reconocimiento de los sindicatos.

Ciertamente, una de las huelgas de brazos caídos más efectivas de la época de la Depresión tuvo lugar en Birmingham, Alabama, cuando el 24 de diciembre de 1936 los trabajadores negros del acero de la American Casting Company, liderados por dos miembros del Partido Comunista, se pusieron en huelga para pedir un aumento de la paga. En pocos días, la compañía les concedió un aumento salarial del 20% y el pago de horas extras Los huelguistas lograron una gran victoria.[108]

## Del Tercer Periodo al Frente Popular

En 1935 Stalin dio un giro completo a su política exterior, cambio que mantendría hasta 1939. Tras la llegada de Hitler al poder en Alemania, a Stalin empezó a preocuparle que Hitler representara una amenaza militar para la Unión Soviética. Así que empezó a buscar aliados entre las demás potencias mundiales, incluyendo al presidente de los Estados Unidos, Franklin D. Roosevelt. Persiguiendo ese fin, la Unión Soviética ingresó en la Liga de las Naciones en septiembre de 1934 y Stalin revelaba su nueva política, llamada "Frente Popular", que suponía un cambio brusco respecto al comunismo del Tercer Periodo. Stalin trataba de congraciarse con los sectores dominantes de los Estados Unidos y de otros países. Y los comunistas tuvieron que hacer lo mismo.

Así, después de haberse pasado los siete años anteriores acusando de socialfascistas no solo a Roosevelt y al Partido Demócrata sino también a los liberales y los reformistas sociales, los comunistas norteamericanos recibieron instrucciones para que pasasen a ser virtualmente como ellos. A medida que se iba aproximando la elección presidencial de 1936, el Frente Popular exigió al Partido Comunista que ayudara a asegurar la victoria de Roosevelt. Los comunistas se convertirían así en miembros leales, aunque no invitados, de la coalición del *New Deal* de Roosevelt.

En esa época, los dirigentes del Partido Comunista ya estaban acostumbrados a variar radicalmente de política al primer aviso proveniente de Moscú. La transformación del Tercer Periodo en el Frente Popular se produjo gradualmente entre 1935 y 1936, sin que hubiera en ningún momento un reconocimiento formal del cambio de posición.

En enero de 1935, el *Daily Worker* describía a Roosevelt como "el principal organizador e inspirador del fascismo en este país". Pero a finales de 1936, el Partido Comunista ya había modulado su tono, y aunque no apoyó formalmente la elección de Roosevelt (poniendo de manifiesto su temor a que un abierto apoyo comunista pudiera dañar su campaña), el PC dejó claro que tenía la esperanza de que ganara las elecciones. En 1938, el dirigente del partido Eugene Dennis abandonó definitivamente la idea de formar un tercer partido político en los Estados Unidos, argumentando que el Frente Popular podía "asumir la forma de una federación política que operase en actividades electorales, principalmente del Partido Demócrata".[109]

En 1937 Roosevelt pronunció un discurso en el que planteaba que los Estados Unidos deberían unirse a las naciones del mundo "amantes de la paz" para poner en "cuarentena" a los países agresores. A pesar de que Roosevelt hablaba de "paz", en realidad su discurso situaba a los Estados Unidos un paso más cerca de la guerra. Pero aun así, el Partido Comunista siguió respaldando al presidente, emitiendo una declaración que empleaba el mismo doble discurso: "Todo el mundo debe tomar partido por uno de los dos bandos. Aquel que se oponga a la acción colectiva por la paz, es un enemigo de la paz, un agente de los criminales internacionales".[110]

El PC también transformó su actitud respecto a los liberales y los líderes sindicales. Durante el Tercer Periodo los había acusado de socialfascistas, argumentando que el fascismo "necesita hallar apoyo indirecto, apoyo que encuentra en el Partido Socialista y en el oficialismo sindical reformista". Pero cuando en 1937 el Frente Popular llegó a su apogeo, el líder del PC Earl Browder formuló este efusivo elogio de John L. Lewis y el CIO: "Hoy en día la democracia ha sido destruida en gran parte del mundo capitalista, y pelea por existir en el resto del planeta. Solo puede sobrevivir bajo el capitalismo si logran salir adelante exitosamente programas como el de John L. Lewis y el Comité para la Organización Industrial, así como las reformas económicas y el programa de paz del presidente Roosevelt".[111]

La posición de los comunistas respecto a las organizaciones liberales negras (como la NAACP) también varió notablemente. Según Naison, cuando el PC empezó a operar en Harlem a comienzos de los años 30 "se dedicaba tanto a hacer públicas sus propias actividades como a atacar a las demás organizaciones de Harlem". En 1930, por ejemplo, los comunistas acudieron a una conferencia sobre el desempleo celebrada en Harlem. En la conferencia, presidida por A. Philip Randolph, activista por los derechos civiles y presidente de la Hermandad de Camareros de Coches Cama, se habló de varias demandas, como la semana de cinco días laborables, la jornada de ocho horas y programas de obras públicas que dieran trabajo a los desempleados. Pero los comunistas asistentes acabaron expulsados tras insultar a los participantes con expresiones como "traidores", "montón de esquiroles" y *"sky pilots"* [término despectivo para designar a todo tipo de clérigos].[112]

A comienzos de los años 30 la hostilidad de los comunistas hacia la NAACP era tan grande que no quisieron que los abogados de la NAACP participaran en la defensa legal de los Chicos de Scottsboro, aunque su participación hubiera ayudado a extender el apoyo a la campaña. Cuando en 1931 el renombrado abogado Clarence Darrow se ofreció para ayudar a la defensa de los Chicos de Scottsboro, los abogados de la ILD le dijeron que solo aceptarían su ayuda si renunciaba a la NAACP. Y como Darrow se negó, hubo de retirarse del caso.[113]

Pero años más tarde, el Frente Popular adoptó una posición totalmente distinta. En 1936, el PC unió fuerzas con un grupo representativo de profesionales y reformistas negros para lanzar el Congreso Nacional Negro, eligiendo a su antiguo enemigo A. Philip Randolph, como su primer presidente. La NAACP se negó a apoyarlos formalmente, a pesar de que los comunistas intentaron una y otra vez obtener su apoyo. En 1935, el dirigente del PC Earl Browder publicó un artículo en la revista de la NAACP, *Crisis,* abogando por la reconciliación entre ambos grupos. Browder preguntaba: "¿No sería mejor si en lugar de atacarnos, unieran ustedes sus fuerzas a las nuestras y lucháramos juntos por los derechos de los negros, por Angelo Herndon, por los Chicos de Scottsboro y por la defensa de Etiopía? Acogeríamos con agrado su colaboración en esas cosas, en vez de tener que responder a sus ataques, lo cual es, por cierto, una tarea poco placentera".[114]

Según describe Naison, en la conferencia fundacional del Congreso Nacional Negro, "los comunistas llenaron sus discursos de referencias a la historia norteamericana, proclamando el respeto que sentían por la tradición política de la nación. 'No era a Marx, a Lenin o a Stalin a quienes citaban los comunistas en sus discursos' –informó el *Amsterdam News*–. Las fuentes de su inspiración habían pasado a ser Douglass, Lincoln y los héroes de la Revolución Norteamericana".[115]

## "El comunismo es el americanismo del siglo XX"

En la puesta en práctica de la política del Frente Popular, el Partido Comunista de América fue mucho más allá del llamamiento al deber. El objetivo declarado de los dirigentes comunistas era moldear la nueva imagen del partido como "una organización norteamericana responsable". Aunque pronto quedó en evidencia que se trataba de simple patriotismo. Como describe Chester:

> La apelación a lo patriótico se convirtió en la base en que apoyaba la retórica comunista. El Partido insistía en que "estaba llevando adelante la obra de Jefferson, Paine, Jackson y Lincoln". Durante las elecciones de 1938, la consigna central del Partido Comunista fue "El comunismo es el americanismo del siglo XX". Incluso Browder sostenía que el PC era "el luchador más perseverante en la defensa de nuestra bandera y en el resurgimiento de nuestra gloriosa tradición revolucionaria".[116]

Entre 1937 y 1939, a medida que el Frente Popular daba paso a una alianza de clases aún más amplia llamada "Frente Democrático", el Partido Comunista fue alejándose más y más de la idea de ser "el partido independiente de la clase trabajadora". El Frente Democrático, definido como una coalición "de las fuerzas opuestas a los fascistas", incluía a trabajadores, granjeros, clase media e "importantes sectores de la clase media alta, así como a ciertos sectores liberales de la burguesía".[117]

La intención de Browder de que el Partido Comunista se incorporara al centrismo de la política norteamericana hizo que diera instrucciones a los militantes para que trataran con mimo a la Iglesia Católica, "a fin de ayudar a la integración de la comunidad católica en el Frente Democrático". También con esa finalidad, el partido aclamó a San Patricio como un "Santo del Pueblo" y Browder llegó a aseverar: "Los asuntos de la familia y la moralidad social no generan en la práctica ninguna división entre católicos y comunistas. (...) Los comunistas son firmes defensores de la familia. Consideramos al sexo una inmoralidad, y a la licencia excesiva y a las aberraciones como hechos nocivos y signos de una mala organización social".[118]

Durante el periodo del Frente Popular el Partido Comunista triplicó su tamaño, y pasó de tener 26.000 miembros en 1934 a 82.000 en 1938.

Pero sería un error achacar ese crecimiento a las políticas del Frente Popular o verlo como un paso adelante tras su autoimpuesto aislamiento del Tercer Periodo. La militancia del partido también había triplicado su número durante la época del Tercer Periodo, y entre 1930 y 1934, había incrementado su tamaño de 7.500 a 26.000 miembros.[119]

Desde 1928, el PC no había vuelto a impulsar una estrategia propia basaba únicamente en las necesidades del movimiento sindical estadounidense. Desde el momento en que recibía sus directrices de Moscú —y que estas dependían de los cambiantes objetivos de la política nacional o exterior de Stalin—, el Partido Comunista norteamericano lo tuvo muy difícil para centrarse en la construcción de un movimiento independiente en el seno de la clase trabajadora. Ni durante el Tercer Periodo ni en la etapa del Frente Popular. Al cambiar del Tercer Periodo al Frente Popular, el Partido simplemente cambió de una política desastrosa a otra, saltando del sectarismo venido de afuera a la adopción de un patriotismo extravagante.

Más aún, el crecimiento del Partido Comunista y su influencia entre los trabajadores durante los años 30 tan solo hicieron más trágicas las consecuencias de sus políticas erróneas. El inicio del periodo del Frente Popular coincidió con el auge de las huelgas del CIO de 1936-37. Así que, justo cuando los trabajadores empezaban a radicalizarse de un modo masivo y existía el potencial para la creación de un partido revolucionario de los trabajadores, el Partido Comunista hizo cuanto pudo por detener ese proceso.

En el año crucial de 1936, el liderazgo comunista recibió instrucciones de ayudar a la dirigencia del CIO para que la clase trabajadora votase por los demócratas. Por eso, a pesar de que muchos trabajadores militantes querían romper con el Partido Demócrata, en 1936 Roosevelt resultó reelegido en lo que fue una de los victorias electorales más aplastantes de la historia de los Estados Unidos.

Pero la actitud Frente Popular tuvo consecuencias que se extendieron mucho más allá de la arena electoral. Muchos militantes afroamericanos del partido renunciaron a él en 1935, cuando descubrieron que mientras el Partido Comunista hacía campaña por la independencia de Etiopía tras la invasión de Mussolini, la Unión Soviética seguía teniendo relaciones comerciales con Italia.[120]

## 1936-37: el momento cumbre de la lucha de clases

El repunte económico iniciado en 1935 –que se prolongaría hasta el otoño de 1937–, aumentó la confianza de la clase trabajadora y también estimuló su militancia sindical, especialmente entre los trabajadores de la industria automotriz y del neumático. En los primeros meses de 1936, una ola de huelgas de brazos caídos* recorrió Akron, Ohio, el centro más importante de la producción cauchera. Como describe Brecher:

> Rara vez pasaba una semana sin que hubiera uno o dos paros de brazos caídos. La administración de la Goodyear, por ejemplo, asignó a un departamento dos inspectores que no pertenecían al sindicato con la instrucción de declarar inservibles los neumáticos producidos por algunos conocidos sindicalistas. Tras haberlos bombardeado con botellas de leche durante un buen rato, los hombres se sentaron y se negaron a trabajar hasta que los inspectores fueran retirados de la planta. Entonces la compañía llamó a cuarenta guardias armados con garrotes para que entraran en la fábrica, pero un cauchero de 65 años les frenó en la entrada y les dijo: "Lárguense". Y lo hicieron, y los inspectores no sindicados fueron reemplazados por otros.[121]

Aunque la dirección de Trabajadores Unidos del Caucho (United Rubber Workers, URW) no aprobaba esas huelgas, los paros de brazos caídos realizados en Akron lograron que se aceptasen la mayoría de las demandas inmediatas de los trabajadores. Casi todos los paros de brazos caídos se hacían por asuntos salariales o laborales, pero los trabajadores del caucho de la Goodyear también pararon durante un día entero en el otoño de 1936, para protestar por la paliza que los matones de la compañía le habían propinado a un líder sindical local. Y la noche siguiente, ese mismo grupo de trabajadores volvió a hacer un paro de brazos caídos, esta vez para protestar contra la cruz flameante plantada por el KKK frente a otra planta.[122]

Ni los dirigentes del CIO ni los emisarios de Roosevelt lograron que decayera el ánimo desafiante de los trabajadores del caucho. A finales de febrero de 1936, Roosevelt envió a Akron a su propio mediador para convencer a los trabajadores de la Goodyear de que pusieran fin a un paro de brazos caídos que duraba ya dos semanas. Cuatro mil trabajadores reunidos en asamblea respondieron a la sugerencia del mediador de que "regresaran al trabajo" gritando: "¡No, no y mil veces no, antes muerto que esquirol!" Tras un mes de paro, los trabajadores de la Goodyear volvieron al trabajo: habían conseguido algunas cosas, pero no el contrato sindical. Los trabajadores del caucho solo lograrían el reconocimiento sindical de las firmas Firestone, Goodyear, Goodrich o U.S. Rubber un año más tarde, tras la victoriosa huelga de brazos caídos de la UAW en Flint.[123]

## El paro de brazos caídos de Flint: la huelga del siglo

En noviembre de 1936, los paros de brazos caídos ya se habían extendido a la industria automovilística, y a finales de ese mismo mes, 1.200 trabajadores del acero de Detroit ocuparon la planta de carrocerías de la Midland Steel provocando un caos general. Como describe Cochran:

> Tras la exitosa ocupación de la Midland, Detroit cayó en una fiebre de agitación organizativa y sindical sin precedentes. Los trabajadores llamaban por teléfono una y otra vez a las oficinas

del sindicato pidiendo que se les enviase a su taller un organizador porque querían firmar algo, dar cuenta de sus quejas o convocar una huelga. Las delegaciones acudían al cuartel general del sindicato a por libros y material sindical. Hubo paros de brazos caídos en Gordon Baking, Alcoa, National Automotive Fibers, Bohn Aluminum y Kelsey Hayes.[124]

El legendario paro de brazos caídos de Flint cambió el curso de la historia más que cualquier otra huelga de la década de 1930. Durante el transcurso de la lucha en Flint, que comenzó el 28 de diciembre de 1936 y se prolongó hasta el 11 de febrero de 1937, 140.000 trabajadores de la industria automotriz de la General Motors (GM) –del total de 150.000 que conformaban la fuerza laboral de la compañía–, o hicieron un paro de brazos caídos, o salieron en huelga a la calle. Pero la importancia de la huelga fue mucho más allá de la propia industria automotriz. La atención del país entero estaba puesta en Flint porque los trabajadores habían tomado las riendas de la situación y se enfrentaron a la compañía, a la propia dirección del CIO, a la policía, a los matones contratados por la empresa, incluso a Roosevelt... *y vencieron*.[125]

Antes de iniciarse el paro de brazos caídos de Flint, los fabricantes de automóviles habían implantado un elaborado sistema para debilitar a los sindicatos. La GM,, por ejemplo, había contratado a la Agencia Pinkerton para que desarrollase una compleja red de espionaje que investigara a los organizadores sindicales. Según Norwood: "Aquellos a quienes los espías identificaban como sindicalistas solían sufrir palizas o 'accidentes'".[126] Explica:

> Firmemente decididos a impedir la sindicalización, los fabricantes de automóviles y sus proveedores de repuestos desarrollaron sistemas de espionaje sofisticados y extensos, además de reu-

---

\* En realidad son "huelgas sentadas", *sit-down strikes*, pero el equivalente en español serían las huelgas o paros de brazos caídos. (N. de la T.)

nir formidables arsenales de bombas lacrimógenas y armas de fuego que compartían con los departamentos policiales de los municipios del área de Detroit y de Flint, que fueron agentes muy activos en la campaña antisindical. La decisión de los patronos de utilizar la violencia para desbaratar el esfuerzo sindical, su capacidad para utilizar a la policía como instrumento antisindical y la movilización por parte de la GM de ejércitos de *vigilantes* tanto en Flint como en Anderson (Indiana), provocaron una serie interminable de agresiones físicas contra quienes intentaban organizar la industria.[127]

Flint era el centro del imperio fabril de la General Motors. En l936 empleaba en Flint a unos 47.000 obreros. Por su parte, a finales de octubre de 1936, la UAW (Unión de Trabajadores de la Industria Automotriz) de Flint contaba con 150 miembros, aunque a finales de diciembre de ese mismo año ya eran 4.500.[128] Los dirigentes de la UAW hubieran deseado retrasar el inicio de la huelga de la GM hasta que el gobernador del *New Deal* por Michigan, Frank Murphy, asumiese el cargo el 1 de enero de 1937, pero no pudieron contener a los trabajadores. El paro de brazos caídos arrancó en la planta Fisher Body de Cleveland el 27 de diciembre, y al día siguiente se extendió a las plantas Fisher Body nº 2 y Chevrolet de Flint. Estas plantas eran estratégicas, claves para la producción de aproximadamente el 75% del total nacional de la GM. En una semana, los trabajadores de la industria automotriz se habían puesto en huelga en Anderson (Indiana), Norwood (Ohio), Janesville (Wisconsin) y Detroit.[129]

La administración de la GM –que se negaba a acatar la Ley Wagner– respondió declarando ilegales los paros de brazos caídos: "Esos huelguistas son claramente trasgresores y violadores de la ley 'del suelo'. No podemos negociar de buena fe con huelguistas sentados que toman posesión de las plantas de forma ilegal. La negociación colectiva es injustificable cuando tras de apoderarse de la planta, una de las partes le pone a la otra una pistola en la cabeza".[130]

El 2 de enero de 1937 la GM obtuvo una intimación del tribunal que impedía a los trabajadores permanecer dentro de la planta, hacer piquetes y enfrentarse a los rompehuelgas. Pero cuando el sheriff leyó la orden judicial, los huelguistas le gritaron entre risotadas: "Fuera de la planta". Luego se supo que el juez Edgard Black, el magistrado que había emitido la intimación, poseía acciones de la GM por un valor de 219.900 dólares.[131]

Alfred P. Sloan, presidente de la GM, informó a los huelguistas de que la empresa "no reconocería a ningún sindicato como agente negociador único de sus trabajadores".[132] El 11 de enero, la administración dejó sin calefacción a la Planta Fisher Body nº 2 de Flint, y guardias de la compañía impidieron la entrada a la planta de todo tipo de alimentos. Los huelguistas y sus simpatizantes se enfrentaron a los guardias en los portones de la planta, y batallaron con la policía, que empleó bastones, bombas lacrimógenas y otras armas antidisturbios. Los huelguistas respondieron con bisagras de las puertas y arrojándoles agua con las mangueras de incendios. Miles de simpatizantes acudieron en masa a defender a los huelguistas, que finalmente derrotaron a la policía en lo que los sindicalistas llamaron más tarde "La Batalla de los Toros Corredores"*.[133]

Pero la General Motors seguía negándose a negociar con la UAW. Así que John L. Lewis utilizó el factor del apoyo electoral del movimiento sindical para emitir un mordaz ataque que desafiaba directamente a Roosevelt:

> Durante los seis meses de campaña presidencial, los empresarios retrógrados, representados por la General Motors y los DuPont, contribuyeron con su dinero y sus energías a expulsar a esta administración del poder. La administración pidió entonces ayuda al movimiento sindical para repeler ese ataque, y el movi-

miento sindical se la brindó. Ahora esos mismos empresarios retrógrados le han clavado sus colmillos al movimiento sindical. Los trabajadores de este país esperan ahora que la administración ayude a los huelguistas de todas las maneras razonables.[134]

Frances Perkins, Secretario del Trabajo de Roosevelt, respondió en un tono desafiante: "Hubo un tiempo en que se consideraba ilegal formar piquetes. La legalidad de la huelga de brazos caídos aún está por determinarse".[135]

Ante la negativa a negociar por parte de Sloan, la UAW reaccionó extendiendo el paro de brazos caídos a la planta de ensamblaje de la GM Chevrolet n° 4 de Flint. Para distraer la vigilancia policial, los sindicalistas simularon tener como objetivo la planta Chevrolet n° 9, al tiempo que iban apoderándose sigilosamente de la n° 4.[136]

Cuando a principios de febrero la compañía obtuvo una segunda intimación contra la huelga, los trabajadores se reunieron y votaron a favor de seguir controlando las plantas a toda costa. Y se mantuvieron firmes incluso cuando el gobernador Murphy llamó a las tropas para acabar con la situación. Ante esa amenaza, los huelguistas de Fisher Body n° 1 le respondieron a Murphy por escrito:

> Hemos decidido permanecer en la planta. No somos ilusos y sabemos los sacrificios que esta decisión entraña. No tenemos ninguna duda de que si se emprende alguna acción violenta contra nosotros, muchos resultaremos muertos, así que elegimos este medio para dar a conocer a nuestras esposas, a nuestros hijos, al pueblo del estado de Michigan y al país en general que si ese es el resultado del intento de expulsarnos, es a usted [el gobernador Murphy] a quien habrá que hacer responsable de nuestras muertes.[137]

A la mañana siguiente, según Preis, "todas las carreteras hacia Flint estaban atestadas de sindicalistas de Detroit, Lansing, Pontiac y Toledo".

El contingente de la solidaridad, que incluía a más de 1.000 veteranos de la huelga de la Toledo Auto-Lite de 1934, trabajadores del caucho de Akron y mineros del carbón de Pittsburgh, formó un anillo alrededor de la Fisher Body nº 1, listo para la batalla. El sheriff se negó a poner en práctica la intimación. La GM volvió a apagar la calefacción para poner a prueba y congelar a los huelguistas. La respuesta de los huelguistas fue abrir todos los ventanales de la planta para que entrara el aire gélido de enero, sabiendo perfectamente que si el equipo de extinción de incendios se congelaba, la póliza del seguro de la GM no cubriría ningún daño que pudiese sobrevenir.

Mientras tanto, los funcionarios municipales de Flint empezaron a armar a los *vigilantes* antisindicales. El jefe de policía declaró: "A no ser que John L. Lewis quiera repetir la masacre de Herrin, Illinois, lo mejor es que pida a sus sindicalistas que se retiren. Los buenos ciudadanos de Flint están a punto de perder la paciencia. Nosotros estamos organizándonos rápidamente y tendremos entre 500 y 1.000 hombres listos para cualquier emergencia".[138]

Lewis respondió: "No dudo de su capacidad para llamar a sus soldados y ordenarles que disparen contra los miembros de nuestro sindicato que están en las plantas, pero permítame decirle que cuando usted dicte esa orden yo abandonaré esta conferencia y entraré en una de esas plantas con mi gente. Y la milicia tendrá el placer de echarme de la planta junto a ellos".[139] La orden de emergencia policial fue retirada, y el gobernador cambió súbitamente su decisión de enviar a la Guardia Nacional.

La administración de la GM, temiendo por la seguridad de sus plantas y equipos, finalmente se echó atrás, y el 11 de febrero de 1936 firmó un contrato de seis meses con la UAW. La clave del éxito había demostrado ser la disposición de los huelguistas a desobedecer la "ley" para

---

* "The Battle of the Running Bulls", bull=policía. (N. de la T.)

defender el derecho *legal* de los trabajadores a organizarse. Lo cierto es que aproximadamente la mitad de todos los paros de brazos caídos que se realizaron en ese periodo demandaban el reconocimiento de los sindicatos, garantizado por la Ley Wagner de 1935 y negado sistemáticamente por los patronos.[140] Como comenta el historiador Walter Galenson:

> Las huelgas eran claramente ilegales, y ninguna de las partes mostraba mucha disposición para asumir el punto de vista del contrario. Aunque hoy en día resultarían inconcebibles, en 1937 esas huelgas eran toleradas, e incluso recibían un considerable apoyo popular, principalmente porque muchos sectores de la industria norteamericana se negaban a aceptar la negociación colectiva. Además, los sindicatos eran la parte más débil y en términos generales se consideraba que tan solo intentaban asegurar en la práctica los derechos que el Congreso les había concedido por ley. (...) Quizás la General Motors y otros fabricantes hubiesen podido resistir mejor a la UAW si el sindicato se hubiera limitado a emplear armas más ortodoxas.[141]

La ingeniosa maniobra táctica de los huelguistas para ocupar la Planta Chevrolet nº 4 había resultado decisiva para el triunfo de la huelga. También fue muy importante la organización interna de los huelguistas, su sistema de autodefensa y de distribución de comida, e incluso el tiempo dedicado a los ejercicios físicos y el esparcimiento. Todas las decisiones eran adoptadas en multitudinarias reuniones diarias. El líder de la huelga, el socialista Kermit Johnson, describió la inmensa satisfacción experimentada por los trabajadores cuando "al acompañar a los capataces fuera de la planta, los mandábamos a paseo usando la misma receta que ellos nos aplicaban a la mayoría de nosotros cuando despedían al personal: '¡Ya les avisaremos cuándo pueden volver!'"[142]

Las mujeres también jugaron un papel decisivo en el paro de brazos caídos de Flint. Unas 350 esposas de huelguistas se unieron para formar la Brigada de Emergencia Femenina de Flint despúes de haber tomado parte en la Batalla de los Toros Corredores. Al igual que la huelga propiamente dicha, la Brigada de Emergencia fue organizada siguiendo lineamientos militares, bajo el mando de la socialista y esposa de huelguista Genora Johnson y con capitanas al frente de las cuadrillas. Lejos de ser la típica "asistencia femenina", la Brigada organizó un departamento de oradoras, centros de atención diaria para las mujeres que iban a los piquetes y una línea de defensa lista para entrar en combate contra la policía en cualquier momento.

En el interior de la planta, su valor era idéntico al de los hombres. El 20 de enero, Johnson les dijo a las brigadistas: "Formaremos una línea alrededor de los hombres, y si la policía quiere disparar, tendrán que hacerlo sobre nosotras". La experiencia de las mujeres de Flint en la lucha de clases cambió para siempre sus vidas, como demuestra la observación de una de las mujeres que integraban la Brigada: "En la huelga nació un nuevo tipo de mujer. Mujeres a las que ayer les horrorizaba el sindicalismo, que se sentían inferiores para realizar tareas como organizar, hablar en público y dirigir, se han convertido de la noche a la mañana en punta de lanza de la batalla sindical".[143]

La victoria de Flint impactó mucho en la lucha de clases a nivel nacional, elevando aún más la confianza de la clase trabajadora en sus propias fuerzas. El *New York Times* informó: "Al detener por completo la producción de todos los automóviles de la General Motors entre enero y febrero, y obtener el primer acuerdo de la historia escrito, firmado y de ámbito nacional, el CIO abrió el camino para que se redoblara el sentimiento favorable a la organización sindical en muchos otros sectores del país".[144]

El historiador del movimiento obrero Sidney Fine comenta: "La huelga de la GM fue un ejemplo espectacular y exitoso de huelga de brazos caídos, e incrementó enormemente la popularidad de esa táctica".

Agregando: "A partir de ahí, los paros de brazos caídos involucraron a todo tipo de trabajadores: cocineros y lavanderos del Hospital Israel-Zion en Brooklyn, lapiceros, conserjes, perreros, periodistas, marineros, tabacaleros, dependientas de las tiendas Woolworth, tejedores de alfombras, empleados de hoteles y restaurantes, reposteros, serenos, recogedores de basura, mensajeros de la Western Union, ópticos y leñadores".[145]

La táctica de los brazos caídos también cobró popularidad como forma de protesta en otros ámbitos de lucha. Como comenta Nicholson: "La gente se sentó para protestar en los centros de socorro, en las agencias de empleo, ante la policía en manifestaciones contra los desahucios. Los presos adoptaron esa táctica en las cárceles de Joliet (Illinois) y Filadelfia (Pensilvania). Los niños hacían lo mismo en los cines para protestar contra los cortes de películas".[146]

A finales de 1937, casi medio millón de trabajadores de los Estados Unidos habían tomado parte en alguna huelga de brazos caídos. Entre 1936 y 1937 el número de huelgas aumentó a más del doble, de 2.172 a 4.740, en total a casi dos millones de trabajadores.[147]

En la industria automotriz, y tan solo contra la General Motors, se produjeron 170 paros de brazos caídos entre marzo y junio de 1937. Como observó el *New York Times*, "esas huelgas se debían en parte a la insatisfacción de los trabajadores con el propio sindicato"; a veces los trabajadores "estaban deseando desafiar a sus propios dirigentes, tratándolos igual que a sus patronos".[148] La victoria de Flint también ayudó al CIO a organizar otras industrias de fabricación en serie. El 2 de marzo, la gigante United States Steel Corporation firmó un contrato propuesto por el CIO sin que mediara huelga alguna.[149]

La ola de huelgas de brazos caídos fue muy popular y se ganó las simpatías de la población en general. Una encuesta de la revista *Fortune* de julio de 1937 mostraba que tan solo el 20,1% de la población pensaba que había que poner fin a este tipo de huelga aun a costa de que hubiera derramamiento de sangre. Entre los ejecutivos de las corporaciones, tan solo un 32,9% pensaba que poner fin a las huelgas ilegales mereciera pagar tal precio.[150]

En septiembre de 1937, el CIO declaró tener 3.718.000 afiliados. El éxito del CIO también benefició a la AFL, y de hecho ambas organizaciones crecieron enormemente durante la ola de huelgas de la década de 1930. La AFL afilió a un millón más de trabajadores, elevando su militancia a un total de 3.600.000 miembros. Después de haberse mostrado tan intransigente con la organización industrial y provocar la escisión del CIO, la AFL decidió cambiar su estrategia y se mostró dispuesta a acoger dentro de sus filas a los trabajadores no cualificados.

En abril de 1937, el presidente Green informó al comité ejecutivo de la AFL:

> Actualmente me resulta casi imposible a mí, que trabajo 24 horas al día, atender las solicitudes que se dirigen a nuestra organización. Muchas de esas solicitudes vienen de patronos, que sugieren que acatarán la decisión de la Corte Suprema sobre la Ley Wagner y que están dispuestos a organizarse. Organizativamente estamos avanzando de un modo formidable y sé que la mayor parte de nuestros Sindicatos Nacionales e Internacionales están en la misma situación, especialmente los que tienen jurisdicción en los sectores de la manufactura y la industria.[151]

# El Partido Comunista ayuda a John L. Lewis a asegurar el control

Cuando comenzó el paro de brazos caídos de Flint, John L. Lewis se apresuró a emitir una declaración de apoyo a los huelguistas: "El CIO respalda sin ambages los paros de brazos caídos".[152] Lo hizo no porque aprobase la táctica, sino porque la ocupación de la planta ya estaba en marcha y sabía que no había forma de que él pudiese convencer a los trabajadores de que la desalojaran. Lo que Lewis quería realmente era que el CIO liderara la ola de huelgas para controlar así la lucha de toda la industria automotriz.

Pero una vez finalizada la huelga de brazos caídos en Flint, Lewis dejó claro que el CIO ya no toleraría más huelgas no autorizadas de carácter indefinido. "Un contrato firmado con el CIO protege adecuadamente contra los paros de brazos caídos, paros sentados o acostados o cualquier otro tipo de huelga" anunciaría más tarde. Sin embargo, las palabras de Lewis cayeron en saco roto. Los trabajadores de la industria automotriz participaron en al menos doscientas huelgas "relámpago" en los cuatro meses que siguieron a la firma del primer acuerdo entre la UAW y la General Motors. Pero la dirigencia sindical iba por otro lado, y a mediados de 1937, la directiva de la UAW formuló una declaración formal en la que expresaba que "la organización sindical no apoyaría ni toleraría" huelgas *salvajes* o huelgas sin autorización sindical.[153]

Aunque la organización sindical empezó a ser dirigida de manera más autoritaria, los trabajadores de la industria automotriz continuaron tratando de llevar las riendas de sus propios asuntos. El 8 de marzo los trabajadores de la Chrysler se pusieron en huelga de brazos caídos en nueve plantas después de que la compañía se negara a reconocer a la UAW como el único agente negociador de los trabajadores. Esa huelga duró quince días. Lewis negoció personalmente un acuerdo que no acogía la exigencia fundamental de los trabajadores (la representación exclusiva por parte de la UAW), así que fueron necesarias cinco votaciones antes de que los trabajadores que ocupaban la planta Dodge de Detroit accedieran a dar por concluido su paro de brazos caídos.[154]

Durante la ola de huelgas del CIO, Lewis también revirtió astutamente su posición respecto al Partido Comunista. Con el Frente Popular bien encaminado, la dirección del PC decidió ponerse al servicio de los altos dirigentes del CIO. Y lo hicieron incondicionalmente. La militancia comunista estaba formada por un ejército de organizadores dispuestos a trabajar durante largas horas y por poca o ninguna paga. Así que Lewis decidió utilizar a los comunistas para que lo ayudasen tanto a domesticar a los militantes como a seguir organizando el CIO. En 1936, el CIO emprendió una campaña para sindicalizar a los trabajadores del acero y creó el Comité Organizador de los Trabajadores del Acero (Steel Workers Organizing Committee, SWOC), con Philip Murray (mano derecha de Lewis) de presidente. Ese año, 60 de los 200 organizadores a tiempo completo del SWOC eran miembros del Partido Comunista, y 32 de los 33 organizadores del acero en Chicago formaban parte de su comité ejecutivo.[155]

Puertas afuera, Lewis defendía a los comunistas de los conservadores. "Yo no agarro por los pies a mis organizadores o miembros del CIO y los sacudo para ver qué tipo de literatura cae de sus bolsillos". Pero en privado, Lewis dejaba bien claro que los estaba utilizando: "¿Quién se queda con la presa, el cazador o el perro?" Cuando el SWOC terminó de sindicalizar la industria del acero y Lewis ya no necesitó más a los comunistas, les retiró la paga sindical.[156]

En 1937 los comunistas sentían una gran necesidad de demostrar su lealtad hacia Lewis. Algunos líderes del CIO trataban de achacar la oleada de huelgas no autorizadas de 1936-37 a la agitación comunista, pero la dirección del PC negaba vehementemente esa acusación. "El Partido Comunista no está incitando a estas huelgas", protestó Browder. Entretanto, B.K. Herbert, el dirigente del partido que controlaba la labor de los comunistas dentro de la industria automovilística, emitió la directriz de que "no debemos tolerar las acciones no autorizadas". Los vicepresidentes de la UAW Wyndham Mortimer, miembro del PC, y Ed Hall, simpatizante comunista, también anunciaron: "Queremos negar rotundamente que seamos responsables en modo alguno o que hayamos estimulado de alguna manera los paros de brazos caídos no autorizados".[157]

El apoyo de los dirigentes sindicales a la coalición *New Deal* de Roosevelt tuvo un impacto devastador en la lucha de clases, pues los comunistas le habían ofrecido su apoyo acrítico e incondicional a los dirigentes del CIO, entre ellos a John L. Lewis, y estos utilizaron la enorme influencia del Partido Comunista dentro de los sindicatos para mantener a los sectores más comprometidos de los trabajadores *fuera* de la actividad militante. Y eso justo cuando esta actividad se encontraba en su momento más álgido, a finales de 1937.

Así que los dirigentes del Partido Comunista hicieron lo imposible por dejar claro que eran leales a la coalición del *New Deal*, no a los trabajadores de base más rebeldes. El *Daily Worker* publicó una declaración de William Weinstone, secretario estatal del partido en Michigan, en la que decía "de manera inequívoca y rotunda, que los comunistas y el Partido Comunista jamás han propugnado o apoyado en el pasado, ni lo hacen hoy, bajo ninguna forma, manera o condición, las acciones *salvajes* o no autorizadas, y consideran que esas huelgas resultan gravemente lesivas para el bien de los sindicatos". Y proseguía, afirmando que si los miembros del partido iniciasen tales acciones, sería "gravemente dañino para la causa de la acción cooperativa entre la clase obrera y la clase media".[158]

Pero la aversión de nuevo cuño que sentían los dirigentes del PC hacia las huelgas y los paros de brazos caídos no autorizados no cuajó entre los comunistas militantes, al menos no en seguida. Muchos continuaron encabezando las huelgas que estallaron a lo largo de 1937, y la confianza no solo siguió creciendo entre esos militantes de base, sino que también permitió que otros muchos trabajadores quisieran empezar a ejercer algún tipo de control sobre el ritmo de la producción, las condiciones laborales y otros aspectos del trabajo en serie.

En enero de 1937, poco después de haberse iniciado el paro de brazos caídos de Flint, doscientos delegados de la UAW se reunieron y crearon una "Junta de estrategia" para presentarle a la General Motors un conjunto de demandas, como la semana de 30 horas, la jornada de 6 horas y la participación sindical en la regulación del ritmo de las cadenas de montaje. Tras el triunfo de la huelga de Flint, los activistas sindicales trataron de incorporar al primer convenio con la GM un fuerte sistema de representación sindical. Según esa propuesta, cada grupo de trabajo de entre quince y cien trabajadores elegiría a su propio representante sindical. Algunas plantas de la GM ya tenían operativo ese sistema.[159]

Pero pronto quedó claro que la intención real de los dirigentes de la UAW era impedir que existiese ese tipo de control sobre las condiciones de trabajo. En el primer contrato, negociado en marzo, la administración de la GM se negó a reconocer a los representantes sindicales, reemplazándolos por una nueva estructura de "comisionados", mucho menos numerosa y con menos autoridad que los representantes. El segundo convenio de la GM, negociado con la UAW en abril, declaraba explícitamente que los representantes sindicales no estaban autorizados para administrar las demandas. El sindicato implementó ese acuerdo de abril sin que hubiera habido una ratificación previa por parte de los militantes de la UAW.

En abril, tras una huelga de brazos caídos que paralizó durante un mes casi todas plantas de la Chrysler, la UAW se aseguró un acuerdo que disgustó a muchos trabajadores de la empresa. Como dijo más tarde un miembro del sindicato: "A nadie le sorprendió que los huelguistas de brazos caídos de la Chrysler se negaran a desocupar las plantas cuando les hicieron llegar ese acuerdo. Se les había dicho que el sindicato insistiría hasta conseguir su reconocimiento tanto en el contrato como en la práctica".[160]

Como argumenta Chester, los acuerdos de marzo y abril constituyeron un gran revés para los trabajadores de la industria automotriz: "No era posible que esos comisionados, que debían atender a 400 trabajadores, pudiesen mantener contacto directo con todos ellos. A diferencia de los representantes sindicales, que eran miembros del mismo departamento cuyas quejas intentaban defender, los comisionados eran unos desconocidos ajenos a las disputas de los directamente implicados".[161]

En mayo de 1937, el *United Automobile Worker* advirtió: "Nadie ganará y todo se perderá si un río incesante de huelgas no autorizadas asfixia hasta la muerte al sindicato. Si Trabajadores Automotrices Unidos de Norteamérica quiere proteger su derecho a la huelga deberá hacer huelgas cuando tenga *derecho* a hacerlas". Poco después, el comité ejecutivo de la organización sindical votó a favor de adoptar acciones disciplinarias contra aquellos trabajadores que participasen en huelgas no autorizadas.[162]

Mientras tanto, la General Motors solicitó permiso verbal al sindicato para poder despedir a aquellos trabajadores que tomaran parte en huelgas no autorizadas, permiso que el sindicato concedió en septiembre de 1937. El temor al despido redujo temporalmente el número de huelgas no autorizadas. Pero en noviembre, después de que la GM hubiera negociado con la UAW un acuerdo aún peor que el primero –y que ya incluía el nuevo castigo disciplinario– los trabajadores decidieron volver a tomar las riendas de sus asuntos.

## La turbulenta UAW

Para 1937 la UAW estaba dividida en dos comités políticos: el Comité Unitario y el Comité Progresista. La dirección del Comité Unitario incluía al organizador de Flint y comunista Wyndham Mortimer y al dirigente de masas Walter Reuther, que representaba al bando socialista (aunque había dejado de militar en el PS en 1933). El Comité Progresista, por el contrario, era una formación anticomunista encabezada por el presidente de la UAW, Homer Martin.[163]

Martin degradó y dispersó a los miembros más destacados del Comité Unitario, y envió a Mortimer a San Luis y a los dirigentes Roy Seuther, Ralph Daly y William Cody a otras ciudades. El comunista Henry Kraus fue reemplazado como director del periódico del sindicato, el *United Automobile Worker*, que no tardó en empezar a publicar editoriales veladamente anticomunistas, como este de junio en el que censuraba el papel jugado por los radicales en las huelgas no autorizadas: "Su oposición activa a la política de la organización constituye de por sí una amenaza para el funcionamiento efectivo del sindicato".[164]

Según Galenson, la convención de la UAW en 1937 resultó ser "una de las convenciones más turbulentas que se hayan dado jamás en un sindicato norteamericano".[165] Cuando el Comité Unitario protestó el hecho de que el aparato organizador hubiera dejado de concederles asiento a algunos de sus miembros, se armó una gran bronca, como evidencia el acta de sesiones aparecida en el *United Automobile Worker*:

> Presidente Martin: Los siguientes puntos de agenda ante esta convención... *(El presidente Martin es interrumpido por grandes y continuados gritos de protesta)*
>
> Presidente Martin: Los siguientes puntos de agenda ante esta convención... *(Los gritos continúan)* Que hable este hermano.
>
> Delegado Steinhardt, 156: ...Quisiera solicitar, en este momento, con su permiso, que usted llamara al orden en la sala y se hiciera otra votación.
>
> Presidente Martin: Un momento. Ahora, permítame decirle esto... *(Vuelve a haber un gran griterío, hay una gran confusión)*.
>
> Presidente Martin: Yo sé que ustedes no quieren que yo hable. ¿Dónde va a ser la convención el año que viene? *(Hay gritos de "No, no", y la bulla crece)*.
>
> Presidente Martin: ¿Dónde será la convención el año que viene? *(Varios delegados se suben a las mesas, otros golpean las mesas y el suelo con palos y hay una situación de desorden general)*

Presidente Martin: ¿Dónde será la convención el año que viene?
*(Estalla otra vez el desorden entre la delegación)*.

Presidente Martin: Que todo el mundo regrese a su asiento, por favor. Un momento solamente... *(Se reanudan el ruido y el desorden)*

Presidente Martin: Creo que todos se dan cuenta... *(El presidente Martin es interrumpido por gritos de "Punto de orden" y "Queremos a Reuther. Queremos a Reuther")*.

Finalmente la convención anuló el derecho del presidente a destituir a los dirigentes, y frustró su intento por eliminar los periódicos locales, entre ellos el *West Side Conveyor* de Reuther.[166]

## El Partido Comunista dirige el movimiento... hacia atrás

El conflicto entre los líderes de la UAW y los militantes de base acabó finalmente en confrontación en noviembre de 1937. Ello ocurrió durante la lucha llevada a cabo en la planta Fisher Body de Pontiac, Michigan, que duraría cinco días. Después de que la compañía despidiera a cuatro activistas sindicales por liderar una huelga de brazos caídos (no autorizada), el 17 de noviembre 500 obreros ocuparon la planta –que tenía 14.000 trabajadores– y juraron permanecer allí hasta que los cuatro obreros fuesen reincorporados. Los miembros y simpatizantes del PC jugaron un papel clave en la huelga. Uno de los trabajadores despedidos era George Method, simpatizante comunista y líder no oficial de la huelga *salvaje*. El dirigente Wyndham Mortimer apoyaba la huelga y, en calidad de vicepresidente de la UAW trató (sin éxito) de convencer al comité ejecutivo de la UAW de que la autorizase. También el *Daily Worker* publicó un reportaje apoyando la huelga y argumentando que los cuatro trabajadores despedidos "habían sido tratados injustamente".[167]

Pero los dirigentes de la UAW recibieron muchas presiones que los forzaron a tomar medidas enérgicas contra los militantes del sindicato. Primero, el presidente de la GM, William Knudsen (el sucesor de Sloan) amenazó con poner fin a todas las negociaciones con la UAW si esta no demostraba que podía controlar a sus miembros. Luego, el gobernador del *New Deal*, Frank Murphy, anunció planes para enviar a la milicia estatal a evacuar la planta por la fuerza. Y por último, John L. Lewis dio instrucciones a Martin para que terminase inmediatamente con esa huelga no autorizada. Así que el comité directivo de la UAW acabó condenando la huelga, por mucho que Mortimer y Reuther se hubieran mostrado favorables a ella. Y poco después el comité directivo votó a favor de prohibir todos los periódicos sindicales locales.[168]

La oposición de Martin a la huelga de Pontiac y sus declaraciones diciendo que "existen todo tipo de razones para creer que hubo muchos provocadores profesionales en la convocatoria y en el desarrollo de la huelga", provocó que estallaran las acusaciones abiertas contra el Partido Comunista.[169]

Pero los trabajadores de Pontiac no tenían ninguna intención de poner fin a la huelga. Los dirigentes de la UAW asistieron dos veces a las multitudinarias reuniones tratando de convencer a los trabajadores de que abandonaran la planta, y las dos veces votaron los trabajadores a favor de continuar la huelga. Es más, en lugar de salir de la planta, organizaron un gran baile al que invitaron a asistir a los trabajadores de toda la industria automotriz del área de Detroit para que pudieran mostrar su solidaridad.

Finalmente, el Partido Comunista rompió con su marasmo... Y lo hizo de la peor manera posible: condenando una huelga encabezada por sus propios militantes y a la que había apoyado públicamente pocos días antes. Después de que apareciera un artículo en el *New York Times* en el que se culpaba de la huelga al Partido Comunista, la dirección del PC cambió rápidamente de bando, temeroso de que eso supusiera el alejamiento de sus aliados del *New Deal*. Browder ordenó personalmente a los trabajadores de la industria automotriz que pusieran fin a la ocupación.

Siguiendo órdenes, George Method utilizó su liderazgo en la huelga para convencer a los trabajadores de que abandonasen la planta apenas cinco días después de haberla ocupado. Dijo: "Estamos todos equivocados. Salgamos de la planta y mostremos nuestro respaldo al sindicato internacional". En cuestión de una hora, los huelguistas habían abandonado la planta. La huelga se había perdido. El *Daily Worker* no tardó en publicar un editorial en el que justificaba el abandono afirmando que las huelgas no autorizadas "le hacen el juego a los amos". Pocos días después, los comunistas comunicaban a los dirigentes de la UAW que el PC apoyaba su intento de clausurar todos los periódicos sindicales locales.[170]

## La lucha de clases amaina

La huelga de Pontiac marcó el fin de la oleada de huelgas lideradas por el CIO en la década de 1930. Y como la dinámica de la lucha de clases demuestra que si no se sigue avanzando y progresando, ésta comienza a decaer rápidamente, entre 1937 y 1939 el promedio de huelgas mensuales cayó a más de la mitad y el CIO solo sumó 400.000 nuevos miembros, frente a los 4 millones que había incorporado en sus dos primeros años de vida.[171]

A finales de 1937 se produjo una nueva recesión económica. Entre agosto y noviembre, la producción industrial cayó un 27%, dejando a millones de trabajadores en la calle. Entre noviembre de 1937 y enero de 1938, el sector del automóvil pasó de producir 295.000 vehículos a producir 155.000. Entre 1937 y 1938 el número de empleos de la industria automotriz cayó de 517.000 a 305.000.[172]

Mientras tanto, Roosevelt, que ya se estaba preparando para afrontar la más que previsible guerra mundial, cambió radicalmente sus relaciones con el movimiento sindical (del que tanto había dependido para su reelección en 1936). Como dice Mike Davis: "El acuciante deseo de FDR por sumar apoyos a su cada vez más intervencionista política exterior se antepuso a las reformas y a las necesidades del movimiento sindical".[173] Así que cuando Roosevelt inició sus preparativos bélicos, lo que intentaba era restablecer sus nexos con las grandes empresas.

De modo que entre 1938 y 1939, y a pesar de que el desempleo aumentaba vertiginosamente, Roosevelt redujo drásticamente los programas de asistencia para pobres y desempleados y sus tribunales ilegalizaron las huelgas de brazos caídos en demanda del reconocimiento sindical. Y mientras tanto, los líderes de la AFL y el CIO andaban rivalizando entre sí y batallando por asuntos de jurisdicción.[174]

Pero el giro decisivo de Roosevelt contra el movimiento sindical se produjo en 1937, cuando la industria del acero de Chicago se puso en huelga para reclamar el reconocimiento de los sindicatos.

Aunque la U.S. Steel acababa de reconocer la representatividad de los sindicatos un par de meses antes, un grupo de fabricantes más pequeños y declaradamente antisindicales, conocido como "Little Steel", decidió emplear todos los medios a su alcance para impedir que el CIO pudiera organizar a los trabajadores dentro de sus compañías. Así que antes incluso de que la huelga hubiera empezado, las empresas ya habían almacenado millones de dólares en armas y municiones y habían formado pelotones de rompehuelgas armados. Pero la dirección del CIO no preparó a los huelguistas para afrontar una situación de violencia, sino al contrario. Los dirigentes sindicales les habían dicho a los trabajadores que cuando acudiera la Guardia Nacional –enviada por los gobernadores del *New Deal*–, debían "darle la bienvenida", pues la Guardia estaría allí para *proteger* su derecho a sindicarse. Los comunistas siguieron ese consejo. Sin embargo, la actuación de la Guardia Nacional fue muy distinta a la prometida. Se desplazaron de una ciudad acerera a otra obligando a abrir las plantas, diezmaron las líneas de piquetes y escoltaron a los esquiroles para que traspasasen sus líneas, golpearon y arrestaron a los huelguistas y asaltaron y saquearon las casas de los trabajadores. El ataque más violento tuvo lugar el 30 de mayo de 1937, durante un mitin en el que los huelguistas celebraban el *Memorial Day* a las afueras de la planta de la Republic Steel, en el sur de Chicago:

> Los dirigentes sindicales, incluso los estalinistas, les estaban diciendo a los trabajadores que Roosevelt, la Ley Wagner y el propio alcalde del *New Deal* de Chicago, el demócrata Kelly, "garantizaban" su derecho a hacer piquetes pacíficos. (...) Entonces irrumpió la policía y cargó contra ellos revólver en mano y blandiendo sus bastones extensibles, apaleando y tiroteando a todo el que se quedaba un poco rezagado. En un par de minutos diez hombres yacían en el suelo, muertos o fatalmente heridos, todos con un tiro en la espalda. Más de cien personas resultaron heridas por los bastonazos, entre ellas un niño de ocho años.[175]

Poco después de la masacre del *Memorial Day*, en la que fueron asesinados 18 obreros, la huelga fue derrotada. Y Roosevelt no solo se había negado a atajar ese brutal –y obviamente ilegal– ataque al derecho de los trabajadores, sino que su única declaración se produjo una vez acabada la huelga, y se limitaba a condenar a ambas partes citando una frase del *Romeo y Julieta* de Shakespeare: "¡Mala peste caiga sobre vuestras dos familias!"[176]

Un camarógrafo de la Paramount logró filmar la masacre de Republic Steel, pero las agencias de noticias se negaron a hacer públicas las imágenes. Cuando la revista *Life* publicó fotos de los agentes disparando, el capitán de policía declaró que habían actuado en defensa propia. Ese mismo año, la patronal Asociación Nacional de Fabricantes publicó más de dos millones de copias del panfleto "Únete al CIO y Ayuda a Construir una América Soviética".[177]

En 1938, el Congreso creó el Comité Especial para Actividades Antiamericanas (más tarde conocido como HUAC), cuyo propósito era investigar a los llamados "radicales subversivos". Como señala Nicholson, "la primera víctima del HUAC fue el gobernador de Michigan, Murphy, a quien pusieron en la picota pública por no haber usado la fuerza para acabar con la huelga de Flint el año anterior".[178]

Era de esperar que Roosevelt diese la espalda al movimiento sindical, y también lo era que la dirección del CIO no librara batalla alguna contra él. Pero para cuando los trabajadores finalmente aprendieron esa amarga lección, el momento más álgido de la lucha de la clase trabajadora de toda la historia de los Estados Unidos ya había pasado. Y el Partido Comunista había desempeñado un papel crucial para que se produjera ese declive, ya que su influencia se extendía mucho más allá de su propia militancia, y no solo tenían una importante base de trabajadores, sino que en 1937 sus militantes ocupaban cargos dirigentes en el 40% de los sindicatos del CIO.[179]

Así que el movimiento de la clase trabajadora de la década de 1930 carecía de un elemento decisivo: una organización revolucionaria que fuese lo bastante grande como para influir en el rumbo de la lucha. El Partido Comunista tenía el tamaño suficiente, pero a pesar de sus pretensiones, hacía mucho tiempo que había dejado de funcionar como una organización revolucionaria, De hecho, en vez luchar por los intereses de los trabajadores, el PC los había dejado indefensos ante los patronos. Así que la mayoría de los trabajadores que se habían unido al PC a lo largo de los años 30 lo abandonaron al acabar la década, confundidos y desmoralizados por la experiencia y con una visión distorsionada del socialismo. Para muchos trabajadores militantes, el Partido Comunista perdió toda su credibilidad cuando dio la espalda a la lucha de clases en 1937, en su momento de máximo apogeo.

Poco antes de acabar la década, el Partido Comunista dio un giro más a su política. Fue en 1939, cuando Stalin firmó una breve tregua con Hitler y, de repente, puso fin a cinco años de alianzas con los liberales y de apoyo a Roosevelt. Los preparativos bélicos, que el partido había apoyado con gran entusiasmo tiempo atrás, fueron denunciados entonces como "una guerra entre imperialismos rivales por el dominio del mundo". El pacto Hitler-Stalin tuvo como resultado un éxodo de militantes del PC, muchos de ellos afroamericanos, que no pudieron digerir la idea de defender una alianza del Soviet con el mayor fascista del mundo.[180]

Sin embargo, una de las lecciones más importantes que debemos aprender de la década de 1930 es la de que pudo haber tenido un final distinto. Si algunos sectores del movimiento sindical hubiesen *roto* con el Partido Demócrata, y si en 1937 las huelgas de brazos caídos hubiesen ido en aumento en lugar de disminuir –y cabe señalar que ambas cosas hubiesen sido posibles– habría existido el potencial necesario para construir un partido revolucionario de los trabajadores. Por el contrario, la década de 1930 acabó en toda una serie de derrotas, a las que siguió la Segunda Guerra Mundial.

En cualquier caso, los alzamientos de la clase trabajadora de los años 30 lograron cambiar el equilibrio de las fuerzas de clase en favor del movimiento sindical. El *New Deal* reconoció ese hecho, que no podía ser fácilmente desmontado sin provocar otro repunte de la lucha. Al terminar la Segunda Guerra Mundial, los patronos redoblaron sus esfuerzos por revertir los logros del movimiento sindical, pero no podían conseguirlo sin eliminar a los radicales y militantes que habían construido el CIO. Por otra parte, el tope del impuesto sobre la renta, que se elevó hasta el 91% durante la Segunda Guerra Mundial, permaneció así hasta 1964.

## ¿Un partido de la clase trabajadora habría marcado la diferencia?

Si en los años 30 se hubiese construido un partido de masas de la clase trabajadora, habría sido posible una organización sindical revolucionaria. Pero no ocurrió así. La interrogante sigue siendo si durante ese periodo tumultuoso a los trabajadores norteamericanos les habría ido mejor con un partido obrero o con uno socialdemócrata. Trotsky, que conocía de cerca al movimiento de la clase trabajadora estadounidense, aportó numerosas percepciones útiles tras sus discusiones con los revolucionarios norteamericanos de esa época.

Trotsky decía que cualquier marxista comprendía que la clase trabajadora en los Estados Unidos necesitaba desarrollar su propia tradición política, independientemente de los dos partidos capitalistas.[181] La interrogante, sin embargo, seguía siendo si un partido del movimiento obrero ayudaría o trabaría el proceso, dadas las condiciones que existían en los Estados Unidos en ese momento. Trotsky varió su propia posición en el transcurso de la década de 1930

En 1932 se opuso al apoyo socialista para formar un partido del movimiento obrero en los Estados Unidos. Según él, los líderes sindicales eran tan conservadores y estaban tan atados al sistema bipartidista que "la creación de un partido del movimiento obrero solamente podía provocarlo o bien una enorme presión revolucionaria de las masas trabajadoras o bien una amenaza creciente del comunismo". Pero "bajo esas condiciones un partido obrero hubiese significado no un paso adelante sino un impedimento para la evolución progresiva de la clase trabajadora".[182]

En 1938, Trotsky había cambiado su posición. Dijo que en 1930 "personalmente no veía que en el siguiente periodo fuera a estallar esa crisis tan aguda y que ésta fuera a hacerse tan profunda".[183] Más aún: "Nadie en nuestras propias filas previó en ese periodo la aparición del CIO con esa celeridad y ese poder".[184] Dada la debilidad del movimiento socialista revolucionario por un lado, y el potencial del movimiento de la clase trabajadora generado por el CIO por el otro, Trotsky pensaba que la creación de un partido obrero hubiese constituido un paso adelante, aunque solo hubiese sido por romper con el Partido Demócrata.

Trotsky concluyó: "No basta la acción económica. Necesitamos la acción política".[185] Dada la debilidad histórica del movimiento de la clase trabajadora –la ausencia de su propia tradición política– dicho paso solo podía resultar positivo. Si bien es cierto que es improbable que un partido del movimiento obrero hubiera sido capaz por sí solo de cambiar la situación en los años 30, también lo es que hubiese podido impedir el descarrilamiento del movimiento de la clase trabajadora, que quedó a remolque del Partido Demócrata durante las siguientes décadas.

Un partido del movimiento obrero hubiese puesto en evidencia la base corporativista del Partido Demócrata y les habría dado a los trabajadores la oportunidad de desarrollar un mayor sentido de la política de clases independiente. Eso habría marcado una diferencia no solo durante la Depresión, sino también después.

Pero esa historia ha quedado en el cajón de los olvidos, incluso para muchos historiadores del movimiento obrero. Como observa Darvin:

> El derrumbe del "movimiento colectivo popular" para la creación de un partido del movimiento obrero tras la "revolución de Roosevelt" también provocó el fin de la conciencia histórica. La amnesia es tan total que ni los historiadores del movimiento obrero ni los políticos, ni tampoco los descendientes de los militantes, recuerdan que aquella historia estuvo una vez dirigida por la imaginación, la lealtad y la energía comprometida de una gran parte del pueblo trabajador y durante mucho tiempo. El olvido ha sido tan total que se ha borrado por completo su existencia. Ahora al Partido Demócrata ya no solo le pertenece el futuro, sino que la

marea demócrata pretende apropiarse de todo el pasado del movimiento obrero.[186]

# PARTE III

# LOS PATRONOS CONTRAATACAN

CAPÍTULO CINCO

# DE LA GUERRA MUNDIAL A LA GUERRA FRÍA

El 30 de octubre de 1940, en vísperas de su elección para un tercer mandato, Roosevelt prometió a sus votantes que los Estados Unidos no entrarían en guerra: "Y cuando les hablo, padres y madres, se lo aseguro una vez más. Ya he dicho esto antes, pero volveré a decirlo una y otra vez: sus muchachos no serán enviados a ninguna guerra".[1]

Sin embargo, mientras hacía ese apasionado discurso ya había puesto en marcha la maquinaria bélica estadounidense. En junio de 1940 creó la Comisión Asesora para la Defensa Nacional y designó al líder del CIO Sidney Hillman para ponerla en marcha junto a un equipo de dirigentes del empresariado y del gobierno. Una de las primeras cosas que hizo la Comisión fue condenar cualquier huelga en las industrias de defensa que pudiese interferir los preparativos militares.

Lo cierto es que los mandatarios estadounidenses ya habían anticipado que habría otra Gran Guerra contra sus rivales imperialistas. El Secretario de Guerra Henry L. Stimson anotó en su diario del 25 de noviembre de 1941 las palabras que había pronunciado en una conferencia en la Casa Blanca: "La cuestión era cómo íbamos a maniobrar para empujarlos [a los japoneses] a una posición en la que realizaran el primer disparo sin que ello supusiese un peligro para nosotros".[2] Menos de dos semanas después, el 7 de diciembre de 1941, el bombardeo de Pearl Harbor por parte de los japoneses proporcionó la justificación perfecta para la inmediata entrada de los Estados Unidos en la guerra. La Segunda Guerra Mundial, como comentó Nicholson, resultó ser "la más

violenta, destructiva y horrorosa conflagración humana de la historia".
Añadiendo:

> La mayoría de los casi 55 millones de personas que murieron por la fuerza militar fueron civiles, y gran parte de ellas eran trabajadores con muy limitada o ninguna capacidad política para influir en las causas de la guerra. La cifra no incluye a los trabajadores que resultaron muertos en accidentes industriales, pero esas muertes, que fueron causadas prediciblemente por aceleramientos de la producción y negligencias de seguridad achacables a la guerra, deben contabilizarse como pérdidas colaterales. En las industrias de los Estados Unidos perecieron más de 88.000 trabajadores, y entre 1941 y 1945 hubo más de 11 millones de lisiados o heridos de gravedad, según las estadísticas del Departamento del Trabajo.[3]

# El compromiso de no hacer huelgas

El 8 de diciembre de 1941, un día después del bombardeo de Pearl Harbor, el líder del CIO Philip Murray declaró que "frente a la atroz agresión del imperialismo japonés" los miembros de la organización estaban "listos y ansiosos por darlo todo en defensa de nuestro país y asegurar la derrota final de las fuerzas de Hitler".[4] Un día después, el Comité Ejecutivo de la AFL siguió el ejemplo, emitiendo la siguiente declaración: "El movimiento sindical conoce su deber. Y cumplirá su deber y más aún. No hacen falta nuevas leyes para impedir las huelgas. El propio movimiento sindical se ocupará de ello. Los trabajadores norteamericanos producirán ahora como jamás han producido los trabajadores de ningún otro país".[5]

El 15 de diciembre, la AFL prohibió que sus miembros hicieran huelgas en las industrias de defensa, y al día siguiente amplió la prohibición hasta cubrir a la totalidad de su militancia e industrias. Para no ser menos que su rival, el líder del CIO Murray llegó a solicitar en 1942 la prohibición gubernamental del pago de las horas extras de los sábados y los domingos. Por su parte, para fortalecer el compromiso de no hacer huelgas, Roosevelt constituyó la Junta de Mediación de Defensa Nacional, siguiendo muy de cerca el modelo del Consejo de Defensa Nacional de Wilson durante la Primera Guerra Mundial. A los doce representantes de la Junta –cuatro líderes obreros, cuatro empresariales y cuatro "públicos"– se les encomendó la labor de impedir "la interrupción de la producción por causas laborales durante el periodo de la guerra".[6]

El líder del sindicato minero UMWA, John Lewis, que había dejado de pertenecer a la dirección del CIO en 1940, acabó excluyéndose de la coalición del *New Deal* cuando se negó a que su organización sindical renunciara a su derecho a la huelga en el preludio de la guerra. Lewis manifestó su apoyo al esfuerzo bélico, pero aún así llevó a la huelga a los miembros de la UMWA en varias ocasiones a lo largo de 1941, ganándose el reconocimiento de su organización y logrando importantes aumentos salariales para los mineros. Cuando la Junta de Mediación de Defensa Nacional negó la *union shop* a los mineros (que solo se contratasen afiliados al sindicato), Lewis aún tenía la suficiente influencia como para forzar a los representantes del CIO para que abandonaran la Junta en señal de protesta. Pero los días de Lewis en el CIO estaban contados. En 1942 sacó a la UMWA del CIO y en 1944 la integró de nuevo en la AFL.

En 1941, dos meses después de haber dejado la Junta de Mediación de Defensa, los dirigentes del CIO ingresaron corriendo en la nueva Junta Laboral de Guerra de Roosevelt, que estaba dotada de autoridad gubernamental vinculante. A la mayor parte de los empresarios les encantaba poder pactar con el movimiento sindical y hacer ostensible que por encima de todo les unía el amor a la patria. Cuando Sydney Hillman, del CIO, propuso la consigna unitaria "Sin las huelgas de costumbre, sin los negocios de costumbre", los representantes de las corporaciones manifestaron su acuerdo entusiasta, y añadieron su propia consigna unitaria: "Igualdad de Sacrificio".[7] Esta pose patriótica ocultaba sin embargo los auténticos y poderosos motivos que movían a los dirigentes empresariales: utilizar el compromiso de no hacer huelgas como un arma para frenar la confianza que seguía teniendo el movimiento de la clase trabajadora en sus propias fuerzas. Y es que en 1941, tras organizar el último bastión de resistencia en la industria automotriz, tanto en la Ford Motor Company, como en la antisindical Bethlehem Steel, el CIO había duplicado su militancia.[8] El número de huelgas se había elevado notablemente y "uno de cada doce trabajadores tomó parte en una huelga en algún momento durante ese año", señala Cochran, agregando: "Fue exactamente la misma proporción que en 1916, el año que precedió a la entrada de los Estados Unidos en la Primera Guerra Mundial".[9]

Las corporaciones querían impedir por todos los medios que se repitiera la guerra de clases de la década anterior, y el nuevo conflicto bélico se lo ponía en bandeja. Algunos líderes corporativos, envalentonados por esta atmósfera favorable, se aventuraron a admitir cuáles eran sus "objetivos de guerra" dentro del país. El almirante Emory S. Land, de la Comisión Marítima de los Estados Unidos llegó a declarar en octubre de 1942: "Los sindicalistas deberían ser fusilados al amanecer".[10]

## El auge de los "estadistas sindicales"

El compromiso de no hacer huelgas era incondicional, y la mayoría de los líderes sindicales acordó cumplirlo sin ni siquiera consultarlo con sus bases. Cuando en la convención de la UAW de abril de 1942 los dirigentes del sindicato presentaron a sus delegados el "Programa de Igualdad de Sacrificio" encontraron tanta oposición, que el vicepresidente Richard Frankesteen les replicó: "¿Van ustedes a decirle al Presidente de los Estados Unidos que se vaya al infierno?" Un delegado de Flint argumentó:

Yo vine a representar a la seccional del sindicato, que me mandó aquí con el propósito de votar contra el Programa de Igualdad
de Sacrificio, porque nos dimos cuenta de que no habría tal igualdad de sacrificio. (...) Los únicos que nos íbamos a sacrificar éramos los propios trabajadores. (...) Este ha sido nuestro primer
compromiso de no hacer huelgas. (...) La huelga es la única arma
efectiva que tiene el trabajador y la hemos entregado.[11]

En 1942 el gobierno congeló los salarios de los trabajadores, aunque
les ofreció la posibilidad de trabajar muchas horas extras para elevar sus
ingresos. Como recompensa a sus servicios por haber implementado el
compromiso de no hacer huelgas, a los dirigentes sindicales se les hicieron dos grandes concesiones. Una cláusula de "mantenimiento de pertenencia", que obligaba a los trabajadores de las industrias de defensa a
unirse a los sindicatos y permanecieran en ellos hasta finalizar el contrato, o sea, mientras durase la guerra. Y otra, las "cuotas de retención en
nómina", para que los sindicatos dedujeran las cuotas de sus miembros
automáticamente de sus nóminas. Así que durante la Segunda Guerra
Mundial, estas provisiones proporcionaron a los patronos una fuerza de
trabajo estable y la militancia sindical se incrementó un 40%.[12]

Las negociaciones laborales variaron notablemente durante el transcurso de la guerra. Como comenta Nicholson:

Se estableció un vasto cuerpo de leyes y se dictaron muchas
normas. Las resoluciones de la Corte y de la Junta Nacional de
Relaciones Laborales (National Labor Relations Board., NLRB)
sentaron normas y precedentes para miles de convenios, y los sindicatos se convirtieron en agencias administrativas casi gubernamentales. La necesidad de expertos en esas materias creó especia-
listas y una organización administrativa más compleja por parte
de las empresas y los sindicatos. Las negociaciones practicaron
pautas de estilo ajustadas a norma y se convirtieron casi en rituales. A medida que la ley iba fijando cada vez más los parámetros

de la negociación colectiva aumentaba la corrección en las mesas negociadoras.[13]

El rápido crecimiento de las cuotas sindicales (los fondos para las huelgas habían sido prácticamente eliminados) permitió que en 1942 el CIO adquiriera un enorme edificio de oficinas en Washington, D.C, al precio de 300.000 dólares, así como contratar al personal necesario para llenarlo. En 1943 el CIO fundó un Comité de Acción Política (Political Action Committee, PAC) para hacer campaña a favor de los Demócratas.[14]

La coincidencia de intereses entre los dirigentes empresariales y sindicales sin duda incentivó el fervor patriótico de ambos, a pesar de las reticencias de la mayoría de los trabajadores de base a renunciar al arma de la huelga. Las claves para el crecimiento sindical fueron la inexistencia de huelgas y la "producción de guerra". El comité ejecutivo de la UAW le dijo al CIO en noviembre de 1942: "Las organizaciones obreras deberían poner más énfasis en participar en el problema nacional de la guerra que en los esfuerzos organizativos". Los líderes de la UAW Walter Reuther, Wyndham Mortimer y Homer Martin –todos en el mismo bando desde que empezó la guerra– negociaron un acuerdo con el legendario enemigo de la organización sindical, la General Motors, por el que se le permitía despedir a quienes hicieran huelgas no autorizadas.[15]

El CIO amplió su compromiso con la ininterrumpida "producción de guerra" anunciando que "redoblaría sus energías para promover un plan que incrementara cada vez más esa producción". En un mensaje radiofónico el líder del CIO Philip Murray les dijo a los trabajadores que debían "¡Trabajar! ¡Trabajar! ¡Trabajar! ¡Producir! ¡Producir! ¡Producir!"[16]

## Los comunistas como superpatriotas

Cuando Alemania invadió Rusia en junio de 1941, el pacto entre Stalin y Hitler se rompió en pedazos y acabó súbitamente con la oposición del Partido Comunista a la Segunda Guerra Mundial. El partido retomó inmediatamente la posición pro-Roosevelt que había abandonado dos años antes, y su líder, Earl Browder, declaró que si se quería ganar la guerra "el principal sacrificio " tendrían que hacerlo los trabajadores.[17]

Tal declaración era muy significativa, pues durante la Segunda Guerra Mundial la tercera parte del comité ejecutivo del CIO eran comunistas, y además lideraban sindicatos que representaban a más de un millón de trabajadores.[18] Los dirigentes comunistas no solo se plegaron al compromiso de no hacer huelgas, sino que quisieron llevar su compromiso aún más allá (incluso de lo que pretendían otros dirigentes del CIO), promoviendo los incentivos salariales (o sea, el trabajo a destajo) e incluso proponiendo reclutar trabajadores para servir como soldados.[19]

Los comunistas también apoyaron el aceleramiento de la producción. Como declaró Harry Bridges, líder de la Unión Internacional de Estibadores y Almaceneros (International Longshore and Warehouse Union, ILWU), perteneciente al CIO: "Por decirlo sin rodeos, hoy en día los sindicatos del CIO tienen que convertirse en instrumentos para que la clase trabajadora de Norteamérica acelere la producción".[20] Bridges también ordenó a los miembros de su sindicato que se enfrentaran y acabaran con la huelga iniciada por los almaceneros de Chicago contra la Montgomery Ward Company. El *Daily Worker* justificó la acción de Bridges con esta absurda declaración: "Los que violan el compromiso de no hacer huelgas son esquiroles, y como tales hay que tratarlos. A los esquiroles nunca se les ha tratado con guantes de seda".[21]

En 1944 la revista empresarial *Business Week* dedicó estas elogiosas palabras a los sindicatos dirigidos por comunistas:

> Desde la entrada de Rusia en la guerra, los dirigentes de esos sindicatos han cambiado su posición dentro del movimiento sindical estadounidense, yendo desde la extrema izquierda a la extrema derecha. Hoy día son los que menos huelgas han convocado y

son los defensores más acérrimos de la cooperación obrero-patronal. Son los únicos que apuestan seriamente por los incentivos salariales (...) En general, los patronos con los que tratan actualmente tienen las relaciones laborales más pacíficas de toda la industria.[22]

A medida que el Partido Comunista llevaba al extremo la cooperación entre el movimiento sindical y los patronos, también resurgían algunos temas de la época del Frente Popular, y en forma más exagerada aún. En 1942, los comunistas llegaron incluso a apoyar la orden de "evacuación" de Roosevelt, que "reubicó" a 120.000 japoneses y norteamericanos de ascendencia japonesa en campos de concentración de la Costa Oeste. Dos terceras partes de los "reubicados" eran ciudadanos estadounidenses, y en su mayoría perdieron sus casas y sus empleos y permanecieron detenidos durante todo el tiempo que duró la guerra.[23]

Lo cierto es que la guerra contra Japón se justificó mediante un racismo virulento. El representante por Misisipi John Rankin declaró en Congreso: "Esta es una guerra de razas (...) La civilización blanca ha entrado en conflicto con la barbarie japonesa (...) Yo digo que es de vital importancia que nos deshagamos de todos los japoneses, sea en Hawai o en tierra firme (...) Malditos sean, acabemos con ellos ahora mismo".[24] La revista *Time* se hizo eco de ese sentimiento, y comentó: "El japonés común y corriente es irracional e ignorante. Quizá sea humano... Pero no hay nada que así lo indique".[25]

En ese contexto, Browder declaró en 1943: "El '*american way of life*' norteamericano, que está dominado de muchas y decisivas maneras por su basamento capitalista, determina que nuestra unidad nacional no puede hallar expresión en las formas y modos adoptados por los pueblos soviéticos". Y prosiguió:

> En los Estados Unidos, la unidad nacional solo puede lograrse mediante el acuerdo y el compromiso entre intereses en con-

flicto, entre las demandas y las aspiraciones de los distintos grupos de clase (principalmente entre aquellos que normalmente denominamos "el capital y el trabajo"); un compromiso que acuerde alcanzar al menos un arreglo provisional de todas las disputas mediante el arbitraje. Y la fuerza motriz de ese compromiso solo puede ser algo que tengan en común todas las partes: es decir, el patriotismo. (...) El Partido Comunista de los Estados Unidos vaticina que si vencen las Naciones Unidas vendrá una paz que estará garantizada por la cooperación de los Estados Unidos, la Unión Soviética, Inglaterra y China (...) Eso hará posible solucionar los problemas de la reconstrucción con un mínimo de desorden social y desobediencia civil. (...) Ofrecemos nuestra colaboración a todas las personas y grupos que piensen lo mismo.[26]

Browder hacía extensiva esa oferta incluso a los mayores capitalistas del momento: "Si J.P. Morgan apoya esa coalición, yo, como comunista, estoy preparado para estrechar su mano y unirme a él. Las divisiones de clase o los grupos políticos no significan nada en este momento". Como parecía que ya no existían elementos que hicieran necesaria la lucha de clases, en enero de 1944 Browder disolvió temporalmente el Partido Comunista y lo reorganizó bajo el nombre de Asociación Política Comunista.[27]

Como era de esperar, todos estos episodios hicieron que la credibilidad del Partido Comunista disminuyera más aún, sobre todo entre los trabajadores que se habían negado a sacrificar su derecho a la huelga durante la guerra. Y la consecuencia fue que en el seno de los sindicatos se produjo un vacío en el liderazgo de izquierdas y que su lugar lo ocuparan rápidamente los *anti*comunistas. Lo cual tendría graves consecuencias durante la posguerra, cuando se produjo la caza de brujas anticomunista. Como dice Davis:

La renuncia al liderazgo por parte de los comunistas abrió el camino para que las fuerzas anticomunistas del CIO manipularan el descontento de la base a favor de su propia facción. (...) Dentro del Sindicato de Trabajadores de la Industria Eléctrica, Radio y Maquinaria de América (United Electrical, Radio and Machine Workers of America, UE), por ejemplo, el anticomunista disidente James Carey y sus aliados del Sindicato Católico Norteamericano (American Catholic Trade Union, ACTU), conducido por los jesuitas (que construyeron su organización siguiendo el modelo de las células fabriles del PC), se aprovecharon de la honda insatisfacción que generaba la dirigencia comunista internacional. Dentro de la UAW, los temas del incentivo salarial y de la aceleración de la producción (ambos defendidos por los comunistas y sus aliados, liderados por Addes-Frankensteen) provocaron una profunda escisión en la dirección. La facción de Reuther decidió posicionarse junto a las seccionales rebeldes, convirtiéndose en el ala más militante de la dirigencia nacional.[28]

A lo largo de 1940, el anticomunismo fue adquiriendo fuerza y peso dentro del CIO, y continuó haciéndolo durante la guerra. Por su parte, el PC se negaba a tratar la persecución de comunistas como un asunto político, creyendo que era preferible evitar conflictos con sus liados del *New Deal*. Al actuar así, el Partido dejó que el anticomunismo se extendiera sin mayores problemas dentro del movimiento sindical. En su convención de 1940, el CIO aprobó una resolución (presentada por el abogado del CIO Lee Pressman, simpatizante del Partido Comunista), en la que declaraba: "Rechazamos firmemente cualquier política emanada de totalitarismos, dictaduras e ideologías foráneas, como el nazismo, el comunismo y el fascismo". Los dirigentes del partido lo consideraron una "jugada inteligente que evitaba una desagradable y definitiva confrontación". Pero lo cierto es que sentó las bases para una confrontación aún más desagradable y definitiva en los años venideros.[29]

# La Ley Smith

El anticomunismo iba dirigido contra todos los socialistas, no solo contra quienes seguían acríticamente las directrices de Stalin. De hecho, las primeras medidas enérgicas del gobierno no se tomaron contra los comunistas sino contra los trotskistas del Partido de los Trabajadores Socialistas (SWP). El Congreso aprobó la Ley de Registro de Extranjeros[30] (Ley Smith) en 1940. Según esta ley, se consideraba delito "abogar, instigar, fomentar o aconsejar, de forma consciente y voluntaria, el deber, la necesidad, la deseabilidad o la conveniencia de derrocar al Gobierno de los Estados Unidos o de cualquiera de sus Estados mediante la fuerza o la violencia, siendo un delincuente todo aquel que organice alguna asociación que aconseje, incite o anime a dicho derrocamiento, o a quienquiera que se haga miembro o se afilie a dicha asociación".

En junio de 1940, el presidente de la Hermandad Internacional de Camioneros (International Bhotherhood of Teamsters, IBT), Daniel Tobin, alertó a Roosevelt de que se estaba preparando una conspiración "subversiva" en Minneapolis. Esa acusación fue hecha inmediatamente después de que la Seccional 544, dirigida por los trotskistas, votara a favor de romper relaciones con la IBT-AFL para afiliarse al Sindicato de Trabajadores del Transporte a Motor y Afines, integrado en el CIO. Tobin guardaba considerables nexos con la administración Roosevelt, ya que por entonces ocupaba un asiento en el Comité Laboral Nacional del Partido Demócrata.[31]

En cuestión de semanas, el gobierno entró en acción. El 30 de junio de 1940, el FBI asaltó el cuartel general del SWP en Minneapolis. Aunque las únicas "evidencias" recogidas durante el registro fueron publicaciones marxistas de carácter público, como el *Manifiesto comunista*, en agosto de 1941 se sometió a juicio a 29 dirigentes del Partido de los Trabajadores Socialistas acusados de "conspiración sediciosa" y violación de la Ley Smith. A excepción de tres de ellos, los demás encausados eran o habían sido siempre "sindicalistas de Minneapolis", señala Preis. Entre ellos estaban los líderes que habían conducido al éxito la huelga de Minneapolis en 1934: Farrell Dobbs, Karl Skoglund y los hermanos Dunne.[32]

El 28 de junio, el CIO emitió una declaración defendiendo a la Seccional 544 calificando al proceso contra sus dirigentes como de "mera campaña difamatoria contra el CIO". La declaración también denunciaba el papel de Tobin como instigador del ataque: "Al no haber podido doblegar a los trabajadores mediante las otras tácticas perversas que ha empleado, Dan Tobin ha convencido a Roosevelt de que lleve a cabo esta acción como pago de la deuda política que tiene con él. (...) Es deplorable que las funciones del Departamento de Justicia de los Estados Unidos se hayan pervertido de este modo tan flagrante".[33]

El Partido Comunista no defendió a la Seccional 544; en primer lugar porque los comunistas preferían evitar las acusaciones de los anticomunistas, y también porque el Partido seguía manteniendo un gran antagonismo con los trotskistas. La edición del 16 de agosto del *Daily Worker* decía enfáticamente: "El Partido Comunista siempre ha puesto al descubierto y combatido a la Quinta Columna Trotskista, y hoy se une a la lucha por extirparla de nuestra nación".[34]

En diciembre de 1941, dieciocho trotskistas fueron absueltos de los cargos de sedición, aunque fueron declarados culpables de violar la Ley Smith. Durante los dos años siguientes la Corte Suprema de los Estados Unidos declinó revisar el caso tres veces, y en diciembre de 1943 los dieciocho fueron enviados finalmente a prisiones federales para cumplir sentencias de entre doce y dieciocho meses.[35] Con sus dirigentes en prisión, la Seccional 544 fue fácilmente aniquilada. Mientras tanto, el infame y corrupto Jimmy Hoffa aprovechó la oportunidad para extender su control al sindicato de camioneros, con la bendición de Tobin.[36]

Durante una década, la Ley Smith apuntó de una forma muy vengativa contra al propio Partido Comunista. En 1948, coincidiendo con el máximo furor de la caza de brujas anticomunista, fueron condenados doce dirigentes comunistas. En 1958, con el macartismo ya en retroceso, un Tribunal de Apelaciones de los Estados Unidos finalmente dictaminó que instruir o abogar por el derrocamiento del gobierno no constituía una "llamada a la acción" y que por consiguiente, no era un crimen.[37] Pero para entonces el daño ya estaba hecho.

## Ola de huelgas en tiempo de guerra

Aunque después de Pearl Harbor los Estados Unidos gozaron de un enorme apoyo nacional a favor de la guerra, los trabajadores tardaron poco tiempo en mostrar su abierta hostilidad hacia el compromiso de no hacer huelgas. Como describió un periodista que entrevistó a los trabajadores que habían hecho huelga en cinco plantas de la Chrysler en mayo de 1943: "Según pude descubrir, ellos sostienen, sin excepción, que nunca han estado de acuerdo con ese compromiso". En efecto, durante los cuatro años que duró la participación de los Estados Unidos en la Segunda Guerra Mundial fueron a la huelga muchos más trabajadores que en los cuatro primeros años de la formación del CIO. En resumidas cuentas, durante la guerra hubo 14.471 huelgas –la gran mayoría sin autorización sindical– y tomaron parte en ellas 6.774.000 trabajadores. Huelgas que incrementaron su frecuencia a medida que transcurrían los años de conflicto.[38]

John L. Lewis fue el único líder de una organización sindical importante que desafió abiertamente el compromiso de no hacer huelgas durante la guerra.[39] En 1943 puso tres veces en huelga a 530.000 mineros. Según el historiador Martin Glaberman la rebeldía de los mineros era tal, que cuando el Consejo Laboral de Guerra ordenó a la UMWA *no* ir a la huelga el 22 de abril, "los mineros respondieron poniéndose en huelga en Alabama y en el Oeste de Pensilvania". El 1 de mayo de 1943 Roosevelt ordenó la "incautación gubernamental" de las minas y el Consejo Laboral de Guerra ordenó a los mineros regresar al trabajo, alegando que éstos estaban trabajando "para el gobierno". Los mineros se negaron. Incluso después de que Lewis declarara una "tregua", que se iniciaría el 3 de mayo, las seccionales de la UMWA votaron a favor de esperar hasta el 4 de mayo para regresar al trabajo.[40]

La dura posición del Consejo Laboral de Guerra contra los mineros recibió la aprobación de los representantes de la AFL y el CIO. Por su parte, el presidente del sindicato de la industria automovilística UAW, R.J. Thomas, se apresuró a condenar la huelga de los mineros por considerarla "una huelga política contra el Presidente", aunque los trabajadores de base de esta industria sí se pusieron abrumadoramente al lado de los mineros:

> Un millar de delegados, que representaban a 350.000 miembros de los Trabajadores de la Industria Automotriz Unidos en Michigan, hicieron caso omiso a sus dirigentes nacionales y votaron mayoritariamente una resolución de apoyo no solo a las demandas de la UMWA sino también a su huelga. Los dirigentes nacionales, incluidos el presidente Thomas y el vicepresidente Reuther, introdujeron y respaldaron una resolución minoritaria de oposición a la huelga. Pero los delegados no se dejaron influir. Tan solo una docena votó abiertamente en contra de la resolución mayoritaria de respaldar la huelga del carbón.[41]

En junio, los operadores de minas iniciaron una discreta negociación directamente con la UMWA para tratar del aumento salarial, lo que no gustó nada al Consejo Laboral de Guerra, que se negó a ratificar el acuerdo. Los mineros respondieron nuevamente con un paro. Tras otra serie de huelgas realizadas en octubre, el gobierno finalmente cedió. *Los mineros habían desafiado el compromiso de no hacer huelgas y habían triunfado.*

Su victoria abrió las puertas para que otros obreros emprendieran acciones similares. Como describe el historiador Nelson Lichtenstein: "Las huelgas salvajes solían producirse en las fábricas integradas de producción en serie de neumáticos y automóviles. En este sector la mitad o más de sus trabajadores tomaron parte en alguna huelga durante la guerra, entre 1944 y 1945. De las dieciséis huelgas que hubo en 1944 (en las que tomaron parte más de 10.000 trabajadores en cada una de ellas), once se realizaron en la industria del automóvil".[42]

Los dirigentes de las organizaciones sindicales respondieron con acciones disciplinarias contra los cabecillas de las huelgas y contra todos aquellos que estuvieran incluidos en las listas negras. Pero el temor a las represalias no tuvo un gran impacto, pues la ola continuó su ascenso. La inmensa mayoría de las huelgas salvajes eran paros "relámpago" para conseguir mejoras inmediatas en sus condiciones de trabajo, y solían afectar a uno o dos departamentos dentro de una planta.

Los ejemplos siguientes son típicos de las disputas que centraban la mayoría de las huelgas salvajes de ese periodo. El incidente que condujo a una huelga de los arenadores de la General Motors el 1 de diciembre de 1941 fue explicado así: "Los empleados del chorro de arena a presión demandaban diez minutos para el aseo al final del turno; y como no se les concedieron, fueron a paro". El 5 de diciembre, una huelga en la planta Rouge de la Ford se describió así: "Protesta contra la suspensión de dos miembros del comité por no cumplir órdenes de supervisión y leer periódicos en el trabajo". El 15 de diciembre los trabajadores pararon en la planta Dodge Chrysler de Chicago aduciendo que "las cuchillas de las aserradoras de banda no tenían filo". Ese mismo día y poco más tarde, los mismos trabajadores volvieron a parar "cuando se les notificó que no se les pagaría el tiempo no trabajado durante el paro anterior".[43]

Los ejemplos anteriores ilustran hasta qué grado los trabajadores de base de las industrias importantes intentaban ejercer el control sobre la planta, empleando métodos aprendidos durante los años 30, y con un apreciable nivel de éxito. Un testimonio presentado en las audiencias del Senado sobre la industria bélica en marzo de 1945 demuestra el impacto de ese éxito. M.F. McCauley, un administrador en la Packard Motor Company, explicaba ante los senadores por qué la administración de la Packard no había podido acabar su estudio sobre el asunto "tiempo-movimiento" para probar la eficiencia de su motor de avión:

> Sr McCauley: Durante dos años no se nos ha permitido hacer el estudio.
> Senador Ferguson: Espere un segundo. ¿Está diciendo que no se les permitió?
> Sr McCauley: Sí, señor.
> Senador Ferguson: ¿Quién se lo impidió?
> Sr McCauley: Los enlaces de la planta ponían objeciones cada vez que íbamos a hacer el estudio. (...) Muchas veces le dijeron al responsable del estudio que se marchara del departamento. Así que él se marchaba, para evitar problemas.
> Senador Ferguson: Bien...Soy incapaz de entenderlo, que un enlace le diga a un empleado de la compañía que salga de la fábrica, y que él se vaya. No puedo entenderlo. ¿Me lo puede explicar?
> Sr McCauley: Era o eso, o tener un problema; o irse, o que al hombre lo sacaran por la fuerza...
> Senador Ferguson: O sea, una de dos: si el enlace le decía a un empleado de la compañía que saliese de la fábrica y él no salía voluntariamente podían pasar dos cosas, o se marchaba o lo sacaban por la fuerza.
> Sr McCauley: Eso es correcto.
> Senador Ferguson: Bien, ¿sabe usted de alguien a quien los enlaces hayan echado fuera alguna vez?
> Sr McCauley: No. No tengo el trabajo hecho a tiempo, porque sencillamente se van antes de meterse en problemas.

Senador Ferguson: ¿Le ha pasado alguna vez esto en otro estudio o en otro trabajo?

Sr McCauley: Bueno, yo creo que el señor Patzkowski puede contarle de un capataz que fue expulsado de la planta.

Senador Ferguson: ¿Usted quiere decir que los enlaces sacaron al capataz de la planta?

Sr McCauley: Es correcto.[44]

La ola de huelgas realizadas durante la guerra fue acompañada por un intento concertado en el seno de la todavía turbulenta UAW por rescindir el compromiso de no hacer huelgas. Durante el verano de 1944, un pequeño grupo de radicales, encabezados por los trotskistas del Partido de los Trabajadores Socialistas, se unieron a dirigentes sindicales locales y formaron el Comité de Base de la UAW, con el propósito manifiesto de acudir a la convención que la organización sindical realizaría en septiembre con una propuesta para acabar con el compromiso de no hacer huelgas.[45] La propuesta del Comité tuvo un éxito sorprendente, y casi un 40% de los delegados asistentes a la convención apoyó la resolución del Comité contra el compromiso de no hacer huelgas. Cuando pocos meses más tarde la UAW realizó un referéndum sobre el tema, el 35% votó a favor de acabar con el compromiso.[46]

# La segregación en la "Mayor Democracia del Mundo"

El amplio sentimiento que existía contra el compromiso de no hacer huelgas demostró que muchos miles de trabajadores de base seguían teniendo una clara disposición al desafío. Por su parte, los trabajadores negros aprovecharon el pleno empleo que hubo durante la guerra para reavivar la batalla contra la segregación tanto en el campo militar como en los centros de trabajo.

Aproximadamente medio millón de soldados afroamericanos sirvieron en la Segunda Guerra Mundial. Pero la tropa que combatía a favor de "una mayor democracia en el mundo" siguió estando segregada durante toda la guerra, y ningún soldado negro recibió una Medalla al Honor. Por otro lado, durante la etapa inicial de la producción de guerra, a los trabajadores negros se les negaba sistemáticamente el acceso a los empleos mejor pagados de la industria bélica.

Esas contradicciones eran demasiado grandes como para ignorarlas. En 1941 A. Philip Randolph organizó el movimiento "Marcha a Washington", amenazando con movilizar a cincuenta mil afroamericanos para que marcharan hasta el Capitolio de los Estados Unidos en contra de la segregación. Respondiendo a esa llamada, decenas de miles de afroamericanos participaron en manifestaciones en Nueva York, Chicago y San Luis, reclamando que Roosevelt estableciese un Comité de Prácticas de Empleo Justo que diera cabida a los trabajadores negros dentro de la industria bélica. Según Randolph:

> La participación del negro en la defensa nacional es grande. Son miles de empleos que suponen millones, sí, cientos de millones de dólares en salarios. Son nuevas oportunidades industriales y nuevas esperanzas. Vale la pena pelear por eso. Y lo más importante y vital de todo, los negros, mediante la movilización y la coordinación de su poder de masas, pueden lograr QUE EL PRESIDENTE ROOSEVELT EMITA UN DECRETO EJECUTIVO EN EL QUE QUEDE ABOLIDA LA DISCRIMINACIÓN EN TODOS LOS DEPARTAMENTOS DEL GOBIERNO, EN EL EJÉRCITO, LA MARINA, LA FUERZA AÉREA Y LA DEFENSA NACIONAL.[47]

Presionado, Roosevelt se vio forzado a firmar un decreto ejecutivo en el que se abolía la discriminación en todos los departamentos gubernamentales y en los empleos relacionados con la defensa, y finalmente, a fundar un Comité de Prácticas de Empleo Justo.[48] En 1943, la Junta Laboral de Guerra emitió un llamamiento específico para los afroamericanos: "Tanto por ser vigorosos combatientes como para producir alimentos y municiones, Norteamérica necesita a los negros; y los negros necesitan igualdad de oportunidades para trabajar y combatir. El negro es necesario para ganar la guerra, y al mismo tiempo constituye una prueba de nuestra sinceridad en la causa por la que estamos combatiendo".[49]

Sin embargo, la orden de Roosevelt no acabó con la discriminación. El ejército estadounidense siguió segregado hasta 1948 (como ocurrió con el béisbol de las grandes ligas, segregado hasta 1947). El Comité de Prácticas de Empleo Justo, aunque obligó a los patronos de la industria bélica a contratar trabajadores negros, nada hizo por defenderlos, y éstos tuvieron que aceptar emplearse ocupando los peores puestos. Durante los años siguientes, decenas de miles de trabajadores negros participaron en manifestaciones y huelgas contra la discriminación laboral. La mayor de todas fue la huelga salvaje de la planta Rouge de la Ford en abril de 1943, cuando 12.000 trabajadores negros cesaron su actividad para pedir la contratación de más trabajadores afroamericanos.[50]

La lucha de los negros impactó significativamente en la composición racial de la fuerza de trabajo industrial. Entre 1940 y 1945, el número de negros varones empleados en agricultura cayó del 41% al 28%, y el número de trabajadores negros empleados en la industria casi se duplicó (del 5,9% al 10,1%). A las mujeres afroamericanas no les fue tan bien. Aunque muchas mujeres negras obtuvieron empleos durante la guerra, a la mayoría les fue negado el acceso a los empleos industriales mejor pagados y siguieron concentradas en el servicio doméstico y ocupaciones similares.

Las mujeres blancas, por el contrario, aumentaron su presencia en las industrias bélicas. Entre 300.000 y 400.000 trabajadoras ingresaron en la UAW durante la Segunda Guerra Mundial, pasando a ser la tercera parte de todos los miembros del sindicato. La mayoría de las mujeres de las industrias bélicas de la Segunda Guerra Mundial no eran nuevas en el mundo laboral. Como señala Glaberman: "Está claro que esa imagen de unas amas de casa yendo a toda carrera para convertirse en Rosie la Remachadora y regresar corriendo a casa una vez acabada la guerra es inexacta. Muchas de las mujeres que trabajaron en las plantas de la industria bélica tenían experiencia laboral previa".

Así que en 1944, dos de cada cinco mujeres negras y una de cada tres mujeres blancas formaba parte de la fuerza laboral de los EEUU.[51]

## Evitando la radicalización

Los años de la guerra fueron testigos de un gran auge de la lucha de clases, del enorme sentimiento contra el compromiso de no hacer huelgas, de un movimiento militante contra la discriminación racial y de una importante afluencia de la mujer a los sindicatos industriales. Esos deberían haber sido los ingredientes para un renovado crecimiento del radicalismo dentro del movimiento de la clase trabajadora.

Pero el Partido Comunista, que en gran medida seguía siendo la mayor organización de la izquierda, convirtió en mucho más que improbable esa posibilidad. El apoyo incondicional de los comunistas a Roosevelt, y el compromiso de no hacer huelgas durante la guerra, dejó sin su apoyo a los trabajadores militantes que decidían ir a la huelga. Los demás grupos de radicales auténticos, mucho más pequeños, apenas tuvieron influencia en la lucha de clases, con la notable excepción del Comité de Base de la UAW. El resultado de todo ello es que si bien la Segunda Guerra Mundial ocupa una posición destacada entre los periodos más militantes de la historia de la lucha de clases, no fue una época en la que el radicalismo se desarrollase de un modo significativo. De hecho, el clima político en general había dado un brusco giro *hacia la derecha* respecto a la década anterior.

Y eso se evidenció en el aumento del racismo entre los trabajadores blancos, que alcanzó su punto de máxima intensidad en 1943. Pandillas de trabajadores blancos solían impedir por la fuerza que los afroamericanos que habían emigrado al Norte se estableciesen en las áreas industriales tradicionalmente blancas. Tales confrontaciones solían ser violentas. En junio de 1943, se produjo en Detroit uno de los peores incidentes de violencia racista de ese periodo, dejando treinta y cuatro personas muertas.[52] Como señala Bert Cochran, el telón de fondo de esa explosión de intolerancia racista era la superpoblación:

> En cuanto Michigan se convirtió en un importante centro de producción bélica, hubo una avalancha de nuevos trabajadores, la mayoría provenientes del Sur. A mediados de 1941 había, tan solo en Detroit, 350.000 nuevos trabajadores, 50.000 de ellos negros. No se había previsto nada para acomodar a los recién llegados, y todas las instalaciones estaban terriblemente atestadas de gente; había una extremada escasez de alojamientos y a los negros se les metía en guetos, barriadas infestadas y miserables, encerrándoles tras muros de odio.[53]

Ese ascenso del racismo entre los trabajadores blancos hizo que aumentaran las "huelgas por odio". Las huelgas por odio alcanzaron su punto culminante en 1943 y amainaron poco después. No obstante, su importancia no debe ser subestimada, porque marcaron un violento retroceso respecto a la unidad racial que había logrado el movimiento sindical durante los años 30.

En general las huelgas por odio eran protestas contra la contratación o promoción de trabajadores negros, o contra la transferencia de un trabajador negro a un departamento hasta entonces exclusivo para blancos. Como las otras huelgas salvajes habidas durante la guerra, la mayoría consistieron en acciones "relámpago". Pero durante un breve periodo se hicieron muy frecuentes. En su etapa de mayor auge, entre marzo y junio de 1943, se perdieron más de cien mil horas de trabajo por culpa de las huelgas por odio. Y hubo alguna que adquirió grandes dimensiones, como la realizada en la Packard Works de Detroit en abril de 1943, cuando 25.000 trabajadores blancos pararon para protestar contra una anterior huelga de brazos caídos protagonizada por negros que exigían promociones de empleo.[54]

No obstante, aun en su punto culminante, las huelgas por odio representaron tan solo una pequeña parte de los paros laborales que se produjeron en la época de la guerra. Fueron muchos más los casos en los que trabajadores negros y blancos fueron juntos a la huelga solidariamente. Lo más significativo de las huelgas por odio es que demuestran cómo, al no existir una presión significativa por parte de los radicales del movimiento sindical que desafiara el clima derechista creciente durante la Segunda Guerra Mundial, los sindicalistas blancos podían empezar a ventilar sus frustraciones no contra quienes estaban en el poder, sino arremetiendo contra los trabajadores afroamericanos.

De modo que las huelgas salvajes podían exhibir una solidaridad admirable un día, y fomentar el odio racista un día después.

## Repunte en la posguerra

Incluso antes de acabar la Guerra, en agosto de 1945, los dirigentes sindicales declararon con orgullo que la posguerra sería una época de colaboración entre el movimiento sindical y los patronos. En marzo la AFL y el CIO firmaron conjuntamente una "Carta de Paz Industrial" con la Cámara de Comercio, y ese mismo mes el *CIO News* desplegó un titular a toda plana en el que anunciaba "¡Paz industrial para el periodo de posguerra!". Y de nuevo el Partido Comunista dio un paso más allá que el propio CIO y poco después de acabar la guerra declaró: "El compromiso de no hacer huelgas no se declaró únicamente para el tiempo de guerra".[55]

Pero ninguna de esas predicciones se cumplió. El fin de la guerra trajo consigo una explosión de la lucha de clases que se prolongó hasta finales de 1946. Los trabajadores que habían arriesgado sus vidas en la guerra regresaron a casa en medio de una recesión económica y, en muchos casos, se encontraron con que habían perdido sus empleos. Quienes todavía los conservaban, vieron cómo sus salarios habían caído en picado. Durante los años de guerra la productividad había subido un 11%, pero los aumentos de los salarios por hora solo llegaban al 0,6%. Además, cuatro millones de mujeres trabajadoras que habían conseguido empleos industriales durante los años bélicos fueron despedidas de sus trabajos al acabar la guerra. Una semana después del "Día de la Victoria sobre Japón" (conocido como el *V-J Day*), en agosto de 1945, los desempleados ya estaban organizando manifestaciones masivas, que arrastrarían a 50.000 personas en Nueva York y a 30.000 en San Francisco.[56]

Los primeros seis meses de 1946 marcaron "el periodo de conflicto obrero-patronal más concentrado de la historia del país", según la Oficina de Estadísticas Laborales de los Estados Unidos. En enero de ese año, los trabajadores de las industrias automovilísticas, acereras, eléctricas y empacadoras se pusieron en huelga todas al mismo tiempo, paralizando la base industrial de la economía. Durante los doce meses posteriores al *V-J Day*, más de cinco millones de trabajadores estaban implicados en huelgas cuya duración media era unas cuatro veces mayor que las realizadas en tiempo de guerra.[57] En 1946, el 69% de todos los trabajadores de la producción manufacturera pertenecían a sindicatos.[58] El número de trabajadores sindicados continuó aumentando durante el periodo inmediato de posguerra, y los sindicatos llegaron a acoger en 1954 a casi un 35% de toda la fuerza laboral de los Estados Unidos.

Mientras tanto, los soldados que permanecían fuera del país una vez acabada la guerra organizaron a finales de 1945 y 1946 el movimiento "¡Llevadnos a casa ya!", que involucraba tanto a las tropas que estaban en el exterior como a sus familias. Los trenes que transportaban tropas a través de Minneapolis fueron adornados con letreros que decían: "Nos matan por la espalda mientras el Congreso está de vacaciones".[59] Miles de soldados estadounidenses se manifestaban en Seúl, Manila, Guam, Frankfurt y París, a menudo empleando tácticas aprendidas en el movimiento sindical de los años 30. Un comandante, al ver ante sí la bulliciosa manifestación de cuatro mil soldados estadounidenses en Manila, dijo: "Ustedes se olvidan de que no están trabajando para la General Motors. Ustedes siguen en el ejército". Miles de soldados marcharon por las calles de París gritando: "¡Llevadnos a casa!". Las tropas que estaban en Seúl adoptaron la siguiente resolución: "No podemos entender la insistencia del Departamento de Guerra en mantener a un ejército sobredimensionado fuera del país si son tiempos de paz".[60]

Entre los soldados negros se extendió la idea de que "sabemos que nuestra pelea por la democracia comenzará realmente cuando lleguemos a San Francisco, de vuelta a nuestras casas". Y así fue. En enero de 1946, los veteranos negros ya estaban haciendo manifestaciones por los derechos electorales de los negros en el Sur. En 1947, A. Philip Randolph empezó nuevamente a organizar un movimiento contra la segregación dentro del ejército estadounidense. Declaró: "Personalmente les aconsejo a los negros que se nieguen a pelear como esclavos por una democracia que no pueden poseer y no pueden disfrutar".[61] Randolph organizó un piquete en las afueras de la convención del Partido Demócrata en 1948, exigiendo poner fin a la segregación en el ámbito militar. Una encuesta de opinión hecha entonces mostraba que el 71% de los jóvenes negros de Harlem se negarían a servir en un ejército segregado. El gobierno finalmente cedió, y ese mismo año puso formalmente fin a la segregación dentro del ejército de los Estados Unidos.[62]

# Truman ataca al movimiento sindical

Aunque una vez acabada la guerra los trabajadores más concienciados querían reconquistar el terreno perdido, los patronos estaban igualmente decididos a impedírselo. Como declaró el presidente de la GM Alfred Sloan al finalizar la Segunda Guerra Mundial: "Va a pasar bastante tiempo antes de que el país se libre del *New Deal*, pero tarde o temprano caerá el hacha y tendremos una oportunidad".[63] Los patronos hallaron un aliado perfecto en el presidente Harry Truman, que sucedió a Roosevelt tras su muerte en abril de 1945. La primera actuación presidencial de Truman fue ordenar en agosto de 1945 el lanzamiento de dos bombas atómicas sobre las ciudades japonesas de Hiroshima y Nagasaki que mataron a unas 200.000 personas, en su inmensa mayoría civiles. Truman no tenía ninguna reputación liberal que proteger.

Así que no tardó en unir fuerzas con los patronos antisindicales. Durante el primer año de posguerra, la Ley de Poderes de Guerra seguía vigente y permitió que el gobierno siguiera clasificando a sectores industriales enteros para impedir que realizaran huelgas. Truman hizo buen uso de ese poder, y a finales de 1946 había logrado terminar con las huelgas de petroleros, empacadores, ferrocarrileros y mineros. Para explicar las innumerables intervenciones hechas contra las huelgas durante el año 1946 dijo: "Para mí estaba claro que había llegado el momento de que hubiese alguna acción por parte del gobierno".[64] En 1947, el 90% de los contratos sindicales contenían cláusulas de compromiso de no hacer huelgas mientras durase el contrato. Como destaca Brecher: "Lo cierto es que, en mayo de 1947, el trabajador medio tenía un poder adquisitivo menor del que tenía en enero de 1941, y en marzo de 1947 los trabajadores de la industria automotriz y del acero estaban cobrando casi 25 centavos menos por hora que dos años antes".[65]

Los trabajadores expresaron su desilusión con los Demócratas de la Casa Blanca absteniéndose masivamente en las elecciones para el Congreso de 1946. Tan solo votaron tres de cada ocho votantes registrados, y salió elegida una mayoría republicana.[66] En 1947, el nuevo Congreso se apresuró a lanzar un ataque frontal contra el movimiento sindical, aprobando la Ley Taft-Hartley, que impuso multitud de restricciones al trabajo organizado y a la solidaridad de la clase trabajadora.[67]

## La Ley Taft-Hartley

La Ley Taft-Hartley de 1947, llamada oficialmente la Ley de Relaciones Obrero-Patronales, proscribió las huelgas salvajes, las huelgas solidarias, los boicots indirectos y los piquetes masivos. Exigía que todos los dirigentes sindicales presentasen declaraciones firmadas afirmando no ser miembros del Partido Comunista y no tener relación con ninguna organización que buscase "derrocar al gobierno de los Estados Unidos por la fuerza o por cualquier medio ilegal o inconstitucional". La Taft-Hartley les permitía a los estados aprobar leyes que prohibiesen la contratación exclusiva de trabajadores sindicados, lo que era un gesto de buena voluntad dirigido a los patronos sureños. Al presidente de los Estados Unidos se le confirió autoridad para imponer un "periodo de enfriamiento"* de ocho días a las huelgas que significaran una amenaza para el "interés nacional". Además, la Taft-Hartley declaró a las organizaciones sindicales y a sus dirigentes legalmente responsables (es decir, sujetos a demandas legales) de los daños ocasionados por las huelgas salvajes o por cualquier otro "rompimiento de contrato".[68]

El demócrata Truman vetó la Ley Taft-Hartley en junio de 1947, a sabiendas de que el Congreso de mayoría republicana tenía votos más que suficientes para que su veto no fuera relevante. Como escribe Nicholson: "Fueron más los Demócratas que se unieron a los Republicanos en la votación a favor de la ley que los que votaron contra ella".[69] La pretendida oposición de Truman a la Taft-Hartley también fue desmentida por sus propias acciones. A mediados de 1948 Truman ya la había empleado doce veces para quebrantar huelgas.[70]

"Aunque tanto la AFL como el CIO estuvieron inicialmente a favor de boicotear la Taft-Hartley —comenta Lichtenstein— su anulación también les hubiera impedido el acceso a la NLRB [la Junta Nacional de Relaciones Laborales], a la negociación de los procedimientos en las elecciones sindicales y a cuanto la ley todavía les permitía hacer en contra de los patronos antisindicales".[71] Así que los dirigentes del CIO continuaron apoyando a los Demócratas y participaron activamente en la campaña a favor de Truman en las elecciones de 1948, confiando en su promesa electoral (jamás cumplida) de revocar la ley Taft-Hartley. Los dirigentes sindicales disfrutaban de un estatus de "estadistas sindicales", y querían continuar teniendo las mismas relaciones de colaboración que habían establecido con los representantes del gobierno durante la guerra. El apoyo de los sindicatos a Truman demostró ser decisivo en las elecciones de 1948. Tras su sorprendente victoria sobre su oponente Republicano Thomas E. Dewey, Truman declaró: "¡Lo hicieron los sindicatos!"[72] El continuo respaldo del movimiento sindical a los Demócratas tuvo otras implicaciones, como señala Mike Davis:

> Eligieron reforzar su debilitada alianza con Truman y el Partido Demócrata nacional permitiendo que el CIO se convirtiera durante ese proceso en un elemento fundamental de la cruzada anticomunista, cada vez más intensa, de la administración. (...) El vínculo unilateral y servil con el Partido Demócrata gobernante —como la anterior dependencia de Gompers hacia Wilson— lo sometió a las idas y venidas de la política exterior norteamericana, desde los efímeros entusiasmos de "un solo mundo" de la época de la Conferencia de Teherán, al imperialismo nuclear de finales de los años cuarenta.[73]

Apenas un año después de haberse aprobado la Taft-Hartley, 81,000 funcionarios de aproximadamente 120 sindicatos habían formalizado con el gobierno declaraciones juradas anticomunistas.[74] Para 1957, la Taft-Hartley ya había alterado por completo la textura política del movimiento sindical estadounidense, y, como señala David Caute, autor de *El gran miedo*, en julio de ese mismo año "la NLRB anunciaba que aplicaban la ley unos 250 sindicatos internacionales (lo cual significaban unas 2.750 declaraciones juradas), y 21.500 sindicatos locales (unas 193.500 declaraciones juradas)".[75]

Tras aprobarse la Taft-Hartley, el número de huelgas disminuyó significativamente, y nunca más se aproximó a los niveles de 1945-46.[76] En 1953 el departamento de investigación del CIO informaba: "Ninguna industria o servicio importante que no se hubiese organizado antes de 1945-46 lo hizo ya después".[77] A finales de la década de 1950, el movimiento sindical había entrado en un largo declive.

## Los liberales se unen para erradicar la "amenaza roja"

La caza de brujas anticomunista de los años 40 y 50 suele ser considerada como una creación republicana, a imagen y semejanza del implacable senador republicano Joseph McCarthy y el reaccionario director del FBI J. Edgar Hoover. Es cierto que el macartismo alcanzó su punto culminante durante la administración de Eisenhower. Y que el derechista republicano Richard Nixon lanzó su carrera como congresista afirmando en su campaña de 1946: "Un voto por Nixon es un voto contra el Comité de Acción Política [del CIO] dominado por los comunistas con su gigantesco fondo para sobornos".[78] Nixon construyó su reputación de político virulento dentro del Comité de Actividades Antinorteamericanas del Congreso.

Pero si la cruzada anticomunista logró un éxito tan arrollador fue porque los *Demócratas liberales* se implicaron en esa cruzada con igual

* "Cooling-off period". Un periodo de reflexión para retractarse. (N. de la T.)

ferocidad que los Republicanos. De hecho fue Roosevelt quien en 1940 validó la Ley Smith, el precedente legal para la persecución de los radicales. De modo que hubo muchos demócratas –incluidos los senadores John F. Kennedy y Hubert Humphrey– encabezando el anticomunismo y que lo adoptaron como parte del pensamiento liberal. El papel de Kennedy fue equiparable al de Nixon. Como describe Caute:

> Después de la guerra, fue el Comité de Educación y Trabajo del Congreso, presidido por Fred Hartley, coautor de la Ley Taft-Hartley, quien dirigió la caza de comunistas dentro de los sindicatos. Ese comité, hostil al *New Deal* y reforzado con la presencia de principiantes como Nixon, de California, y John F. Kennedy, de Massachusetts, se ensañó con el militante comunista Harold Christoffel, que había encabezado las famosas huelgas de 1941 y 1947 en la Allis-Chalmers Company de Wisconsin. Lo que le sucedió a Harold Christoffel podía servir de ejemplo –y la intención era que sirviese como tal– para cualquier otro líder sindical que tuviera la tentación de abrazar los principios marxistas (que él había asimilado en los años 30). (...) Un gran jurado le abrió juicio por perjurio, y en marzo de 1948 fue condenado. Después de que la Corte Suprema revocase el veredicto basándose en un tecnicismo, fue juzgado y condenado de nuevo. En mayo de 1953, y a pesar del acoso implacable de John F. Kennedy, la sentencia de Christoffel fue reducida de cuatro años a dieciséis meses.[79]

Tras promover esta ley que convertía en crimen militar en el Partido Comunista, el senador demócrata Hubert Humphrey logró que en 1954 se aprobara la Ley de Control Comunista, que despojaba al PC de todos los "derechos, privilegios e inmunidades legales".[80] Humphrey también fundó ese mismo año la liberal Americanos para la Acción Democrática (ADA), que rápidamente dejó clara su determinación de erradicar la "amenaza roja". Un partidario del ADA hizo la siguiente observación sobre la lucha interna entre los liberales: "En el transcurso de sus batallas los liberales atacaban a otros liberales con más saña de la que jamás habían ejercido contra ningún reaccionario".[81]

Una de las primeras organizaciones liberales en llevar a cabo su propia campaña interna contra el comunismo fue la Unión Americana por las Libertades Civiles (American Civil Liberties Union, ACLU), creada en principio para defender el derecho a la libertad de expresión y la libertad individual. Pero en 1940, la veterana lideresa de la IWW Elizabeth Gurley Flynn fue expulsada de la Junta Directiva de la ACLU (un cargo alcanzado mediante votación) por ser miembro del Partido Comunista. Apenas un año atrás, la ACLU había publicado un panfleto, *Por qué defendemos la libertad de expresión de los nazis, los fascistas y los comunistas*. La ACLU también revirtió su anterior oposición a las políticas laborales que prohibían a los comunistas postularse para cargos en las directivas de los sindicatos. A lo largo de la década de 1950, los dirigentes de la ACLU actuaron como informantes del FBI, delatando a cualquiera que se les acercara a pedirles que se unieran a una campaña contra el Comité de Actividades Antinorteamericanas o que expresaran su hostilidad hacia el macartismo.[82]

## La doctrina Truman

Volviendo un poco atrás, a mediados de la década de 1940 fue el propio Truman quien impulsó con fuerza la cruzada anticomunista que prepararía el terreno para el macartismo de los años 50. Tras la rotunda derrota en las elecciones para el Congreso de 1946, Truman dirigió conscientemente a los Demócratas aún más a la derecha intentando arrebatarles la iniciativa a los Republicanos enemigos del *New Deal*.

El anticomunismo también era la pieza central de la política exterior de Truman; aparentemente, para defender al "mundo libre" de la "amenaza soviética". Habiendo luchado como aliados durante la Segunda

Guerra Mundial, los Estados Unidos y la URSS salieron de ella convertidos en las mayores superpotencias del mundo, aunque Estados Unidos era con mucho la más fuerte de las dos. Pero su alianza de guerra se deterioró rápidamente cuando cesaron las hostilidades. Antes de acabar la Segunda Guerra Mundial los Estados Unidos se vieron forzados a compartir el botín de guerra no solo con Inglaterra, su aliado de siempre, sino también con su némesis rusa. Los tres líderes de las naciones victoriosas –Churchill, Roosevelt y Stalin– se reunieron en Yalta en febrero de 1945 para repartirse el control de Europa. En sus memorias, Churchill describe cómo fue el encuentro con Stalin en Yalta para repartirse el continente europeo:

El momento era propicio para hacer negociaciones, así que dije: "Vamos a resolver nuestros asuntos sobre los Balcanes. Sus ejércitos están en Rumania y Bulgaria. Nosotros tenemos allí intereses, misiones y agentes. No nos compliquemos la vida por menudencias. En lo que a Inglaterra respecta, ¿qué le parece si ustedes se quedan con un 90% del dominio sobre Rumania, nosotros con el 90% de Grecia y vamos al 50% en Yugoslavia?" Mientras le traducían eso, yo escribí en media hoja de papel:

*RUMANIA:* Rusia 90% – Los demás 10%

*GRECIA:* Inglaterra 90% – Rusia 10%

*YUGOSLAVIA:* 50% – 50%

*HUNGRÍA:* 50% – 50%

*BULGARIA: Rusia* 75% – Los demás 25%

Deslicé la media hoja de papel hasta las manos de Stalin, que para entonces ya había escuchado la traducción. Hubo una ligera pausa. Entonces tomó su lápiz, estampó una gran marca de visto bueno y nos devolvió el papel. Todo estaba arreglado, en menos tiempo del que tardamos en sentarnos. (...) Después de eso hubo un largo silencio. El papel escrito a lápiz estaba en el centro de la mesa. Al fin dije "¿No pensarán que es bastante cínico despachar estos asuntos, tan de vida o muerte para millones de personas, de una manera tan informal? Quememos el papel". "No, guárdeselo", dijo Stalin.[83]

Así de tranquilamente se repartieron los líderes de las naciones conquistadoras el control de Europa. Poco después, los Republicanos acusarían a los Demócratas del *New Deal* –y en especial al recién difunto Roosevelt– de haberle cedido a Rusia demasiado terreno.

La doctrina Truman, establecida el 12 de marzo de 1947, institucionalizaba la lucha por el poder entre los Estados Unidos y la Unión Soviética, poniendo en marcha la Guerra Fría que dominaría la política mundial hasta el desmoronamiento de la URSS cincuenta años después. El Plan Marshall, eje central de la Doctrina Truman, consistía fundamentalmente en una tentadora oferta de ayuda económica a los países que se resistieran al "dominio comunista" y comprar su lealtad hacia los Estados Unidos. El "Comunismo" fue definido a grandes rasgos para incluir en él a todos los movimientos obreros militantes que desde abajo podrían sumarse a una intervención dirigida desde arriba por la Unión Soviética.

Por aquel entonces, la administración Truman estaba prestando una ayuda discreta a Francia en su guerra colonial contra Vietnam. En 1952 llegó a aportar hasta el 50% del costo financiero de esa guerra. Como señala Cauten: "Fue el gobierno de Truman el que sembró la cosecha de desastres recogidas a finales de la década de 1960.[84]

El Departamento de Estado norteamericano, bajo el auspicio del Plan Marshall, obtuvo la rápida colaboración de los dirigentes sindicales estadounidenses para aplastar los movimientos obreros izquierdistas en Europa y Latinoamérica. En 1948, como señala Preis, "el tesorero del CIO James Carey amenazó a los trabajadores italianos diciéndoles que si no votaban contra los candidatos de la lista socialista-comunista en las elecciones del 18 de abril en Italia, 'muy difícilmente participarían de los beneficios del ERP' [Plan de Recuperación Europea]".[85] Así que los dirigentes del CIO pasaron de jugar el papel de "estadistas sindicales" a ser agentes internacionales del gobierno de los Estados Unidos.

La Doctrina Truman propugnaba que había que mantener a raya la "amenaza soviética", principalmente porque la Unión Soviética interfería el derecho del imperialismo norteamericano a dominar hegemónicamente el mundo. Sin duda, Estados Unidos hablaba de "promover la democracia y los derechos humanos", pero su verdadero plan era muchísimo más pragmático. El planificador del Departamento de Estado George Kennan lo dejó escrito en un documento interno de 1948:

> Poseemos alrededor del 50% de la riqueza del mundo, pero tan solo el 6,3% de su población. (...) En esa situación es inevitable que seamos objeto de envidia y resentimiento. Nuestra verdadera tarea para el próximo periodo es diseñar un patrón de relaciones que nos permita mantener esa posición de disparidad sin que se produzca un detrimento real de nuestra seguridad nacional. Para hacerlo, tendremos que prescindir de sentimentalismos y fantasías, y toda nuestra atención deberá concentrarse en nuestros objetivos nacionales inmediatos.[86]

Así que Estados Unidos no basó sus alianzas de la Guerra Fría en su compromiso con la democracia sino en la disposición de otros gobiernos para que se cumplieran los objetivos del imperialismo norteamericano. Como comenta Nicholson: "Los gobiernos –no importa cuán tiránicos fuesen– que le concedieran a Estados Unidos un acceso sin restricciones a la fuerza de trabajo, a los recursos naturales, a los mercados y a las oportunidades para la inversión, serían protegidos por ellos y por sus aliados".[87]

## Macartismo bajo Truman

La política exterior antisoviética de Truman se tradujo en una caza de brujas interna que brindaba la oportunidad a los patrones de lanzar un contragolpe contra la radicalización de la clase trabajadora de los años 30. Mientras que en la Europa de posguerra florecía la socialdemocracia, la clase dominante de los Estados Unidos mantenía su solitario viaje hacia la derecha. Caute argumenta incisivamente: "Solo necesitamos echar un vistazo fuera de las fronteras de los Estados Unidos para darnos cuenta de que Inglaterra también se comprometió a una alianza política y militar contra la Unión Soviética, *pero sin el corolario de la persecución de comunistas y la caza de brujas*".[88]

Como comenta el historiador Victor Navasky, autor de *Naming Names* [*Dando nombres*]:

> Para compensar los costos de su contención del comunismo en el exterior, Truman sobrevendió la amenaza comunista dentro del país. Diez días después de haber promulgado la Doctrina Truman para Grecia y Turquía, en marzo de 1947, firmó el Decreto Ejecutivo 9835, que establecía un programa de lealtad y seguridad para todos los empleados federales y revivía la vieja lista de organizaciones subversivas del fiscal general. Muchos antiguos aislacionistas adaptaron la política exterior anticomunista de Truman a su "política de venganza" interior contra el *New Deal*.[89]

En marzo de 1947 –el mismo mes en que anunció la Doctrina Truman y dos meses antes de que la Ley Taft-Hartley fuese aprobada sin obstáculos en el Congreso– Truman aprobó la Ley de Lealtad mediante el Decreto Ejecutivo 9835, que autorizaba al Fiscal General a compilar una lista de organizaciones "subversivas". En un año, la lista había crecido hasta incluir seis categorías y 78 organizaciones.[90] La Ley de Lealtad autorizaba al FBI y a la Comisión de Servicio Civil (CSC) a emprender actividades de vigilancia sobre los empleados federales y sobre los miembros de todas las organizaciones que figuraran en la lista del Fiscal General. En sus primeros seis años el programa registró 4.666.122 huellas dactilares, obtuvo 4.756.705 juramentos de lealtad y realizó 26.236 investigaciones de empleados federales o aspirantes a cargos públicos. En 1955, la CSC anunció que el FBI tenía archivos de inteligencia e información sobre dos millones de personas. Ese mismo año, aproximadamente a uno de cada cinco trabajadores estadounidenses se le pidió someterse a un juramento de lealtad o pasar por un control de seguridad para acceder a un puesto de trabajo.[91]

A los agentes de seguridad se les facultó para someter a vigilancia las actividades tanto personales como políticas de sus sospechosos, desde su vida sexual hasta sus lecturas. El periodista Elmer Davis refirió más tarde el caso de una joven que estaba siendo investigada antes de acceder a un cargo civil en la Marina. Cuando Davis se dirigió al oficial a cargo de la investigación para elogiar la inteligencia de esta joven, éste le respondió: "Esta gente inteligente es muy propensa a dejarse atraer por el comunismo".[92]

Entre 1947 y 1956 fueron despedidos de sus empleos 2.700 trabajadores, y 12.000 más renunciaron tras vivir la experiencia de ser investigados. En un solo día tres compañías de la industria eléctrica despidieron a más de 500 representantes y dirigentes del Sindicato de Trabajadores de la Industria Eléctrica (UE). La Junta Nacional de Relaciones Laborales (NLRB) defendía los despidos en masa como válidos y ajustados a la ley Taft-Hartley.[93]

Los cargos contra la mayoría de los sospechosos poco tenían que ver con su militancia en el Partido Comunista. Un funcionario público perdió su empleo en 1949 tras ser acusado de ser "indebidamente crítico con el gobierno de los Estados Unidos e indebidamente elogioso con el gobierno comunista de Rusia". La prueba definitiva de su actividad "subversiva" era haber firmado una petición del Partido Progresista en

1948. Otro empleado fue interrogado tras el testimonio de un informante de que, mientras estuvo de visita en el apartamento del denunciado, éste había estado "escuchando durante tres horas la grabación de una ópera titulada *La cuna se mecerá*". El informante explicó que el argumento de esa ópera "giraba en torno a un trabajador esclavizado y los males del sistema capitalista".[94]

"Las cuestiones de filosofía social, supuestamente protegidas por la Primera Enmienda, constituían una fuente abundante de materia prima", observa Caute. A un geógrafo empleado del gobierno se le preguntó:

–¿Ha dado usted algún tipo de enseñanza religiosa a sus niños?

–¿Cree usted que la propiedad de las empresas públicas por parte del gobierno puede convertirse en una propuesta general?

–¿Ha señalado usted que está a favor de la redistribución de la riqueza?

–¿Qué entiende usted por "ser reaccionario"?

–¿Piensa usted que en el sistema capitalista los trabajadores reciben un trato relativamente justo?

–¿En su opinión, debería ser Guatemala legal y Comunística [*sic*] al mismo tiempo?[95]

El representante Demócrata por Misisipi, John E. Rankin, y el representante Demócrata por Texas, Martin Dies, marcaban la pauta política del Comité de Actividades Antinorteamericanas (HUAC). Dies había sido presidente del organismo predecesor del HUAC, el Comité Especial de Actividades Antinorteamericanas, entre 1939 y 1944. Cuando el Comité Especial citó la lista de miembros de la Liga Norteamericana por la Paz y la Democracia, Dies estimó que "había por lo menos 2.000 comunistas declarados y seguidores de las líneas del Partido Comunista trabajando para el gobierno en Washington".[96]

John E. Rankin procedía del distrito electoral que estableció el impuesto municipal per cápita más alto de todo el país y, como simpatizante del KKK que era, insistía en que la esclavitud había sido "la mayor bendición que había tenido jamás el pueblo negro".[97] Rankin consideraba que el Comité de Prácticas de Empleo Justo era "el comienzo de una dictadura comunista como nunca imaginó Norteamérica". Fue también el portavoz del antisemitismo, y sus "convicciones lo llevaron a atribuirle a Trotsky [un judío] todos los horrores de la Revolución Rusa, y a ver a Stalin como una especie de reformador, un seminarista que abrió las iglesias, se deshizo de los comisarios y mandó a los rojos locales a Norteamérica".[98] Según Rankin, el propio Jesucristo había sido "acosado" por los comunistas (presumiblemente judíos), que lo persiguieron y después "se jugaron sus ropas al pie de la cruz".[99]

## La "conspiración" comunista

Durante la campaña electoral de 1948, Truman tuvo que enfrentarse al antiguo partidario del *New Deal* Henry Wallace. Wallace había sido vicepresidente de Roosevelt entre 1941 y enero de 1945, pero para las elecciones de 1945 los dirigentes del Partido Demócrata escogieron a un candidato a la vicepresidencia más conservador, Harry S. Truman. A la muerte de Roosevelt, Truman se convirtió pues en el presidente de los Estados Unidos, y un año después, en 1946, Truman despidió a Wallace de su cargo como Secretario de Comercio por criticar la desmesurada hostilidad de Truman hacia la Union Soviética.

De modo que en 1948 los Demócratas cerraron filas contra la candidatura presidencial de Wallace, y Truman consiguió el apoyo del CIO. El Partido Comunista, sin embargo, respaldó a Wallace. A Truman le preocupaba que si se producía una contienda ajustada, Wallace pudiese quitarle muchos votos de la clase trabajadora. Así que Truman atacó el liberalismo de Wallace, refiriéndose a "Henry Wallace y sus comunistas" durante toda la campaña. El senador por Rhode Island Howard McGrath, presidente del Comité Nacional Demócrata, fue más explícito aún, y sostuvo que: "Un voto por Wallace (...) es un voto por las cosas que representan Stalin, Molotov y Vishinsky".[100] Wallace salió vapuleado de las elecciones, pues tan solo obtuvo poco más del 2% de los votos.

Cuatro meses antes de las elecciones de 1948, Truman había enarbolado sus credenciales anticomunistas utilizando la Ley Smith para realizar un simulacro de proceso contra doce destacados miembros del Partido Comunista, que finalmente acabaría provocando el enjuiciamiento de 145 comunistas.[101] En el proceso, Truman fue aún más lejos de lo que había ido en el juicio contra los trotskistas en 1940: pasó de alegar como causa incriminatoria el *propugnar* la revolución a la de *conspirar para propugnar* la revolución. Como describe Caute:

> A estos dirigentes comunistas no se les acusó de intentar derrocar al gobierno, ni siquiera de instruir sobre cómo derrocarlo técnicamente o cosas así. El elemento esencial de la acusación era que al disolver la transitoria Asociación Política Comunista y volver a convertirse en el Partido Comunista de los Estados Unidos, habían realizado una conspiración, y que ésta se había producido entre el 1 de abril de 1945 y el 20 de julio de 1948 (el día en que se formuló el auto de acusación). El concepto crucial aquí era el de *conspiración para propugnar*: al introducir el cargo de conspiración, el Departamento de Justicia abría las puertas a los juicios basados en la mera sospecha de asociación por simpatía y obviaba la ardua tarea de probar los cargos contra cada acusado con un mínimo nivel de rigor. El Departamento de Justicia estaba a punto de ver satisfecha por fin su ambición de encarcelar a los comunistas simplemente por ser comunistas.[102]

La "evidencia" del gobierno en los juicios de 1948 (amparados por la Ley Smith) consistía en citas (fuera de contexto) de Lenin y Stalin, además del testimonio de trece testigos profesionales, todos excomunistas e informantes del FBI, que se trasladaban de un tribunal a otro para rendir idénticos testimonios. Aunque en muchos pasajes de la literatura del Partido Comunista se renunciaba al empleo de la violencia, un testigo, antiguo comunista, le aseguró a la Corte que esos pasajes estaban escritos en clave y siempre se referían a un derrocamiento violento. Otro testigo declaró que, en una reunión del Partido Comunista, un militante había sostenido que para que una revolución pudiese tener éxito en los Estados Unidos, el Ejército Rojo tendría que marchar desde Siberia a Detroit atravesando Alaska y Canadá.[103]

Para incrementar el nivel de histeria, Truman gozó del respaldo de casi toda la élite dominante. El Consejo Nacional de la Conferencia Industrial (una influyente organización empresarial) estaba encantado de fomentar la cruzada anticomunista de Truman para acabar con los trabajadores militantes. Así que estableció conexiones entre "seguridad industrial" y "comunismo" y la difundió entre los patronos: "La seguridad industrial puede (...) ayudaros a libraros de los agitadores que generan inquietud laboral en vuestras plantas. (...) Los espías, los traidores y los imbéciles engañados que promueven el comunismo constituyen hoy día nuestro primer problema de seguridad industrial".[104] La Cámara de Comercio abogaba hacía tiempo por aplastar la amenaza comunista, y en 1938 había publicado el folleto de treinta y ocho páginas *La infiltración comunista en los Estados Unidos: su naturaleza y cómo combatirla*. En 1947 la Cámara publicó otro panfleto, *Las ideas comunistas, la lealtad y el espionaje*, en el que vinculaba explícitamente a los Demócratas del *New Deal* con el avance del comunismo.[105]

Entre 1948 y 1950, el tema que acaparó todos los titulares de prensa fue el juicio y condena de Alger Hiss, acusado de perjurio. Hiss era un Demócrata del *New Deal* de los años 30 que había dejado el Departamento de Estado en 1947 para asumir la presidencia de la Fundación Carnegie para la Paz Internacional. Se le declaró culpable de haber pasado secretos de estado a la Unión Soviética y en 1950 fue sentenciado a cinco años de cárcel, basándose en evidencias muy endebles y en el testimonio más endeble aún del excomunista Whittaker Chambers.

En 1949, el Comité Judicial del Senado lanzó un ataque contra las Naciones Unidas, acusándolas de acoger comunistas disfrazados de diplomáticos. En 1951, el presidente del Comité de Actividades Antinorteamericanas, John S. Wood, calificó a la Organización Educacional, Científica y Cultural de las Naciones Unidas (UNESCO) "la mayor confabulación subversiva de la historia".[106]

# El macartismo

La histeria asociada al macartismo se había desatado incluso antes de que el senador Joe McCarthy fuese el protagonista. El Comité de Actividades Antinorteamericanas llevaba años montando juicios amañados y mediáticos que aparecían en los noticiarios del cine envueltos en un espectáculo de luces y cámaras de televisión que encandilaba a los testigos que iban a declarar. Como comenta Caute: "El Comité y sus subcomités solían aparecer en escena entrando al pueblo montados a caballo y posando como *sheriffs*. (...) El afán de publicidad del Comité era insaciable. (...) Los testigos encaraban tormentas de *flashes* de las cámaras de los reporteros gráficos y los teatrales efectos de los claro-oscuros de las lámparas *klieg,* mientras los periodistas iban entrando a empujones para tratar de conseguir un sitio en los bancos atestados de público".[107]

McCarthy aprovechaba cualquier oportunidad –y lo hacía con gusto– para llevar la campaña al extremo. Su discurso llegó a niveles paranoicos el 9 de febrero de 1950, cuando ante un club de damas Republicanas blandió una hoja de papel frente a la audiencia mientras gritaba: "¡Aquí tengo en mis manos una lista de 205 que el Ministro de Relaciones Exteriores sabe que son miembros del Partido Comunista y todavía hacen y deshacen la política del Departamento de Estado!".[108]

McCarthy presidía la Subcomisión Permanente de Investigaciones, el equivalente del Comité de Actividades Antinorteamericanas en el Senado. Su eterno tema era que "los comunistas que hay dentro de nuestras fronteras han sido más responsables del éxito del comunismo en el mundo que la propia Rusia Soviética".[109] Sostenía que los comunistas se habían infiltrado en todas partes, desde las plantas de las fábricas hasta en las más altas esferas del gobierno. Y para remachar la idea de que los comunistas "nos habían minado con sus madrigueras", aceleró los juicios amañados contra presuntos comunistas, socialistas, simpatizantes de la izquierda y liberales, montando 169 audiencias en el Senado entre 1953 y 1954.

Entre 1945 y 1957, fueron más de 3.000 los testigos que declararon en las 230 audiencias realizadas por el Comité de Actividades Antinorteamericanas.[110] Cientos de comisiones y subcomisiones investigadoras condujeron sus propias audiencias por separado a nivel federal, estatal y local. Las audiencias estaban diseñadas para humillar y someter públicamente a radicales y liberales de todo tipo, independientemente de la comisión investigadora que las llevase a cabo. Su objetivo era ahuyentar a los izquierdistas de Hollywood, dejar sin empleo a los maestros y a los abogados liberales y, quizá lo más importante, expulsar a los radicales de los sindicatos y de los centros de trabajo de todo el país. Como observa Cauten, "la misión fundamental del Comité de Actividades Antinorteamericanas, y su máximo placer, era echar a los radicales de sus empleos por la fuerza".[111] Entre 1949 y 1959 el HUAC suministró información sobre 60.000 personas a los patronos que querían conocer los antecedentes políticos de sus trabajadores.

En este proceso, miles de personas fueron investigadas, sancionadas con multas de miles de dólares, enviadas a prisión, echadas de sus trabajos o deportadas, acusadas de crímenes tales como haber sido alguna vez miembro del Partido Comunista, haber firmado una petición por la paz o contra el fascismo, o tenido amistad con gente que lo hubiese hecho. A los abogados se les sometía a investigación por haber pertenecido alguna vez al Gremio Nacional de Abogados.[112] El respetado líder de los derechos civiles W.E.B. Du Bois fue enjuiciado por un gran jurado de Washington a la edad de 83 años por formar parte del Centro de Información sobre la Paz y no haberse registrado como "agente de una potencia extranjera". Así que "le pusieron esposas, le tomaron las huellas dactilares, se le fijó una fianza y lo llevaron a juicio"[113]

## El "American way"

Irónicamente, el gobierno estadounidense intentaba vender su defensa principista del "mundo libre" mientras pisoteaba la Carta de Derechos, entre ellos el de la libre expresión y el derecho a un juicio justo. Uno de los pilares democráticos del "american way" o estilo americano, que era la declaración de que "toda persona es inocente hasta que se demuestre su culpabilidad", fue abiertamente pisoteado durante la cruzada anticomunista.

Quienes trataron de ejercer su derecho a invocar la Primera Enmienda [libertad de culto, de expresión, de prensa, de reunión etc.] acabaron en muchos casos en la cárcel acusados de desacato al tribunal. Los tribunales dictaminaron que los derechos protegidos por la Primera Enmienda no eran aplicables cuando existía un "peligro claro e inmediato", como era el del comunismo. Por otro lado, la invocación al derecho a no autoincriminarse, protegido por la Quinta Enmienda, pasó a ser considerado como una admisión de la culpa. Muchos de los que se acogieron a la Quinta Enmienda perdieron automáticamente sus empleos y pasaron a engrosar la lista negra.

Los miembros de los comités también solían negarse a que los testigos invocaran la Primera o la Quinta Enmienda. En 1946 Rankin amenazó así a un testigo de origen austriaco: "¿Usted se da cuenta de que desacatando a este Comité está violando su juramento de fidelidad, y que es probable que tengamos que retirarle la ciudadanía norteamericana?" A otro testigo reacio a cooperar Rankin le dijo: "Su nariz está rozando la puerta de la cárcel ".[114]

## Paranoia colectiva

En el 80% de los litigios abiertos durante la Guerra de Corea, la Junta Nacional de Relaciones Laborales (la agencia gubernamental designada para proteger los derechos de los trabajadores) se posicionó en contra de los trabajadores despedidos si éstos habían sido acusados de haber cometido presuntas actividades radicales.[115] Por otra parte, a quienes perdieron sus empleos tras comparecer ante el Comité de Actividades Antinorteamericanas se les negaron las prestaciones por desempleo.[116] Pero las audiencias tan solo eran una de las caras de la enorme paranoia que envolvió a la sociedad estadounidense a comienzos de la década de 1950. La caza de brujas fue una cruzada ideológica masiva que afectó a todas las personas y a todos los ámbitos de la sociedad.

A los miembros del Partido Comunista se les negó el derecho a tener pasaporte y se les prohibió utilizar el Servicio Postal de los Estados Unidos. En 1950 el Congreso aprobó la Ley de Seguridad Interna, que otorgaba a las autoridades gubernamentales el derecho, entre otras cosas, a detener a miembros del Partido Comunista y meterlos en campos de concentración aduciendo que eran tiempos de emergencia nacional. Después de aprobarse la Ley de Inmigración y Nacionalidad en 1952, los inmigrantes podían ser arrestados sin orden judicial, permanecer detenidos sin posibilidad de fianza y ser deportados por acciones que eran legales en el momento en que "fueron cometidas" (como la de ingresar en el Partido Comunista).[117]

En 1950 el Partido Demócrata de Pensilvania editó un panfleto titulado *Los congresistas del Partido Republicano de Pensilvania, compañeros de viaje de los Rojos*.[118] En 1954, la Subcomisión de Seguridad Interna del Senado emitió un informe, *Bloqueo de la subversión en los departamentos gubernamentales*, que decía seguirle la pista a la infiltración comunista que había en todos los estratos del gobierno de los Estados Unidos desde la época del *New Deal*. El informe aseveraba: "Ellos colonizaron las comisiones más importantes del Congreso, ayudaron a redactar leyes (...) asesoraron a miembros del Gabinete (...) formaron parte de comisiones interdepartamentales que elaboraron las políticas fundamentales para América y el mundo". El Comité Nacional Republicano corrió con los costos de los cincuenta mil ejemplares del informe, y el millonario tejano H.L. Hunt pagó de su bolsillo otros cincuenta mil.[119]

En 1953, un ciudadano de Indiana hizo una campaña para que se retirasen de las bibliotecas escolares todos los ejemplares de *Las aventuras de Robin Hood*.[120] Entre finales de la década de 1940 e inicios de los años 50, unos cuantos estados declararon ilegal al Partido Comunista, en tanto que el estado de Tejas estudiaba promulgar una ley que hiciese castigable con la pena de muerte la militancia en ese partido. Finalmente Tejas aprobó una ley "ablandada" que hacía que la pena por la militancia en el PC fuese de veinte años de cárcel y el pago de una multa de 20.000 dólares. La ley de Indiana fue modificada para que incluyese una condena de tres años de cárcel por la participación en alguna "actividad antinorteamericana". En 1947 el estado de Washington creó un Comité Legislativo Conjunto para la Detección de Actividades Antinorteamericanas, con instrucciones de investigar a todo aquel "cuyas actividades indiquen el propósito de fomentar la contienda, la discordia y la disensión".[121]

A menudo el nivel de paranoia traspasaba la línea de lo ridículo a lo absurdo. La derechista Sociedad John Birch denunció vilmente que la fluoración del agua era un complot comunista. Pero esto solo era la punta del iceberg. Frank S. Tavenner, consultor general del Comité de Actividades Antinorteamericanas desde 1949 hasta 1956, sostuvo que la Biblioteca del Congreso era "un refugio para extranjeros y norteamericanos con mentalidad de extranjeros". Su sucesor, Richard Arens (quien repetía obsesivamente la frase "Póngase de pie como un auténtico americano" cuando interrogaba a un declarante) contaba entre sus propios logros el haber logrado impedir que 25.000 judíos alemanes desplazados emigrasen a los Estados Unidos después de la Segunda Guerra Mundial.[122]

Un jefe de policía de Michigan advirtió a los residentes en un programa radial: "Los agentes soviéticos están viniendo a los Estados Unidos disfrazados de rabinos judíos".[123] Albert Cantwell, el presidente de otro de los comités anticomunistas, alertó a quienes ayudaban a erradicar la conspiración comunista de que debían tener cuidado con todo aquel que abogara por la igualdad racial. Dijo: "Si alguien insiste en que en este país hay discriminación contra los negros (...) hay muchísimas razones para creer que esa persona es comunista".[124]

La virulentamente anticomunista Legión Americana organizaba piquetes contra las películas protagonizadas por actores izquierdistas (Charlie Chaplin era su blanco preferido), y en 1951 su revista *American Legion Magazine* publicó un informe de J. B. Matthews, jefe de investigación de McCarthy, en el que se preguntaba: "*Did the Movies Really Clean House?*", denunciando las conexiones entre el cine y el comunismo.[125] William E. Jenner, presidente de la Subcomisión de Seguridad Interna del Senado solicitó que fueran despedidos los maestros de escuela cuyo pasado anticomunista pudiese ser "no fácilmente demostrable". Justificó esa drástica medida como necesaria para "salvaguardar la libertad académica" que, argumentaba, no podría existir "hasta que no quede al descubierto esta conspiración soviética oculta en nuestras escuelas e institutos".[126]

# Hollywood anticomunista

Los estudios cinematográficos de Hollywood se unieron con entusiasmo a la histeria anticomunista. Los Diez de Hollywood, un grupo de guionistas y directores de izquierda que se negaron a cooperar cuando en 1947 el Comité de Actividades Antinorteamericanas los conminó a comparecer, invocaron sus derechos recogidos en la Primera Enmienda. Y recibieron el apoyo de las estrellas de Hollywood Humphrey Bogart, Lauren Bacall, Groucho Marx y Frank Sinatra, que, acompañados por muchos otros partidarios llegados en avión, y amparados bajo la bandera del Comité de la Primera Enmienda, hicieron acto de presencia para apoyar a los Diez durante las audiencias.

Antes de las comparecencias de los Diez de Hollywood, Eric Johnston, presidente de la Motion Picture Association, manifestó: "Mientras tenga vida jamás participaré en algo tan antinorteamericano como hacer una lista negra". Sin embargo, más tarde Johnston dejó sin salario a los Diez y juró que Hollywood no volvería a emplear más comunistas "a sabiendas".[127] Los Diez de Hollywood fueron acusados de desacato al Congreso, y tras agotar todos los recursos de apelación, en 1951 fueron enviados a la cárcel, donde pasaron más de un año.

Durante ese periodo, y mientras elaboraban listas negras de actores, guionistas y directores, los estudios produjeron más de treinta y cinco películas anticomunistas, con títulos como *La amenaza roja* (1949) y *Yo fui comunista para el FBI* (1951), en las que unos comunistas estereotipados aparecían como conspiradores de mirada torva. La escritora Nora Sayre describe el estereotipo de comunista hollywoodense de esa época:

> Despojados de cualquier rasgo de humor, piden agriamente "que se les expliquen los chistes", y son incapaces de formular preguntas amables, salvo cuando dicen: "¿Más escocés?" para captar a un posible adepto. (...) Se les suele detectar por su estilo a la hora de exhalar el humo de los cigarrillos: dejan salir el humo

muy lentamente por las ventanas de la nariz antes de amenazar de muerte a alguien o de sugerir que a su familia le puede ocurrir algún "percance".[128]

## La breve pero importante carrera de Joe McCarthy

El senador McCarthy iba alimentándose de la paranoia de las masas para fraguar acusaciones cada vez más grandiosas, basadas en evidencias "secretas" de las que no podían enterarse ni el público ni el acusado. Como señala Caute, las acusaciones de McCarthy eran respaldadas por "verdades a medias, 'revelaciones' fabricadas o simples mentiras".[129] McCarthy inyectó una fuerte dosis de populismo derechista para atizar el resentimiento de clase contra los liberales del *New Deal*. Cuando acusó a los comunistas de haberse infiltrado en el Departamento de Estado dijo: "Quienes han traicionado a esta nación no son los menos afortunados, ni los miembros de los grupos minoritarios, sino jóvenes brillantes que nacieron con cucharillas de plata en la boca".

La arrogancia de McCarthy parecía no tener límites. Solía despreciar a sus críticos, como cuando hizo este comentario en 1951: "Permítanme asegurarles que sin importar lo alto que puedan llegar los alaridos y el griterío de los farsantes liberales izquierdistas y de los *bleeding heart* ["corazón sangrante", el apodo burlón que él acuñó para los acusados de ser subversivos] la batalla va a seguir adelante".[130] En 1951, McCarthy denunció al general George C. Marshall, el Jefe del Estado Mayor estadounidense durante la Segunda Guerra Mundial, de ser un traidor prosoviético cuyas trasgresiones habían provocado la Revolución China de 1949. En un discurso televisado en 1953, McCarthy acusó al presidente Eisenhower de enviar "notas perfumadas" a países que hacían negocios con la China comunista. En 1953 declaró haber descubierto un círculo de espías comunistas en el interior de la Voz de América, un ala del

Departamento de Estado norteamericano que transmitía mensajes radiales *anti*comunistas a los países que estaban tras el Telón de Acero.[131]

Pero cuando en 1954 puso la mira en el Pentágono y acusó a la más alta jerarquía del Ejército de los Estados Unidos de amparar a espías rusos, fue demasiado lejos. Las fuerzas de la sociedad norteamericana que más le habían apoyado se distanciaron de él. Caute describe así la caída de McCarthy:

> Todo sucedió porque los apetencias de McCarthy eran insaciables: aquel barón de un feudalismo bastardo era capaz de llamar a comparecer a Dios Todopoderoso. (...) En una sala de sesiones atestada de gente, la subcomisión se vio obligada a elegir entre su presidente y el Ejército. Con el rostro cubierto de maquillaje color crema y su poderosa voz grave interrumpiendo constantemente con la frase "puntos del orden", hacía oídos sordos a los intentos del presidente interino Karl Mundt por imponer su autoridad (...) Aunque McCarthy continuaba siendo senador, le habían cortado las alas.[132]

La caída de McCarthy marcó el comienzo del fin de la cruzada anticomunista. Pero no se produjo lo bastante pronto como para salvar las vidas de Ethel y Julius Rosenberg, que habían sido arrestados en 1950, y en tres años habían sido juzgados, declarados culpables y ejecutados. El Departamento de Justicia acusó a los Rosenberg de *conspiración* para cometer espionaje, permitiendo que la parte acusadora presentara evidencias basadas en conversaciones de segunda mano, "de oídas", que en otras condiciones hubiesen sido desechadas como testimonio. Según comenta Caute, el juez que sentenció a muerte a los Rosenberg, "llegó incluso a decir que los Rosenberg habían entregado la bomba atómica a Rusia y provocado así la agresión comunista a Corea que le acabaría costando 50.000 bajas a Norteamérica".[133] El 19 de junio de 1953 Ethel y Julius Rosenberg, padres de dos niños, se convirtieron en las primeras personas ejecutadas al amparo de las disposiciones de la Ley de Espionaje de 1917.

El macartismo había logrado sus objetivos, arruinando miles de vidas en el proceso. La cruzada anticomunista transformó el clima político incluso en Flint, Michigan, donde la solidaridad de la huelga de brazos caídos había dado paso a un feroz sentimiento anticomunista. Después de que el Comité de Actividades Antinorteamericanas barriera Flint en 1953, los trabajadores de la industria automotriz tomaron el relevo y los sospechosos de ser radicales fueron golpeados y echados de sus fábricas por sus propios compañeros. Tras estos episodios de violencia, el representante Kit Clardy, conocido como "El McCarthy de Michigan" (él fue quien invitó al HUAC a actuar en Flint), hizo este revelador comentario: "Esta es la mejor reacción que podíamos haber tenido".[134]

## El CIO y la CIA

Lo que más daño hizo a los socialistas del movimiento sindical fue, por supuesto, la caza de brujas liderada por sus propios dirigentes sindicales. Antes de la condena de los Diez de Hollywood, el líder del Sindicato de Actores Cinematográficos, Ronald Reagan, declaró: "No somos partidarios de una lista negra". Sin embargo, poco después el sindicato negó el derecho a pertenecer al mismo a todos los testigos que se negaban a declarar y, a partir de 1953, se les exigió a los miembros que firmaran el juramento de lealtad.[135]

Por su parte, los dirigentes del CIO llevaban tiempo –concretamente desde la ola de huelgas de 1946– preparando una purga anticomunista interna que se convertiría en su mayor preocupación durante los cinco años siguientes. Así que cuando sus dirigentes se alistaron como combatientes en la Guerra Fría, la política interna del CIO no hizo más que imitar la política exterior seguida por el Departamento de Estado norteamericano.

La declaración que hizo el CIO en la posguerra sobre política exterior rezaba: "El movimiento sindical norteamericano posee canales de comunicación y relaciones en países extranjeros cuya utilización es esencial para el logro de una política exterior democrática. La participación del movimiento sindical en la ECA [Administración de la Cooperación Europea] es responsable en alto grado del éxito popular del programa de recuperación; la llamada a la moral y a la experiencia del movimiento sindical han ayudado a evitar políticas que pudieran haber debilitado la comprensión de la ECA entre las grandes masas de trabajadores europeos".[136] En 1948, tanto la AFL como el CIO se unieron a los sindicatos ingleses para formar la antisoviética Confederación Internacional de Sindicatos Libres e impulsar la causa de los sindicatos pronorteamericanos (opuestos a los radicales) en todo el mundo. Como señala Cochran:

> No hace mucho, los dirigentes sindicales estadounidenses tenían la mala reputación de no ser más que engendros del Departamento de Estado, y eso debilitó su posición a la hora de mantener relaciones con los dirigentes del movimiento sindical de los demás países. (...) Eran adjuntos del Departamento de Estado, de la CIA y de las misiones de la ECA, instituciones cuyo interés en los movimientos sindicales extranjeros se limitaba a la utilización de esos grupos para luchar contra el comunismo o contra conflictos en los que participasen comunistas, así como para estabilizar las infraestructuras y los mercados capitalistas.[137]

El apoyo entusiasta del movimiento sindical a la Doctrina Truman condujo a los líderes sindicales no solo a apoyar a los Estados Unidos en Corea, sino también a apoyar todas las demás intervenciones militares norteamericanas realizadas en nombre de la "lucha contra el comunismo", incluida la guerra de Vietnam. En 1950, el CIO y la AFL dieron el pistoletazo de salida a largas décadas de colaboración secreta con la CIA, canalizando centenares de millones de dólares para formar y sostener movimientos sindicales anticomunistas por todo el mundo.

## La caza de brujas del CIO

A medida que aumentaba la hostilidad de los Estados Unidos hacia la Unión Soviética, crecía la de los dirigentes del CIO hacia los comunistas y demás sindicalistas radicales. En 1948 el Partido Comunista (después de dar otra vuelta de tuerca a su política) comenzó a expresar sus reservas acerca de las políticas de Guerra Fría de Truman y se negó a respaldarlo en las elecciones de ese mismo año. En su lugar, el PC apoyó la candidatura independiente de Henry Wallace, lo que proporcionó al CIO nueva munición para llevar a cabo su guerra, ahora ya abierta, contra los comunistas.

En 1948 el CIO expulsó a Harry Bridges de su cargo como director del CIO en California del Norte, argumentando que se había negado a respaldar el Plan Marshall de Truman y que había apoyado la candidatura de Henry Wallace. En 1949, el CIO aprobó sus propios estatutos anticomunistas, que impedían que cualquier miembro del Partido Comunista desempeñase cargos dirigentes en la organización sindical y le otorgaban al CIO potestad para expulsar a cualquier sindicato que tuviera comunistas entre su dirigencia. Acto seguido, la convención votó a favor de la expulsión de dos sindicatos encabezados por el PC: Trabajadores de la Industria Eléctrica Unidos y Trabajadores de Equipamiento Agrícola. Poco después, Walter Reuther, nuevo segundo al mando del CIO, autorizó la expulsión de los sindicatos dirigidos por comunistas.

En la convención de 1949, el dirigente del CIO Philip Murray llamó a los comunistas "escurridizos cobardes (...) apóstoles del odio (...) tendidos sobre sus sucios vientres".[138] En 1950 ocurrió la purga final, cuando la convención votó a favor de expulsar a otros nueve sindicatos dirigidos por los comunistas. En total, el CIO había expulsado al 20% de sus miembros, casi 250.000 trabajadores.[139] Pero la mayoría de los trabajadores se mostraron bastante indiferentes ante las expulsiones, por injustas que fuesen. El propio PC había alejado de sí a aquellos trabajadores que hubiesen peleado duramente para defender la democracia sindical.[140]

La purga del CIO no se detuvo con la expulsión de los sindicatos encabezados por comunistas. En realidad fue la plataforma de lanzamiento para que los demás sindicatos del CIO erradicaran a sus propios "buscapleitos" radicales, a menudo trabajando en estrecha colaboración con el Comité de Actividades Antinorteamericanas y otras comisiones de investigación. En 1954, cincuenta y nueve de cada cien sindicatos habían cambiado sus estatutos para prohibirles a los comunistas desempeñar cargos en las directivas sindicales, y cuarenta sindicatos los habían excluido de su militancia.[141]

Según comenta Caute, durante ese periodo las organizaciones sindicales "ejecutaban rituales y *vendettas* por cuenta propia para pulverizar el espíritu inconformista radical que había caracterizado al CIO en sus años de formación". Tales rituales seguían un patrón definido:

> Durante o después de una votación muy reñida, la facción anticomunista, sobre todo si le había ido mal, hablaría con el FBI; el FBI hablaría con el personal de seguridad de la compañía; el asunto llegaría a oídos del Comité de Actividades Antinorteamericanas, el SISS [Subcomité de Seguridad Interna del Senado] o la subcomisión McCarthy; el Panel de Supervisión del gobierno, tras consultar los archivos del FBI, negaría a los radicales el acceso al material clasificado; el sindicato anticomunista rival o una compañía amiga pedirían a la Junta Nacional de Relaciones Laborales que se hiciera una nueva votación; el Departamento de Justicia intentaría conseguir una acusación amparada en la Ley Taft-Hartley conforme no habían hecho una declaración jurada de anticomunismo; los comités del Congreso, armados con citaciones de comparecencia, harían una redada en el área; la prensa haría públicas las revelaciones más recientes mediante titulares

sensacionalistas; se hablaría mucho de potencial sabotaje y, finalmente, la compañía despediría a los radicales que se negaran a
declarar invocando la Quinta Enmienda.[142]

## Aplastando a la izquierda en la UAW

En ninguna parte fue más feroz la purga que en la UAW, que provocó la confrontación final entre la dirigencia y su ala radical. En 1941,
años antes de que se aprobase la Ley Taft-Hartley, el vicepresidente de la
UAW, Walter Reuther, propuso y ganó con un margen de dos tercios una
resolución que impedía que los comunistas accedieran a cargos en la
directiva de la organización sindical. Durante el debate, George F.
Addes, secretario de finanzas, argumentó que, además de los comunistas, había que excluir a los socialistas y a otros radicales. Por tanto, el
debate no era entonces si se debía establecer o no la prohibición, sino si
había o no que incluir en esa prohibición a otros radicales.[143]

Dos años después, Reuther empleó tácticas anticomunistas difamato-
rias en contra del propio Addes en una lucha por el liderazgo de la organización sindical. La facción de Reuther puso en circulación un bulo en
el que se acusaba a Frankesteen y Addes de recibir órdenes de José Stalin: *"¿Quiénes son los chicos que obedecen órdenes directamente de Pepe Sta-
leen? Pues el espantoso dúo que forman Addes y Frankes-teen"*.[144]

Reuther, quien asumió la presidencia de la UAW en 1946, aprovechó
la oportunidad que le brindaba la caza de brujas para librarse finalmente de la oposición comunista (y radical) dentro de la organización sindical. Reuther había colaborado con el Partido Comunista y había sido
miembro del Partido Socialista en los años 30. De hecho, en 1937 el propio Reuther había sido víctima de ataques en los que se le acusaba de
comunista. En aquel entonces declaró: "Tengamos todos mucho cuidado de no seguirles el juego a los amos. (...) Ningún hombre del sindicato que merezca ese nombre seguirá el juego a los amos. Quizás algunos

lo hagan por ignorancia. Pero los que predican el temor rojo y saben lo que están haciendo, son enemigos peligrosos del sindicato".[145]

Sin embargo, poco después Reuther se pasó al campo anticomunista y promovió la American Catholic Trade Union (Sindicato Católico Norteamericano, ACTU) como contrapeso al ala radical de la UAW. No deja de ser interesante constatar que mientras a los comunistas se les acusaba de recibir órdenes de Moscú, la ACTU nunca fue acusada de recibirlas de Roma, y que saliese intacta de la caza de brujas.

Cuando su facción logró echar a Thomas Addes y a sus partidarios de la directiva en la convención de la UAW de 1947, el grito de combate de Reuther fue *Get the Commies!* ["¡Coged a los rojitos!"]. Como comenta Preis: "Reuther salió de la convención no solo como único dirigente de la organización sindical –su maquinaria había captado a todos los máximos cargos dirigentes y a 18 de los 22 miembros del comité ejecutivo nacional– sino como principal portavoz de la Doctrina Truman dentro del movimiento sindical".[146]

Cuando el Comité de Actividades Antinorteamericanas fijó su atención sobre las presuntas actividades "antinorteamericanas" de los sindicalistas de Detroit, centró su objetivo en la combativa Seccional 600 de la UAW, interrogando a más de cien de sus miembros en las audiencias preliminares. El hecho de que ninguno de los cuatro principales dirigentes de la seccional fuese miembro del Partido Comunista no tuvo el menor efecto disuasorio, ya que desde hacía tiempo la caza de brujas se había extendido contra todos los militantes sindicales que se opusiesen a la misma (los llamados *anti*-anticomunistas).

La Seccional 600 se mantuvo firme, y su presidente, Carl Stellato, escribió: "Los políticos están generando una histeria sin precedentes. (...) ¿Por qué? Pues para que el Comité de Actividades Antinorteamericanas pueda desviar la atención de los desempleados que hacen cola esperando un plato de sopa en la beneficencia de Hamtramck, que no paran de hablar sobre el desempleo, el soborno y la corrupción que hay en Norteamérica". Como aquellos activistas sindicales se mantuvieron firmes, el Comité de Actividades Antinorteamericanas se vio obligado a abandonar la ciudad sin enjuiciar a ningún miembro de la Seccional 600. Tampoco su patrono, la Ford Motor Company, despidió a un solo trabajador. Pero Reuther suspendió inmediatamente de de todas sus funciones a la Seccional y a su comité directivo, tomando el control de su administración. *Business Week* opinó: "Esta semana Reuther y el Comité de Actividades Antinorteamericanas actuaron juntos en la UAW como una pareja de vodevil bien ensayada".[147]

## Retirada y rendición

Incluso en los peores momentos de la purga de McCarthy, El Partido Comunista prefirió no defenderse de los ataques. El periódico del partido no mencionó ni una sola vez el juicio por espionaje de los Rosenberg mientras éste tenía lugar.[148] En 1948, los líderes del partido se mostraron reticentes a organizar su propia defensa política cuando se enfrentaron a la amenaza de expulsión del CIO y al procesamiento bajo la Ley Smith. También es cierto que aunque lo hubieran intentado, probablemente hubiesen tenido muchas dificultades para encontrar un número significativo de trabajadores no comunistas que acudieran en su defensa.

El haber apoyado la Ley Smith hasta el momento en que ésta fijó su punto de mira en la dirigencia del PC hizo difícil que los comunistas pudieran adoptar una posición principista basada en el derecho a la libertad de expresión.

Los miembros del Partido Comunista habían afrontado las acusaciones sectarias simplemente negando ser militantes, y a veces hasta uniéndose a los acusadores. Algunos dirigentes sindicales comunistas firmaron la declaración de la Taft-Hartley jurando no ser comunistas, lo que solo les sirvió para verse arrojados a la cárcel acusados de perjurio. En vez de pelear contra el macartismo, el PC prefirió capear el temporal enviando a cientos de sus militantes a vivir en la clandestinidad usando nombres falsos. La estrategia de los comunistas cuando afrontaban un juicio se basaba en la invocación de la Quinta Enmienda. Pero en la atmósfera de linchamiento que rodeaba a las audiencias, acogerse a la Quinta Enmienda venía a sumarse al sentimiento ya dominante de que ser radical constituía un crimen y que por eso callaban.

Tampoco tuvo el Partido Comunista la fuerza suficiente como para emprender una defensa sólida contra la purga. Los horrores del estalinismo, que provocaron una crisis internacional durante ese periodo, y que fueron revelados en 1956 en el "discurso secreto" de Nikita Khrushov ante el XX Congreso del Partido Comunista Ruso, no facilitó nada las cosas al PC norteamericano. En ese discurso, Khrushov hizo un recuento detallado de las décadas de crímenes de Stalin, incluida la masacre de casi todos los bolcheviques que tomaron parte en la Revolución Rusa de 1917, y tildó de "culto a la personalidad" la autoglorificación y distorsión de la historia de Stalin. La gota que derramó el vaso ocurrió tras el discurso de Khrushov, cuando el ejército ruso invadió Hungría y aplastó una revuelta de trabajadores. Este hecho provocó el abandono masivo de militantes del partido. Para 1957, el Partido Comunista tan solo contaba con 10.000 desmoralizados militantes, un esqueleto respecto a lo que había sido en la década de 1930.[149]

Dado que la izquierda no supo cerrar filas para pelear contra el macartismo, las víctimas del Comité de Actividades Antinorteamericanas se vieron forzadas a escoger entre permanecer en silencio o dar información, que era el baremo de la "cooperación" con el gobierno. Lo primero significaba arriesgarse a ir a prisión y, con certeza, perder el empleo; lo segundo, exigía declarar para traicionar a gente junto a la cual uno había trabajado durante años. Navasky estima que hasta una tercera parte de los que comparecieron ante el Comité de Actividades Antinorteamericanas provenientes de la industria del entretenimiento, dieron los nombres de quienes ellos sospechaban que eran miembros del Partido Comunista. Algunas celebridades liberales, incluido el cineasta Elia Kazan, se adueñaron de los titulares de prensa cuando se convirtieron en informantes.[150]

Sin embargo, la mayoría de los testigos se negó a cooperar, y algunos expresaron abiertamente su hostilidad contra los interrogadores. Elizabeth Gurley Flynn se negó a informar y pronunció un discurso en el tribunal en el que denunció "el variopinto despliegue de informantes comprados y pagados, soplones y renegados". Gurley Flynn fue encarcelada nueve veces entre 1951 y 1955 por su actitud desafiante.[151] El cantante negro Paul Robeson les respondió a los interrogadores que le preguntaron por qué no se iba a Rusia: "Porque mi padre era esclavo, y mi gente murió para construir este país, y yo me voy a quedar aquí, y soy dueño de parte de él, igual que ustedes". El actor Lionel Stander se ofreció a dar el nombre de "un grupo de fanáticos que está tratando desesperadamente de acabar con la Constitución", aludiendo, claro está, al propio Comité de Actividades Antinorteamericanas.[152]

## Sociedad de derechas

Cuando terminó la caza de brujas de McCarthy, la sociedad estadounidense había cambiado mucho. De los días de esplendor de los años 30 –cuando la confianza de la clase trabajadora crecía a pasos agigantados y la política radical influía en muchos trabajadores– se había pasado a la paranoia derechista de los años 50. La purga anticomunista logró extirpar la tradición socialista de las propias entrañas del movimiento de la clase trabajadora norteamericana. Para 1957, más de 200.000 líderes sindicales de plantas de producción habían firmado declaraciones juradas de que no pertenecían al Partido Comunista ni creían en sus ideales.[153]

No es ninguna exageración decir que la izquierda estadounidense fue destruida casi en su totalidad en la década de 1950.

El clima político se puede medir de varias maneras. Una encuesta de opinión de 1954 mostraba que el 80% de la población quería privar a los comunistas de todos los derechos de la ciudadanía norteamericana. Pero la hostilidad estaba dirigida hacia todos los radicales y a la disensión en su conjunto: el 45% estaba en contra de que a los socialistas se les permitiese publicar sus propios periódicos, y el 42% estaba a favor de prohibir la crítica de la "forma de gobierno americana" en la gran prensa. Otra encuesta del mismo año mostraba que el 20% de los norteamericanos blancos se negaba a revelar el país de procedencia de sus ancestros.[154]

El macartismo generó un temor generalizado a la protesta política, en particular la referida a las intervenciones militares norteamericanas. En 1951, una encuesta Gallup mostraba que el 66% de los norteamericanos quería que los Estados Unidos retirasen sus tropas de la Guerra de Corea. En 1952, el 51% estaba de acuerdo en que había sido un "error" intervenir en Corea. Pero no surgió ningún movimiento contrario a esa guerra, que mató aproximadamente a cinco millones de personas, cuatro de ellos civiles coreanos.[155]

Los efectos del macartismo duraron mucho más que la carrera de Joe McCarthy. En 1960, en pleno ascenso del movimiento por los derechos civiles, Harry Truman todavía se sentía a sus anchas declarando que quienes estaban tras los plantes de los estudiantes en las barras de los restaurantes del Sur eran los "comunistas". Cuando los líderes de los derechos civiles Martin Luther King Jr y Roy Wilkins le pidieron pruebas de esa denuncia, Truman respondió: "Yo sé que por lo general cuando los problemas golpean a este país, el Kremlin está detrás".[156] Hubo que esperar hasta 1967 para que la Corte Suprema de los Estados Unidos finalmente dictaminara que forzar a las organizaciones de filiación comunista a manifestarse favorables al gobierno constituía una violación de la

Quinta Enmienda de la Constitución. En 1976, la ACLU reincorporó formalmente a Elizabeth Gurley Flynn, admitiendo que su expulsión en 1940 "no fue consonante con los principios básicos sobre los que se fundó la ACLU". Pero Gurley Flynn había muerto en 1964.[157]

También hubo que esperar hasta septiembre de 1997 para que la AFL-CIO finalmente anulara la resolución (vigente desde la era de McCarthy) que prohibía a los miembros del Partido Comunista ocupar cargos sindicales. Poco después, el Gremio de Actores Cinematográficos y el Gremio de Directores presentaron sus excusas formales a los actores, guionistas y directores que habían sido puestos en la lista negra durante la caza de brujas de McCarthy en los años 50, aunque quienes fueron expulsados de Hollywood como consecuencia de aquella caza ya habían visto arruinadas sus carreras décadas atrás. Por otra parte, la mayoría de los socialistas que habían sido blanco del macartismo fueron expulsados de la actividad política a finales de los años 50. La caza de brujas de McCarthy es la causa principal por la que el movimiento socialista –que jugó un papel primordial en la construcción de los sindicatos industriales– sigue marginado cinco décadas después.

Como comentaba el autor radical Harvey Swados en la década de 1950: "A Marx no solo se le ha responsabilizado póstumamente de todos los crímenes cometidos en su nombre o en nombre del socialismo –desde los campos de trabajo esclavizado estalinistas hasta la administración socialista de la pacificación imperialista de Argelia– sino que además se le achaca el no haber podido prever que el capitalismo sería capaz de ofrecerle a su proletariado 'no cada vez menos y menos, sino cada vez más y más y más' de las cosas buenas de la vida".[158]

Desde el otro lado del espectro político, un alto funcionario del Departamento de Estado se jactaba en 1947: "Mientras que el resto del mundo se ha desplazado a la izquierda, ha admitido el laborismo en sus gobiernos y ha aprobado una legislación liberalizada, Estados Unidos se ha convertido en el país del cambio antisocial, antieconómico y antisin-dical". El clima político aquí, comentó, "no se está desplazando a la derecha; ya *ha sido desplazado* –inteligentemente– a la derecha".[15]

# CAPÍTULO SEIS

# ¿CONTRATO SOCIAL?

La purga de los radicales hizo que el movimiento sindical emprendiera el rumbo conservador que ya no abandonaría en décadas. Algunas de las consecuencias de ese conservadurismo se dejaron sentir de inmediato; otras no fueron visibles hasta que se acabó el auge económico de la posguerra.

Quizá la consecuencia más inmediata fue la incapacidad del movimiento sindical para establecerse en el Sur. El CIO, aprovechando el ánimo generado por la enorme ola de huelgas habidas en la posguerra, lanzó en 1946 una campaña para sindicar el Sur, bautizada como "Operación Dixie". Al iniciarse la Operación Dixie, Philip Murray declaró lleno de confianza: "Ustedes recuerdan que nosotros comenzamos esta cruzada [sindical] en el Norte hace exactamente diez años... Ahora estamos yendo al Sur (...) y gracias a Dios, tenemos una institución capaz de adentrarse allí: el CIO".[1] Por su parte, la AFL siguió al CIO en dirección al Sur, a la búsqueda de nuevos afiliados.

Pero ninguna de las dos federaciones logró sus objetivos. Un informe del Senado de 1951 mostraba que en ese periodo el número de afiliados del Sindicato de Trabajadores de la Industria Textil *cayó* del 20% al 15%. Y aunque las organizaciones sindicales inyectaron en la campaña más de un millón de dólares, al CIO le faltaron las herramientas políticas necesarias para lograr su objetivo. Como escribió Cochran en 1959: "Las técnicas habituales del sindicalismo no pudieron penetrar la intrincada maraña de odios raciales, provincianismo, prejuicios arcaicos y oposición militante de la alianza gobierno-patronos".[2]

Además, el decidido apoyo del movimiento sindical al Partido Demócrata lo incapacitaba para enfrentarse al ala demócrata sureña, que era segregacionista. Por otra parte, la ley Taft-Hartley (aprobada en 1947 para recortar los derechos de los trabajadores), permitía que los estados sureños prohibieran los piquetes masivos y que, bajo el pretexto de defender el "derecho al trabajo" de los trabajadores no sindicados, proscribieran la *union shop\**. A pesar de todo, los sindicatos hubieran podido abrirse camino si se hubieran enfrentado de verdad a la supremacía blanca sureña. Pero no fue así, y el CIO decidió concentrar sus esfuerzos en la industria textil, que era casi enteramente blanca, a la que dedicó un cuerpo de doscientos organizadores también abrumadoramente blanco. Dichos organizadores fueron adiestrados para eliminar radicales, y tenían instrucciones para evitar cualquier controversia racial o social que molestase a los propietarios de las textileras. Así que la campaña procuró centrarse únicamente en asuntos de supervivencia diaria, y los sindicalistas mantuvieron un disciplinado silencio incluso cuando los intolerantes y los antisemitas lanzaban campañas de difamación contra ellos mediante carteles y anuncios de prensa.

Pero sería erróneo suponer que los trabajadores blancos sureños eran incapaces de abrazar el sindicalismo. En los años 30, los blancos sureños se habían unido a los negros cuando emigraron a los centros industriales del Norte; y allí, como señala Cochran, "una vez metidos de lleno en la industria moderna del Norte, se convirtieron en uno de los pilares fundamentales para el crecimiento del CIO, sobre todo en Detroit, Flint y Akron".[3]

La Operación Dixie fue el último gran esfuerzo del movimiento sindical por organizar el Sur. Su fracaso imposibilitó la penetración del sindicalismo en todo el territorio nacional y dejó fuera de sus filas a la mayoría de los trabajadores. Como comenta Lichtenstein:

El fracaso de la Operación Dixie hizo que la forma de gobernar del Sur, esencialmente antidemocrática, continuara inyectando su distorsionador "elemento prusiano" a la forma de gobernar de toda la nación. Incluso cuando a finales de los años 40 el sindicalismo llegó a adquirir un volumen similar al europeo, los Republicanos y los *Dixiecrats* [Demócratas sureños escindidos y más de derechas] se aliaron para vetar en el Congreso todos los esfuerzos prosindicales del Partido Demócrata, que intentaba mantener el estado de bienestar y defender el régimen de relaciones laborales de la época de la ley Wagner. Debido al enorme peso que tenía el Sur en la política del Partido Demócrata, incluso los liberales elegidos en circunscripciones electorales sólidamente prosindicales se vieron arrastrados a adquirir compromisos y a formar coaliciones con la derecha.[4]

## De MacCarthy a Landrum-Griffin

Tras la caza de brujas de McCarthy en los años 50, el Congreso empezó a investigar a los dirigentes sindicales no comunistas. Y uno de sus primeros blancos fue Dave Beck, presidente del sindicato de camioneros y miembro honorario de la Legión Americana. En 1953, con motivo de la festividad del Día del Trabajo, Beck declaró:

> ...Si los trabajadores y los patronos pudiesen desembarazarse de la noción marxiana ya pasada de moda de que ambos están abocados para siempre a una oposición encarnizada (...) nuestro país alcanzaría nuevas metas y nuevos logros. La clave para un futuro magnífico no es la paz industrial, que implica un pacto entre dos bandos en guerra, sino la asociación industrial, basada en un entendimiento común para lograr una meta común.[5]

En 1957, el Senado formó el Comité Selecto sobre Actividades Impropias en el Campo Obrero-Patronal. Dijeron que el gobierno mostraba así su voluntad de acabar con la corrupción y el gangsterismo sindical. Presidido por el senador de Arkansas Robert McClellan, la mayoría del Comité estaba compuesto por senadores de estados con *Right-to-work* (ley vigente en algunos estados por la que el trabajador puede ser contratado sin que deba afiliarse a un sindicato), mientras que el abogado liberal de Massachusetts, Robert F. Kennedy, actuaba como consultor.

Cuando en 1957 el Comité escudriñó –en audiencias televisadas– las actividades hamponiles de Beck (que dirigió el sindicato de camioneros entre 1953 y 1957) y de Jimmy Hoffa (que sucedió a Beck en 1957), el apoyo público a los sindicatos cayó en picado. Las encuestas de opinión mostraban que el apoyo popular a los sindicatos, que estaba en el 76% antes de las audiencias, había descendido por debajo del 64% inmediatamente después y había caído a un 56% algunos años más tarde.[6] La ahora unida AFL-CIO, emulando las audiencias del Senado, realizó sus propias audiencias internas y expulsó al sindicato de camioneros (International Brotherhood of Teamsters, IBT) ese mismo año.

En 1959, aprovechando la ola de impopularidad de los sindicatos, el Congreso aprobó la Ley sobre Divulgación de Información Obrero-Patronal, también conocida como la Ley Landrum-Griffin. Entre sus disposiciones, había una que permitía que el Departamento del Trabajo de los Estados Unidos inspeccionara directamente los registros financieros de los sindicatos. Además, la Ley amplió la definición de la Taft-Hartley respecto a los boicots indirectos para impedir que ningún sindicato emprendiera acciones de solidaridad con otro sindicato en huelga, una disposición que por cierto nada tenía que ver con la batalla contra la corrupción sindical.[7]

* Contratación de trabajadores pertenecientes o no a un sindicato, pero que han de sindicarse mientras dura el contrato. [N. de la T.]

Por su parte, la IBT continuó prosperando, incluso después de su expulsión de la confederación sindical, y en 1969 ya era el mayor sindicato del país, con más de dos millones de afiliados. El sindicato de camioneros, al igual que otros sindicatos que habían estado antes en la AFL, mantuvo relaciones amistosas con destacados Republicanos durante todo ese periodo. Nada les frenaba. Incluso después de que Hoffa fuera enviado a prisión en 1967, los camioneros siguieron envueltos durante años en actos de corrupción. También es importante señalar que la línea que separaba a los dirigentes sindicales respetables de sus colegas hamponiles era muy delgada. El historiador Daniel Guerin habla de los "salarios exorbitantes" y de los "estilos de vida de ricachones" de los dirigentes sindicales norteamericanos en general: "El estilo de vida de los 'honestos' dirigentes sindicales guarda un extraño parecido con el de los líderes corruptos. (...) En los Estados Unidos, las 'cuentas de gastos' de los cargos sindicales son tan comunes que ninguno de ellos puede ser acusado de obtener 'ingresos inmorales' tomando únicamente como referencia esos 'extras'".[8]

Mientras tanto, la Landrum-Griffin iba destruyendo a cuanta organización de masas con conciencia de clase y base amplia hubiese quedado en pie tras la caza de brujas de McCarthy. Como describe Nicholson:

> La popular vitalidad democrática de los líderes sindicales desapareció casi por completo. Los militantes de base dejaron de cantar en las reuniones. El conflicto de clase y la conciencia obrera fueron reemplazados por la responsabilidad cívica y la lealtad patriótica. El patriotismo de la Guerra Fría y el hecho de comportarse como buenos ciudadanos benefició a los trabajadores sindicados en algunos aspectos, pero el precio que pagaron fue disolver su antigua identidad y reemplazarla por una unidad imaginaria entre la clase media suburbana y los patronos.[9]

## Mafia sindical

La Ley Landrum-Griffin apenas tuvo efecto sobre la corrupción y la extorsión que infestaban a ciertos sectores del movimiento sindical ya desde sus inicios. La primera incursión de los sindicatos en el submundo criminal se produjo como respuesta a la violencia de los patronos contra las líneas de piquetes. Cuando los patronos contrataban ejércitos privados, los sindicatos que podían permitírselo contrataban matones callejeros y los integraban en sus plantillas. Según el historiador Dennis Anderson, la corrupción de los sindicatos empezó "cuando se contrataron los primeros agentes a tiempo completo para defenderse de la violenta ofensiva de los patronos tras los hechos acaecidos en Haymarket en 1866".[10]

Por otro lado, cuando los dirigentes de los sindicatos gremiales intentaban establecer el dominio de sus sindicatos en un sector determinado, se prestaban fácilmente a recibir "cooperación" financiera de los patronos a cambio de no hacer huelgas. Así fue como el soborno impregnó las relaciones obrero-patronales en el ramo de la construcción a comienzos del siglo XX.[11] Los negocios sucios se daban casi exclusivamente en la AFL, y de hecho eran prácticamente inexistentes en el CIO antes de que ambas organizaciones se fusionasen en 1955. El típico dirigente sindical corrupto, según Anderson

> trabajaba en su oficio, lograba convertirse en funcionario a tiempo completo, y atendía la llamada del dólar en vez de escuchar las llamadas a la solidaridad de la clase trabajadora, lo que solía hacer con la misma osadía y la misma falta de escrúpulos que los capitanes de la industria nacidos en aquel mismo sistema capitalista en expansión. En la década de 1920, algunos comenzaron a descubrir las ventajas materiales que les ofrecía el negocio del sindicalismo. Los *gangsters*, incorporados como mercenarios por los combatientes de la guerra industrial, se hicieron con el control de algunos de los sindicatos que los habían contratado.

A comienzos de los años 30, el crimen organizado había logrado infiltrarse en importantes sectores del sindicalismo dentro de las grandes ciudades, y junto al sindicalista corrupto individual se erigió un aparato capaz de canalizar sistemáticamente las ganancias hacia el hampa.[12]

Un ejemplo muy ilustrativo de todo ello es la época de la Prohibición, entre 1919 y 1933, que generó toda una industria gansgsteril de bebidas alcohólicas que involucró al sindicato de camioneros y, para sorpresa de nadie, al sindicato Trabajadores de Destilerías, afiliado a la AFL. La Octava Enmienda, aprobada en 1919, prohibía la fabricación, venta y transporte de alcohol dentro de las fronteras de los Estados Unidos. Así que los camiones que transportaban alcohol pasaron a formar parte de una enorme red ilegal en la que participaban los sindicatos y el crimen organizado, además de jueces, políticos y agentes del orden comprados para hacer la vista gorda.

Hoffa y Beck pudieron construir sus propios feudos personales realizando este tipo de negocios. Hoffa creó una compañía de alquiler de camiones, cuyos accionistas eran su propia esposa y la de Bert Brennan (otro dirigente del sindicato de camioneros), obteniendo una ganancia de 125.000 dólares entre 1949 y 1956. Entre otros manejos dudosos de Hoffa estuvo el hacer que la compañía de seguros que administraba el fondo de bienestar de la IBT cayese en manos del extorsionista de la mafia Paul Dorfman.[13]

Beck no tenía reparos en ganar dinero bajo mano, pero argumentaba que sus relaciones comerciales beneficiaban a los miembros del sindicato. No le interesaba promover la solidaridad sindical, y es más, le enorgullecía admitir que bajo su liderazgo "los camioneros atravesaron muchas veces las líneas de piquetes".[14] Hoffa compartía los valores de Beck, pero los camioneros le apreciaban mucho más. No poseía una piscina, y se negaba a vestir ropa llamativa. Y lo más importante, negoció sustanciosos aumentos salariales y en 1964, cuando la industria camionera aún estaba descentralizada, consiguió un contrato de ámbito nacional (Acuerdo Maestro Nacional de Carga) que benefició a 400.000 trabajadores.[15]

## El triunfo del sindicalismo empresarial

Tras las purgas anticomunistas de la posguerra los dirigentes del CIO entraron en una fase estable de conservadurismo político que sentó las bases para el triunfo del sindicalismo empresarial. Como sostiene Nelson Lichtenstein en *La guerra laboral en casa: el CIO en la Segunda Guerra Mundial*:

> La expulsión de los sindicatos comunistas redujo drásticamente los límites de la vida política dentro del movimiento sindical. Las presiones institucionales habían creado un estilo de liderazgo sindical burocrático que además salió reforzado tras al apoyo del aparato sindical a las relaciones laboral-estatales establecidas en tiempos de guerra. Y después, al seguir disciplinadamente la línea marcada por la Guerra Fría, fueron los propios sindicatos industriales quienes propiciaron que se identificara al radicalismo industrial con la subversión política. Incluso dentro de la propia UAW, las purgas de comunistas minaron la legitimidad de todos los demás grupos opositores, incluidos los anti-estalinistas, inaugurando un régimen de partido único que neutralizó o eliminó a todos los potenciales rivales.[16]

La UAW, quizá la organización sindical más dinámica y combativa de los años 30, sufrió inmediatamente las consecuencias de todo ello. El propio Reuther, que había surgido de las bases de la UAW como líder activo (socialista) de la lucha de clases en los años 30, no dudó en aplastar a toda la oposición de izquierda cuando quiso asegurarse la presidencia de la organización.

Hasta 1948, los contratos negociados por la UAW solían ser de un año de duración. Pero ese mismo año, la UAW accedió a la exigencia de los patronos de prolongar los contratos a dos años. Y en 1950, Reuther negoció contratos de cinco años (por primera vez en la historia) con General Motors, Ford y Chrysler. Esos contratos acordaban que los salarios se elevarían siempre y cuando la productividad se incrementara un monto especificado. Pero como puntualiza Art Preis: "Desde el momento en que la General Motors intensificó la velocidad de producción en sus plantas, ya se había asegurado un incremento de la tasa de productividad anual mayor que la tasa de los incrementos salariales". Además, los trabajadores tenían que renunciar al derecho a huelga durante el tiempo de vigencia del contrato.[17] No es de extrañar que el *Business Week* aplaudiese el contrato quinquenal de la industria automotriz, argumentando que tras cinco años de paz laboral forzosa, los trabajadores "casi se habrán olvidado de que pertenecen a un sindicato".[18] Como comenta Cochrane:

> En cinco años la UAW había pasado de ser un sindicato belicoso, insurgente y que contaba con la activa participación de sus miembros, a transformarse en un sindicato controlado por el aparato, dirigido con eficiencia y que negociaba contratos a largo plazo, prerrogativas patronales y relaciones estables a cambio de algunos beneficios económicos, tales como un factor de mejora anual, una cláusula de ajuste respecto al coste de la vida (en realidad propuesta inicialmente por la administración de la General Motors), prestaciones por desempleo y jubilaciones.[19]

## La AFL y el CIO se unen

La fusión de la AFL con el CIO en 1955 simbolizaba el triunfo del sindicalismo empresarial en los Estados Unidos. Sin que estuviesen muy claros los principios que los habían dividido, ahora era casi inevitable que la AFL y el CIO se uniesen en una federación sindical común. La

AFL dominó la nueva federación, ya que contaba con un número de miembros que duplicaba con mucho el tamaño del CIO. El presidente de la AFL, George Meany (que había sucedido a William Green) asumió la presidencia, y Reuther pasó a ser el vicepresidente.

Meany ejerció el cargo de presidente de la AFL-CIO durante los primeros veinticuatro años. Sus cualidades como dirigente sindical eran obvias...pero solamente para los patronos. En un discurso pronunciado en 1958 ante la Asociación Nacional de Fabricantes (NAM), Meany declaró:

> Jamás fui a la huelga en mi vida, jamás dirigí una huelga en mi vida, nunca tuve nada que ver con un piquete. (...) En el análisis final no existe mucha diferencia entre las cosas que yo defendía y las cosas que defienden los líderes de la NAM. Yo defiendo el libre mercado; creo en el libre mercado. Creo que constituye un incentivo maravilloso. Creo completamente en el sistema de la libre empresa.[20]

En otro momento de su discurso, Meany resumió la filosofía política que iba a guiar a la AFL-CIO: "Para ser franco, a los sindicalistas norteamericanos nos gusta el sistema capitalista. Y naturalmente, mientras orientamos nuestros esfuerzos a la mejora del nivel de vida de los trabajadores, trataremos de preservarlo, mejorándolo. No tenemos intención de abandonarlo por castillos en el aire o por alguna fantasía inventada por quienes no entienden las necesidades y aspiraciones reales de los trabajadores".[21] Con Meany de presidente, el número de trabajadores sindicados inició un marcado declive, y cuando se le planteó ese problema, comentó despectivamente: "Eso no cambia nada".[22]

Tras su fusión, la AFL-CIO funcionó como un leal sirviente del imperialismo norteamericano. Tanto la AFL como el CIO habían iniciado su relación con la CIA y el Departamento de Estado al acabar la guerra, y con la nueva federación, esas relaciones prosperaron. La AFL-CIO proporcionó "cobertura" sindical a operaciones de la CIA que llevaron al poder a muchas juntas militares, y en 1985, la AFL-CIO había ayudado a fundar y a mantener sindicatos anticomunistas en 83 países distintos, principalmente en Asia, África y Latinoamérica, y había contado para ello con un presupuesto de 43 millones de dólares, el 90% de los cuales había sido aportado por el gobierno de los Estados Unidos.[23] Como dice Cochrane,

> se inició una sociedad tripartita con el Departamento de Estado y las grandes corporaciones de los Estados Unidos para fundar el Instituto Americano para el Desarrollo del Sindicalismo Libre (dirigido a América Latina), el Instituto Asiático-Americano para el Sindicalismo Libre y la Central Sindical Afroamericana. Todos ellos estaban financiados por agencias gubernamentales de los Estados Unidos (excepto algunas contribuciones nominales y en gran medida cosméticas por parte de los otros dos socios), y eran, como más tarde los calificaría Victor Reuther, un "ejercicio de colonialismo sindical".[24]

## Walter Reuther, un liberal de la Guerra Fría

Reuther fue vicepresidente de la AFL-CIO y lideró el ala liberal de la federación hasta su muerte en un accidente de aviación en 1970. Pero "el liberalismo" de la época de la Guerra Fría era muy relativo, pues los liberales continuaron formando parte de la coalición anticomunista, que a su vez le debía mucho al Sur segregacionista y antisindical. Las políticas de Reuther eran, en el mejor de los casos, inconsistentes.

Cuando en 1948 Reuther negociaba un contrato con la GM, había declarado desafiante: "Los trabajadores de la General Motors no pueden ser sobornados con los falsos centavos de la inflación para abandonar la lucha contra los industriales voraces y los políticos serviles que causaron y acordaron los aumentos de precios que hoy día socavan los niveles de vida de millones de personas".[25] Pero cuando el 28 de marzo de 1958 le entrevistó el *New York Times,* su discurso ya sonaba mucho más parecido al de Meany: "Nosotros no creemos en la lucha de clases. En América el movimiento sindical nunca ha creído en la lucha de clases".[26]

Aun así, Reuther fue uno de los pocos líderes sindicales que alzaron su voz para apoyar los derechos civiles y que marcharon en manifestaciones a favor de esa causa a comienzos de la década de 1960. Meany se negó a autorizar el respaldo de la AFL-CIO a la Marcha a Washington en 1963, y Reuther fue el único dirigente sindical blanco en ponerse al lado de Martin Luther King Jr. al frente de la marcha. Aunque ciertamente, no mostró tanto entusiasmo cuando se trató de apoyar a la delegación del Partido Demócrata de la Libertad de Misisipi (Mississippi Freedom Democratic Party, MFDP), cuando éste exigió formar parte de la convención del partido en 1964, ya que ello suponía un desafío directo a los *Dixiecrats.*

Reuther se unió a King para apoyar el "compromiso" del presidente Lyndon Johnson de lograr la equiparación racial, pero a la delegación negra del MFDP solo le ofreció dos cargos de representantes, cargos que además serían escogidos por el partido nacional, y no por el MFDP. La elocuente respuesta de la dirigente del MFDP Fannie Lou Hammer al rechazar su oferta fue: "No vinimos desde tan lejos para que nos dieran un par de asientos".[27] Como describe el historiador Peter B. Levy en *La nueva izquierda y el movimiento sindical en la década de 1960*: "Casi todos los participantes en el proyecto de Misisipi consideraron despreciables las acciones de Reuther".[28] Más tarde, hacia 1968, Reuther se mostraría abiertamente hostil hacia el movimiento Black Power (Poder Negro) cuando éste apareció dentro de la UAW bajo el nombre de Movimiento Sindical Revolucionario de Dodge (DRUM), calificando a los líderes de DRUM de "extremistas" y "terroristas".[29]

Sin embargo, Reuther y la UAW contribuyeron al lanzamiento de la Nueva Izquierda en los años 60. A comienzos de esa década, la UAW aportó miles de dólares a la Liga por la Democracia Industrial, que dio nacimiento a Estudiantes por una Sociedad Democrática (SDS). La AFL-CIO ofreció servicios de impresión y salas de reunión a la joven organización. Los líderes del SDS escribieron su Declaración de Port Huron de 1962 en la casa de veraneo de la UAW. El propio Reuther alabó al SDS diciendo que era "la organización estudiantil de vanguardia integrada en las fuerzas progresistas de América".[30] Reuther también se pronunció a favor de los derechos de la mujer, y en 1970 la UAW respaldó la Enmienda por la Igualdad de Derechos (Equal Rights Amendment, ERA) para establecer la igualdad legal de las mujeres. Poco después, la UAW creó la Red de los Derechos Económicos para unirse a las feministas y presionar a favor de la aprobación de la ERA.[31]

Pero la fricción entre la Nueva Izquierda y el movimiento sindical fue creciendo a medida que avanzaba la guerra de Vietnam. En la convención de la AFL-CIO de 1965, los estudiantes progresistas protestaron gritando la consigna "¡Fuera de Vietnam!", mientras los delegados sindicales les respondían coreando "¡Iros al barbero!". Meany impuso su autoridad golpeando con el mazo y ordenó a sus subalternos: "Saquen de la galería a esos chiflados". Tras expulsar a los estudiantes, Reuther declaró: "Los que protestan deberían estar manifestándose contra Hanoi y Pekín, que son los responsables de la guerra". Y la convención aprobó la siguiente resolución: "El movimiento sindical proclama al mundo que los trabajadores y trabajadoras de este país apoyan a la administración Johnson en la guerra de Vietnam".[32]

En 1967, Luther King seguía denunciando la guerra, mientras que Reuther siguió apoyándola hasta poco antes de morir. Tras las elecciones de 1968, cuando el presidente republicano Richard Nixon asumió la dirección de la guerra (intensificada por su predecesor demócrata Lyndon B. Johnson), algunos líderes se envalentonaron y por fin hablaron claro. Así que cuando Nixon invadió Camboya en 1970, Reuther se unió a otros líderes sindicales y se dirigió a Nixon: "Tenemos que movilizarnos por la paz, en vez de extender los teatros de guerra".[33]

# El "Sueño Americano"

"Lo que es bueno para la General Motors es bueno para los Estados Unidos"; esta era la consigna emblemática del Sueño Americano de los años 50 y 60. La era de prosperidad de la posguerra, que coincidió con la ideología de la Guerra Fría, encajaba a la perfección con las aspiraciones globales de la clase dominante norteamericana de ofrecer oportunidades económicas a los trabajadores del "mundo libre". Durante ese mismo periodo, la condición de superpotencia de los Estados Unidos permitió que el capital norteamericano experimentara un auge económico sin precedentes y que pudiera brindarles a los trabajadores constantes aumentos de salarios durante toda la década de 1950 e inicios de los 60.

Durante ese periodo la desigualdad de ingresos disminuyó significativamente. Los tipos impositivos alcanzaron el 91% para quienes estaban en el escalón superior de ingresos. El salario mínimo se elevó a la misma velocidad, y a veces más, que la tasa de inflación. Las exenciones fiscales para adquirir casas y los programas para veteranos, hicieron posible que por primera vez millones de familias de la clase trabajadora pudieran adquirir una vivienda. Durante el periodo de la posguerra más del 70% de los blancos tenía la posibilidad de adquirir una vivienda propia.[34]

Así, durante el mismo periodo en que Estados Unidos se convertía en la potencia dominante a nivel mundial, sus trabajadores alcanzaban los niveles de vida y los salarios más elevados del mundo. Muchos de los intelectuales de esa época concluyeron que el Sueño Americano evitaría el resurgimiento de la lucha de clases dentro del país. El sociólogo Daniel Bell, que se ocupó del tema repetidas veces durante ese periodo, decía en 1956: "Hoy en día son muy pocos los trabajadores de la industria automotriz que tienen un futuro más allá de su empleo; pocos tienen una oportunidad de avanzar socialmente. Pero no son radicales. (...) Un obrero se ve a sí mismo como alguien que va 'tirando' en su trabajo con el objetivo de adquirir una 'bonita casita moderna'".[35]

Bell no estaba muy equivocado en sus observaciones. La cultura popular de esta década se centraba en el consumo, y un número cada vez mayor de trabajadores estadounidenses recurría al crédito para adquirir automóviles, televisores y toda clase de nuevos artefactos modernos producidos en abundancia por industrias enteramente nuevas. Las familias se reunían en torno al televisor por las noches a ver programas patrocinados por las corporaciones, como "El Teatro Westinghouse" y "La Hora U.S. Steel". Por su parte Cochran añadió: "La tesis de Bell tiene mucha validez: si consideramos que el actual clima social es inmutable, los sindicatos no van a realizar ningún avance digno de mención. (...) Solo un viraje político y social puede reabrir el camino a la organización".[36]

En 1946 la revista *Life* incluyó un desplegable en donde se mostraba el "rosado y maravilloso" Sueño Americano, con imágenes de lo que la revista llamaba una "utopía familiar": una casa suburbana totalmente nueva, una cerca blanca de estacas puntiagudas, un automóvil descapotable, un televisor, muebles de jardín y un columpio para los niños. El hecho de poner tales comodidades al alcance de una generación de gente de clase trabajadora que venía de la época de la Depresión, y hacerlo justo cuando la izquierda estaba siendo aplastada por el macartismo, aseguró el éxito de la idea.

La idea del Sueño Americano fue un elemento más dentro de la gran ofensiva ideológica emprendida en la posguerra por parte del capital norteamericano; era la otra cara del anticomunismo. A los patronos no les movía un impulso generoso hacia la gente de clase trabajadora, sino el deseo de maximizar sus propios beneficios. Y para ello necesitaban encontrar la forma de impedir que los trabajadores usaran el recurso de la huelga de manera habitual, ya que el arma de la huelga seguía muy viva en los primeros años de la posguerra. En 1951, los editores de la revista *Fortune* felicitaron al capital estadounidense por haber hallado una solución exclusivamente "norteamericana" a los "problemas de la lucha de clases y la conciencia proletaria".[37]

El Sueño Americano era algo a lo que aspiraban muchísimos trabajadores, como se demostraba al constatar la gran cantidad de estadounidenses que se consideraban de clase media. En 1964, el 44% de los consultados en una encuesta se veían a sí mismos como clase media o media alta, cuando en 1952 los que se veían así eran el 37%.[38] Como comenta Nicholson: "Se consideraba que los no blancos o inmigrantes pertenecían a la 'clase trabajadora', o, más comúnmente, a la 'clase baja'. La conciencia de clase se basaba en lo que la gente pensaba o compraba, no en lo que objetivamente era".[39]

El ingreso semanal medio de los obreros estadounidenses se elevó un 84% entre 1950 y 1965, en tanto que los precios lo hicieron solamente un 31% durante ese mismo periodo.[40] Pero aunque el aumento relativo del poder adquisitivo de la clase trabajadora estadounidense es innegable, en modo alguno era uniforme. En 1959, más de una de cada cinco personas vivía por debajo del umbral oficial de pobreza.[41] Los salarios de los trabajadores no sindicados subían mucho más lentamente que los de quienes pertenecían a un sindicato, y se mantenía una significativa brecha entre los ingresos de los negros y los de los blancos. A lo largo de las décadas de 1950 y 1960, el ingreso medio de los norteamericanos negros todavía rondaba el 55% del de los blancos. Incluso en Detroit, el centro mundial de la producción de automóviles, el ingreso medio de las familias negras en 1954 era tan solo dos tercios del de las familias blancas.[42]

Pero aunque muchos trabajadores no vieron elevarse sus niveles de vida, sí lo hicieron sus aspiraciones, en especial la esperanza de que sus hijos dejaran de ser 'clase trabajadora' y consiguieran una ocupación de clase media. El auge de los *community colleges** y las becas subvencionadas hicieron que la educación universitaria se convirtiera en una meta alcanzable para millones de hijos de la clase trabajadora.

## Las relaciones laborales en la nueva época de prosperidad de la posguerra

Es cierto que en esta época los trabajadores industriales, especialmente los sindicados, experimentaron grandes mejoras en sus niveles de vida, pero pagaron el precio de un drástico aumento de la tasa de explotación. La producción por trabajador se duplicó con creces entre 1947 y 1967.[43] Por su parte, si las corporaciones aceptaron aumentar los salarios a los trabajadores tan solo fue para prevenir o acortar las huelgas y otras interrupciones de la producción.

Pero los patronos no podían garantizar la paz laboral únicamente aumentando los salarios. Las corporaciones gastaban grandes sumas de dinero en empresas profesionales para reprimir al sindicalismo y para frenar el aumento de trabajadores afiliados a un sindicato, que sin embargo creció un 25% entre 1945 y 1955.[44] Empresas como Sears, Blue Cross, All-State Insurance, American Express, Macy's y United Parcel Service invirtieron grandes sumas en la empresa antisindical Labor Relations Associates of Chicago, una de las firmas especializadas en la represión de sindicatos más importante de entonces.[45] Durante la década de 1950 los patronos no dudaron en emplear la violencia contra los trabajadores. Por ejemplo, el relato de una huelga de la industria del carbón fechado el 8 de septiembre de 1953, informaba de que: "Han disparado a ocho sindicalistas, uno de ellos ha muerto y otro ha quedado paralítico. Han dinamitado coches, han incendiado o hecho volar por los aires los lugares de reunión del sindicato, las casas de sus miembros y los comercios de sus simpatizantes. El sindicato y los líderes locales han sido demandados, enjuiciados e incluso encarcelados".[46]

A pesar de la represión, las corporaciones no lograron que hubiera una paz laboral total, ni siquiera entre los miembros mejor pagados de los sindicatos. Incluso en el punto más álgido del *boom* económico, los trabajadores del acero se pusieron en huelga durante cuarenta y cinco días en 1949, cuarenta y nueve en 1952, treinta y seis en 1956 y ciento diez en 1959. En 1957, un grupo de militantes de base desafió al "sindicalismo de esmoquin" de los líderes sindicales exigiendo más democracia dentro de Trabajadores Siderúrgicos Unidos de Norteamérica (United Steel Workers of America, USWA).[47]

Aunque los contratos de larga duración se habían saludado como una prueba de la colaboración obrero-patronal, las relaciones laborales en la industria automotriz durante los años 50 y 60 no eran en realidad muy amistosas. El contrato de cinco años negociado en 1950 privó a los trabajadores del derecho a detener la producción para protestar. Pero el derecho a la huelga había constituido un arma clave para que los militantes sindicales pudieran solventar las quejas de las plantas de producción, y sin ese arma, el procesamiento de las quejas se había convertido en una pesadilla burocrática, pues el liderazgo sindical, cada vez más distante de los obreros, las solía aparcar en un cajón durante bastante tiempo. La frustración estallaba en forma de huelgas salvajes, y tanto fue así, que en 1955 Reuther se vio forzado a acortar la duración del contrato a tres años, e incluso se vio obligado a autorizar huelgas puntuales, siempre y cuando se refirieran a las condiciones de trabajo. En 1967, el historiador y activista obrero Stan Weir describió esta situación:

> La General Motors Corporation empleaba a tantos trabajadores como todos los demás fabricantes de automóviles juntos. En 1955, el presidente de la UAW Walter Reuther firmó un contrato con la GM que ni aminoraba la velocidad de producción, ni aceleraba las soluciones a las quejas de las plantas de producción

locales. Así que en cuanto Reuther anunció los términos de su acuerdo, más del 70% de los trabajadores de la GM se pusieron inmediatamente en huelga. Tras la firma del nuevo contrato en 1958, un alto porcentaje de obreros hizo huelgas salvajes porque Reuther se negó, una vez más, a hacer algo por acabar con el aceleramiento de la producción sin compensación salarial para los trabajadores. Por esa misma razón fueron a la huelga los obreros de la industria automotriz en 1961, logrando cerrar todas las plantas de la GM y muchas de la Ford.[48]

El número total de huelgas realizadas en el conjunto de la industria estadounidense en la década de 1950 no fue muy inferior a las realizadas durante la ola de huelgas que marcó la segunda mitad de la década de 1940. La diferencia es que en los años 50 las huelgas tendían a durar menos y a involucrar a menos trabajadores. En los primeros años de la década de 1960 esa tendencia se intensificó.[49] La firmeza que caracterizaba a los antiguos piquetes del CIO fue gradualmente reemplazada por una actitud pasiva, y los trabajadores se fueron acostumbrando a aguardar pacientemente hasta que se decretase el final de la huelga, en vez de jugar algún papel activo en ella. Esta actitud sin duda afectó a la conciencia de clase de los trabajadores blancos, que hasta finales de los años 60 conformaron un bloque políticamente conservador y poco amigo de movimientos como el de los derechos civiles o el movimiento contra la guerra de Vietnam.

## Aumento de la burocracia sindical

En enero de 1946 Henry Ford II declaró: "En la Ford Motor Company no queremos ni 'romper los sindicatos', ni retrasar el reloj", agre-

---

* Institutos educativos de educación media ampliada a dos años universitarios, financiados parcialmente por cada comunidad. [N. de la T.]

gando: "Tenemos que conseguir un liderazgo [sindical] cada vez mejor y más responsable que ayude a resolver el problema humano de la fabricación en serie".[50]

Y no faltaron líderes sindicales "responsables" que ayudaran a Ford a alcanzar su meta. En los años 50, para negociar los contratos, el movimiento sindical confiaba más en la pericia jurídica de su enorme plantilla profesional que en el activismo de las plantas de producción. Como comentó el enlace sindical de la Chrysler B.J. Widick: "Nuestros contratos se están convirtiendo en unos documentos tan legalistas que terminan por resultar impracticables en términos de relaciones laborales reales y genuinas. (...) En los viejos tiempos él [el representante] era el Sindicato, él era el Contrato. (...) Ahora el representante es un abogado de Filadelfia. Esto es vergonzoso".[51]

Como señaló Lichtenstein, los sindicatos norteamericanos llegaron a emplear

> al más vasto y mejor pagado estrato de funcionarios contratados a tiempo completo de todo el movimiento sindical mundial. (...) A finales de los años 50, el ratio de funcionarios por número de empleados llegó a ser de uno por cada trescientos empleados, mientras que la media europea era de aproximadamente un funcionario por cada dos mil trabajadores sindicados. En 1960 los Estados Unidos tenían 60.000 funcionarios sindicales contratados a tiempo completo, mientras que Inglaterra apenas tenía 4.000.[52]

Este fenómeno se debió en parte al diferente curso político que siguieron los Estados Unidos y Europa tras la Segunda Guerra Mundial. En la Europa socialdemócrata, el gobierno administraba la atención sanitaria y otros programas sociales mediante subsidios gubernamentales, mientras que en los Estados Unidos los servicios sociales dependían en gran medida de las "prestaciones complementarias" que, por otro lado, solo recibían aquellos trabajadores a quienes sus patronos hubieran ofrecido tales complementos. Como afirma Lichtenstein, "los sindicatos norteamericanos soportaban la carga de un conjunto de funciones y servicios desconocidos en los países en que, o bien un partido laborista, o bien un fuerte estado benefactor, asumían esas responsabilidades".[53]

Y prosigue: "Muchos sindicatos en los Estados Unidos (...) eran responsables de la negociación y administración no solo del calendario de pagos y de las prestaciones por antigüedad, sino también de las jubilaciones, los seguros médicos y distintos tipos de ayudas al desempleo. Además de eso, los sindicatos, tanto locales como regionales o nacionales, ejercían de lobby, influyendo en el nombramiento de cargos estatales y nacionales, respaldando candidatos y aportando dinero y contingente humano a sus campañas".[54]

Lo que dice Lichtenstein es cierto, pero vale la pena explorar también cuánto de esa situación se debía al propio movimiento sindical. La burocracia sindical norteamericana no es cualitativamente diferente de la europea o de la de cualquier otra parte. La tarea de los cargos sindicales es negociar acuerdos con los patronos que satisfagan tanto a los amos como a los trabajadores. Pero ni los empleos ni los salarios de los cargos sindicales dependen de los contratos que firman, pues sus salarios salen de los fondos de la organización sindical, así que no experimentan directamente las consecuencias de un mal contrato.

Por otro lado, ya desde la época de Gompers, los cargos sindicales han solido decantarse claramente por la colaboración en vez de optar por la confrontación, y en este sentido, el periodo posterior a la Segunda Guerra Mundial demostró ser decisivo para el movimiento sindical. Al elegir la senda de la colaboración y no la lucha de clases, los líderes sindicales empezaron a poner los asuntos en manos de los profesionales que estaban en plantilla y a alejarse cada vez más de las presiones de (y la rendición de cuentas a) los trabajadores de base. Ese gran tamaño del aparato sindical ha tenido consecuencias de largo alcance para el movimiento sindical estadounidense. Durante los días de apogeo de los años 30 eran los sindicalistas de las plantas de producción quienes dominaban las convenciones del CIO. Pero ahora, con una burocracia cada vez más atrincherada, quien lideraba y dominaba las votaciones y las elecciones era un pequeño ejército de representantes legales.

Además, la apuesta del sindicalismo por confiar en las relaciones amistosas con aquellos que podían detentar el poder, hizo que los sindicatos dedicaran sustanciales recursos financieros y de personal a las campañas electorales. La AFL-CIO desarrolló una compleja red de Comités de Acción Política (PAC), Comités de Educación Política (COPE) y lobbistas. Pero todo ese apoyo no les sirvió de mucho, pues cuando entre 1961 y 1969 los Demócratas lograron la mayoría en el Congreso y ocuparon la Casa Blanca, el movimiento sindical fue incapaz de obtener un cuerpo de leyes prolaborales que pudiese animar a los trabajadores y de paso revertir su inexorable caída.[55]

## El precio pagado por los trabajadores

Así como a finales de la década de 1930 se quebraron todas las esperanzas de crear un partido de los trabajadores, en la década de los 50 desaparecieron todas las esperanzas de que pudiera desarrollarse un auténtico estado del bienestar. Durante los años inmediatamente posteriores a la Segunda Guerra Mundial, Lichtenstein escribió: "Los sindicatos tenían la esperanza de que, al igual que en Inglaterra, la solidaridad social generada por la experiencia de la guerra impulsara el nacimiento de un sistema de salud universal y que hubiera más prestaciones sociales".[56] Sin embargo no fue así, sino todo lo contrario. En 1947, los patronos norteamericanos, amparados en la ley Taft-Hartley, continuaban atacando los derechos laborales, y estaba claro que no sería posible conquistar ningún sistema de salud universal si no se producía una lucha social masiva.

Sin embargo, los sindicatos, en lugar de apostar por esa batalla e insistir en que las prestaciones de salud y bienestar debían ser un derecho individual y universal (estuviese el trabajador sindicado o no), pensaron que era preferible relegarlas a la arena de la negociación colectiva. Y fueron los sindicatos de mayor tamaño y poder (industria automotriz, acero, caucho, transportes y minería) quienes mostraron el camino a seguir. En 1946 los contratos laborales incluyeron por primera vez prestaciones de salud y bienestar, y en 1949 se negociaron las primeras pensiones de jubilación.

En 1970, el 90% de los trabajadores sindicados estaban cubiertos por algún tipo de plan de salud.[57] Pero a mediados de la década de 1970, tan solo dos tercios del total de trabajadores de los Estados Unidos tenían seguro médico, normalmente el ofrecido por sus patronos.[58] Como el Estado no ofrecía cobertura universal, existía una enorme disparidad entre los trabajadores sindicados y los no sindicados; y desde luego, los más pobres solían tener poca o ninguna cobertura de salud u otras "prestaciones complementarias". Esa "minoría significativa" de la población desprovista de asistencia médica hizo sin duda mella en la disposición a la lucha de aquellos trabajadores lo bastante afortunados como para haber obtenido un empleo con un patrono que le ofrecía algún tipo de cobertura.

Los problemas que generaba este estado de cosas no eran visibles entonces, ya que el auge económico de la posguerra permitía que los salarios y las prestaciones fueran creciendo de modo sostenido. Todo parecía indicar que durante ese periodo los trabajadores avanzaban a pasos de gigante. Pero, como argumenta Lichtenstein:

> Aunque es cierto que durante esos años existía un acuerdo entre los sindicatos y la patronal, no se trataba tanto de un acuerdo mutuamente satisfactorio como de un mandato impuesto a un movimiento sindical extremadamente remiso, en pleno retroceso político y dividido internamente. Como mucho, se trataba de una

tregua limitada e inestable y casi por completo confinada a un conjunto bien definido de regiones e industrias. El acuerdo era producto de una derrota, no de una victoria.[59]

En los años 50, mientras la mayoría de sociedades industrializadas consideraban que la atención sanitaria era un derecho básico, Estados Unidos estableció el seguro médico como un privilegio del empleo, o sea, algo que ofrecía el patrón al trabajador. Y claro, lo que las corporaciones dan, también pueden quitarlo, y además de un plumazo. Eso es exactamente lo que experimentaron los trabajadores estadounidenses cuando en los años 70 se acabó la época de crecimiento, y los patronos empezaron a recortar salarios, prestaciones médicas y pensiones. Además, el hecho de que los trabajadores norteamericanos no hubiesen conquistado nunca el más mínimo sistema nacional de salud, allanó el camino para que las corporaciones se atrevieran a dar el paso de dejar sin prestaciones a millones de personas de la clase trabajadora.

Así que el sindicalismo empresarial, en el que sus líderes aceptaron ir reduciendo los derechos básicos de los trabajadores a cambio de recibir mejores sueldos, fue la estocada definitiva para la clase trabajadora. La fusión AFL-CIO había marcado el fin de una época en la que la clase trabajadora estadounidense había mostrado su poder, su disposición a la lucha e incluso su potencial revolucionario.

## Las consecuencias sociales de la reacción

Los medios de comunicación masivos muestran la época del Sueño Americano como un periodo idílico. Pero en realidad fue la época de la represión política del macarthysmo y de la extrema represión social en todos los ámbitos. Una de las muchas actividades "anti-americanas" incluidas en la caza de brujas del anticomunismo fue la homosexualidad. En 1950, el Senado empezó a investigar a los presuntos homosexuales "y demás pervertidos" empleados en el gobierno. Justificó esa investigación con la excusa de la seguridad nacional: su informe afirmaba que los gays "carecían de la estabilidad emocional de las personas normales", y decía cosas como que "la perversión sexual debilita al individuo" o que "los agentes del espionaje los pueden chantajear". El presidente Eisenhower emitió un decreto ejecutivo que exigía el despido de los homosexuales de los cargos oficiales. Durante los años 50, fueron despedidos de sus empleos gubernamentales 2.000 homosexuales al año; la cifra aumentó a 3.000 despedidos/año durante la década de 1960.[60]

Por otra parte, a los afroamericanos se les excluía sistemáticamente de la participación en el Sueño Americano. La segregación racial dejó en evidencia que la nueva prosperidad no tenía intención alguna de incluir a la gente de color. La segregación "a lo Jim Crow" del Sur tenía su contraparte en la discriminación "de facto" del Norte. Aunque los afroamericanos podían permitirse adquirir una nueva casa en un barrio residencial, los racistas (por lo general con el apoyo de la policía local) se organizaban para expulsarlos violentamente o forzarlos a abandonar los vecindarios suburbanos. Los racistas tenían la ley de su parte. Como señala Nicholson: "De mantener la segregación racial en los nuevos barrios residenciales se encargaban la Administración Federal de la Vivienda y la Administración de Veteranos, las dos compañías federales de seguro hipotecario más importantes. Además, los tribunales federales permitían convenios de exclusividad racial en los títulos de propiedad de las nuevas casas, lo cual aseguraba barrios residenciales totalmente blancos".[61]

Entre 1940 y 1960, tres millones de afroamericanos abandonaron sus trabajos en las granjas del Sur y emigraron hacia las diez mayores ciudades industriales del "cinturón de óxido" del medioeste de Estados Unidos, con la esperanza de encontrar empleos mejor pagados. En 1962, aproximadamente el 20% de los negros trabajaban como operarios manuales (*blue collar*) o en el sector servicios, pero la inmensa mayoría seguía estancada en labores no cualificadas o semicualificadas. Cerca de dos terceras partes de los negros norteños vivían en barrios bajos,[62] y los niños negros no podían asistir a la escuela junto a los niños blancos. Estas son las razones más importantes a la hora de explicar por qué el movimiento a favor de los derechos civiles creció tan rápidamente en los años 50. Sobre todo después de la resolución dictada en 1954 por la Corte Suprema en el caso *Brown versus Consejo de Educación de Topeka*, que finalmente rebatió la "constitucionalidad" de la segregación escolar.

Frente a esta situación de segregación racial, todo lo que hizo el movimiento sindical fue limitarse a apoyar verbalmente la batalla contra la segregación que llevaban a cabo los activistas negros de Birmingham (Alabama) y Little Rock (Arkansas). Cochrane comentó en 1959:

> Los pronunciamientos farisaicos constan en acta, pero los sindicatos evitan una participación real. En su actual batalla por romper las viejas estructuras del Sur, el Negro, por una serie de razones, está recibiendo un gran apoyo de la judicatura, pero no puede contar con el apoyo del movimiento sindical, más allá de algunas palabras de ánimo. Este supone un trágico giro de los acontecimientos, ya que significa que el movimiento sindical está dejando pasar nuevamente el autobús del Sur (...) El resultado es que en medio de esta crisis histórica, el movimiento sindical vuelve a quedarse mirando los toros desde la barrera.[63]

La imagen dominante en la cultura popular de esta época era la que ofrecían programas de televisión como *Ozzie y Harriet* y *Déjaselo a Beaver,* en las que aparecían familias blancas felices viviendo en barrios residenciales exclusivamente para blancos. Estos programas no solo revelaban el extremo racismo que caracterizó la década de 1950, sino también la intensa opresión a que era sometida la mujer. De acuerdo con la costumbre establecida en esos años, las mujeres debían seguir el ejemplo de June Cleaver: dedicarse a realizar las labores domésticas, y hacerlo de buen grado mientras sus maridos acudían a trabajar a sus empleos bien remunerados.

Según Betty Friedman, el patrón de limpieza *spic-n-span** de los años 50 significaba que en un hogar normal y corriente había que lavar las sábanas dos veces por semana.[64] Por otro lado, junto a la imagen del ama de casa dedicada a su familia, estaba la de la rubia despampanante, objeto del deseo sexual masculino. Friedman sostiene que en esa década tres de cada diez mujeres se tiñeron el cabello de rubio, y que entre 1939 y 1960 la talla media de los vestidos de mujer se había acortado tres o cuatro veces. "Las mujeres han de adaptarse a la ropa, no al revés", explicó una compradora.[65]

Del ama de casa ideal de los años 50 se esperaba que dedicase su vida a complacer a su marido y a su familia. En 1956, el *Libro de consulta de la recién casada* advertía a las esposas trabajadoras de que:

> Desde el día en que dijiste "Acepto", tu hogar y tu esposo son lo primero. Desde el punto de vista humano y práctico, no esperes que tu esposo acepte alegremente que lleves la casa de forma despreocupada, como quizás hayas hecho cuando eras una chica soltera. Puede que él lo encontrara divertido cuando te cortejaba, pero ahora ya no va a seguir pensando que es divertido que llegues a casa sin aliento a las 7:30 y cargada con una compra hecha en el último minuto.[66]

## La radicalización de los años 60

El resurgimiento del radicalismo a finales de la década de 1960 fue una explosión de ira contra la extrema represión ideológica y social de la década anterior. Se inició un periodo de agitación social en el que surgieron el movimiento antibélico, el Poder Negro y los movimientos de liberación de la mujer y de liberación gay. Pero ese estallido se produjo en gran medida fuera del mundo del trabajo organizado, y además carecía de una ideología política de clase clara. Las razones para esto se encuentran, una vez más, en el macartismo. Como observa Lichtenstein:

"La eliminación casi total de los comunistas de la vida política nortea-mericana hizo que cuando, poco más de una década después aparecie-ron el Movimientos por los Derechos Civiles y la Nueva Izquierda, asun-tos como el poder de clase y el poder sindical jugaran un papel menor".[67]

La Nueva Izquierda germinó a finales de los años 60 entre una gene-ración de estudiantes que se habían radicalizado dentro del movimiento de los derechos civiles y en el movimiento antibélico. A pesar de que la UAW y otras organizaciones sindicales habían ayudado al lanzamiento de Estudiantes por una Sociedad Democrática a principios de los años 60 para limar diferencias entre estudiantes y trabajadores organizados, la animosidad entre el movimiento estudiantil y los trabajadores aumentó con la guerra de Vietnam, como quedó patente en la convención de la AFL-CIO de 1965, donde acabaron a gritos.

Muchos trabajadores guardaban un profundo resentimiento hacia los estudiantes radicales. Parte de dicho resentimiento se basaba en que las tropas reclutadas para luchar en Vietnam estaban compuestas en su inmensa mayoría por gente de clase trabajadora. Los institutos adonde acudían estudiantes de clase trabajadora enviaban anualmente a Viet-nam entre el 20% y el 30% de sus egresados. En cambio, los graduados universitarios apenas aportaron el 2% del total de las tropas enviadas a la guerra entre 1965 y 1966. De los 1.200 estudiantes que se graduaron en la Universidad de Harvard en 1970, solo *dos* fueron enviados a Viet-nam.[68] Así que cuando los trabajadores se referían a los activistas univer-sitarios contrarios a la guerra llamándolos *draft-dodgers* (insumisos), expresaban dos ideas: el apoyo a la guerra y el odio de clase. Por otro lado, muchos trabajadores compartían las opiniones de la llamada "mayoría silenciosa" y asociaban a los estudiantes radicales con temas negativos, como el uso de drogas, la promiscuidad y otros aspectos de una "contracultura joven" que les era ajena.[69]

## "Cascos" *versus* "Melenas"

La hostilidad entre los sindicalistas y el movimiento contra a la guerra tuvo varios episodios de enfrentamientos, como el que se produjo el 8 de mayo de 1970, cuando doscientos trabajadores de la construcción de Nueva York embistieron contra una protesta antibélica pacífica y los *"hardhats"* ["sombreros duros", por los cascos de protección industrial] les dieron una brutal paliza a cientos de *"melenas"* al tiempo que cantaban "Ámalo o déjalo". Pocos días después, 2.000 obreros de la construcción y estibadores se manifestaron en Nueva York para apoyar la guerra, portando pancartas que decían cosas como: "No os preocupéis, no reclutan maricas". Pero esas protestas obreras no eran brotes "espontáneos" de furia probélica, como las pintaban los medios, sino que estaban instigadas por los patronos, algunos de los cuales ofrecían bonos en efectivo a los obreros que participaban en ellas.[70] Existen evidencias, como señala Levy, "de que quien organizó aquel ataque fue una organización derechista apoyada con fondos empresariales". Pero el 20 de mayo de 1970 los sindicatos se unieron finalmente al frenesí probélico. Peter Brennan, presidente del Consejo de la industria de la Construcción de la Ciudad de Nueva York, convocó una manifestación para apoyar la invasión de Nixon a Camboya, consiguiendo atraer a una multitud patriotera de entre 60.000 y 100.000 personas. Nixon recompensó a Brennan designándolo Secretario del Trabajo.[71]

Tras aquella manifestación, el activista de Estudiantes por una Sociedad Democrática (SDS), Cliff Sloan, comentó disgustado: "Si esto es la lucha de clases, algo no anda bien".[72] La mayoría de estudiantes radicales de los años 60 compartía la opinión de Sloan. Casi todos los miembros de la SDS, inspirados por la insurgencia del Frente de Liberación

---

* *Spic-n-span.* Marca comercial cuyo lema es "Cleaners that keep your home looking its best and give you peace of mind". Limpiadores que mantienen tu hogar reluciente y te dan tranquilidad espiritual. [N. de la T.]

Nacional de Vietnam, contaban con el Tercer Mundo para llevar a cabo la lucha revolucionaria, considerando que la clase trabajadora de los Estados Unidos estaba "vendida". Ese sentimiento se había incrementado tras las declaraciones de Victor Reuther (hermano de Walter), en las que reveló que la AFL-CIO venía participando desde hacía tiempo en operaciones encubiertas de la CIA.[73]

Con contadas excepciones, los radicales de la Nueva Izquierda consideraban que la clase trabajadora estaba alojada en el corazón de la bestia imperialista formando parte (importante) del problema, y buscaban aliados en cualquier otro lugar.[74] La mayoría de estudiantes radicales ingresó en organizaciones maoístas y estalinistas inspiradas en los movimientos nacionalistas del Tercer Mundo. Aunque a comienzos de los años 70 la izquierda maoísta norteamericana se contaba por miles, a finales de esa década se desintegró rápidamente, al igual que la internacional maoísta.[75] La visita de Nixon a China en 1972, la muerte de Mao en 1976, así como el cambio de política emprendido por sus sucesores, contribuyeron a la desilusión de esta generación de radicales. El declive del maoísmo fue también el síntoma del retroceso y declive generalizados de la izquierda a nivel internacional.

## La revuelta de los soldados

A finales de los años 60 cada vez eran más los soldados que se rebelaban contra la guerra, y su actitud ayudó a transformar el carácter clasista del movimiento antibélico. Aunque los grandes medios de comunicación pintaban a los activistas como gente que escupía a los veteranos de Vietnam cuando regresaban a casa, en realidad los soldados eran bien recibidos por el movimiento.[76] Los veteranos marchaban en las manifestaciones de los activistas, los soldados publicaban periódicos antibélicos desde sus bases militares, y todos juntos jugaron un papel básico para la creación de un importante movimiento anti-guerra tanto en los Estados Unidos como en el propio Vietnam.

En 1971, los Veteranos de Vietnam Contrarios a la Guerra (VVAW) estaban en la primera línea de la lucha antibélica. Los miembros del VVAW pertenecían fundamentalmente a la clase trabajadora: la mitad de ellos era de procedencia obrera y tan solo el 30% procedía de familias de profesionales o empresarios. El surgimiento de esa oposición organizada de veteranos contribuyó a acabar con la caricatura que los medios hacían de los activistas antibélicos como "frívolos rebeldes de la clase media".[77] Del 19 al 23 de abril de 1971, 2.000 veteranos de la guerra de Vietnam se sentaron frente a la Corte Suprema para protestar contra la guerra, exigiendo que el Congreso decretara la retirada inmediata e incondicional de todas las fuerzas estadounidenses desplazadas a Indochina. Y mientras cientos de veteranos se despojaban solemnemente de sus medallas de guerra, el exsargento de Marina Jack Smith pidió disculpas al pueblo vietnamita, "cuyos corazones quedaron rotos, mas no vencidos" por culpa del "genocidio, el racismo y la atrocidad".[78]

El año 1968 marcó un momento crucial en la guerra de Vietnam, cuando en el mes de enero las fuerzas norvietnamitas lanzaron la Ofensiva del Tet y demostraron que las fuerzas estadounidenses jamás lograrían vencerles. Ese año, los soldados que estaban en Vietnam se negaron a combatir sesenta y ocho veces. En 1970, tan solo la 1ª División de Caballería Aérea se negó a combatir treinta y cinco veces. Durante el mismo periodo, las tropas rebeldes estadounidenses empezaron a lanzar granadas fragmentarias a sus propios oficiales al mando, y hubo entre ochocientos y mil intentos de matar a sus superiores. El veterano activista contra a la guerra Joel Geier lo describió así: "El amotinamiento y el lanzamiento de granadas expresaba la rabia y la amargura que sentían los soldados combatientes al ser utilizados como carnaza para matar comunistas. La tropa se vio obligada a reconsiderar quién era el verdadero enemigo".[79] Como escribió Geier:

Un observador que estaba en Pace, cerca del frente camboya-no donde se estaba cumpliendo a rajatabla una tregua unilateral vietnamita, informó: "Los hombres se pusieron de acuerdo e hicieron correr la voz a los demás pelotones: que nadie dispare a menos que le disparen. Y alrededor de las 11h del 10 de octubre de 1971, los hombres de la Compañía Bravo, de la 11/12 Primera División de Caballería, declararon su propio alto el fuego con los norvietnamitas".[80]

En junio de 1971, el coronel de la Marina Robert D. Heinl Jr. escri-bió un artículo en el *Armed Forces Journal*, cuyo título lo decía todo: "El colapso de las Fuerzas Armadas", en el que informaba del grave deterio-ro que estaban sufriendo las tropas estadounidenses en Vietnam, aña-diendo que los militares se sentían "aporreados y zarandeados por todas partes: por la turbulencia social, por la adicción pandémica a las drogas, por la guerra racial, la sedición, por usar a civiles como chivos expiato-rios, por la necedad y malevolencia del proyecto, por los robos en las barracas y por la delincuencia en general".[81]

## 1970: el movimiento sindical se gira contra la guerra de Vietnam

Después de la Ofensiva del Tet, el apoyo popular a la guerra cayó rápidamente. En julio de 1968 el rechazo llegó al 52% de la población y por primera vez era mayoritario. Como argumenta Levy: "Se acabó el estereotipo de que los *hardhats* eran halcones probélicos, pues casi todas las encuestas demostraban que los obreros se oponían a la guerra tanto como los jóvenes que portaban palomas de la paz".[82]

En 1970, los estudiantes y los trabajadores organizados experimenta-ron un nuevo acercamiento. Tras el anuncio de Nixon de que Estados Unidos había invadido Camboya el día 30 de abril, muchos sindicalistas se unieron al brote masivo de protestas. Como describió Joe Allen en un artículo publicado en la *International Socialist Review*:

> El país estalló furioso, literalmente. A los cuatro días de la invasión había huelgas en marcha en más de cien campus. En todas partes se producían ataques a los símbolos militares, en especial dentro de las dependencias del ROTC [Cuerpo de Capacitación de Oficiales de la Reserva] dentro de los campus. Y entonces, la ira se expandió más allá del territorio universitario. "Fue algo que yo no había visto nunca", recordaba un activista en Nueva York: "Podía sentir la polarización social. Se podía cortar con un cuchillo, resultaba tan increíble. (...) El mismo día y al día siguiente de la invasión de Camboya toda la ciudad estaba llena de miles de personas que debatían por las calles. Se podía incluso ir de grupo en grupo participando en las discusiones".[83]

Las autoridades gubernamentales respondieron a la protesta estudiantil con una violencia inusitada. El 4 de mayo, tropas de la Guardia Nacional abrieron fuego sobre los estudiantes en la Kent State University en Ohio, matando a cuatro e hiriendo a nueve de ellos. Diez días después, la policía de Misisipi mató a dos estudiantes negros e hirió a cuatro más en el Jackson State College. Las huelgas estudiantiles se extendieron a 1.300 campus universitarios, y los sindicalistas empezaron a asistir masivamente a las marchas contra la guerra, por ejemplo a la Marcha Contra el Racismo y la Represión de Georgia, convocada para protestar las muertes del Jackson State College. El 8 de mayo, Nixon se vio forzado a anunciar que las tropas estadounidenses saldrían de Camboya a finales de junio. En 1971, los líderes sindicales de la ciudad de Nueva York se unieron a los veteranos de la VVAW y a los activistas estudiantiles para respaldar una concentración en memoria de los estudiantes asesinados en la Kent State.[84]

En el otoño de 1971 las encuestas de opinión de Gallup mostraban que un 61% de la gente quería que Estados Unidos retirase sus tropas de

Vietnam a finales de año. El sentimiento era más fuerte entre los no blancos y los sindicalistas.[85] La unidad y la fuerza exhibidas en 1970 y 1971 por estudiantes y obreros en las protestas contra la guerra mostraban el gran potencial que podían tener los movimientos sociales cuando eran apoyados por los trabajadores. Desafortunadamente, esa unidad no afloró a la superficie hasta que la guerra de Vietnam estuvo en su última fase. Y mientras tanto, los movimientos de izquierda se habían ido fragmentando. El propio grupo Estudiantes por una Sociedad Democrática se había dividido en distintas facciones y organizaciones que compitieron entre sí durante su convención de 1969. La oportunidad para que la clase trabajadora pudiera haber participado mucho más significativamente en los movimientos sociales de la década de 1960 había pasado.

## Rebelión de las bases

Las protestas masivas y sostenidas durante tanto tiempo impactaron profundamente en el clima político de los Estados Unidos durante la década de 1960 e inicios de los 70. El Congreso, presionado por el movimiento de los derechos civiles, finalmente aprobó la Ley de los Derechos Civiles en 1964, y un año después, en 1965, la Ley del Derecho al Voto. También se creó el Medicare* y se ampliaron los programas de asistencia social para los pobres, queriendo dar respuesta así a las rebeliones urbanas de los barrios pobres de los años 60. A principios de la década de 1970, el movimiento feminista conquistó el derecho legal al aborto, y el movimiento por los derechos civiles logró la aprobación de programas de discriminación positiva.

En todo este periodo, los dirigentes sindicales no fueron capaces de ejercer una presión política similar a la de los movimientos sociales. Entre otras cosas porque en la década de los 60 la Corte Suprema había restringido aún más los derechos de los trabajadores sindicados, impidiéndoles tomar parte en acciones laborales que no estuviesen autorizadas por su contrato sindical. En 1970, escribe Lichtenstein, "el Tribunal Superior convirtió en ilegales casi todos los paros laborales que pudieran efectuarse durante la vigencia del contrato, y volvió a legitimar las intimaciones laborales que tanto habían dañado al movimiento sindical en el siglo XIX".[86]

Mientras la década de 1960 se aproximaba a su fin, una rebelión sísmica se iba incubando entre los trabajadores de base. En esos años, y a medida que el auge económico de la posguerra comenzaba a tambalearse, los salarios se iban congelando, y la rabia por el estancamiento de los salarios, combinada con la aceleración de la producción, así como la desidia de la burocracia sindical, hizo que a principios de 1968 la clase trabajadora estallara en una serie de revueltas. Dichas revueltas estuvieron encabezadas por trabajadores jóvenes influidos por el movimiento contra la guerra, por el Poder Negro y por la radicalización general de esa época.

A menudo eran los trabajadores negros quienes encabezaban las luchas más abiertamente radicales. Los obreros negros de la industria automotriz de Detroit, por ejemplo, formularon reclamaciones contra lo que ellos denominaban *"niggermation"*: la combinación de aceleración de la producción y discriminación racial. De hecho, los trabajadores negros habían sido virtualmente excluidos de los trabajos cualificados y altamente remunerados en las Tres Grandes plantas automovilísticas de Detroit. En 1968, la Chrysler apenas tenía un 3% de sus puestos cualificados ocupados por negros; la Ford, el 3%; y la GM, el 1,3%. El sindicato United Automobile Workers, por mucho que presumiera de lo contrario, en la práctica era igual de racista que la patronal, y aunque los negros constituían la cuarta parte de su militancia, no había ninguno que formara parte de su dirección. A la convención de 1968 tan solo asistieron seis delegados negros, y de los veintiséis representantes que tenía la organización sindical, tan solo uno era afroamericano.[87]

Dan Georgakas y Marvin Surkin describen el activismo de los obreros negros en *Detroit, me importa morir:*

> El 2 de mayo de 1968, 4.000 trabajadores pararon la planta de Dodge Main. Era la primera huelga salvaje que se producía en esa fábrica en 14 años. La causa inmediata de la huelga fue la aceleración de la producción, y tomaron parte en ella trabajadores negros y blancos. La fuerza que lideró la huelga fue el DRUM [Movimiento Sindical Revolucionario de Dodge]. Las actividades y las ideas del DRUM iban a inspirar a los trabajadores negros de todo el país. Nada menos que una autoridad como *The Wall Street Journal* los tomó muy en serio desde que hicieron su primera huelga salvaje, porque entendió algo que la mayoría de los estudiantes radicales blancos aún no había entendido: que la revolución negra de los años 60 había llegado finalmente a uno de los eslabones más vulnerables del sistema económico norteamericano: el de la fabricación en serie, la cadena de montaje.[88]

Los éxitos obtenidos por el DRUM en Dodge Main inspiraron una serie de grupos subsidiarios en otras plantas automotrices, como los RUM (Movimiento Sindical Revolucionario), o el comité de los Panteras Negras en la planta de la GM en Fremont, California. En 1969 los RUM se unieron para formar la Liga de Trabajadores Negros Revolucionarios, una formación nacionalista negra que mantenía una política formal de rechazo al apoyo blanco, lo cual sin duda afectó negativamente al enorme potencial que existía para construir una unidad real entre negros y blancos. Porque cabe señalar que una importante minoría de trabajadores blancos apoyó las huelgas lideradas por los RUM.[89]

Los Hermanos Negros Unidos es una organización menos conocida pero muy particular, pues comprendieron muy bien que era necesario

---

* Programa de asistencia médica para mayores de 65 años o personas con graves problemas de salud. [N. de la T.]

construir la unidad solidaria con los trabajadores blancos. Hermanos Negros Unidos se formó a raíz de una huelga salvaje realizada en 1967, cuando 500 trabajadores negros cesaron su actividad porque un capataz había llamado "negro bastardo" a un trabajador negro. En 1969, cuando los Hermanos se pusieron en huelga contra el racismo que había en la planta Ford de Mahwa, Nueva Jersey (en donde un tercio de la fuerza laboral era afroamericano) la organización llamó a los trabajadores blancos a unirse a la huelga:

> ¿Por qué os pedimos apoyo? Porque a vosotros os puede ocurrir lo mismo que a nosotros. La compañía ha estado despidiendo a docenas de obreros, y sin embargo, las líneas de producción no se han ralentizado ni lo más mínimo. Así que a vosotros os han cargado con más trabajo, y si no lo podéis hacer, o perdéis el empleo o perdéis el tiempo de descanso. Los supervisores están acosando a la gente e insultándola con toda clase de calificativos, como "sucio bastardo africano", "negro hijo de puta" y "latino apestoso", por decir solo unos pocos. (...) ¡Os pedimos a todos que deis un paso al frente y nos apoyéis en esta lucha![90]

Entre 1960 y 1969, el número de huelgas salvajes se duplicó en todas las industrias, pasando de mil a dos mil. En 1970, la ola de huelgas se disparó. La General Motors estuvo en huelga 67 días, y 40.000 mineros del carbón fueron a la huelga simultáneamente en tres estados exigiendo prestaciones para los incapacitados. Por su parte, los carteros cesaron su actividad en todo el territorio nacional y dejaron sin Servicio Postal a doscientas ciudades. Y cuando el gobierno envió a la Guardia Nacional, las tropas expresaron su simpatía por los huelguistas. Tras dos semanas de paro, los trabajadores postales, a quienes legalmente les estaba prohibido hacer huelga, lograron un aumento salarial del 14%. El 1 de abril se pusieron en huelga los camioneros, y muchos alargaron la huelga un mes más incluso después de haber recibido la orden del presidente de la

Hermandad Internacional de Camioneros, Frank Fitzsimmons, de que volvieran al trabajo.[91]

Aunque 1970 fue el año más caliente, las revueltas de los trabajadores de base siguieron varios años más. En 1972, Mineros por la Democracia eligió como presidente del sindicato al candidato reformador Arnold Miller. Ese mismo año fueron a la huelga 800 trabajadores de la planta de la GM en Lordstown, Ohio, para protestar contra la aceleración de la producción. Los líderes sindicales no estaban contentos con la proliferación de las huelgas salvajes, e intentaron imponer su autoridad sobre los huelguistas, a veces incluso empleando la violencia. En 1973, Douglas Fraser, en aquel entonces cabeza de la UAW de la división Chrysler, organizó una banda de 1.000 sindicalistas leales para atacar a un piquete en la Planta Troqueladora de la Avenida Mack de la Chrysler, en Detroit. Apalearon a los huelguistas mientras la policía se mantenía al margen, mirando. Un reportero de televisión de Detroit comentó: "Por primera vez en la historia de la UAW, el sindicato se ha movilizado para mantener abierta una planta". Fraser se explicó de manera concisa: "La huelga salvaje violaba nuestra constitución, la ley, el contrato, realmente alteraba nuestra estrategia de negociación".[92]

El ambiente parecía propicio para que la rebelión de las bases encabezara una radicalización de clase más amplia. Y hubo pequeños sectores de la izquierda que a comienzos de la década de 1970 empezaron a orientar su labor hacia a la clase trabajadora. En 1975 se formó Camioneros por un Contrato Decente (más adelante rebautizado como Camioneros por un Sindicato Democrático), y ese mismo año los obreros más disidentes de la industria del acero lanzaron la campaña "Devuelve el Golpe" para elegir al reformador Ed Sadlowski como presidente de Trabajadores de la United Steel. Cuando se produjo la elección, Sadlowski obtuvo un formidable 43,1% de la votación, contra el 51,9% del candidato oficial. En 1976 también hubo una huelga nacional del sindicato de camioneros que paralizó la industria del transporte de carga.[93]

Mucha gente de la izquierda predijo que la recesión de 1973-75 originaría un nuevo periodo propicio para la lucha de clases. Pero ninguno de los movimientos de base estaba –ni podía estar– preparado para lo que sobrevendría años después. El capital norteamericano se unió en una gran coalición y decantó decisivamente a su favor el equilibrio de las fuerzas de clase, decidido no solo a dejar de aumentar los salarios sino mucho peor, a forzar su abrupta caída. El resultado ha sido una ofensiva constante de los patronos que ya dura tres décadas sin que muestre señales de decaimiento.

Al ver ahora las cosas de manera retrospectiva, es más fácil darse cuenta de que las ganancias económicas cortoplacistas logradas en los años 50 y 60 fueron sobrepasadas ampliamente por la gran pérdida de derechos de los trabajadores. La época del Sueño Americano había preparado el terreno para la ofensiva de los patronos que inevitablemente sobrevendría cuando el auge diese paso a la recesión. Y mientras tanto, el impacto perdurable del macartismo había dejado a la izquierda de base con escasas estructuras e incapaz de actuar contra los líderes sindicales corruptos o acabados, y mucho más incapaz aún para afrontar una defensa decidida de los derechos de los trabajadores.

# PARTE IV

# GUERRA DE CLASES UNILATERAL

CAPÍTULO SIETE

# LA OFENSIVA DE LOS PATRONOS

En 1971, el exfuncionario del Pentágono Daniel Ellsberg filtró siete mil páginas de documentos secretos de dicho organismo al *New York Times*. Los Papeles del Pentágono, como pasaron a ser conocidos, demostraban que el Secretario de Defensa Robert McNamara y otros funcionarios habían mentido sistemáticamente a la opinión pública cuando afirmaban, refiriéndose a la guerra de Vietnam, que la victoria estaba "a la vuelta de la esquina", a sabiendas de que la guerra no se podría ganar nunca y de que el número de bajas sería enorme. Poco tiempo después, un grupo de "fontaneros" de la Casa Blanca se introdujo en las oficinas del psiquiatra de Ellsberg para intentar desacreditarlo públicamente; los mismos "fontaneros" que serían capturados en 1972 entrando en las oficinas del Comité Nacional Demócrata en el complejo Watergate para instalar aparatos de grabación.

Durante casi dos años Nixon sostuvo su inocencia, y con su famosa afirmación del 17 de noviembre de 1973: "No soy un ladrón", quiso dejar claro que nada sabía de tales incursiones.[1] Pero finalmente, y por orden judicial, el gobierno se vio obligado a entregar las grabaciones oficiales de la Casa Blanca. En ellas se demostraba que Nixon estaba enterado de los espionajes telefónicos contra el Partido Demócrata, y que había insistido en pagar sobornos a los acusados de irrumpir en el Watergate. En una de las cintas, grabadas apenas unos días después de la incursión ilegal en Watergate, puede escucharse a Nixon fraguando un plan para hacer que la CIA declarase que se trataba de asuntos de "seguridad nacional" y bloquear así cualquier nuevo avance en la investigación. Las investigaciones llevadas a cabo por el FBI, el Senado y la prensa revelaron múltiples actividades ilegales, autorizadas y ejecutadas por el equipo de Nixon. También revelaron el enorme alcance de los delitos y abusos cometidos para apoyar la reelección de Richard Nixon, que incluían fraude en la campaña, espionaje político y sabotaje, intrusiones ilegales en oficinas, auditorías de impuestos falsas, escuchas ilegales a gran escala, etc. Con la administración Nixon expuesta públicamente como una administración completamente corrupta, el Presidente se vio forzado a escoger entre enfrentarse a un juicio político o renunciar a su cargo. Acabó dimitiendo en agosto de 1974.

Con el escándalo Watergate aún en marcha, el Congreso empezó a investigar documentos filtrados del FBI que revelaban la existencia de un programa de contrainteligencia nacional –conocido por las siglas COINTELPRO– que implicaba tanto al FBI y a la Casa Blanca como al aparato judicial local y estatal. Hoover había iniciado el programa en 1956 para utilizarlo contra el Partido Comunista, pero entre sus objetivos había miles de individuos y organizaciones activos en los turbulentos años 60. El propósito declarado de COINTELPRO era emplear cualquier táctica, desde la infiltración hasta el espionaje, para "denunciar, perturbar, hacer fracasar, desacreditar o, de no ser esto posible, neutralizar" a los disidentes políticos.[2] Se comprobó que el FBI había implementado una vigilancia continua y generado los correspondientes archivos sobre un amplio abanico de personas y organizaciones, como el Partido de los Trabajadores Socialistas, el Partido de las Panteras Negras, Martin Luther King, Jr., la Conferencia Sur de Liderazgo Cristiano (Southern Christian Leadership Conference, SCLC) y el Ku Klux Klan.[3]

A mediados de la década de 1970, la clase dominante estadounidense había llegado a un punto crítico que iba mucho más allá de los excesos de Nixon y Hoover. La mayor potencia militar del mundo había sido derrotada en Vietnam, en una guerra que había matado a más de 2.000.000 de vietnamitas y otros surasiáticos y a más de 58.000 soldados estadounidenses. Además, los mandatarios estadounidenses se habían sentido humillados por el masivo movimiento antibélico que se había generado en su propio país. Por otro lado, la enorme impopularidad de la guerra había hecho que los dirigentes de la nación corrieran el riesgo de provocar un descontento generalizado si intentaban iniciar otra gran guerra. Existía pues un sentimiento de derrota e impotencia, conocido como "Síndrome de Vietnam". Por añadidura, el auge económico de la posguerra ya era cosa del pasado, pues mientras Estados Unidos había estado invirtiendo en la producción de armamento, sus competidores económicos, en especial Japón y Alemania, habían invertido en sus fábricas, de modo que en los años 70 ya habían superado la productividad fabril norteamericana. La recesión de 1973 señaló el inicio del declive y el comienzo de una crisis económica de largo alcance para el capitalismo internacional:

> Si bien fue la recesión de 1973-75 la que puso de relieve el deterioro económico, este proceso comenzó antes, y siguió después, de aquel acontecimiento catastrófico. (...) El resultado fue que las ganancias de las compañías estadounidenses, que habían empezado a decaer en 1965, no pudieran recuperar sus niveles de principios de los 60 hasta quince años después. Ocurrió lo mismo con la inversión neta anual en maquinaria y equipamiento, que cayó del 4% del PIB de media en el periodo 1966-1970 a un 3,1% en el periodo 1971-1975, y al 2,9% en el periodo 1976-1980. También sufrió la productividad, y el crecimiento de la productividad anual por trabajador empleado en empresas de bienes muebles cayó del 2,45% en el periodo 1948-1973 al 0,08% en el periodo 1973-1979.[4]

La aportación de Estados Unidos al PIB mundial fue descendiendo a lo largo de toda la década de 1970, y en 1971 la balanza comercial de los Estados Unidos obtenía cifras negativas por primera vez desde 1893. Ese fue el comienzo de un déficit comercial que crecería hasta adquirir proporciones descomunales durante la administración Reagan. En 1979, las empresas automotrices norteamericanas tan solo producían el 28% de la producción mundial de automóviles; y en 1981, su aportación a la producción mundial de acero cayó al 15%.[5]

## Labor de venta

En 1974 y 1975, un grupo de CEOs [directores ejecutivos] se reunieron bajo los auspicios del Conference Board [grupo de investigación para asuntos de negocios] para, aparte de lamentar la crisis, reflexionar sobre cómo afrontarla en un futuro. Un dirigente corporativo resumió el sentir de los asistentes: "Estamos atrapados en nuestra propia trampa. Hemos despertado expectativas que no podemos cumplir".[6] La conclusión de este encuentro fue la idea consensuada de que los intereses empresariales tenían que unirse para inclinar la balanza de las fuerzas de clase del lado del capital. Y ello requería una rebaja drástica de los niveles de vida de la clase trabajadora, es decir, incrementar el grado de desigualdad entre las clases. Sin embargo, la ola de huelgas –autorizadas o salvajes– que se produjeron entre 1968 y 1974, mostraba claramente que los trabajadores no estaban dispuestos a aceptar la congelación de los salarios, y mucho menos, el recorte de los mismos.

A mediados de la década de 1970, *Business Week* resumió el desafío que tenían por delante: "La idea de que la gente tenga menos para que las empresas puedan tener más será una píldora difícil de tragar para muchos norteamericanos. (…) En la historia económica moderna, ni ésta ni ninguna otra nación se han propuesto jamás realizar una 'venta' tan difícil como la de conseguir que la gente acepte y compre esta nueva realidad".[7] Así que las corporaciones se prepararon para esa labor "de venta". Como señalaron los periodistas Alexander Cockburn y Ken Silverstein en *Washington Babilonia*:

En 1973, mientras la reputación de las grandes empresas se venía a pique, los líderes de las corporaciones formaron la Tabla Redonda del Empresariado. Reactivaron la moribunda Cámara de Comercio y la convirtieron en un potente *lobby*. Se aceleró al máximo el reclutamiento de "formadores de opinión". Encabezados por la Fundación M. Olin –presidida por el antiguo Secretario de Hacienda William Simon– las corporaciones y algunas personas acaudaladas empezaron a invertir decenas de millones de dólares anuales en pensadores de la derecha. (...) Y así surgieron la Fundación Congreso Libre Paul Weyrich (creada por Joseph Coors), el Consejo de Política Nacional (la respuesta de la derecha al Consejo de Relaciones Exteriores), la Institución Hoover y el Instituto Norteamericano para la Defensa y la Veracidad de los Medios.[8]

La "Gran Sociedad"* de los años 60, en la que los presidentes Kennedy y Johnson incrementaron los gastos de asistencia social para atraer el voto de los afroamericanos, vivía el fin de sus días. Las ayudas sociales empezaban a tambalearse y a sufrir todo tipo de recortes, como por ejemplo le ocurrió a la Ayuda a Familias con Niños Dependientes, que entre 1969 y 1981 (el año en que Ronald Reagan asumió la presidencia) cayó un 29%.[9] Paralelamente, entre 1965 y 1975, el impuesto corporativo sobre la renta descendió en porcentaje de ingresos federales brutos del 21,8 al 14,6%, en tanto que el impuesto sobre la renta personal para el décimo percentil más bajo de la población se triplicó, y para el siguiente décimo más bajo se duplicó con creces.[10]

Durante el periodo de auge y crecimiento de los años 60 los salarios habían ido subiendo de modo sostenido y la brecha entre ricos y pobres se había ido estrechando. Pero en 1973, las tendencias comenzaron a invertirse.[11] A comienzos de los años 70, la ola de huelgas –autorizadas y salvajes– logró mantener a flote los salarios, pero en 1974 los salarios reales empezaron a caer y ya no dejaron de hacerlo durante toda la década de 1980.

## Reaganismo antes de Reagan

Ronald Reagan y el Partido Republicano aceleraron la política de reducción de impuestos para los ricos y de recortes del gasto social para los pobres, lo que provocó un enorme incremento de la desigualdad en los Estados Unidos durante los años 80. Y si bien es cierto que esa brecha se aceleró con los republicanos, la ofensiva de los patronos había sido desde el principio un proyecto bipartidista.

El primer paso de esa ofensiva lo había dado el demócrata Jimmy Carter nada más llegar a la presidencia. Desde la época del *New Deal,* los Demócratas habían logrado contener la revuelta social promoviendo ciertas reformas (aunque eso sí, sin implementarlas todas). Pero a finales de la década de los 70, los Demócratas decidieron unir fuerzas con los Republicanos para proponer un nuevo programa social. Un programa que atacara abiertamente tanto el nivel de vida de los trabajadores como a sus organizaciones sindicales, y todo ello evocando la imagen de un trabajador sindicado sobrepagado y de una gente pobre que chupaba del bote.

En 1975, el movimiento sindical estuvo a punto de lograr un avance importante en cuanto a legislación prolaboral. Se trataba de la *Common Situs picketing bill,* una ley que permitía que los trabajadores de la construcción pudieran hacer piquetes en una obra entera aunque fuera para quejarse de un solo subcontratista. Esta ley debilitaba las restricciones de la Taft Hartley para boicots secundarios, y fue aprobada por el Congreso, aunque no pudo ir más allá porque fue vetada inmediatamente por el sucesor de Nixon, Gerald Ford. Cuando volvieron a presentarla al Congreso en 1976, el presidente ya era Jimmy Carter, pero en Washington los ánimos habían cambiado, y los Demócratas votaron en contra, así que finalmente no se aprobó.[12] Los Demócratas habían dejado claro de qué lado estaban. De hecho, el propio Carter intentaría utilizar la ley Taft-Hartley en 1978 para acabar con una huelga del carbón en la que tomaron parte 160.000 mineros.[13]

Durante su mandato, Carter estableció las políticas clave que prepararon el terreno para las draconianas medidas de Reagan. Porque no fue Reagan, sino Carter, quien abrió paso a la desregulación que en la década de los 80 dejaría a las grandes empresas y a la banca libres de obligaciones de índole ambiental, seguridad laboral u otras restricciones "sociales". En 1978 Carter firmó un cuerpo de leyes que desregulaba las líneas aéreas, y en 1980 empezó a desregular el transporte terrestre.[14]

Carter autorizó un descomunal aumento del 5% para el gasto militar, al tiempo que hacía masivos recortes en los programas de asistencia a la pobreza.[15] Después de la caída del Sha de Irán en 1979, Carter advirtió al mundo: "Cualquier intento por parte de cualquier fuerza exterior por conquistar el control de la región del Golfo Pérsico será considerado un ataque a los intereses vitales de los Estados Unidos de América, y tal ataque será repelido por todos los medios necesarios, incluida la fuerza militar".[16]

En 1978 el Congreso aprobó una ley de reforma del sistema tributario que redujo el impuesto sobre las ganancias tope de capital del 48% al 20%, mientras que el impuesto para la seguridad social (un impuesto en el que todo el mundo paga la misma tasa, sin importar el monto de sus ingresos) se incrementaba drásticamente.[17] Tampoco intervino Carter para defender a los trabajadores cuando a finales de los años 70 los patronos empezaron a acosar de forma implacable a los sindicatos. Entre 1957

* *Great Society*. Conjunto de programas lanzados por el presidente Demócrata Lyndon B. Johnson en 1964-65. El principal objetivo era paliar la pobreza y la injusticia racial. [N. de la T.]

y 1980, el número de acusaciones presentadas contra los patronos por prácticas laborales injustas se incrementó hasta un 750%. También en ese periodo disminuyó el número de elecciones para elegir representantes sindicales,[18] y la militancia sindical cayó a un 23% del total de la fuerza laboral, aproximadamente 10 puntos porcentuales por debajo de la registrada a mediados de los años 50.

La AFL-CIO estimaba que en 1979 había más de mil empresas consultoras antisindicales operando en los Estados Unidos. Según la revista *Economist,* estas empresas ganaban más de 100 millones de dólares al año haciéndoles a los patronos promesas como éstas: "En el Capítulo Dos le mostraremos cómo engañar a sus empleados (antes de que ellos lo engañen a usted) y cómo hacer que sigan sonriendo aun recibiendo bajos salarios; cómo conseguir que acepten sus empleos mal pagados y que, además, teman ser despedidos de ellos; y cómo contratar y despedir de manera que ustedes ganen dinero siempre". A mediados de los años 80, las corporaciones estadounidenses estaban gastando unos quinientos millones de dólares en actividades antisindicales.[19]

## Colaboración y concesiones

En 1978, el presidente de la UAW, Doug Fraser, declaró indignado:

> Creo que los líderes de la comunidad empresarial de este país, a excepción de unos pocos, han elegido librar una guerra de clases unilateral: una guerra contra el pueblo trabajador, los desempleados, los pobres, las minorías, los muy jóvenes y los muy viejos, e incluso contra buena parte de la clase media de nuestra sociedad. Los líderes de la industria, el comercio y las finanzas de los Estados Unidos han roto y arrojado a la basura el frágil pacto no escrito que hubo durante el periodo de progreso y crecimiento.[20]

Pero el propio Fraser se adhirió a los métodos colaboracionistas. En 1979, la administración Carter intervino para rescatar de la bancarrota a la menor de las Tres Grandes empresas automotrices, la Chrysler. Aunque la UAW había accedido a hacer ajustes por un monto de 200 millones de dólares, el Congreso se negó a concederle a la Chrysler su garantía de préstamo por 1,2 billones de dólares a menos que los trabajadores hicieran concesiones por un total de 462 millones de dólares. Esto implicaba congelar los salarios y renunciar a diecisiete días de vacaciones pagadas. En el siguiente contrato, el presidente de la Chrysler, Lee Iacocca, exigió aún más concesiones por parte de los trabajadores, esta vez por un monto de 673 millones de dólares, lo que implicaba un *recorte* salarial de 1,15 dólares por hora y la pérdida de otros tres días de vacaciones. En 1985, cuando la Chrysler volvió a ser una empresa rentable, Iacocca se había convertido en el segundo ejecutivo estadounidense mejor pagado, con un salario de 11,4 millones de dólares.[21] Pero para entonces, la Chrysler ya había eliminado 50.000 empleos.[22] Este rescate financiero marcaría el inicio de una nueva época en la negociación colectiva.

## Los Republócratas

Para alcanzar sus objetivos, los patronos necesitaban emprender una ofensiva ideológica contra los movimientos sociales de izquierdas que tanto habían influido en el clima político de finales de los 60 y principios de los 70. La administración Carter dirigió los primeros ataques contra el derecho al aborto y la "discriminación positiva" [contra la discriminación racial], dando así los primeros pasos de lo que en la era Reagan se convertiría en un acoso implacable.

En 1976, el sureño y cristiano evangélico Jimmy Carter ganó la carrera presidencial a Gerald Ford. Y aunque Carter era más liberal que este último, según el historiador Kenneth O'Reilly durante la contienda por la Casa Blanca en 1976 Carter envió mensajes contradictorios y controvertidos, como el uso y abuso de la frase "pureza étnica" para describir enclaves étnicos blancos y escuelas de barrios blancos, a los que acompañaban advertencias adicionales sobre los "grupos foráneos" y la "intrusión negra". "La inserción [en una comunidad] de un miembro perteneciente a otra raza", o "un tipo de familia diametralmente opuesto", o "un tipo de persona diferente", amenazaban lo que Carter llamaba el valor admirable de la "pureza étnica".[23]

Inmediatamente después de asumir el cargo, Carter aprobó la Enmienda Hyde, que cancelaba la provisión de fondos federales para financiar el aborto de las mujeres pobres (provisión que por cierto, aún no ha sido restablecida: en 1990, tan solo trece estados aportaban fondos Medicaid para realizar abortos, y treinta y dos estados negaban esa ayuda incluso a las víctimas de violación o incesto). Carter defendía la Enmienda Hyde como una consecuencia lógica de la sociedad de clases: "Existen muchas cosas en la vida que no son justas, cosas que la gente rica se puede permitir y la gente pobre no. Pero yo no creo que el gobierno federal deba actuar para que esas oportunidades sean exactamente las mismas para todos, especialmente cuando implican un factor moral".[24]

Otro aspecto clave que utilizaron para acabar con las reformas sociales de los años 60 fue atacar la "discriminación positiva". En 1978, la Corte Suprema de los Estados Unidos emitió su memorable decisión *Bakke versus Miembros del Directorio de la Universidad de California*, culminando así más de dos décadas de ataques contra los programas de "discriminación positiva". La Corte dictaminó que a Allan Bakke, un hombre blanco, le habían negado una plaza en la Escuela de Medicina Davis de la Universidad de California debido a políticas de "discriminación a la inversa" que lesionaban los derechos de los hombres blancos. Se determinó que la política de la escuela de medicina de reservar 16 de sus 100 plazas anuales a estudiantes no blancos resultaba discriminatoria para los estudiantes blancos "mejor calificados". Pero hubo varios hechos importantes sobre el caso *Bakke* que nunca salieron a la luz en los medios de comunicación. Primero, la escuela de medicina de Davis también reservaba cada año cierta cantidad de plazas para los hijos e hijas de exalumnos de la universidad, los llamados "legados". Segundo, treinta y seis de los ochenta y cuatro estudiantes *blancos* aceptados admitieron haber tenido calificaciones aún más bajas que Bakke el año en que éste solicitó la inscripción. Y más aún, otras diez escuelas de medicina habían rechazado la solicitud de Bakke.[25]

Los programas de "discriminación positiva" eran necesarios para obligar a que los patronos y las instituciones más reacios aceptasen finalmente la integración racial. En 1948, veintiséis de las veintisiete escuelas de medicina de los Estados Unidos practicaban abiertamente la segregación racial. En 1978, el año en que Bakke quiso inscribirse en la escuela de medicina, los negros constituían aproximadamente el 12% de la población del país, pero apenas un 2% de ellos eran doctores, y menos de un 3% eran estudiantes de medicina. Las cuotas raciales eran necesarias porque la segregación seguía gozando de buena salud.[26] Sin embargo, al sostener el concepto de "discriminación a la inversa", la Corte Suprema logró dar un nuevo giro al debate en torno a la "discriminación positiva". A partir de ahí, el "racismo a la inversa" fue la justificación que permitió socavar los programas de "discriminación positiva".

Así que cuando Jimmy Carter dejó la presidencia, su administración había despejado el camino para que Ronald Reagan pudiera emprender tranquilamente su ataque frontal contra la clase trabajadora.

## Una década de pillaje

En 1981, justo cuando la economía entraba nuevamente en recesión, los patronos intensificaron su ofensiva. Tras la idea que intentaban ven-

der de "la economía de la filtración de la riqueza" (desde las capas sociales más altas hacia las más bajas), se ocultaba un programa económico
basado en la fabricación de armamento, en el ataque a los gastos sociales
y a los niveles de vida de la clase trabajadora, y en unas enormes deducciones fiscales para los ricos.

Uno de los primeros movimientos de Reagan en cuanto asumió la
presidencia en 1981 fue anunciar planes para ofrecerles a las corporaciones importantes reducciones fiscales. Como describen Thomas Ferguson
y Joel Rogers en *Giro a la derecha: la decadencia de los Demócratas y el
futuro de la política norteamericana*: "Inmediatamente después del anuncio del gobierno, la gran empresa se movilizó y la Tabla Redonda del
Empresariado convocó una reunión de emergencia. Los ejecutivos de las
más importantes compañías norteamericanas cayeron en bandada sobre
Washington para emprender una orgía de apaños y mangoneos que fue
bautizada como el 'Week-end del Learjet' [el pequeño avión a reacción
preferido por los altos ejecutivos para su uso privado]".[27] Demócratas y
Republicanos se enzarzaron en una intensa pugna, tratando cada partido de superar al otro en la invención de nuevas deducciones
fiscales —como las deducciones especiales para empresas petroleras, de
bienes raíces y de tecnología punta— para ver quién lograba congraciarse
más con los líderes empresariales. David Stockman describió así este
momento: "Los puercos se pusieron las botas de verdad. El nivel de vora-
cidad, el nivel de oportunismo, simplemente, se descontroló".[28]

En el punto culminante de la recesión, entre 1981 y 1982, el desempleo superó la barrera del 10%. Concretamente en las grandes plantas
manufactureras, el empleo había caído el 25% (3,4-4 millones de empleos) entre 1978 y 1982. Muchos fabricantes aprovecharon la oportunidad
para mudarse a estados sureños con legislación *Right-to-work* (el trabajador no está obligado a pertenecer a un sindicato), y muchos otros des-
localizaron sus fábricas llevándolas a México y al Sureste Asiático.[29]
Nada era casual. Generar un nivel tan elevado de desempleo formaba

parte del plan. Como explicó el Director de Presupuesto de Reagan en una charla dada en la Cámara de Comercio en 1982, para la economía estadounidense el hecho de que hubiera un periodo sostenido de desempleo "era parte de la cura, no el problema".[30] En 1983, más del 15% de la población vivía por debajo del umbral oficial de pobreza.[31]

Entre la Ley de Recuperación Económica Fiscal aprobada en 1981 y la Ley de Equidad Impositiva y Responsabilidad Fiscal de 1982, las tasas impositivas para los negocios se redujeron a la mitad, pasando del 33% al 16%. Estas reformas fiscales recibieron un amplio apoyo por parte de los Demócratas; más de la mitad de los diputados demócratas del Congreso votaron a favor, y lo mismo hizo el 80% de los senadores del partido.[32] Paralelamente, el impuesto sobre las ganancias de capital se rebajó al 20%, una rebaja incluso mayor que la hecha por Carter. En 1986 también se aprobó la Ley de Reforma Fiscal, que rebajaba las tasas de interés para las personas más ricas al 28% (cuando en 1981 esa tasa era del 70%). Mientras tanto, entre 1982 y 1984 los trabajadores pobres –los que tenían ingresos por debajo de los 10.000 dólares anuales– sufrieron un aumento de impuestos del 22%[33] Como argumenta Kevin Philips en *La política del rico y el pobre*:

> En el ecuador de la segunda presidencia de Reagan, los datos oficiales comenzaron a mostrar que en Norteamérica los "riquísimos" –los más ricos de entre el 1% de la población más rica de los Estados Unidos– jamás habían sido tan ricos. La política federal favorecía la acumulación de riqueza y recompensaba los activos financieros, acelerando la concentración de los ingresos iniciada a mediados de la década de los 70. (...) *No se había visto semejante aumento de ricos desde finales del siglo XIX, en la época de los Vanderbilt, los Morgan y los Rockefeller.*[34]

Según cifras oficiales gubernamentales, entre 1980 y 1989 el número de contribuyentes estadounidenses que declararon más de un millón de dólares de ingresos brutos se cuadruplicó, y sus ingresos totales crecieron, en su conjunto, un 1.630%. La cantidad de contribuyentes que declararon ingresos de más de 10 millones de dólares se multiplicó por diez.[35]

Reagan aumentó masivamente el gasto militar, y lo hizo sin apenas haberse de enfrentar más que a una tímida observación por parte del Congreso de mayoría demócrata. Bajo su mandato, al igual que bajo el de Carter, los gastos de defensa se elevaron tanto como recortes se hicieron en el gasto social. Eran vasos comunicantes. Entre 1980 y 1987, el gasto social se vio reducido del 28% al 22% del presupuesto federal, mientras que el gasto militar se elevó del 23% al 28% en ese mismo periodo. Pero Reagan no lo explicó así de claro, por supuesto. Mientras recortaba millones de dólares en asistencia social y hería de muerte los programas para el cuidado prenatal de las mujeres pobres, invocaba imágenes de "reinas de la beneficencia" que iban por ahí conduciendo automóviles de lujo ayudando a los pobres. Decía que el gobierno solo debía suministrar fondos para ayudar a los "verdaderamente necesitados", y mientras tanto, su administración recortaba los programas de almuerzo escolar para los niños pobres. En su afán por reducir los costos, el Servicio de Alimento y Nutrición de Reagan llegó incluso a reclasificar el kétchup como "vegetal" para poder incluirlo en los almuerzos escolares de los niños.[36]

A finales de los años 80, según un parámetro determinado por la brecha existente entre los más ricos y los más pobres, Estados Unidos había alcanzado el dudoso estatus de ser el país más desigual de todos los países occidentales industrializados. Según un informe de finales de la década que analizaba los salarios que se pagaban dentro de las diez empresas más importantes del país, los directores ejecutivos a mediados de los años 70 ganaban unas 34 veces más que sus empleados, mientras que a finales de los 80 ya ganaban 110 veces más. En febrero de 1982, *Business Week* informaba de que los ejecutivos estadounidenses ganaban de media 160 veces más que sus empleados, y entre 3 y 6 veces más que sus colegas de Europa y Japón.[37]

## La estafa de las corporaciones

Pero los ricos no se estaban haciendo más ricos solo porque hubiera reducciones fiscales. Vivieron una orgía especulativa. Después de que en 1983 la economía saliera de la recesión y empezara a aumentar la productividad, muchos cayeron en la tentación de emplear las ganancias para hacer mera especulación, que era una iniciativa mucho más lucrativa que la inversión de capital. Esto fue mucho más evidente en el sector del ahorro y los préstamos (Savings&Loan, S&L) que en cualquier otro campo. Este nuevo escenario, por cierto, también se había fraguado durante la administración Carter. En 1980, el Congreso había votado a favor de otorgar a todos y cada uno de los depósitos de las S&L un seguro federal de hasta 100.000 dólares por depósito, muy por encima de los 40.000 en vigor desde 1974. En 1982, el Congreso hizo otro favor a las S&L: les concedió la desregulación, eliminando todos los límites de las tasas de interés. Eso significaba que las corporaciones y los individuos ricos podían dividir sus fortunas en depósitos de 100.000 dólares y colocarlos en S&L por todo el país, a tasas de interés exorbitantemente elevadas, y todo ello absolutamente asegurado por el dinero de los contribuyentes:

> Para completar este escenario delictivo, la nueva ley: 1) permitió que los promotores [inmobiliarios] poseyeran empresas S&L, y 2) permitió que los propietarios de las S&L se autoconcediesen préstamos. En pocas palabras, no solamente se abría la caja fuerte a los ladrones: dejaba que fueran sus dueños. Así que no es de extrañar que cuando se firmó la ley en Rose Garden, el presidente Reagan, con su acostumbrado talento para la confesión

inconsciente, comentase riendo entre dientes: "En fin, creo que hemos ganado el premio gordo".[38]

Si las S&L hubiesen sido desactivados nada más mostrar su insolvencia, no habría sido necesario lanzarse después a un colosal rescate financiero. Pero los reguladores federales esperaron años antes de entrar en acción, y dejaron que los empresarios de las S&L perdiesen miles de millones de dólares. De modo que fueron los contribuyentes quienes tuvieron que rescatarlos de la quiebra. El rescate de las S&L costó a los contribuyentes unos 300 billones de dólares.

La fabulosa experiencia de Charles Keating al timón de la American Continental and Lincoln Saves nos ofrece un fiel retrato de la riqueza y el poder disfrutado por quienes estaban al frente de la industria del ahorro y el préstamo. Durante cinco años, Keating se pagó a sí mismo y su familia casi 39 millones de dólares, aparte de tener acciones y opciones [*stocks and options*] de la empresa. La familia voló quince veces a Europa en un jet corporativo con adornos dorados, asientos de cuero, bar y el mejor equipo de sonido y vídeo que el dinero podía comprar. Una navidad, la familia pagó el viaje en avión a una orquesta completa para que animase una fiesta de altos cargos corporativos. Mientras tanto, la American Continental and Lincoln Savings se declaraba insolvente y 17.000 propietarios de bonos, en su mayoría depositantes de la tercera edad, perdieron 200 millones de dólares, acabando muchos de ellos en la más absoluta pobreza.[39]

El políticamente bien conectado Neil Bush estaba al mando del Silverado, una empresa S&L de Denver cuyo rescate costó a los contribuyentes unos 1.000 millones de dólares. A mediados de 1998, una llamada telefónica de la Casa Blanca a los investigadores federales los convenció para que pospusieran la incautación de bienes de Silverado hasta después de las elecciones presidenciales de ese año. Así lo hicieron, y la incautación de la empresa se produjo el 9 de diciembre, justo un mes después de la elección de George H.W. Bush como presidente.[40]

En 1989 las S&L tenían 14 billones de dólares invertidos en "bonos basura"*, así que las S&L estaban estrechamente vinculadas a este tipo de bonos especulativos.[41] Pero nadie alertó de la situación. Sobre todo porque los frutos de la gran estafa de las S&L no estaban yendo a parar únicamente a manos de los directivos de las empresas. Las generosas contribuciones aportadas a las campañas electorales consiguieron acallar a las cámaras del Congreso y evitar que dieran la señal de alarma. Los "Cinco de Keating" –los cinco senadores acusados de brindarle cobertura a Charles Keating: cuatro demócratas (los senadores Alan Cranston de California, Donald Riegle de Michigan, Dennis DeConcini de Arizona y John Glenn de Ohio), y un republicano (el senador John McCain de Arizona)–, representaban tan solo la punta del iceberg. Pero estaban implicados muchos más. De hecho se estima que en la década de 1980 los miembros del Congreso recibieron oficialmente por parte de las S&L 11 millones de dólares; y extraoficialmente, el doble de esa cantidad.[42]

## El ataque a la clase trabajadora

Durante muchos años los informes gubernamentales disimularon las estadísticas sobre la rápida caída de los salarios reales, con alegres afirmaciones de que los ingresos familiares medios se habían mantenido estables a lo largo de la década de 1980. Pero tales informes resultaban engañosos, ya que las familias compensaban los bajos salarios añadiendo otros ingresos, aumentando las horas de trabajo y aumentando su deuda personal.

En 1989 trabajaba casi el 60% de las mujeres, mientras que en los años 60 tan solo lo hacía el 40%. Las cifras son similares respecto a las mujeres casadas con hijos menores de seis años, cuya participación en la fuerza laboral se elevó del 36,7% al 58,4% en 1989. Pero ni siquiera las familias con los dos miembros adultos asalariados podían llegar a fin de mes. Un informe de la Comisión Conjunta de Economía mostraba que en el 80% de las familias de parejas con niños, los adultos trabajaban más horas en 1989 que en 1979, pero que sus ingresos no aumentaban en consonancia. La paga real por hora de trabajo de los hombres había bajado en el 60% de las familias, en tanto que los salarios de las mujeres apenas llegaban de media al 65% del de los hombres. En 1988, la Oficina de Estadísticas Laborales informaba de que el número de mujeres que trabajaban en dos o más empleos se había elevado del 2,2% en 1970 al 5,9% en 1989. Tan solo las familias con ingresos más altos mostraban una "clara mejoría en su nivel de vida".[43]

Entre tanto, la desregulación de la industria bancaria incrementó el número de tarjetas de crédito en circulación, pasando de 12 millones en 1980 a 289 millones en 1990. Y mientras crecía el número de personas que se endeudaban para poder llegar a fin de mes, la deuda personal por la tarjeta de crédito aumentó de 853 dólares en 1980 a 2.350 dólares en 1990.[44] La media del ingreso familiar también era inferior entre los menores de treinta años. Las familias de este grupo de edad tenían en 1991 un ingreso porcentual un 13% menor en términos del ajuste a la inflación que el devengado por dichas familias en 1973. Y más de un tercio de todas las familias monoparentales –una de cada cuatro familias con niños en 1987– vivía por debajo del umbral de pobreza.[45] Y aún así, entre los años fiscales 1982 y 1985, el Congreso recortó 5 billones de dólares de los programas de desayuno, almuerzo y alimentación estival para los niños pobres.

Durante los dos mandatos presidenciales de Reagan, el número de trabajadores pobres no paró de crecer. El salario mínimo de 3,35 dólares por hora se mantuvo igual desde 1981 hasta 1989, con una caída del ingreso real del 36%. En 1986, los trabajadores ya percibían el mismo salario que en 1961, y el 20% incluso más bajo que en 1972. En 1989 el salario por hora no había subido respecto al de 1966.[46] Debido a los recortes de la era Reagan, que redujo a la mitad la duración de las prestaciones por desempleo de 52 a 26 semanas, en 1990 tan solo un tercio de los desempleados tuvo derecho a cobrar el subsidio, comparado con los dos tercios que disfrutaban de ese derecho en 1981.

A comienzos de los años 90, cerca de 40 millones de estadounidenses carecían de la cobertura de un seguro médico, más del 85% de ellos trabajadores o personas dependientes de ellos.[47] Al igual que en el caso de la debacle de la industria del ahorro y el préstamo (S&L), la industria de la salud estadounidense, que amasó 700 billones de dólares en 1990, es una historia de locura y codicia. Durante décadas, un conglomerado de compañías aseguradoras, empresas farmacéuticas, médicos y hospitales se han asegurado de que ni las leyes sobre la competencia ni la intervención del estado interfirieran su caudal de beneficios. En 1992, la Fundación Americana para las Familias informó de que entre 1985 y 1991 el costo de las tres recetas médicas más vendidas en el país se había elevado un 80%.[48] Al igual que en el sector S&L, las aseguradoras médicas más importantes también se mostraron bien dispuestas a pagar generosamente al Congreso para que no se entrometiera en sus negocios. Más de doscientos Comités de Acción Política (PAC), que representaban a los distintos sectores de la industria médica, contribuyeron en su conjunto con más de 60 millones de dólares para financiar las campañas electorales de miembros del Congreso entre 1980 y 1991.[49]

En la década de los 80, también la seguridad y la salud laborales sufrieron un importante deterioro. Los accidentes de trabajo se duplicaron por culpa de la aceleración de la producción: más horas extras, menos personal para realizar el trabajo y mayor velocidad en las líneas de montaje. En esa década, los Estados Unidos tenían la tasa de morta-

* De interés más alto pero con un mayor riesgo de impago. [N. de la T.]

lidad laboral más alta de todas las naciones industrializadas occidentales. En 1991, el incendio de una planta de procesamiento avícola en Carolina del Norte puso al descubierto las decimonónicas condiciones de trabajo que soportaban muchísimos obreros no sindicados. Cuando estalló el incendio en la planta de Carolina del Norte, los 90 trabajadores que había dentro corrieron hacia las salidas, pero solo una de las nueve puertas se abrió. El propietario había bloqueado o cerrado con candados las demás para impedir que los trabajadores robasen sus pollos.[50] La planta tenía solamente un extintor de incendios y carecía de sistema de duchas extintoras automáticas. Algunos transeúntes dijeron haber escuchado a los trabajadores gritando y golpeando las puertas. Pero ya era demasiado tarde: de los 90 trabajadores, en su mayoría mujeres negras, 25 perecieron quemados en el interior y otros 53 resultaron heridos.

Después del incendio, un productor agrícola declaró ante una comisión del Congreso que había recibido llamadas telefónicas de colegas de la industria avícola diciéndole "que al día siguiente del incendio habían ido por todas sus plantas desatrancando las puertas con cortapernos".[51] En los días posteriores al incendio, se reveló que el número de inspectores de seguridad laboral de que disponía Carolina del Norte solo permitía visitar cada centro de trabajo una vez cada setenta y cinco años. A nivel nacional, tan solo había 1.200 inspectores para atender cinco millones de centros de trabajo.[52]

## Crecimiento de la Nueva Derecha

La elección de Ronald Reagan en 1980 alimentó la confianza del ala conservadora del Partido Republicano e impulsó la formación de una coalición conocida como la "Nueva Derecha". La Nueva Derecha se propuso acabar con todos los logros conseguidos por los movimientos sociales en la década de los 60, y arropó bajo su techo protector a organizaciones políticas y religiosas que iban desde la Mayoría Moral del reverendo Jerry Falwell al Consejo Conservador Nacional. Los miembros más prominentes de la Nueva Derecha tenían una cosa en común: todos eran acreditados derechistas. A finales de los años 70, la organización "Stop ERA" de Phyllis Schlafly inició una campaña contra la Enmienda de Igualdad de Derechos (Equal Rights Amendment, ERA) con el mismo ardor con que "Derecho Nacional a la Vida" hacía campaña en contra del aborto. En 1977, Anita Bryant, que se había hecho famosa porque anunciaba en televisión un zumo de naranja producido en Florida, encabezó un ataque legal contra los derechos de los homosexuales en ese estado, y su organización, "Save our Children" (Salvemos nuestros Niños), logró que se revocase una ordenanza que prohibía la discriminación de los homosexuales en el Condado de Dade.[53]

Los aliados de la Nueva Derecha en el Congreso trabajaron arduamente en las campañas contra el derecho al aborto. El representante Republicano por California, Robert K. Donan, patrocinó (infructuosamente) la "Enmienda por la Vida Humana", que hubiera prohibido el aborto bajo cualquier circunstancia, tanto en casos de violación e incesto como en los casos de riesgo de muerte de la mujer en el parto.[54] Pero el éxito de la Nueva Derecha habría que medirlo por su impacto en el discurso político dominante. La alianza de protestantes fundamentalistas, segregacionistas de viejo cuño, cruzados contra el aborto e intolerantes homófobos logró que en el transcurso de apenas una década el clima político diera un pronunciado giro a la derecha. La Derecha Cristiana, que impregnó la política *mainstream* de los años 90, fue propulsada desde la Nueva Derecha apelando al conocido mantra de los "Valores de la familia", valores que los políticos de los dos partidos mayoritarios abrazaron con entusiasmo y promocionaron activamente.

# Raza y clase

El grado de racismo que desprendía la Casa Blanca de Ronald Reagan era tremendo. Reagan cortejaba una y otra vez con el votante racista blanco asegurando "a quien quisiera escucharle" que él siempre se había opuesto a los derechos civiles, y no perdía ocasión para revivir la vieja consigna de los segregacionistas sureños: "¡El Sur resurgirá!".[55] Por ello no le sorprendió a nadie que durante la presidencia de Reagan muchos miembros del ala segregacionista del Partido Demócrata Sureño empezaran a abandonar la coalición del *New Deal* y se pasaran al Partido Republicano.

Reagan se propuso ahondar la separación entre los trabajadores blancos y las minorías nacionales oprimidas, en particular los afroamericanos. Y por ello, casi todos los recortes en gastos sociales se justificaron mediante un estereotipo racista, acusando a las minorías de recibir más ayudas que los blancos. Palabras como "beneficencia", "drogas" y "crimen" eran términos del código racista muy utilizados en las campañas electorales para asociar ideas y meterlas todas en un mismo saco. Y aunque dos terceras partes de los favorecidos por la beneficencia eran blancos, siempre se sobreentendió que las "trampas a la beneficencia" de las que Reagan se quejaba eran cometidas por negros. Cuando participó en las elecciones presidenciales de 1988, Reagan apareció en un anuncio electoral televisado calificando a su oponente demócrata, Michael Dukakis, de "blandengue con el crimen", y utilizaba la foto policial de un convicto negro reincidente, Willie Horton, para demostrar esa acusación. En una encuesta de 1988 en la que se les preguntaba a los afroamericanos si la administración Reagan "tendía más a ayudar a los negros o a mantenerlos oprimidos", un abrumador 78% respondió: "a mantenerlos oprimidos".[56]

Bajo el mandato de Reagan, todo empeoró para los negros. En 1975, los afroamericanos ingresaban de media el 63% de lo que ingresaban los blancos. Pero en 1991, la media había bajado al 56%, la misma cifra que antes de los programas "Gran Sociedad" de los años 60. Una de cada tres familias negras cayó por debajo del umbral de la pobreza. La tasa de pobreza de los latinos era un poco más baja, del 26,8%, aunque entre los portorriqueños era del 40%. La mortalidad infantil entre los negros era el doble que la de los blancos. Por otra parte, la tasa de desempleo de afroamericanos jóvenes se disparó por las nubes, y en 1987 ya era del 34%, llegando a alcanzar el 50% en algunas ciudades.[57]

En 1988 las expectativas de vida de los afroamericanos descendieron por cuarto año consecutivo. La tasa de homicidios entre los hombres negros casi se duplicó entre 1984 y 1988, y en algunas áreas sobrepasó la cifra de soldados estadounidenses muertos en la guerra de Vietnam. A principios de los años 90, el *New England Journal of Medicine* informaba de que un negro joven de Harlem tenía menos probabilidades de llegar a los 65 años que un habitante de Bangladesh. El homicidio era la principal causa de muerte.[58]

A comienzos de los 90, el 86% de los blancos suburbanos vivía en comunidades en las que había menos de un 1% de negros. Durante los años 80, más del 8% la población negra fue arrestada cada año. En 1986 el sheriff de Jefferson Parish-Louisiana, un barrio residencial de Nueva Orleans, convocó una rueda de prensa para anunciar que había dado instrucciones a la policía de que arrestaran a todos los jóvenes negros varones que vieran en el área después del anochecer.[59] Confiaba en que una vez arrestados esos jóvenes, el sistema de "justicia" norteamericano se encargaría del resto. Como comentó un antiguo director de la Conferencia Nacional de Abogados Negros:

> Cualquier pobre y negro juzgado por hurtar unos pocos cientos de dólares tiene un 90% de posibilidades de ser condenado por robo a sentencias de entre 94 y 138 meses. Un ejecutivo empresarial blanco que haya desfalcado cientos de miles de dólares tan

solo tiene un 20% de probabilidades de recibir una condena de entre 20 y 48 meses.[60]

Pero en la era Reagan no todos los afroamericanos sufrieron por igual. En los años 70 y 80, la clase media negra aumentó en tamaño e ingresos. Eso era debido en parte a los programas de "discriminación positiva", que empezaron a abrirles algunas puertas y les permitió acceder a empleos y profesiones que antes se les habían negado por completo. Aun con todo, seguían teniendo enormes dificultades para acceder a la clase dominante. En 1985 tan solo un hombre de negocios negro, John Johnson, editor de *Ebony* y *Jet*, había logrado figurar en el extremo inferior de la lista Forbes de los 400 más ricos.[61] Sin embargo, aun quedando marginados del poder, la polarización interclasista entre los propios negros llegó a sobrepasar la de los blancos, y el número de miembros de la Asociación Nacional para el Progreso de la Gente de Color (NAACP), la organización tradicional de la clase media negra, descendió estrepitosamente, pasando de los 550.000 miembros de mediados de los años 70 a aproximadamente 150.000 diez años más tarde.[62] Manning Marable escribió entonces:

> Hoy, en la época post-derechos civiles, en los años 80 y 90, hasta la propia definición del término "comunidad negra" es debatible. El resultado final de las iniciativas de la discriminación positiva y de los derechos civiles fue la expansión de la base potencial de la clase media afroamericana, que antes solía estar localizada en los aledaños del antiguo gueto. En 1989, una de cada siete familias afroamericanas tenía ingresos que sobrepasaban los 50.000 dólares anuales, cuando la media en los hogares afroamericanos era de 22.000 dólares. Y las parejas casadas negras con educación universitaria generalmente percibían el 93% de lo que ingresaban las parejas blancas de nivel similar.[63]

# El papel de los Demócratas negros

A mediados de los años 70 muchos activistas afroamericanos ingresaron en las filas del Partido Demócrata con la intención de cambiarlo por dentro. Pero para entonces, los Demócratas ya se estaban desplazando hacia la derecha, una derechización que se acentuaría tras la elección de Reagan, cuando los Demócratas decidieron centrar todos sus esfuerzos en reconquistar a los llamados "Demócratas de Reagan", los demócratas blancos que habían votado por éste en 1981. Así pues, en la agenda del partido no había espacio para ocuparse de los derechos civiles. En 1985, los Demócratas conservadores crearon el Consejo Directivo Demócrata (Democratic Leadership Council, DLC) con la intención de institucionalizar la orientación derechista del partido.

En enero de 1990 había 7.370 representantes negros repartidos por todo el país, en su inmensa mayoría Demócratas.[64] Muchas ciudades importantes eligieron alcaldes negros que se vieron obligados a realizar los mismos recortes en los programas sociales que sus colegas blancos, y con idéntico resultado: mayor pobreza y desempleo para la población negra, y la misma segregación y brutalidad policial.

Aunque profundamente Demócrata, la Conferencia Nacional de Alcaldes Negros llegó a apoyar en 1985 la propuesta de Reagan de reducir el desempleo de la juventud negra mediante la implantación de un salario para los jóvenes por debajo del mínimo establecido. Explicaba el entonces alcalde [negro] de Tuskegee, Alabama, Johnny L. Ford: "Si todo lo que podemos conseguir por ahora son 2,50 dólares por hora, los aceptaremos".[65] En 1985, el alcalde [negro] de Filadelfia, Wilson Gode, ordenó que se pusiese una bomba en un barrio residencial. El objetivo eran los miembros de un grupo contracultural negro, MOVE (Muévete), que se negaban a permitir la entrada de funcionarios municipales en sus hogares. Murieron once personas, entre ellas cinco niños, y docenas de casas quedaron destruidas.[66] Por su parte, Tom Bradley, alcalde [negro] de Los Angeles, posó para los fotógrafos del *South African Digest* entregándole la llave de la ciudad al Cónsul General de Suráfrica, favorable al *apartheid*.[67]

La estratificación en clases de la población negra aumentaba, y también se profundizaba el viraje político a la derecha asociado a ella, hasta el punto de que en 1990, el gobernador de Virginia, Douglas Wilder, ya no vio necesario identificarse con el movimiento de los derechos civiles. Admitió: "Nunca me he considerado activista. Por supuesto que ahora todo el mundo dice que participó en la Marcha a Washington. Pero yo no estuve ahí. Ni siquiera he participado en piquetes aquí en Richmond; pero siento que he contribuido de otras maneras".[68] Como entonces señaló el sociólogo negro Manning Marable: "Esos charlatanes se apoyan en la vieja retórica nacionalista de la solidaridad racial, carente de todo contenido progresista y que nada tiene que ver con los movimientos de protesta social por el empoderamiento o la resistencia".[69]

## La Coalición Arco Iris

El líder de los derechos civiles Jesse Jackson fundó la Coalición Arco Iris como un movimiento antirracista de raigambre popular con el que hacer campaña en las elecciones presidenciales de 1984. Aunque la coalición se organizó como parte de la oferta de Jackson para obtener su nominación por parte del Partido Demócrata, dejó claro que la Coalición Arco Iris sería un movimiento inclusivo que recibiría de buen grado a afroamericanos, latinos y otros grupos racialmente oprimidos, así como a mujeres, obreros, pobres y activistas de izquierda, para conformar una organización progresista común.

Aunque sus demandas estaban muy a la izquierda de las de la plataforma del Partido Demócrata, la Coalición Arco Iris se ganó rápidamente la simpatía de amplios sectores y movimientos populares. Algunas de sus demandas eran:

- Eliminación de las reducciones fiscales que hizo Reagan al 10% más rico de los estadounidenses para financiar con esos impuestos programas de bienestar social.
- Rebaja del presupuesto del Departamento de Defensa hasta un 15%.
- Calificación de Suráfrica como nación delincuente por su práctica del *apartheid*.
- Congelación inmediata del armamento nuclear e inicio de las negociaciones de desarme con la Unión Soviética.
- Sistema de salud universal.
- Ratificación de la Enmienda de Igualdad de Derechos.
- Incremento de los fondos federales para la educación pública y creación de *community colleges* gratuitos para todos.
- Estricto cumplimiento de la Ley de Derechos Electorales.
- Creación de un Estado Palestino.

Como comentó más tarde Ron Walters, quien fuera el jefe de campaña para asuntos políticos de Jackson: "No había nadie más, al menos en esos niveles, que estuviese hablando de racismo ambiental, de 'no ser los primeros en emplear armas nucleares', de *antiapartheid* (recordemos que la ANC era entonces una 'organización terrorista') y de la situación árabe-israelí".[70] Jackson atrajo a miles de partidarios, y en 1984, tras ganar cinco primarias del partido, quedó en el tercer lugar, obteniendo 3.5 millones de votos.

Su discurso en 1984 en la convención del Partido Demócrata pudo haber constituido una llamada a las armas, de no haber tenido lugar dentro de los confines de un partido que rechazaba su principal propuesta:

América no es como una manta de una sola pieza de tela de un mismo color, una misma textura y un mismo tamaño. América se parece más a una colcha, con muchos retazos, muchos parches, muchos colores, muchos tamaños, todos ellos cosidos y unidos por un hilo común. El blanco, el hispano, el negro, el árabe, el judío, la mujer, el indígena norteamericano, el pequeño granjero, el comerciante, el ambientalista, el activista por la paz, el joven, el viejo, la lesbiana, el gay y el minusválido configuran la colcha nacional.

Incluso en nuestra nación fracturada, todos contamos y todos encajamos en alguna parte. Hemos demostrado que podemos sobrevivir el uno sin el otro. Pero no hemos demostrado que podamos ganar y progresar sin contar con el otro. Tenemos que unirnos.

Desde Fannie Lou Hammer en Atlantic City en 1964 a la actual Coalición Arco Iris en San Francisco; del Atlántico al Pacífico, hemos experimentado dolor, pero también progreso, al eliminar las leyes del *apartheid* norteamericano; hemos logrado suprimir la discriminación de los lugares públicos, hemos asegurado los derechos electorales, obtuvimos la libertad de vivienda, así como el derecho al voto de los jóvenes. En el camino perdimos a Malcolm, Martin, Medgar, Bobby, John y Viola. No debemos abandonar al equipo que nos llevó hasta aquí, sino hacer que crezca.[71]

En 1988, Jackson recibió más de siete millones de votos y ganó once primarias, lo que lo alzó al segundo lugar, muy cerca del gobernador de Massachusetts, Michael Dukakis. Incluso durante un corto espacio de tiempo, después de lograr el 55% de votos en las primarias de Michigan, sobrepasó a todos los demás candidatos y se puso al frente en cuanto al número total de compromisarios. A pesar de lo ajustada que estaba la carrera, el candidato Michael Dukakis nunca pensó en Jackson como pareja para la fórmula Presidente-Vicepresidente. Como comentó recientemente la periodista JoAnn Wypijewski: "Los 'lumbreras' de aquí, de *The New Republic* [revista cercana al derechista DLC], advirtieron de que si le daba a Jackson un puesto en el binomio Demócrata se produciría una 'derrota segura y apocalíptica'. Finalmente no le dieron el puesto, y Michael Dukakis, tan inconsistente como Mondale y próximo al miembro del DLC Lloyd Bentsen, acabaría sufriendo su propio apocalipsis particular".[72]

El Partido Demócrata no sabía cómo articular una retórica que llegase a su base votante. Tras la sonora derrota frente a Reagan en las elecciones presidenciales de 1984, sus líderes habían dejado de dirigirse a los afroamericanos y a los trabajadores –conocidos en los círculos del partido como "grupos de interés especial". Incluso el *establishment* político negro del Partido Demócrata le había dado la espalda a Jackson. Como sostiene Walters, "ellos no tenían la menor intención de ungir a Jesse Jackson".[73]

A diferencia de muchos izquierdistas, que veían a la Coalición Arco Iris como el trampolín para un "movimiento nuevo", Jackson siguió siendo leal al Partido Demócrata. En 1984 y 1988 Jackson aconsejó a los delegados de Arco Iris que apoyaran a los candidatos presidenciales escogidos por los Demócratas, Walter Mondale y Michael Dukakis. Tras las elecciones de 1988, Jackson disolvió la Coalición Arco Iris. La estrategia de Arco Iris, llamada de "adentro-afuera" –y que aparentemente consistía en mantener un pie dentro y otro fuera del Partido Demócrata– en realidad había consistido en no salir nunca de los confines del partido.

Por otro lado, el *establishment* demócrata sabía perfectamente que aunque coqueteara con los conservadores y les pidiera el voto, podía seguir contando con el voto negro. El dirigente Robert Strauss lo dijo sin rodeos: "Mujeres, negros, maestros, hispanos. Ellos tienen más poder y más dinero que nunca. ¿Creen ustedes que esos grupos van a darle la espalda al partido? ¿Creen ustedes que el movimiento sindical va a darle la espalda al partido? ¿Jesse Jackson? ¿Los demás? Olvídenlo".[74]

# Movimiento sindical en retirada

A los pocos meses de asumir la presidencia, Ronald Reagan forzó una confrontación con el movimiento sindical que sorprendió a los propios sindicatos. Escogió como primer blanco a uno de los contadísimos sindicatos que habían apoyado su candidatura presidencial. Todo empezó el 3 de agosto de 1981, cuando los 12.000 miembros de la Organización de Controladores Profesionales del Tráfico Aéreo (Professional Air Traffic Controllers Organization, PATCO) abandonaron sus tareas para protestar por sus condiciones laborales, que consideraban inseguras y estresantes. A las cuatro horas, el presidente Ronald Reagan aparecía en la televisión nacional y advertía a los controladores de que si no regresaban al trabajo en las siguientes 48 horas "habrán perdido sus empleos y estarán acabados". Reagan estaba decidido a llevar a cabo su amenaza, y sabía que podía forzar la situación porque doce meses antes de que expirase el contrato de PATCO, Jimmy Carter había creado la Fuerza de Contingencia para el Manejo de las Huelgas, que contenía un plan para poder dirigir el tráfico aéreo sin controladores en caso que éstos se pusiesen en huelga.[75]

Los dirigentes de la AFL-CIO hablaron mucho y fuerte, pero nada hicieron para emprender acciones de solidaridad efectiva con los huelguistas. El presidente de la AFL-CIO, Lane Kirkland (que había sucedido a Meany en 1979), calificó a Reagan de "rígido y vengativo", pero envió cartas a todas las seccionales de la organización sindical instándolas a *no* participar en una movilización nacional de apoyo a la huelga de los controladores. Escribió: "Personalmente pienso que el movimiento sindical no debe hacer nada que pueda castigar o causar inconvenientes al público en general, pues éste no debe pagar por los pecados y trasgresiones de la administración Reagan".[76] El presidente de la Asociación Internacional de Maquinistas (IAM) también se negó a llamar a sus afiliados a la huelga para apoyar a la PATCO, argumentando: "La IAM tiene firmada con las aerolíneas una cláusula de compromiso de no hacer huelgas".[77]

Pocas semanas después de iniciarse la huelga, la AFL-CIO realizó un acto que tenía planificado hacía tiempo en Washington D.C. con motivo del Día del Trabajo, llamado "Día de Solidaridad". Pero la PATCO a duras penas consiguió que se hiciese alguna mención a su huelga en los discursos pronunciados ante medio millón de trabajadores. En cambio, uno tras otro, los oradores instaron a los trabajadores una y otra vez a votar por los Demócratas en el futuro. Así que, abandonados a una lucha en solitario, los doce mil controladores aéreos que estaban en huelga perdieron sus empleos. La PATCO había sido aplastada.

## Luz verde para reprimir a los sindicatos

Para el movimiento sindical, el fracaso de la huelga de la PATCO supuso un golpe del que aún no se ha recuperado. El aplastamiento del sindicato de los controladores aéreos por parte de Reagan, exhibido por la televisión nacional, dio luz verde para que el empresariado emprendiera una represión sindical a escala masiva. La AFL-CIO también había enviado una señal clara: los sindicatos no tenían intención alguna de responder a los ataques. Años de conservadurismo habían hecho creer a los sindicatos que para revertir las cosas bastaba con negociar tratos más favorables con los patronos y seguir confiando en los Demócratas del Congreso. Tenían más miedo a los requerimientos de la militancia de base que a los ataques de los patronos. Y como los altos cargos sindicales no sentían ninguna presión por parte de la izquierda organizada que los forzase a abandonar sus suites ejecutivas y hacer avanzar el movimiento, se dedicaron a buscar la mejor manera de salvaguardar las confortables relaciones establecidas con los patronos desde hacía décadas.

Las contribuciones financieras de los sindicatos a las campañas electorales se incrementaron más del triple entre 1947 y 1982.[78] La AFL-CIO apoyaba a los Demócratas, mientras que el sindicato de camioneros y unos pocos más apoyaban a los Republicanos; pero la estrategia era la misma: colaboración en lugar de confrontación. Así que Reagan ganó las elecciones por ocho millones de votos de diferencia. Una marea derechista recorría el país. Aunque la AFL-CIO respaldó a los Demócratas, el 40% de los votos de Reagan en 1980 salió de hogares con trabajadores afiliados a esta federación, una cifra que en 1984 aumentó al 46%. La participación electoral en general cayó del 70% de la década de los 60 a apenas el 60% en las elecciones de 1980. La participación electoral continuaría cayendo, y en las elecciones de 2000 tan solo votó el 50% de las personas con derecho a voto.[79]

El carácter colaboracionista de los sindicatos había quedado en evidencia en 1979, cuando se produjo el rescate financiero de la Chrysler y el presidente de la UAW, Doug Fraser (quien como vicepresidente del sindicato había encabezado los ataques contra las huelgas salvajes de la Chrysler en 1973), acordó con la empresa hacer concesiones masivas (actitud que fue premiada con un asiento en la junta directiva). A los trabajadores que más se resistieron a hacer aquellas concesiones, un dirigente de la UAW local les advirtió: "Aquellos de vosotros que no queráis aceptar una rebaja del salario, iros y buscad otro trabajo. Nadie os impide abandonar esta organización".[80]

Después de que Reagan aplastara al PATCO en 1981, las concesiones exigidas a los trabajadores y el acoso a los sindicatos estaban a la orden del día. En 1982, una encuesta del *Business Week* hecha a cuatrocientos ejecutivos, informaba de que uno de cada cinco admitía que "aunque no necesitamos que los trabajadores hagan concesiones, nos estamos aprovechando del ambiente de negociación para pedirlas". En 1983, la tercera parte de los trabajadores que firmaban nuevos contratos estaba de acuerdo con los recortes salariales. En 1987, cuando se estaba viviendo una cierta recuperación económica, casi tres cuartas partes de los contratos que afectaban a mil trabajadores o más incluían concesiones. Para los trabajadores industriales, la cifra era del 90%.[81] Lo peor es que, incluso después de lograr que los trabajadores –desesperados por salvar sus empleos– renunciaran a gran parte de sus demandas, muchas de sus fábricas cerraron igualmente. Y los patronos solían emplear los fondos que se ahorraban en trabajadores para financiar sus propios planes de racionalización empresarial. Como argumenta Kim Moody:

> En 1983, el mismo año en que la UAW aceptó hacer concesiones a la U.S. Steel, la empresa anunció planes para cerrar una tercera parte de su capacidad acerera remanente, así como varias plantas de acabado y fabricación. La Chrysler, que cerró varias plantas como parte de la operación de rescate financiero, siguió haciéndolo incluso cuando la empresa volvió a ser rentable. En marzo de 1987, la Chrysler anunció que iba a comprarle a la Renault la American Motors Corporation por mil millones de dólares, y lo hizo la misma semana en que anunciaba que cerraría una planta de repuestos en Indiana.[82]

Por otro lado, los dirigentes sindicales dejaron de negociar convenios sectoriales a nivel nacional, y empezaron a negociar los contratos en base a la competencia entre los propios trabajadores, permitiendo que los obreros de una planta compitieran con los de otra planta de su misma empresa, con los de otra empresa y con los de otro país. Y la única respuesta de los dirigentes sindicales cuando una planta cerraba y buscaba mano de obra más barata en el extranjero era reclamar más proteccionismo.

Los patronos, que querían someter a los sindicatos y sabían que contaban con un firme aliado en la Casa Blanca, empezaron a ejercer su derecho legal "a contratar *reemplazos permanentes* para los trabajadores en huelga". Ese derecho había sido ratificado por la Corte Suprema en 1938, pero rara vez había sido utilizado antes de los años 80. Y aunque Estados Unidos era miembro de la Organización Internacional del Trabajo (OIT), que fija los estándares laborales globales, se negó a ratificar el derecho establecido por la organización de permitir que los trabajadores se reincorporen a su puesto de trabajo después de una huelga.[83] Así que muchos patronos proponían a sus trabajadores drásticas rebajas salariales para forzarlos a ir a la huelga, y luego, en cuanto empezaban los conflictos, contrataban a esquiroles como reemplazos permanentes. A los doce meses de iniciar sus tareas, ese personal sustituto podía celebrar elecciones legalmente y descertificar al sindicato. En la década de 1980, unos 200.000 trabajadores se convirtieron en obreros no sindicados debido a esta estrategia. Otros patronos preferían simplemente impedir el acceso de los trabajadores a sus puestos de trabajo (mediante el *lockout*), forzándolos así a ir a la huelga.[84]

Desde mediados de los años 50, el número de trabajadores afiliados a sindicatos había ido descendiendo progresivamente, pero en la década de los 80 ese descenso se aceleró de golpe, y en 1989 ya solo estaba sindicado el 16% de la fuerza laboral del país. Por otro lado, en 1987 el número de huelgas había alcanzado los niveles más bajos de la historia, aunque todo hay que decirlo, las estadísticas de los años 80 resultan difíciles de estimar, ya que la Oficina de Estadísticas Laborales dejó de incluir en ellas las huelgas que involucrasen a menos de mil trabajadores. Aun así, el descenso en el número de huelgas fue drástico, lo cual muestra el gran nivel de desmoralización experimentado por la mayoría de los trabajadores. Es cierto que muchos respondieron a la ofensiva de los patronos combativamente, pero también lo es que a menudo se vieron inmersos en enconadas disputas que los enfrentaron tanto a sus patronos como a sus propios dirigentes sindicales.

## Dirigentes sindicales *versus* dirigentes huelguistas

Aunque a principios de los 80 el número de huelgas descendió, en cambio aumentaron los días laborales perdidos, lo que indica que los paros se hicieron más prolongados.[85] En vez de durar días o semanas, muchas huelgas duraron meses, y hasta años. Y, salvo contadas excepciones, la inmensa mayoría terminaron en derrota. Una excepción importante es la huelga de la Watsonville Cannery, que comenzó en 1985. De los 1.000 trabajadores de la Watsonville que fueron a huelga, la mayoría de ellos latinos, ni un solo miembro del sindicato cruzó la línea del piquete durante los 18 meses que duró la huelga. La compañía no logró quebrar al sindicato. Como comentó más tarde el activista Jim Woodward en *Labor Notes* –un boletín interno para reformadores sindicales– esas tácticas desafiantes no garantizaban el éxito, pero "las viejas sí garantizan la derrota".[86]

Los dirigentes sindicales merecen poco o ningún crédito, pues se dieron muy pocos ejemplos de militancia y solidaridad de clase durante los años 80. Mucho hablaban y poco hacían. El presidente del sindicato de maquinistas, William Winpisinger, brindó su apoyo a los maquinistas de Rhode Island durante su huelga en la Brown & Sharpe en 1981, y cuando los trabajadores presentaron batalla a la policía, llegó a proclamar: "En Rhode Island se está escribiendo la historia del sindicalismo". Pero en los dos años que duró la huelga –una de las más prolongadas en la historia de los Estados Unidos– jamás se preocupó siquiera por visitar la línea de piquete, y el sindicato finalmente retiró la ayuda financiera a los huelguistas, forzándolos así a poner fin al conflicto.[87]

## La P-9 pone en huelga a la Hormel en Austin, Minnesota

En cambio, los dirigentes sindicales se mostraron muy activos a la hora de desalentar, reprimir y hasta sabotear la militancia y la solidaridad obrera. La huelga de los empaquetadores de carne de la Hormel, que se inició en 1985 y se extendió hasta 1986, fue el encontronazo más duro producido entre trabajadores en huelga y dirigentes sindicales de toda la era Reagan. Los trabajadores de la planta empaquetadora de carne de la Hormel en Austin, Minnesota, habían acordado en 1978 un contrato con concesiones por su parte que duraría ocho años. Pero la compañía (integrante de la lista Fortune 500) quería más, y poco antes de cumplirse el plazo impuso unilateralmente un recorte salarial. En la planta de Austin, la compañía quería imponer un sistema de salario de dos niveles, ofreciendo 10 dólares/hora a los trabajadores de plantilla, y solamente 8 dólares/hora a los nuevos contratados.

Cuando en agosto de 1985 los 1.500 miembros de la Seccional P-9 de Trabajadores Unidos de Alimentos y Comercio (United Food and Commercial Workers, UFCW) votaron finalmente a favor de ir a la huelga, lo hicieron sin contar con el respaldo de su sindicato. Muy al contrario, los dirigentes de UFCW hicieron todo cuanto pudieron para acabar con la misma. De hecho, su máximo dirigente, William Wynn, intentando tranquilizar a la industria, ya había acordado una serie de concesiones con la empresa, de modo que cuando la P-9 fue a la huelga, envió una comunicación a todas las seccionales del país acusando a la seccional P-9 de quebrar la solidaridad sindical:

> La historia de la P-9 no es una historia de "solidaridad" activa. Es lo contrario de ese honrado principio sindical. Los dirigentes sindicales de la P-9 se han negado a actuar solidariamente con otros trabajadores de Hormel. En vez de actuar junto a todos los demás trabajadores de la Hormel con el fin de lograr mejoras para la gran mayoría de los trabajadores de la empresa, los dirigentes de la seccional P-9 tan solo querían conseguir un mejor trato para la planta de Austin.[88]

Cuando la P-9 organizó piquetes itinerantes para pedir solidaridad a las plantas de Hormel más cercanas, Wynn remitió un telegrama a las distintas seccionales del sindicato instándolas a no engrosar la "plaga" de la P-9. El directivo de la UAW Lynn Hansen envió una comunicación a los huelguistas en el que manifestaba explícitamente:

Creo honestamente que expandir las líneas de piquetes no hará más que acrecentar el sufrimiento, no solamente de los miembros de la UAW de otras plantas, que podrían estar poniendo en peligro sus empleos, sino también el de los trabajadores de la P-9. Por lo tanto, recomiendo que el Sindicato Internacional no apoye la extensión de los piquetes. El Sindicato Internacional no los respaldará, no importa el resultado.[89]

A pesar de ello, miles de personas apoyaron a la P-9 y viajaron repetidamente a Austin para participar en concentraciones de solidaridad –el reverendo Jesse Jackson entre ellos–, recabando dinero y comida para sostener a los huelguistas durante esos meses.[90] Pero en marzo, después de ocho meses en huelga, el sindicato nacional revocó incluso su apoyo formal al conflicto, situó a la P-9 bajo tutela y le retiró todas las ayudas. Aunque los huelguistas de la Hormel continuaron luchando durante seis meses más, el sindicato nacional pasó por encima de ellos y negoció un contrato entre la empresa y los esquiroles, que acabaron robándoles sus empleos. La huelga terminó formalmente en septiembre de 1986.

## Forzando la rebaja de los estándares laborales

El gobierno de Reagan adoptó una serie de decisiones administrativas que rebajaban los estándares laborales. En 1985, su Secretario del Trabajo adjunto a la Administración de la Seguridad y Salud Ocupacional negó la demanda de los trabajadores agrícolas de que se les requiriese a los patronos "proporcionar aseos, agua potable fresca y servicios de limpieza en los casos en que haya más de diez trabajadores empleados". En 1988 el Departamento del Trabajo aprobó una orden administrativa por la que se anulaba la prohibición de trabajar en el domicilio en los sectores de la fabricación de joyas, botones y hebillas, pañuelos y guantes.[91]

Durante la era Reagan, la Junta Nacional de Relaciones Laborales (NLRB), creada como árbitro imparcial entre las partes para resolver las disputas laborales, estuvo atestada de representantes conservadores antilaborales. Como describe Nicholson:

> Cuando la Mesa Redonda Empresarial, la Comisión Nacional para el Derecho al Trabajo y el *think tank* conservador Fundación Heritage lograron el control de la mayoría de los asientos de la NLRB, pasaron a imponer su agenda. La Junta redujo drásticamente los derechos de los sindicatos, dificultó aún más la difusión de panfletos y facilitó el despido de trabajadores. Las demoras de la Junta a la hora de adoptar decisiones favorables a los sindicatos podían llegar a ser de cinco años. Las acciones económicas ilegales para romper las iniciativas organizacionales de los sindicatos acababan en pequeñas multas o en decisiones judiciales como la de reintegrar a los trabajadores a su puesto de trabajo mucho tiempo después de haber sido despedidos.[92]

En los años 80, los trabajadores que intentaban defender sus niveles de vida carecían de un partido político o un movimiento sindical que apoyase sus luchas. En 1990, los salarios estaban en 346 dólares brutos por semana, casi un 20% más bajos que en 1972, cuando tuvieron que ajustarse a la inflación. El salario medio por hora de los trabajadores de la industria en los Estados Unidos era menor que el de Alemania, Noruega, Suiza, Suecia, Holanda, Dinamarca, Bélgica y Finlandia, y era casi el mismo que el de Japón, Canadá, Francia e Italia.[93] Como describe Vicente Navarro:

> El trabajador medio norteamericano trabaja más horas y recibe menos paga vacacional que un trabajador medio en la mayoría de los países capitalistas avanzados. En 1986, la semana laboral de un trabajador a tiempo completo en los Estados Unidos era de 42,3 horas, mientras que en Dinamarca era de 37, en Noruega y Finlandia de 37,5, en Francia e Inglaterra de 39 y en Alemania

Occidental de 37. (...) El nivel de ingreso disponible de los trabajadores estadounidenses era más bajo que el de los trabajadores de
la mayoría de los países capitalistas avanzados. El porcentaje de
ingreso disponible del ingreso bruto en los Estados Unidos era del
78,9%, inferior al de Francia (98,72%), Japón (89,10%), Canadá
(88,03%), Italia (86,19%), Alemania Occidental (79,22%) y el Reino Unido (78,98%).[94]

## Reaganismo después de Reagan

Al acabar la década de los 80, la inmensa mayoría de los trabajadores
habían asumido la dolorosa verdad de que aunque Reagan había prometido que la riqueza se "filtraría de arriba hacia abajo", ésta había flui-
do en la dirección contraria. Cuando George H.W. Bush compitió por la
presidencia en 1988, prometió ser un presidente "más amable y más gen-
til", pero su mandato marcó el comienzo de la fase siguiente del reaga-
nismo. Y lo cierto es que, veinte años más tarde, no se había revertido
ninguno de los ataques a los derechos de los trabajadores perpetrados
bajo el mandato de Reagan.

Bush juró como presidente en 1989, cuando la economía comenzó a
estancarse en lo que resultaría ser la recesión más prolongada desde la
Segunda Guerra Mundial. La economía de Reagan se había construido
sobre arenas movedizas, pues para conseguir fondos que compensaran
las deducciones fiscales hechas a los ricos y para poder financiar el desarrollo militar, su administración tuvo que pedir prestadas enormes
sumas de dinero a tasas de interés muy elevadas. De modo que en 1985
Estados Unidos se había convertido, por primera vez desde 1914, en una
nación deudora. Cuando Reagan dejó la presidencia, el déficit anual del
país ya había alcanzado los 200 billones de dólares. Tan solo financiar los
intereses de la deuda costó 129 billones de dólares en 1983, 178 billones
en 1985 y 216 billones en 1988.[95] Por otro lado, aunque el sector manu-

facturero restauró su productividad durante los años 80, y en algunas áreas incluso superó las tasas de Japón, lo hizo a base de concesiones y despidos de trabajadores, y se mostró incapaz de revertir su decadencia global. También la productividad en el sector servicios permanecía estancada.[96]

A finales de la década comenzaron a alzarse voces disidentes provenientes de algunos sectores de las clases dominantes. Argumentaban que las políticas de Reagan habían contribuido al declive de la hegemonía norteamericana. Las críticas de la derecha respecto a la participación de los Estados Unidos en el gasto militar mundial fueron aumentando en los años 80, y aún aumentaron mucho más durante la Guerra del Golfo. Las reclamaciones se centraban en comparar la cuota de gasto militar de los Estados Unidos respecto a la de sus principales competidores económicos, como Alemania y especialmente, Japón. Entre las cinco economías más avanzadas de 1983 (Estados Unidos, Inglaterra, Francia, Alemania Occidental y Japón), la cuota de gasto combinado de defensa de los Estados Unidos alcanzó el 56,7%, en tanto que la de Japón tan solo alcanzaba el 3,3%.[97] Un artículo del *Wall Street Journal* de 1987 mostraba un sombrío panorama para el imperialismo norteamericano:

> Los Estados Unidos ocupan hoy el mismo peldaño inferior que ocupó Inglaterra entre 1926 y 1944. Estas naciones viven del crédito del pasado, están absorbidas por el capital foráneo, y no pueden ahorrar lo suficiente como para financiar la inversión doméstica. Dos peldaños por encima se sitúa Japón: un país fuerte con excedente comercial, que ahorra más de lo que gasta y envía el dinero sobrante al exterior. Eso sitúa a Japón a la altura de su fuerza, como le ocurrió a Estados Unidos entre 1946 y 1979 y a Gran Bretaña entre 1851 y 1890.[98]

La "Revolución de Reagan" debería pues haber terminado aquí. Pero Bush no tenía con qué reemplazarla. Así que su administración siguió las políticas económicas ya conocidas de la oferta y la demanda, y dejó que durante la segunda recesión de la década la pobreza alcanzara proporciones críticas. En 1989 el crédito total al consumidor se había elevado a 775 billones de dólares, lo cual equivalía a la quinta parte del ingreso total de las personas. Un estudio de Florida informaba de que a comienzos de los años 90, el 16% de familias tenía al menos un miembro de la misma que se iba a dormir con hambre. En 1991, el número de bancarrotas personales triplicó la tasa anual habida durante la recesión de 1981-82. Y mientras estaba ocurriendo todo esto, Bush se preguntaba en voz alta por qué la "confianza del consumidor" en la temporada de compras navideñas de 1991 estaba siendo tan baja, si la recesión de 1981-82 había sido "más profunda".[99]

Diez años antes, a principios de los 80, cuando el gobierno federal recortó el gasto social, los presupuestos locales estatales y municipales habían hecho lo propio. Los estados empezaron a recortar el gasto social y a eliminar el último colchón amortiguador que tenían los pobres. De modo que a principios de los 90, habían hecho recortes sociales dieciséis estados. En el otoño de 1991, Michigan eliminó por completo su programa de bienestar social, dejando sin ningún tipo de ingreso a los 90.000 ciudadanos más pobres del estado. En 1991, la ciudad de Nueva York, que había sufrido pérdidas masivas de empleos, tenía unas 90.000 personas sin hogar, un tercio de las cuales eran seropositivas; y tal era la pobreza, que en 1992 los funcionarios federales del área de salud declararon que la propagación de la tuberculosis –una enfermedad de los pobres– estaba "fuera de control", informando además de que existían casos en otros dieciséis estados.[100]

En California, donde un 30% de las familias que vivían por debajo del umbral de pobreza se habían acogido a programas de beneficencia, su gobernador, Pete Wilson, propuso un "Plan de Impuesto de Protección" que recortaría inmediatamente las ayudas un 10%, y otro 15% durante los seis meses posteriores. A las mujeres acogidas a esos programas que dieran nuevamente a luz se les negaría cualquier pago adicional, mientras que a las madres jóvenes se les exigiría vivir con sus padres.[101]

## Auge y caída de George H.W. Bush

Uno de los objetivos de Reagan había sido restablecer el dominio del imperialismo norteamericano a nivel mundial, y con ese fin incrementó enormemente el presupuesto militar. Parecía que el derrumbe de los regímenes de la Europa del Este, que condujo a la caída de la URSS, indicaba que Reagan había logrado sus objetivos. Pero lo cierto es que las intervenciones militares reales de los Estados Unidos bajo el mandato de Reagan se habían limitado a la aciaga invasión del Líbano entre 1982 y 1984, la de la diminuta isla de Grenada en 1986 y el bombardeo esporádico de Libia en 1986, aparte del apoyo encubierto de la CIA a la guerra mercenaria contra el gobierno sandinista de Nicaragua, y la creación y entrenamiento de un ejército fundamentalista islámico que luchara contra la ocupación soviética de Afganistán.

Con George H.W. Bush el imperialismo norteamericano volvió a rugir con toda su fuerza, y en sus dos primeros años como presidente, invadió Panamá y lanzó un bombardeo masivo sobre Iraq, aparentemente para librar al mundo de dos "locos", Manuel Noriega y Saddam Hussein. Mediante el estricto control de los medios de comunicación, que le brindaron plena cooperación, Bush se las ingenió para impedir que la opinión pública supiera nada de los miles de panameños y cientos de miles de iraquíes asesinados en esas dos guerras.[102] Ni siquiera los 150.000 participantes en la marcha de protesta contra la Guerra del Golfo, celebrada en Washington D.C., aparecieron como noticia en los informativos nacionales.

Para los mandatarios estadounidenses, la guerra contra Iraq no era una guerra más. Fue la oportunidad para que el país ejercitara sus músculos militares en el nuevo periodo que se abría tras el derrumbe del bloque soviético, el fin de la Guerra Fría y la eliminación de la única superpotencia rival de los Estados Unidos. La Guerra del Golfo de 1991 fue la intervención militar norteamericana de mayor envergadura desde su derrota en Vietnam. En un solo día los aviones estadounidenses arrojaron sobre Iraq más fuerza explosiva que sobre Hiroshima y Nagasaki. El triunfo de Bush sobre Iraq demostró que, aunque la economía norteamericana estuviera atascada, el país continuaba siendo la potencia militar más importante del mundo. Bush se sintió lo bastante confiado como para declarar al final de la guerra: "El síndrome de Vietnam está superado". También había dicho antes de que terminara: "Cuando ganemos, y nosotros ganaremos, le habremos enseñado a un peligroso dictador, y a cualquier tirano que tenga la tentación de seguirle los pasos, que Estados Unidos tiene una nueva credibilidad, y que *aquí se hace lo que nosotros digamos*".[103]

Como ocurre siempre con las guerras de corta duración, la victoria de los Estados Unidos sobre Iraq en tan solo seis semanas disparó la popularidad de Bush al 90%. Pero pronto quedó en evidencia que las metas fijadas a largo plazo no se habían cumplido: Saddam Hussein seguía en el poder y no había estabilidad en el Oriente Medio. Más aún, la aplastante victoria militar sobre Iraq no contribuyó a frenar la recesión interna. Después de la unificación de Alemania y el derrumbe del estalinismo, Bush no previó que su continuo alardeo sobre las maravillas del libre mercado haría que los estadounidenses se fijaran en sus propias carencias asistenciales, entre ellas la sanitaria. En noviembre de 1991, la popularidad de Bush se desplomó hasta el 51%. Tan solo uno de cada cuatro norteamericanos aprobaba cómo dirigía la economía, un nivel de descontento que no se había visto desde los últimos días de Jimmy Carter.[104]

La asistencia sanitaria era uno de los grandes temas que preocupaban a los votantes y al que Bush había hecho caso omiso, aduciendo que el sistema de salud norteamericano no necesitaba de reformas porque era el mejor del mundo, aunque una encuesta hecha por *Time/CNN News*, revelaba que el 91% consideraba que "nuestro sistema de salud necesita un cambio radical". Además, el 70% había declarado que de buen grado pagaría más impuestos si de ese modo se garantizaba que todos los norteamericanos tuvieran cobertura sanitaria.[105] Otra encuesta mostraba que había una mayoría contraria a la reducción de los impuestos a las ganancias de capital para los ricos. Pero Bush propuso que el Congreso aprobara esa reducción, y desde luego, se negó a apoyar el incremento de los impuestos a la ganancia de los ricos al 33%.[106] Otra encuesta mostraba que el 71% de la población pensaba que el gobierno de los Estados Unido estaba en manos de "unos pocos grandes intereses".[107]

Ante la falta de actitud para afrontar una recesión cada vez más profunda, Bush daba pie a que se le comparase con el desorientado Herbert Hoover de la época de la Gran Depresión. Finalmente acabó admitiendo que la recesión no había terminado aún, y en 1990 elevó la tasa tributaria de los norteamericanos más ricos al 31%; aunque ante las presiones provenientes tanto de la izquierda como de la derecha, a finales de 1991 Bush se vio obligado a echarse para atrás; aunque eso sí, sin determinar qué dirección debía tomar, lo que acabó por darle a la Casa Blanca un aire de pánico y confusión. También acabó firmando una ley que extendía temporalmente a veinte semanas el pago del subsidio por desempleo: la misma ley que había vetado hacía apenas un mes, cuando declaró que los trabajadores no necesitaban subsidios adicionales porque la recesión sería "breve y somera".[108]

Los dislates de Bush no encajaban bien con los intereses del empresariado, pues para ellos era evidente que Bush no tenía ningún plan real para reactivar la economía. Los gigantes corporativos, que cargaban con los costos de la asistencia médica, alzaron su voz pidiendo un plan nacional de salud, y anunciaron en el *Business Week*: "Estamos a favor de un Sistema de Salud Universal", emitiendo una propuesta de seis páginas.[109] Cuando Bush se fue a Japón a hacer negocios y cargó un avión con ejecutivos de las corporaciones, fue comparado con un "viajante de comercio", y a su regreso, el semanario de negocios *Barron's* le lanzó un dardo: "Bush regresó de su ardua misión sin más resultado que una mala publicidad y unas solemnes promesas (que, como reveló un estudio más detallado de las mismas, databan de 1987)".[110]

Para Bush lo fundamental era el estado de la economía. Un ayudante de la Casa Blanca, hablando de cuáles eran las perspectivas de Bush ante su reelección a finales de 1991, declaró: "Si la economía se recupera en seis meses, lo demás no importa. Si no se recupera, tampoco importa todo lo demás".[111]

Los patronos estadounidenses habían conseguido que los trabajadores pagasen el costo de una gigantesca reestructuración del capital. Pero este proceso también incrementó el encono y la rabia de millones de personas de clase trabajadora. Muchos trabajadores norteamericanos ya no sentían que formaban parte *inequívoca* de la clase media.

Desde la década de 1950, el nivel de vida de la clase trabajadora de los Estados Unidos no había hecho más que empeorar. Por aquel entonces, muchos trabajadores pudieron cumplir, al menos en parte, sus expectativas de elevar sus niveles de vida. Además, confiaban en los mandatarios de esa época, que declaraban que las condiciones seguirían mejorando "inevitablemente" y que el *american way* estaba plantándole cara al "totalitarismo". Pero a comienzos de 1990, los trabajadores ya habían perdido todas esas ilusiones. Se tratase de blancos, negros o latinos, hombres o mujeres, empleados o desempleados, los niveles de vida de todos los trabajadores habían caído en picado. La expectativa de una "movilidad ascendente" había sido reemplazada por la realidad de una "movilidad descendente". La expansión económica de la década de los 80 creó cientos de miles de trabajos, pero el 85% de ellos estaban mal pagados o eran de media jornada. En 1992 había 20 millones de personas trabajando a media jornada, 6 millones de las cuales decían que querían trabajar a jornada completa.[112] Casi 40 millones de personas carecían de seguro médico, y el 40%, de pensiones. Y un impactante 22% de los niños vivía en la pobreza.[113]

Como escribe el economista Lester Thurow:

> Pocos años después del incremento de la desigualdad (en 1973 para ser precisos), los salarios reales (ajustados a la inflación) de los hombres comenzaron a bajar. Y al igual que sucedía con la desigualdad, las reducciones del salario real fueron expandiéndose y afectando gradualmente a la totalidad de la fuerza de trabajo, de modo que para 1992 los salarios reales de los hombres descendían en todos los grupos de edad, en todas las categorías industriales y ocupacionales y en todos los grupos educacionales, incluidos los que tenían cinco o más años de educación universitaria. (...) Los salarios de quienes estaban en la madurez productiva (entre 45 y 54 años) sufrieron una rebaja aún mayor, del 17% entre 1987 y 1992. (...) En cuanto a las mujeres, si bien las reducciones del salario real comenzaron más tarde que las de los hombres, en 1992 ya afectaban a todas las trabajadoras, excepto a aquellas con cuatro o más años de educación universitaria.[114]

## Las masas indignadas

Al no existir una lucha de masas que pudiera servir de termómetro social, los cambios en la conciencia de los trabajadores solo podían medirse mediante encuestas de opinión. En febrero de 1991, el 39% de los encuestados creía que Estados Unidos iba en la buena dirección, pero ocho meses más tarde, en octubre, esa proporción había caído al 26%. Sin embargo, por mucho que bajase la popularidad de Bush, pocos parecían considerar que los Demócratas fueran una alternativa. Según una encuesta del *Newsweek* de diciembre de 1991, aunque tan solo el 31% de los norteamericanos adultos aprobaba la "gestión de la economía" de Bush, únicamente el 28% creía que los Demócratas fueran a hacerlo mejor.[115] Cuando se les preguntó si estaban de acuerdo con el enunciado: "No creo que a los cargos públicos les importe mucho lo que piense la gente como yo", el 59% respondió que eso es exactamente lo que pensaba.[116]

En 1990 la revista *Time* declaró: "La conclusión es que la mayoría de los estadounidenses está peor a principios de los 90 que a comienzos de los 70. Tan solo el 20% con ingresos más altos ha escapado al estancamiento e incluso ha aumentado sus ingresos de modo significativo".[117] Algunos analistas políticos empezaron a expresar en voz alta su preocupación sobre el hecho de que el cambio de percepción y de conciencia de la clase trabajadora estuviera sentando las bases para un renacimiento del conflicto de clases. Un sociólogo comentó entonces: "Cuando uno habla con la gente, capta una impresionante y generalizada indignación. Desde un punto de vista político, pienso que existe el potencial para que ocurran un montón de cosas muy difíciles y peligrosas, que no han ocurrido todavía".[118] Como si se tratase de un ejemplo que quisiese ilustrar esta declaración, en abril de 1992 Los Angeles vivió un episodio de rebelión masiva que hizo arder la ciudad durante cuatro días, y que lanzó a las calles a miles de personas indignadas tras la absolución de los cuatro agentes policiales que le habían propinado una paliza al camionero negro Rodney King. Ciertamente, flotaban aires de cambio, como también se demostró en 1989-1990 con la huelga de los mineros de Pittston, que duró once meses y acabó en victoria después de que 30.000 mineros de siete estados se implicaran durante tres días haciendo ocupaciones y huelgas solidarias que, finalmente, lograron evitar que la compañía sometiese al sindicato y obtuviese del mismo concesiones importantes.

## Reforma del sindicato de camioneros

En 1991, los trabajadores se anotaron otra importante victoria. Por primera vez en la historia del sindicato de camioneros, sus bases pudieron hacer elecciones y elegir democráticamente a sus dirigentes. Y además de votar por vez primera, lo hicieron a favor de la lista de los candidatos reformistas. El sindicato, que tenía 1,5 millones de miembros, rompía así con una larga historia de malversación, corrupción y penetración mafiosa entre su alta dirigencia. De hecho, tres de sus últimos cinco presidentes habían terminado en la cárcel, y el cuarto, Jackie Presser, murió antes de que su caso pudiera llegar a los tribunales. En 1989, el gobierno de los Estados recurrió finalmente a las leyes antimafia e intervino el sindicato, obligándole, entre otras cosas, a hacer elecciones.

En el pasado, la inmensísima mayoría de los delegados asistentes a las convenciones de los camioneros (que se realizaban una vez cada cinco años), preferían tener dirigentes sindicales a tiempo completo, aunque estos fueran conocidos sobre todo por sus disipadas reuniones sociales, que solían comenzar a las 4 de la tarde. Por ejemplo, en la última convención antes de ser intervenidos por el gobierno, Joseph Terentola, un dirigente del sindicato en Nueva York, dio una fiesta que costó 648.000 dólares.[119]

Pero en la convención de la Hermandad Internacional de Camioneros (IBT) de 1991, los delegados sindicales expresaron el descontento que habían venido incubando a lo largo de muchos años. Abuchearon al presidente saliente del sindicato, William McCarthy, y también abuchearon un vídeo en el que aparecía el presidente Bush dirigiéndoles un mensaje. La propuesta reformadora, encabezada por el dirigente del sindicato en Nueva York Ron Carey, fue respaldada por la organización sindical reformista Camioneros por un Sindicato Democrático (Teamsters for a Democratic Union, TDU). Y aunque Carey no era ningún izquierdista (había sido republicano), al menos sí rompió con la tradición corrupta de la IBT, que se remontaba muchas generaciones atrás.

## CAPÍTULO OCHO

# EL PRESIDENTE NEOLIBERAL DESMANTELA EL *NEW DEAL*

Las elecciones de 1992 tuvieron lugar en medio de una ola de despidos por parte de las corporaciones que dejó sin empleo a 300.000 trabajadores en 1990, a 550.000 en 1991, y a 400.000 en 1992.[1] El día de las elecciones tan solo fue a votar el 55% de la población. La frustración era tan grande que el billonario Ross Perot, un populista de derechas cuya campaña se centró en las quejas sobre los empleos norteamericanos perdidos por culpa de las deslocalizaciones a ultramar, recibió el 19% de los votos, restándoles votos a Demócratas y Republicanos por igual.

El gobernador de Arkansas, Bill Clinton, derrotó a Bush fácilmente. Había prometido "poner al pueblo primero" y acabar con la miseria generada por "doce años de deterioro económico". Les dijo a los votantes: "Yo siento su dolor", mientras prometía reducir los impuestos a la clase media. Clinton se lamentaba del hecho de que bajo la administración Bush los "directores ejecutivos se estaban pagando a sí mismos 100 veces más que a sus trabajadores".[2] Y prometió reformular todo el sistema de salud para proporcionarle a cada norteamericano una cobertura médica asequible.[3]

Clinton hizo gran cantidad de promesas específicas dirigidas a la base votante tradicional del Partido Demócrata. Les dijo a los líderes sindicales que trabajaría por una legislación que prohibiese a los patronos la utilización de reemplazos permanentes contra los huelguistas, y que pelearía por el aumento del salario mínimo. Les aseguró a las feministas que aprobaría una "Ley de Libertad de Elección" que garantizara el derecho legal al aborto. Propuso terminar con la prohibición de que hubiera homosexuales en el ejército. En sus discursos hacía frecuentes referencias al doctor Martin Luther King, Jr., para indicar su aprecio por los logros del movimiento de los derechos civiles.

Pero existía otra dimensión de Clinton. Pertenecía a una nueva raza de demócratas conservadores y estaba al frente de la facción conservadora del partido que en 1985 había formado el Consejo Directivo Demócrata (DLC) para acabar con la identificación del Partido Demócrata con los llamados "intereses especiales", como el trabajo organizado, los derechos civiles y otras causas tradicionalmente liberales. Bill Clinton presidió el DLC en 1990 y 1991, y utilizó esa posición como plataforma de lanzamiento para su campaña presidencial. A finales de 1992, el DLC organizó una cena de apoyo a Clinton –15.000 dólares por comensal– patrocinada por corporaciones punteras como American Bankers Corporation, Occidental Petroleum, Merrill Lynch y Coca-Cola.[4]

Así que las otras promesas electorales de Clinton se dirigieron explícitamente a los conservadores. Prometió "acabar con la asistencia social tal como la conocemos", a la vez que pregonaba la "responsabilidad personal" para acabar con el "ciclo de dependencia" que había entre los pobres. Fustigó a los favorecidos por las ayudas sociales argumentando que éstas deberían proporcionar "una segunda oportunidad, no un modo de vida".[5] También quiso enviar una señal de que sería "duro con el crimen" interrumpiendo su calendario de campaña y regresando a toda prisa a Arkansas para ver la ejecución en directo, el 24 de enero de 1992, de Ricky Ray Rector, un condenado que padecía una lesión cerebral.[6] Dos semanas después, Clinton envió un mensaje en clave a los segregacionistas cuando fue a jugar al golf a un Club de Campo segregado de Little Rock mientras era grabado por las cámaras de televisión.[7] Y para calmar cualquier posible inquietud que pudiera despertar entre los dirigentes empresariales respecto a sus intenciones, declaró al *Business Week* que tenía la esperanza de que su administración "generara un montón de millonarios".[8]

## Promesas cumplidas, promesas rotas

Durante los dos primeros años de Clinton en la presidencia, los Demócratas tuvieron mayoría en el Congreso, por lo que hubieran podido hacer reformas significativas. Pero durante ese periodo, la promesa de "reducir los impuestos a la clase media" se quedó por el camino, lo mismo que le ocurrió a la legislación contra los reemplazos permanentes en las huelgas, y en cuanto al salario mínimo, Clinton ni siquiera lo mencionó. Tampoco vio la luz la Ley de Libertad de Elección. Y en cuanto a garantizarles a los homosexuales el derecho a servir libremente en el ejército, Clinton prefirió adoptar la política propuesta por los conservadores cristianos de "No se pregunta, no se dice", que obligaba a los gays a permanecer callados si no querían ser dados de baja en el ejército.

Por otra parte, su lealtad hacia las corporaciones hizo que su promesa de reformar el sistema de salud no llegara a concretarse. Como había recibido 85.000 dólares de las compañías aseguradoras para financiar su campaña electoral, aparcó el plan de "pagador único"*, similar al del sistema canadiense y que suponía una mayor responsabilidad gubernamental, y decantó su propuesta de reforma del sistema nacional de salud hacia una mayor *privatización*. El equipo encargado de la reforma del sistema nacional de salud, presidido por su esposa Hillary, preparó la *Health Security Act**. La HSA proponía una reorganización profunda del sistema de salud y establecía, entre otras cosas, la universalidad del acceso a los cuidados de salud. Esta reorganización estaba apoyada en los principios de la "competencia administrada", que buscaba estimular la competencia entre las alianzas regionales, los planes y los proveedores de salud; imponía a los empleadores la obligatoriedad de aportar como mínimo el 80% de las primas de los seguros de sus empleados; y otorgaba a las Alianzas de Salud un poder monopólico para la contratación centralizada de los servicios de salud o de un plan para asegurar la cobertura de sus afiliados. Se trataba de una compleja red de empresas médicas, aseguradoras y farmacéuticas que resultaba incomprensible para el ciudadano medio y que pretendía controlar los gastos en sanidad. Aunque algunas de las grandes empresas del ramo esperaban obtener grandes beneficios con este plan, la noción "control de gasto" encendió la alarma del lobby sanitario, y la "obligatoriedad del seguro" tampoco gustó a los patronos reacios a pagar un seguro médico a sus empleados. Como describen Alexander Cockburn y Ken Silverstein:

> Durante 1993 y 1994, unos 660 grupos desembolsaron más de 100 millones de dólares para obstruir la reforma del sistema de salud. Según un informe del Centro para la Integridad Pública, las organizaciones con intereses en el sector sanitario hicieron llegar unos 25 millones de dólares a determinados miembros del Congreso, y de esos millones, una tercera parte fue a parar a los congresistas que ocupaban puestos en una de las cinco comisiones supervisoras del servicio de salud. (...) Más de 130 miembros [del Congreso], sus esposas o sus hijos dependientes, tenían inversiones en empresas médicas, sobre todo farmacéuticas.[9]

Así que la reforma del sistema nacional de salud no llegó a ninguna parte, ni siquiera pisó el Congreso. Cuando Clinton había salido elegido, había en Estados Unidos unos 39 millones de personas sin cobertura médica; y ocho años después, carecían de esa cobertura 45 millones de personas. En 2003, según un estudio del *New England Journal of Medicine*, 31 centavos de cada dólar gastado por los Estados Unidos en el servicio de salud iban a parar a gastos administrativos –publicidad, salarios de ejecutivos y accionistas–, mientras que en un plan como el de "pagador único" canadiense esos costos eran de tan solo 17 centavos.[10]

Clinton acabó aprobando la Ley de Permisos por Motivos Médicos y Familiares, que finalmente otorgaba a los trabajadores el derecho a tomarse hasta tres meses de permiso no remunerado para cuidar de un recién nacido o de un familiar enfermo. También instituyó los créditos fiscales para ayudar a pagar la matrícula universitaria. Pero, como observa el socialista Lance Selfa:

> Todas estas leyes compartían características similares. Sonaban a buenas reformas para mejorar un sistema plagado de fallos, y a veces incluso abordaban necesidades sociales críticas. Pero por lo general resultaban tan mínimas, que muy poco o nada podían hacer para satisfacer las necesidades sociales que pretendían cubrir. Es más, tendían a reforzar las iniciativas del sector privado, como cuando en 1999 la administración ofreció exenciones tributarias a las empresas que participaran en el "tour de la pobreza"* por áreas deprimidas.[11]

El plan económico de Clinton hizo de la "reducción del déficit" su eje central. En 1993, el presidente subió los impuestos a los norteamericanos más ricos al 38,6% (un porcentaje que seguía siendo mucho más bajo que la tasa del 70% anterior a Reagan), y creó los EITC o créditos del impuesto a las ganancias para los trabajadores pobres (que les reintegraba parte del dinero de la declaración de renta). Pero también aumentó varios impuestos regresivos que gravaban a las rentas más bajas, como el de la gasolina. Además, la administración Clinton amplió el número de *lagunas* impositivas que las empresas podían utilizar para disminuir –o eliminar– sus impuestos. Dichas lagunas incluían la investigación, las perforaciones petrolíferas y las *stock options* de los empleados.

Lo cierto es que durante la era Clinton muchas grandes empresas no solo no pagaban impuestos, sino que además recibían enormes deducciones fiscales. Un estudio hecho por el Instituto de Tributación y Política Económica revelaba que: "En 1998 hubo 24 corporaciones que consiguieron deducciones fiscales. Esas 24 empresas (casi una de cada diez de las que entraron en el estudio) habían reportado beneficios, antes de la aplicación del impuesto en 1998, de 12 billones de dólares; y sin embargo, recibieron deducciones fiscales por un total de 1,3 billones". Algunas de las empresas favorecidas por las deducciones gubernamentales fueron Texaco, Chevron, CSX, Pepsico, Pfizer, J.P. Morgan, Goodyear, Enron, General Motors, Phillips Petroleum y Northrop Grumman.[12]

La política fiscal de Clinton continuaba así la tendencia iniciada por Reagan de trasladar la carga impositiva de los hombres de las corporaciones a los hombros de los trabajadores. Entre 1966 y 2001, la cuota de ingreso tributario federal recibida de los impuestos a las corporaciones cayó del 23% a apenas el 7,6%, en tanto que los impuestos sobre la renta individual subieron del 19,5 al 34,9% en el mismo periodo. "Los norteamericanos tienen los impuestos corporativos más bajos del mundo, y muchísimos menos servicios sociales que los europeos", argumentaba Robert McIntyre, de Ciudadanos por la Justicia Impositiva.[13]

Clinton se ganó los elogios de Wall Street por generar récords de excedentes presupuestarios y por mantener la "disciplina fiscal" al rebajar el gasto social y alcanzar el nivel más bajo de gasto gubernamental desde la administración Eisenhower. Wall Street también aplaudió el apoyo de la administración Clinton al presidente de la Reserva Federal, Alan Greenspan, quien a finales de la década de 1990 controló la inflación elevando repetidas veces las tasas de interés a corto plazo.[14]

## El arte de la "triangulación"

En las elecciones para el Congreso de 1994, los votantes expresaron su insatisfacción con Clinton de la única manera posible que se podía hacer en un sistema bipartidista: echando fuera a los "vagos" del partido

* Una única entidad paga las facturas de médicos y hospitales, en este caso sería el gobierno, y no las aseguradoras privadas u otras entidades. [N. de la T.]

que estaba en el poder, y reemplazarlos por los "vagos" del otro partido. Así que los Republicanos barrieron en las elecciones. Newt Gingrich, el nuevo presidente de la Cámara de Representantes, no tardó en anunciar la estridente agenda congresual de los Republicanos, llamada "Contrato con América", repleto de políticas reaccionarias, entre ellas la eliminación de la ayuda social para los pobres.

Como anota la experta en política social Mimi Abramovitz, "lo que Clinton decía en 1994 sobre la "responsabilidad personal", fue sustituido ahora por la Ley de Responsabilidad Personal de los Republicanos, que formaba parte del Contrato con América y pedía el cese total de las ayudas sociales".[15] Lo curioso es que el hecho de tener un Congreso dominado por los Republicanos, en lugar de contrariar a Clinton –según comentan Alexander Cockburn y Jeffrey St. Clair–, le facilitó salirse con la suya:

> Para Bill Clinton la derrota Demócrata tuvo también su paradójico lado bueno. (...) La Casa Blanca ya no tenía que afrontar la hostilidad que sentía por su programa el ala liberal del grupo Demócrata, más próximo al pensamiento del *New Deal*. Tampoco existía la amenaza de que Clinton usara su veto presidencial

---

\* La idea era formular las líneas maestras del plan de reforma sanitaria, piedra angular del programa electoral, que debía establecer en Estados Unidos un sistema universal de salud con la extensión de la cobertura médica mínima a todos los ciudadanos del país, más allá del seguro público que brindaban a colectivos específicos programas federales como el Medicare (para jubilados y discapacitados) y el Medicaid (familias con bajos ingresos), y de los seguros privados proporcionados por las empresas a sus asalariados. El resultado fue un Proyecto de ley cuyo punto fuerte era la obligatoriedad para todo empleador de cubrir con un seguro médico integral, no limitado a los accidentes laborales, a sus trabajadores. Las instituciones estatales intervendrían en la prestación de las coberturas a costa de las aseguradoras privadas a través de unas corporaciones denominadas "alianzas regionales", y la autoridad federal crearía mecanismos de regulación y estandarización. [N. de la T.]

para apoyar esa resistencia. Así que los Demócratas liberales del Capitolio nada podían hacer contra a aquellos Republicanos que blandían su Contrato con América, y la administración Clinton podía llegar tranquilamente a acuerdos con los líderes Republicanos. (...) Lo único que esa estrategia necesitaba para llevarse a buen puerto era denominarse de alguna manera, tener un nombre, así que justo después de las elecciones Clinton mandó llamar al hombre que introduciría ese nuevo término –"triangulación"– en el léxico de finales de los años 90.[16]

El hombre encargado de esa tarea era el consultor político Dick Morris, contratado por Clinton en 1995 para ayudar a reconfigurar la nueva imagen. La estrategia de la triangulación era simple: robar la esencia del programa de los Republicanos y envolverla en una retórica que sonase a liberal. A partir de ese momento, la presidencia de Clinton dio un giro decidido hacia la derecha, adoptando como propias una gran variedad de posiciones que hasta entonces habían sido claramente Republicanas. Así, ante los ataques de la derecha contra los programas de discriminación positiva, por ejemplo, Clinton respondía: *Mend it, don't end it* ("Mejorarlos, no quitarlos"), al tiempo que se oponía a las cuotas de financiamiento que podían permitir que se llevaran a cabo. También les dijo a los votantes que intentaba "salvar" el fondo de pensiones de la seguridad social gubernamental... privatizándolo.[17]

En 1997 la administración Clinton firmó el Protocolo de Kyoto, cuyo tema central era el calentamiento global, pero no hizo nada para que fuera ratificado por el Senado de los Estados Unidos. La retórica proambientalista de la administración Clinton se contradecía con su firme compromiso a favor de la desregulación de las corporaciones. Los lobbies de la industria tenían virtualmente asegurada la cooperación de la administración. "Es simple, no tenemos recursos ilimitados para forzar que se cumplan todas esas medidas, y además eso puede generar una reacción violenta [de las corporaciones]", dijo Carol Browner, el administrador de la Agencia de Protección Ambiental (EPA). Con el visto bueno de la EPA, la industria minera continuó su saqueo de tierras por todo el país, y la industria maderera siguió arrasando los bosques inmemoriales. En 1995, la EPA abrió varias reservas federales a la explotación petrolífera, para que se enriqueciera aún más la Occidental Petroleum... y de paso el vicepresidente Al Gore, accionista de la empresa.[18]

En 1993 Clinton dijo que las fronteras de los Estados Unidos "parecen un colador", sumándose así a la histeria antiinmigrante.[19] Alentado por su asesor Dick Morris, prometió duplicar el número de inmigrantes devueltos en la misma frontera e incrementar los registros en centros de trabajo para encontrar trabajadores indocumentados. En 1996 firmó la Ley de Inmigración, que exigía la deportación de todos los inmigrantes condenados alguna vez por "delitos graves", incluidos aquellos cuyas condenas ya se habían cumplido décadas atrás. De modo que miles de inmigrantes que habían pasado la mayor parte de sus vidas en los Estados Unidos debieron afrontar la deportación por delitos cometidos cuando eran jóvenes.[20]

Clinton también abrazó la consigna conservadora de los "valores familiares" (aunque él no los practicara mucho), e incorporó a ese proyecto al vicepresidente Al Gore. Gore y su esposa Tipper emprenderían una cruzada contra la violencia en la televisión y en el cine, y finalmente la emprendieron también contra la industria de la música *hip-hop*. En 1996, Clinton firmó la Ley de Defensa del Matrimonio, que prohibía el matrimonio de parejas del mismo sexo. Durante su segundo mandato, también puso la mira en el embarazo adolescente, promovió programas de abstinencia sexual y toques de queda para los adolescentes.

---

* Gira de cuatro días. La finalidad pública de viaje de Clinton era promover un plan de cinco años para la inversión de las empresas privadas –incluidas las pequeñas empresas– en zonas pobres y aisladas.. [N. de la T.]

## Nación encarcelada

Clinton cumplió bien su papel de "tipo duro contra el crimen". En 1994, el Congreso aprobó la Ley General de Control del Crimen, que ampliaba el uso de la pena de muerte federal a sesenta crímenes más e incluía la financiación de cien mil nuevas policías locales. Bajo el mandato de este Clinton "vigilante", la población carcelaria casi se duplicó. En 1996, el Congreso aprobó la Ley Antiterrorismo y Pena de Muerte Efectiva, que establecía grandes limitaciones al derecho de los presos del "corredor de la muerte" a apelar al habeas corpus y a acortar los plazos para solicitar apelaciones. Durante la presidencia de Clinton, el número de ejecuciones fue el más alto en cuatro décadas.[21]

Dos terceras partes de quienes entraron en el sistema carcelario entre 1980 y 1995 eran negros, latinos o pobres, y la inmensa mayoría acusados del delito de distribución de drogas. Con una población carcelaria que había aumentado hasta los 2 millones, los afroamericanos, que eran apenas el 12% de la población de los Estados Unidos y el 13% de los usuarios de drogas, sufrían el 35% de los arrestos por posesión de drogas, el 53% de las condenas por drogas, y el 43% de los que estaban en el "corredor de la muerte".[22] En 2002, el Departamento de Justicia de los Estados Unidos estimaba que el 30% de los niños negros de doce años de edad pasaría por la cárcel en algún momento de su vida: más de los que asistirían a la universidad.[23]

Por otro lado, como muchos estados tienen leyes que niegan el derecho al voto a quienes estuvieron presos en el pasado o lo están en el presente, aproximadamente el 13% de todos los negros –uno de cada tres en Alabama y Florida– carece de ese derecho. Como señala Marable, "a más de 4,2 millones de norteamericanos se les prohibió votar en las elecciones presidenciales de 2000 porque estaban en la cárcel o habían sido condenados por algún delito en el pasado (...) Así que, en efecto, fueron las políticas represivas de la administración Clinton-Gore las que acabaron entregándole la Casa Blanca a los Republicanos".[24]

Cockburn y St. Clair comentan: "En un tiempo en el que la brecha entre ricos y pobres es la más profunda de la historia reciente, el espectro y la realidad del encarcelamiento tendrían el consabido efecto de eliminar a las clases peligrosas".[25]

En 1994, Clinton despojó de sus más elementales derechos constitucionales a las personas que residían en viviendas públicas, y respaldó los "barridos policiales" en edificios de viviendas públicas sin necesidad de autorización previa por parte de la policía y sin el permiso de los residentes; una conformidad que contrastaba con el dictamen hecho por un juez del tribunal federal de Chicago, que había dictaminado poco antes que esos barridos policiales eran inconstitucionales, ya que suponían "una invasión caótica de la privacidad". El juez había añadido que muchos de los que apoyaban la idea de esos procedimientos "ni soñando dejarían que la policía registrara sus propias casas sin su consentimiento o sin la orden de un juez".[26]

Este dictamen fue a raíz de la denuncia de algunos ciudadanos que residían en viviendas públicas de Chicago, que presentaron quejas legales cuando el Departamento de Policía de la ciudad empezó a registrar sus apartamentos y bandas de hasta 200 policías –que iban aparentemente en busca de drogas y armas– empezaron a hacer barridos frecuentes en los enormes complejos residenciales públicos de la ciudad, que en conjunto albergaban a 150.000 pobres. Clinton no se dejó conmover por lo que el juez decía sobre el derecho a la privacidad de las personas pobres. Recusó el dictamen, y prometió solemnemente aumentar la cantidad de barridos policiales en los edificios de viviendas públicas. "No debemos permitir que los criminales hallen refugio en las mismas comunidades que ellos aterrorizan", dijo.[27]

# El presidente Demócrata desmantela el *New Deal*

Pero la carta ganadora de Clinton fue la reforma de la asistencia social, cumplir con su promesa de "acabar con la asistencia social tal y como la conocemos". En 1994 estableció nuevos requisitos para acogerse a ella, y transformó la AFDC (Ayuda a Familias con Niños Dependientes) en un programa llamado Asistencia Temporal para Familias Necesitadas (TANF), que exigía a todos los beneficiarios que consiguieran trabajo antes de que transcurrieran dos años. Además, el Departamento de Salud y Servicios de Bienestar Público permitió que cada estado pudiera desestimar las regulaciones federales y experimentar con programas propios más estrictos, concediéndoles a diecinueve de ellos el derecho a optar por un límite temporal aún más restringido. El gobernador de Wisconsin, Tommy Thompson, que había empezado a eliminar el programa de asistencia social en su estado reduciendo el número de beneficiarios de 100.000 a 38.000 familias, declaró entusiasmado: "No habrá más oficinas de ayuda social, ni más cheques de ayuda social, ni más familias disfrutando de la ayuda social". Y agregó: "Las familias están trabajando. Están viviendo el Sueño Americano".[28]

En 1996 Clinton firmó dos leyes: la Ley de Responsabilidad Personal, y la Ley de Oportunidades de Trabajo, ambas auspiciadas por los Republicanos. Estas leyes borraban la impronta del *New Deal,* vigente durante sesenta años, y relevaban al gobierno de cualquier responsabilidad respecto al cuidado de los miembros más empobrecidos y necesitados de la población. La ley no solo limitaba las ayudas a las mujeres y los niños pobres menores de cinco años, sino que además negaba los servicios federales a los inmigrantes legales e incluía un recorte de 2,5 billones de dólares en bonos de alimentación. Cockburn y St. Clair observan: "Es probable que esas dos leyes republicanas sedujeran a la Casa Blanca, pues Clinton podía así acudir a los liberales arguyendo que ellos necesitaban que él fuese elegido presidente para así poder reparar parte del daño causado por la propia ley que él acababa de firmar".[29]

En los años siguientes, mientras el número de personas beneficiadas por la ayuda social iba reduciéndose y los impuestos al trabajo se disparaban, la mayoría de las familias que antes recibían ayudas sociales fueron ingresando en la categoría de trabajadores pobres. Cinco años después, el 40% de las familias anteriormente beneficiarias seguían sin poder encontrar empleo o sin poder conservarlo. La mayoría de quienes sí lograron encontrar trabajo ganaban entre 6 y 8 dólares la hora. Según un estudio realizado entonces, el 33% de estos trabajadores tenía que recortar en comida pues, simplemente, no les alcanzaba para cubrir esa necesidad. Peter Edelman, que renunció a la administración Clinton como protesta por esta reforma de la asistencia social, estimó que los aproximadamente 3 millones de familias que salieron del sistema de ayudas sociales habían pasado a engrosar las filas de los norteamericanos "desaparecidos".[30]

Clinton salió reelegido en las elecciones de 1996, tras enfrentarse al inconsistente senador Bob Dole. Pero en estas elecciones el número de votantes había descendido a menos del 50% del total de la población, y la participación variaba mucho dependiendo de los ingresos: el 74% de quienes disfrutaban de ingresos familiares por encima de los 75.000 dólares fueron a votar, mientras que el 61% de aquellos cuyos ingresos familiares estaban entre los 10.000 y los 15.000 dólares ni se preocuparon por acudir a depositar su voto.

## Clinton ataca al movimiento sindical; el movimiento sindical apoya a Clinton

Clinton llegó a la presidencia con una reputación antisindical forjada en Arkansas, un estado en el que seguía estando vigente la ley *Right-to-work* (no obliga a sindicarse). En 1976, a lo largo de su triunfal campaña para ser procurador general de ese estado, Clinton se opuso a los esfuerzos de la AFL-CIO local, que luchaba por conseguir la afiliación sindical obligatoria, siempre y cuando los miembros de la seccional sindical y la gerencia de la empresa estuvieran de acuerdo. "No creo que eso se apruebe, y en lo que a mí respecta tengo grandes reservas", dijo Clinton entonces.[31] En 1986, Bill Becker, dirigente local de la AFL-CIO, declaró al *Wall Street Journal*: "En lo que a nosotros respecta, casi todas sus acciones [de Clinton] nos recuerdan a Reagan". Cuatro años más tarde, Becker afirmó contundentemente: "Ese tipo te da palmaditas en la espalda mientras te mea en la pierna".[32]

Uno de los primeros logros de Clinton como presidente fue la ratificación en 1993 del Tratado de Libre Comercio de Norteamérica (NAFTA). Las consignas de la administración Clinton eran la desregulación y los mercados abiertos. Y las protestas del movimiento sindical y de los ambientalistas no iban a suponer un obstáculo para sacarlas adelante. "Si el plan presupuestario de 1993 había priorizado la 'reducción del déficit' como estrategia económica nacional, el NAFTA señalaba ahora al 'libre comercio' como la sagrada escritura de la estrategia económica mundial del binomio Clinton-Gore", señala Selfa.[33] Clinton siguió adelante con todas sus iniciativas para promover el libre comercio, como la ratificación en 1994 de la Organización Mundial del Comercio (World Trade Organization, WTO), la aprobación en el año 2000 de las "relaciones comerciales permanentes" con China y, en general, haciendo que la codicia desenfrenada de las corporaciones se extendiese por todo el mundo.

En cuanto al trabajo organizado –observaba el economista Leo Troy– "es un sector que no puede decirse que esté mejor después de cuatro años con Clinton; y muy probablemente aún lo pasará mucho peor con el cambio de siglo".[34] En 1997, Clinton empleó las disposiciones de la Ley del Trabajo Ferrocarrilero de 1926 para prohibir una huelga de pilotos de la American Airlines. Aunque entre 1992 y 1995 la economía estadounidense había logrado crear 12,2 millones de empleos, los despidos masivos seguían produciéndose igual que en tiempos de recesión. Entre 1993 y 1995, perdieron su empleo 8,5 millones de trabajadores. Así que las bajas tasas de desempleo declaradas no significaban nada para los millones de trabajadores que perdieron su trabajo durante ese periodo.[35]

El secretario del Trabajo de Clinton, Robert Reich, resumió así el primer año de Clinton en el cargo: "Básicamente hemos colaborado con la comunidad empresarial y hemos respondido a sus necesidades".[36] Por orden de Clinton, Reich creó una comisión para estudiar cómo reescribir las leyes laborales de los años 30, para permitir una mayor "cooperación" entre trabajadores y patronos. La revista *Business Week* reconocía en 1994: "Hay unos cuantos patronos norteamericanos que alguna vez llegaron a aceptar el derecho a existir de los sindicatos (...) pero a lo largo de estos últimos doce años, la industria de los Estados Unidos ha llevado a cabo una de las guerras antisindicales más triunfales de todos los tiempos, despidiendo ilegalmente a miles de trabajadores simplemente por ejercer su derecho a organizarse. Muchos ejecutivos sienten que aflojar ahora, sería echar a perder una victoria segura".[37] En 1994, 25.000 trabajadores entablaron demandas aduciendo que habían sido despedidos ilegalmente, cuando a finales de los años 70 este tipo de denuncias apenas llegaban a las 200 anuales.[38]

## Liderazgo de las "Nuevas Voces" de la AFL-CIO

Cuando en 1995 la AFL-CIO celebró su convención para escoger a los nuevos cargos dirigentes, todo parecía indicar que iba a producirse una revitalización del movimiento sindical, pues era la primera elección realmente reñida de su historia y parecían soplar aires de cambio. Hasta entonces, la federación tan solo había tenido dos presidentes: George Meany (1955-1979), y Lane Kirkland (desde 1979). A diferencia de las anteriores, la convención de 1995 estuvo marcada por un acalorado debate que contrastaba con la habitual semana de banquetes y palmaditas en la espalda que culminaba con una coronación ritual.

En las elecciones de 1995, aproximadamente el 56% de los delegados de los 78 sindicatos afiliados a la AFL-CIO rechazó al sucesor designado por Lane Kirkland, Tom Donahue, y escogió para dirigir la federación al presidente del Sindicato Internacional de Empleados de Servicios (Service Employees International Union, SEIU), John Sweeney, y a su lista renovadora, "Nuevas Voces". El SEIU de Sweeney había sido uno de los pocos sindicatos importantes que había aumentado su número de afiliados durante la década de los 80 (aunque dos terceras partes de ese crecimiento se debía a fusiones con otros sindicatos). El SEIU había adoptado métodos organizativos agresivos y había obtenido un éxito considerable en sus campañas de Justicia para los Conserjes, tanto en Los Angeles como en Washington D.C. Sweeney dedicaba el 30% del presupuesto del sindicato a la propia organización interna, escogiendo e integrando en la misma a trabajadores mal pagados, como conserjes y empleados del sector sanitario.

El líder de "Nuevas Voces" prometió que los altos cargos de la AFL-CIO no volverían a celebrar sus reuniones anuales en el lugar de encuentro habitual, el ultralujoso Bal Harbour de Florida. Argumentó que los medios de comunicación explotaban las imágenes tomadas en esos encuentros como "'símbolos de la complacencia de la federación sindical, mostrando fotos de viejos repantigados junto a la piscina'. Sweeney prometió que a partir de ahora el sindicato se reuniría allí donde se realizaran las campañas organizativas más importantes".[39]

En su libro *América necesita un aumento de sueldo* (1996), Sweeney demostró tener sentido de la urgencia: según él, bajo el mandato de Clinton "el movimiento sindical continuaba perdiendo en Washington casi todas las batallas legislativas ganadas anteriormente", añadiendo: "Nuestra sensación de alarma aumentó con las elecciones de noviembre de 1994, cuando los Republicanos, en su intento por anular 60 años de progreso social, tomaron el control de ambas cámaras del Congreso".[40] En un discurso de 1996 ante la Coalición Arcoiris, Sweeney declaró:

"Existe una ira desatada entre quienes trabajan duro, pues para ellos el Sueño Americano se está convirtiendo en una pesadilla de cuentas por pagar y aspiraciones insatisfechas. Los trabajadores norteamericanos están cada vez más sometidos al yugo de su gobierno, al yugo de sus patronos y al yugo de su propio futuro. A los trabajadores norteamericanos se les está acabando la esperanza".[41]

Como presidente del SEIU, Sweeney percibía dos sueldos sindicales: además del inherente al cargo, de 200.000 dólares, seguía cobrando el cheque de su vieja seccional de Nueva York, que le pagaba "honorarios como consultor", lo que le aportó un ingreso adicional de 450.000 dólares a lo largo de trece años.[42] Sin embargo, como "consultor" había ignorado la corrupción de su propia seccional, y como presidente del SEIU, había puesto bajo tutela judicial a la Seccional 399 de Los Angeles después de que los reformadores negros y latinos ganasen esa delegación.

Así que a pesar de tener un discurso más combativo que el de su predecesor, Sweeney era un hombre de la AFL-CIO, había trabajado en su Consejo Ejecutivo y había tolerado a Kirkland durante sus dieciséis años de *reinado*. De modo que cuando la federación necesitó acometer reformas importantes, Sweeney tendió rápidamente su mano y se ofreció al Consejo Ejecutivo de la AFL-CIO.

Sweeney, al igual que Donahue (el candidato de Kirkland), suscribió el apoyo de la AFL-CIO a la campaña por la reelección de Clinton en 1996. Y lo hizo incluso antes de que ésta comenzara: "Creemos honestamente que el presidente Clinton ha hecho un gran trabajo". Tal era el apoyo a Clinton, que en la convención de la AFL-CIO el presidente recibió una ovación con toda la gente puesta en pie, y nadie le preguntó siquiera por qué no había cumplido las dos promesas hechas a los trabajadores en la campaña anterior: subir el salario mínimo y aprobar una ley que prohibiese la táctica de represión sindical de reemplazar de manera permanente a los trabajadores que iban a la huelga.[43]

A diferencia de John L. Lewis en 1935, Sweeney no tenía en mente ninguna alternativa clara y definida que ofrecer al movimiento sindical.[44] Como sostiene el socialista Lee Sustar: "En vez de pelear, la burocracia sindical aceptaba hacer concesiones a las empresas para restablecer la 'asociación' obrero-patronal. Los dirigentes sindicales hicieron suyos el 'trabajo en equipo' y la 'mancomunión' con los empresarios: programas 'cooperativos' que supuestamente reemplazaban las lógicas relaciones antagónicas entre patronos y trabajadores".[45] En abril de 1996, Sweeney declaró en el *AFL-CIO News*: "Ya no podemos darnos el lujo de seguir pretendiendo que la productividad, la calidad y la competitividad no son asunto nuestro. Son nuestros asuntos, son nuestros empleos y son nuestros salarios".[46]

Ese mismo año, Sweeney habló ante los miembros de Empresas con Responsabilidad Social, declarando: "Nosotros queremos ayudar a la empresa norteamericana a competir en el mundo y a crear más riqueza para sus accionistas y para sus empleados. Queremos trabajar con ustedes para hornear un pastel más grande que todos los norteamericanos podamos compartir, y no solo discutir con ustedes sobre el pastel existente".[47] Pero los líderes empresariales no tenían ninguna intención de reanudar relaciones de cooperación con el movimiento sindical. Las décadas relativamente pacíficas de 1950 y 1960 habían sido una excepción, no la regla, en cuanto a las relaciones entre el capital y el trabajo en Norteamérica.

Gran parte del problema que impedía revertir la marea a favor del trabajador era la actitud blandengue y conservadora de los dirigentes del movimiento sindical, que seguían mostrándose reacios a emprender el tipo de lucha que se necesitaba si se querían cambiar realmente las cosas. Pero prefirieron no plantar batalla. "No somos un sindicato amigo de las huelgas", declaró el presidente de la UAW Ronald A. Gettelfinger en 2002.[48] Por su parte, Sweeney, que en 1995 había prometido sindicar a un millón de trabajadores nuevos cada año, en 1997 pareció olvidar el hecho de que los sindicatos de la AFL-CIO habían perdido medio millón de miembros desde que él había asumido el poder, llegando incluso a afirmar: "Creo de verdad que las cosas nos están yendo de maravilla".[49]

En 1996, los aumentos salariales de los trabajadores sindicados estaban por *debajo* de los aumentos salariales de los trabajadores no sindicados. Pero el nuevo liderazgo sindical tampoco afrontó esta situación combativamente, y de hecho en estos años hubo muy pocos paros laborales (entre huelgas y *lockouts*) que implicaran a mil o más trabajadores: apenas treinta y uno en 1995 y treinta y siete en 1996, las cifras más bajas en cincuenta años.[50]

Nueve años después de ganar las elecciones, el fiasco de esta nueva dirigencia reformista quedó en evidencia cuando escogieron como lugar de reunión para su consejo ejecutivo un *resort* de lujo en Bal Harbour, Florida (como hacían sus antecesores). En 2004, el Departamento de Estadísticas Laborales anunció que la militancia sindical en el sector privado había alcanzado un récord a la baja: el 8,2%; o sea, aproximadamente un millón de afiliados menos de los que había cuando Sweeney asumió el liderazgo de la AFL-CIO.[51] En realidad, este nuevo liderazgo había cambiado muy pocas cosas: seguían apoyando decididamente a los Demócratas y sus dirigentes mostraban un completo desinterés por reivindicar la lucha de clases, siguiendo una estrategia que demostraría ser desastrosa para el sindicalismo.

# El retorno de la lucha de clases

Intentase o no Sweeney honrar su compromiso de reconstruir un movimiento sindical más combativo, su discurso caló en el ánimo de los trabajadores y los predispuso a la lucha. La ofensiva de los patronos seguía persiguiendo los mismos objetivos de siempre: tener menos trabajadores, preferiblemente no sindicados, que trabajasen mucho más y por menos salario. Así que en los años 90, los obreros comenzaron a luchar con un grado de determinación y solidaridad que no se veía desde la elección de Reagan en 1980. Tanto patronos como trabajadores mantuvieron firmes sus posiciones y se produjeron muchos enfrentamientos, algunos de ellos muy duros y prolongados. Pero las disputas y las huelgas rara vez aparecían en los titulares de la prensa nacional. Como comentó el periodista William Serrin:

> En las décadas de 1980 y 1990, buena parte del movimiento sindical y también buena parte de los Estados Unidos –incluidas las salas de redacción de los periódicos– creían que en el mundo laboral no ocurría nada. (...) Pero lo cierto es que la América industrial, el movimiento sindical y las vidas de la gente trabajadora estaban siendo puestos patas arriba. Lo que pasaba es que casi nadie podía verlo, ni siquiera los últimos corresponsales que quedaban especializados en temas laborales ni tampoco el puñado de reporteros enviados a cubrir temas laborales pero no sindicales (y además bien dispuestos a hacerlo así).[52]

Las huelgas de ese periodo evidenciaron la enorme capacidad que tenían los trabajadores de base para ejercer la solidaridad mutua, aunque la dirigencia de "Nuevas Voces" rara vez saludó esa capacidad, sino más bien lo contrario, intentó desactivar todo lo que fuera más allá de los meros gestos simbólicos.

Esta actitud debilitadora quedó patente tras el papel jugado por la AFL-CIO en la huelga que llevaron a cabo 2.600 trabajadores entre 1995 y 1997 contra los dos principales periódicos de Detroit, el *Detroit Free Press* y el *Detroit News*, ambos propiedad de la cadena de prensa Gannet y Knight-Ridder y administrados por la Agencia de Prensa de Detroit mediante un convenio conjunto.

La huelga empezó después de que la administración incumpliera el reglamento interno de trabajo y emitiera nuevos horarios laborales. Al comienzo de la huelga, en julio de 1995, el editor del *Detroit News* dejó clara cuál era la estrategia de los patronos: "O se rinden sin condiciones y salvan lo que les sea posible salvar, o vamos a contratar una fuerza laboral nueva y a seguir adelante sin contar con los sindicatos".[53]

Miles de huelguistas y simpatizantes se organizaron en piquetes masivos. La semana del Día del Trabajo de 1995, los piquetes masivos actuaban 24 horas diarias, retrasando lo más que podían –y no sin que hubiera algunos enfrentamientos– la salida de los fardos de prensa. El día en que los camiones esquiroles arremetieron contra los piquetes e hirieron a cinco huelguistas, la fuerza policial, que había recibido una "donación" de 400.000 dólares por parte de los propietarios Gannet y Knight-Ridder, se mantuvo al margen, mirando. Cuando los propietarios obtuvieron una orden judicial que obligaba a que los piquetes situados frente a la planta principal de impresión no superaran los cinco huelguistas, los trabajadores respondieron a la orden mudando sus piquetes a los centros de distribución, al tiempo que exigían a los dirigentes sindicales que organizaran una marcha de solidaridad nacional en Detroit "para cerrar Motown*".[54]

Los dirigentes de los seis sindicatos locales respaldaban la marcha, pero a la AFL-CIO no le entusiasmaba la idea. La huelga se convirtió en una guerra de desgaste. Los sindicatos locales promovieron un boicot a los diarios en huelga, logrando rebajar su circulación un 37%, y publicaron su propio periódico, el *Sunday Journal*, que alcanzó una circulación de 165.000 ejemplares en 1997.[55] Pero las cadenas Garnett y Knight-Ridder estaban preparadas para resistir un enfrentamiento de larga duración y acabaron agotando al sindicato.

Finalmente, en febrero de 1997 los sindicatos ordenaron una vuelta incondicional al trabajo. Sin embargo, los líderes de la AFL-CIO se negaban a reconocer que sus políticas habían fallado, y no solo eso, sino que declaraban que la rendición era una forma inteligente de continuar la lucha, y que las reivindicaciones podrían lograrse encauzando las demandas a través de la Junta Nacional de Relaciones Laborales. Sin embargo, tras largas demoras y tediosas batallas legales, la Corte de Apelación federal acabó retirando los cargos de prácticas laborales injustas contra el *Detroit Free Press* y el *Detroit News*. Solo entonces, y para compensar su lastimoso papel, la AFL-CIO organizó la tan largamente esperada marcha sobre Detroit. Como sostiene Sustar: "Los sindicatos y la AFL-CIO han tratado de disimular esta rendición pretendiendo que se trataba de una 'nueva etapa' en la lucha por reconquistar los derechos de los trabajadores. Pero el anuncio de Sweeney de realizar una marcha nacional no pudo disfrazar el hecho de que los sindicatos se habían rendido en una batalla clave, y además en Detroit, la ciudad sindical por excelencia".[56]

## Illinois, "zona de guerra"

En 1995, la ciudad de Decatur, en Illinois, se convirtió en emblema del encono y la crudeza de la lucha de clases. Bautizada como "zona de guerra" por el movimiento sindical, fueron tres los conflictos que hicieron a Decatur merecedora de tal fama. La empresa A.E. Staley, una procesadora de maíz perteneciente a la multinacional inglesa Tate & Lyle, llevaba dos años aplicando el cierre patronal a más de 750 trabajadores. En la empresa Caterpillar, la fabricante de excavadoras, 1.900 obreros hicieron una huelga de año y medio.[57] Y los obreros de la industria del caucho de la Bridgestone/Firestone, finalizaron en mayo una huelga de diez meses, con el logro de haber conseguido que en todo ese tiempo tan solo 371 de los 1.209 miembros del sindicato traspasaran la línea del piquete para regresar al trabajo.[58] Las tres corporaciones empleaban a una tercera parte de la clase trabajadora de Decatur, y en 1995, uno de cada cuatro hogares de la ciudad tenía un miembro de la familia que o bien estaba en huelga, o era víctima de un *lockout* o había sido reemplazado permanentemente mientras participaba en una huelga.[59]

Los trabajadores de los tres sindicatos huelguistas de las tres empresas encaraban problemas comunes: jornadas de entre diez y doce horas, semanas de sesenta horas laborales, y aceleración de la producción. Todas ellas condiciones impuestas por las corporaciones en nombre de la "competitividad" existente en una economía cada vez más global. Los sindicatos que los dirigían –en Staley el Sindicato Internacional de los Trabajadores Unidos del Papel (United Paperworkers International Union, UPIU), la UAW en Caterpillar, y Trabajadores Siderúrgicos Unidos en Bridgestone/Firestone (USW, que absorbió a Trabajadores de la Industria del Caucho, URW durante la huelga)– participaron sin desearlo en una confrontación impuesta por los patronos. Como comenta el periodista Stephen Franklin en *Tres huelgas* al referirse a las luchas de Decatur:

> En Decatur, los tres gigantes mundiales que se enfrentaron a los sindicatos –Caterpillar, Bridgestone/Firestone y A.E. Staley– eran las potencias dominantes en cada uno de sus sectores. Así que no peleaban por sobrevivir, ni vivían una carrera desesperada por mantenerse a la cabeza de unos competidores implacables que estuvieran a punto de desbancarlos. Eran empresas muy sólidas, y habían prevalecido porque tenían el poder para hacerlo.[60]

La lucha de Staley comenzó en 1992, cuando la empresa exigió a todos sus empleados que trabajaran en turnos rotatorios de doce horas. Querían producir mucho, barato, desatendiendo aspectos de seguridad y aplicando reglas draconianas a los trabajadores. El sindicato inició una campaña para presionar a Miller Beer y Pepsi Corporation, clientes de Staley, para que rescindieran sus contratos con la empresa, y los trabajadores ralentizaron la velocidad de la producción dentro de la planta empleando la precisa y coordinada estrategia de "hacer funcionar la planta hacia atrás" [o sea, en sentido inverso]. Pero como comentara Moody: "Los trabajadores de Staley lo hicieron tan bien que la empresa les aplicó el cierre patronal".[61]

La huelga logró el respaldo formal de la AFL-CIO, pero poco más. Más bien los dejaron solos. Los trabajadores de la Seccional 7837 del UPIU hubieron de afrontar años de lucha, solidaridad, campañas de propaganda (casi logran el colapso de Pepsico), intimaciones, pero no pudieron detener la producción de la planta, ni impedir que los miembros del sindicato de la construcción y del sindicato de camioneros traspasaran la línea de piquete. Los dirigentes locales afrontaban intimaciones personales que si incumplían podían hacerles perder mucho dinero e incluso sus casas. Durante la marcha del 25 de junio de 1994, la policía atacó a cientos de manifestantes pacíficos con gas pimienta, y la empresa consiguió una orden judicial que prohibía piquetes de más de diez personas. Finalmente, y a pesar de todas sus luchas, fueron derrotados, y a finales de 1996, dos años y medio después de que la empresa les hubiera impedido acceder a la planta, los trabajadores tuvieron que aceptar las concesiones impuestas por Staley, y aceptar también que solo fueran reintegrados a sus puestos de trabajo un puñado de los trabajadores afectados por el *lockout*.[62] "Lo que quedó claro", escribió Moody, "fue que la huelga se perdió no solo por la débil posición de los trabajadores en esta planta en particular, sino porque la dirección del UPIU estaba deseando aceptar la derrota".[63]

## "Kick the Cat"*

En 1990, la fuerza laboral de Caterpillar en Estados Unidos estaba integrada por un 75% de trabajadores no sindicados.[64] El director ejecutivo de Caterpillar, Donald Fites, nunca ocultó que cuando firmara el próximo contrato con la UAW su intención era rebajar los salarios, y de hecho en 1991, Fites había declarado cínicamente al *New York Times*: "La brecha entre el ingreso medio de los norteamericanos y el de los

* Apodo de la ciudad de Detroit. [N. de la T.]

mexicanos se está reduciendo. Como ser humano, pienso que eso es positivo. No creo que sea bueno que 250 millones de norteamericanos controlen tanto PIB mundial".[65] Sin embargo, el propio Fites se había embolsado 545.000 dólares en sueldos y beneficios el año anterior.[66]

Cuando los trabajadores de Caterpillar se pusieron en huelga en 1995, llevaban trabajando sin contrato sindical más de dos años, tras haber perdido la última huelga de seis meses que habían hecho en 1992. Entre 1992 y 1994, los años siguientes a la derrota, la guerra de clases seguía latiendo fuerte dentro de la planta. La administración acosaba constantemente a los miembros del sindicato, y los trabajadores mantenían su espíritu de lucha llevando camisetas con inscripciones como "Cat trata a los trabajadores como perros"** y voceando consignas contra la empresa dentro de la planta. Finalmente, ocho plantas distintas de Caterpillar iniciaron huelgas no autorizadas para protestar contra las políticas de la administración, y en 1994 la dirigencia de la UAW se sintió obligada a convocar una huelga contra las prácticas laborales injustas.[67]

Pero transcurridos dieciocho meses de esta segunda gran huelga, la UAW volvió a rendirse, por segunda vez. Y de nuevo *sin obtener contrato alguno*. No sirvió de nada que el 80% de los trabajadores de Caterpillar votara a favor de seguir la huelga, pues la UAW les cortó sus fondos de ayuda, y en cosa de un mes, los obreros se vieron obligados a regresar al trabajo. Una vez reincorporados, a los obreros se les prohibió usar pins, gorras o camisetas alusivas al sindicato, y hasta se les despedía por negarse a estrechar las manos de los esquiroles, o incluso por abrir sus tarteras con demasiada lentitud a la hora de ser inspeccionadas por los guardias de seguridad de la empresa.[68] La desmoralización producto de la derrota fue tan grande, que doce trabajadores se suicidaron poco después de acabar la huelga, en diciembre de 1995.[69]

Mientras tanto, entre 1993 y 1997 Caterpillar había visto cómo sus beneficios se disparaban hasta un 155%.[70] Llegaron a los 836 millones de dólares. La revista *Fortune* agregó a Caterpillar a su lista de "Las empresas más admiradas del mundo", y su director ejecutivo Donald Fites declaró: "Esto refleja claramente lo motivados que están nuestros empleados, dedicados a satisfacer las necesidades de los clientes del mundo entero".[71] Entre 1992 y 1997, Caterpillar abrió quince nuevas plantas no sindicadas, once de las cuales estaban en el Sur, mayoritariamente antisindical.[72] En 1998 el sueldo de Fites se elevó a 3,5 millones de dólares, al que hay que sumarle otros 7 millones en *stock options*.[73]

En marzo de 1998, y ante la insistencia de los líderes de la UAW, los trabajadores de Caterpillar finalmente aceptaron firmar un contrato, aunque por un estrecho margen y solo después de que la empresa aceptara reintegrar en plantilla a los 160 militantes del sindicato despedidos y someter a arbitraje el destino de los otros doscientos trabajadores que habían corrido la misma suerte.[74]

## Solidaridad y política

La solidaridad entre los huelguistas de Decatur fue tal, que los tres sindicatos de las tres grandes compañías antes citadas se unieron localmente y organizaron equipos comunes, apodados *Road Warriors* (guerreros de la carretera), para visitar cientos de sedes sindicales por todo el país y llamar a la solidaridad. La estrategia funcionó. Los donativos llegaron de seccionales y simpatizantes de toda la nación, y miles de ellos viajaron a Decatur para tomar parte en actos masivos de solidaridad. El "guerrero de la carretera" Dan Lane, por ejemplo, conmocionó al público asistente a la sala de sesiones de los camioneros de Chicago, e incluso recibió un "aplauso cerrado con zapateo incluido", cuando les dijo: "Estamos hartos de muertes de trabajadores, de turnos de doce horas, de ver morir comunidades enteras porque no hay empleos suficientes cuando hay tantos trabajos que necesitan hacerse. Estamos cansados de ser ciudadanos de segunda clase. Necesitamos hacer leyes. La batalla de Illinois se ha de ganar".[75]

El propio Lane experimentó en este tiempo de activismo un cambio profundo en su conciencia. Veterano de Vietnam, regresó para trabajar en Staley, la empresa en la que su padre había trabajado durante veinticinco años. Mientras viajaba por todo el país buscando solidaridad, anotó: "Lo más real de este viaje es que me di cuenta de que no éramos una isla. Ya no era solo Decatur; no era solo Decatur quien estaba siendo explotada. De repente estaba en medio de gente que luchaba, y eso era tremendamente real".[76]

Mientras tanto, como señala Franklin, "algunos líderes sindicales se sentían incómodos con la alineación de Lane a algunos grupos izquierdistas asociados a la lucha de los trabajadores de Staley, y temían que su retórica estuviese disgustando a otros miembros del sindicato y dividiendo la seccional".[77] A esos dirigentes se les escapaba la intensidad de la ira y la rabia de clase acumuladas a lo largo de casi dos décadas, y no veían que esa indignación finalmente estaba empezando a traducirse en acciones. Porque había un sector de trabajadores que había llegado a la conclusión de que la única vía para revertir la marea a favor del trabajador era tomar ellos mismos las riendas de sus propios asuntos. El obrero Robert Borders, de Bridgestone/Firestone, declaró en uno de aquellos periódicos "izquierdistas":

> Estoy trabajando para una empresa que me trata como a un perro. Me disgusta la gente que me trata así. Me hace querer pelear. Si continúan actuando de este modo por todo el país, va a haber una revolución. (...) No estoy tratando de parecer radical ni ocurrente, pero en este país el pueblo se siente ignorado y sometido, y algún día va a explotar, porque no van a poder mantenerlo siempre bajo control.[78]

Caterpillar se había empeñado en acabar con el sindicato, pero no lo logró. Como comentó George Boze, vicepresidente de la Seccional 974 de la UAW en Peoria, Illinois, en febrero de 1998: "La empresa ha convertido en radicales a demasiada gente".[79] El contrato acordado en 1998 no acabó con el conflicto, sino que abrió un nuevo capítulo de la lucha, y un grupo de trabajadores de Caterpillar empezó a publicar un boletín, *Kick the Cat*, con la intención de construir una red de activistas sindicales de base en diferentes plantas. Como explicaba el boletín:

> Como miembros de la UAW en Cat [Caterpillar] hemos resistido una lucha larga y enconada, y también la han resistido nuestras familias. Hemos hecho muchos sacrificios y hemos perdido muchos compañeros en el camino. No debemos olvidar que hemos sido víctimas de un patrono brutal y despiadado que no descansará hasta ver destruido el sindicato en Cat. (...) La dirigencia de la UAW ha seguido durante mucho tiempo patrones de negociación que han fracasado; fracasado miserablemente en cuanto a la protección de nuestros trabajos y en cuanto a la defensa de los valores sindicales fundamentales amparados en nuestra Constitución, (...) La batalla contra Cat o se gana o se pierde. No hay término medio.[80]

## "¡Una Norteamérica por horas no funciona!"

En agosto de 1997, el sindicato de camioneros se puso en huelga contra la empresa líder de paquetería urgente UPS y obtuvo la primera gran victoria sindical en décadas. El presidente del sindicato de camioneros IBT, Ron Carey, no era en principio muy partidario de llamar a la huelga a los 185.000 trabajadores de UPS, pero cuando expiró el contrato

---

* Cat es Caterpillar. *Kick the Cat*=Patear al Gato. [N. de la T.]
** Juego de palabras con *Cat*=Gato. [N. de la T.]

nacional y la administración se mostró inflexible a la hora de negociar un contrato más favorable a los trabajadores, sobre todo la equiparación salarial entre los trabajadores a tiempo completo y los trabajadores por horas, a Carey no le quedó mucho margen de elección. En cuestión de días, Carey estaba dirigiendo una campaña contra la avaricia de las corporaciones en nombre de millones de personas de la clase trabajadora.

La huelga de UPS no solo era la primera huelga de trabajadores a nivel nacional después de catorce años, sino también la primera en generaciones en ganarse el apoyo popular. A las dos semanas de huelga, las encuestas de opinión mostraban que el apoyo a los trabajadores superaba el apoyo a la administración de la empresa por un margen de dos a uno. El encuestador Daniel Yankelovich dijo: "Esta huelga es uno de esos sucesos que elevan la conciencia. Un suceso como este focaliza súbita e inesperadamente la atención en algo que ya está en la mente de las personas haciendo que sus preocupaciones personales pasen a ser un asunto político".[81] Hasta el *Wall Street Journal* se vio forzado a admitir a regañadientes: "La huelga tiene un amplio apoyo popular y, curiosamente, recibe buena acogida por parte de los afectados".[82]

Antes de la huelga, los medios de comunicación prestaban poca atención a la difícil situación de los trabajadores subpagados. Pero durante dos semanas, las demandas de los huelguistas de UPS fueron destacadas en la primera plana de todos los diarios, pasando a ser la noticia más relevante en casi todos los programas de radio y televisión. El 18 de agosto de 1997, millones de televidentes vieron a un Ron Carey triunfante salir de las negociaciones y declarar victorioso: "Esta pelea con UPS muestra lo que el pueblo trabajador es capaz de conseguir cuando está unido". Los espectadores vieron también al negociador principal de UPS, quien había declarado arrogante al inicio de la huelga que la empresa no variaría su "última, mejor y final oferta", admitir ahora con la vergüenza pintada en el rostro que había cedido a la mayoría de las demandas sindicales.[83]

UPS obtuvo una ganancia superior al millón de dólares en 1996, y se había situado en el puesto 37 de la lista Fortune 500 –por encima de la Coca-Cola. Desde 1992 había duplicado con creces sus beneficios, pero los salarios reales de sus trabajadores a tiempo completo no habían aumentado desde 1987. Constituía un claro símbolo de la codicia desvergonzada de las corporaciones estadounidenses. Por otra parte, la empresa dependía cada vez más del personal que trabajaba por horas, llegando a constituir el 60% de su fuerza laboral en 1997, cuando diez años antes solo constituía el 42% de su plantilla. El salario de estos trabajadores por horas oscilaba entre los 8 dólares la hora y los 9 dólares la hora que podía cobrar un trabajador con dos años de antigüedad en la empresa, y esas pagas se mantenían sin incrementarse desde 1982. Los trabajadores a tiempo completo cobraban 20 dólares la hora.[84]

La situación de los trabajadores de UPS reflejaba la de los trabajadores en general, y la consigna de la huelga "¡Una Norteamérica por horas no funciona!" resonaba a lo largo y ancho del país removiendo las conciencias del pueblo trabajador. Como comentaba Deepa Kumar: "Lo verdaderamente notable de esta huelga de UPS es cómo incidió en la cobertura mediática de los asuntos económicos y cómo logró abrir espacios para que se debatieran temas como la desigualdad económica y política".[85] El columnista del *New York Times* Bob Herbert llegó incluso a decir que la huelga de UPS era una "rebelión de los trabajadores", "la respuesta airada y puño en alto del trabajador norteamericano frustrado, una revuelta contra el trato despiadado a los trabajadores por parte de las corporaciones".[86]

La administración de UPS estaba mucho más preparada económicamente para afrontar la huelga que el sindicato de camioneros, que se vio forzado a pedir dinero prestado a otros sindicatos para pagarles a los trabajadores un salario de huelga de apenas 55 dólares semanales. La empresa se pudo permitir el lujo de contratar policías fuera de servicio para acosar y golpear a los huelguistas. Pero la inmensa fortuna de UPS no pudo comprar la simpatía de la gente. Su poco ético equipo de relaciones públicas compró páginas completas en los periódicos pidiendo al sindicato de camioneros que dejara a los trabajadores votar "democráticamente" la oferta de la empresa, y convenció a la Asociación Nacional de Fabricantes de que solicitara a Clinton que interviniera para acabar con la huelga y evitar así un desastre económico. Pero ambos planes fracasaron.[87] Sobre el tema de "dejar votar democráticamente a los trabajadores", Ron Carey declaró que "cuando más del 95% de los miembros del sindicato respeta la línea del piquete, está votando, y está votando contra UPS". Por su parte, Clinton, a pesar de recibir continuas peticiones por parte de UPS y de otros intereses empresariales para que interviniese en el conflicto, no mostró el menor entusiasmo por hacerlo. Hubiese tenido que invocar la legislación Taft-Hartley, empleada por última vez cuando Carter actuó contra la huelga nacional de mineros en 1978. Además, según una encuesta de Gallup hecha a mediados de agosto, el 75% de la gente declaraba que Clinton no debía intervenir para intentar poner fin a la huelga.[88]

Dos semanas después de haber empezado el conflicto, UPS estaba funcionando a menos del 10% de su capacidad normal y la empresa declaró estar perdiendo 50 millones de dólares diarios, incluso habiendo recurrido a fuerza laboral esquirol.[89]

Mientras Carey dirigía la huelga de UPS intentando evitar enfrentamientos directos, los piquetes móviles de la ciudad de Chicago obligaban a detener la entrega de paquetes en rascacielos como la Torre Sears y el Edificio Amoco, sacando a los conserjes y a otros trabajadores sindicados de sus puestos de trabajo hasta que la administración de los edificios se negase a recibir ningún paquete de manos de los esquiroles de UPS. Las líneas de piquetes en Somerville (Massachusetts) y Warwick (Rhode Island) acabaron en confrontaciones con la policía cuando cientos de trabajadores intentaron impedir que los camiones traspasaran las líneas de piquetes.[90] Si UPS hubiese intentado reanudar sus operaciones terrestres a base de esquiroles, probablemente se hubieran producido más confrontaciones.

Como en Detroit y en Decatur, las líneas de piquetes eran visitadas regularmente por miembros de otros sindicatos. En Nueva York, más de 1.000 miembros de Trabajadores de Comunicaciones de Norteamérica (Communications Workers of America, CWA) se unieron a la línea de piquete el 7 de agosto, gritando consignas contra la dirección de la empresa. Cuando los huelguistas agradecieron su apoyo a los trabajadores del CWA, uno de ellos respondió: "No, gracias a *ustedes*. Ustedes están peleando por todos nosotros".[91] La Asociación de Pilotos Independientes (Independent Pilots Association, IPA), que representa a los pilotos de UPS —y cuyo propio contrato sindical había estado en el limbo durante meses— respetó las líneas de piquetes de los camioneros durante toda la huelga. "Esta aerolínea estará cerrada hasta que ustedes nos den autorización para regresar", declaró el piloto de UPS Rich Henry en un acto masivo de apoyo a los huelguistas.[92]

Cuando terminó la huelga, los periódicos estaban llenos de fotos de huelguistas celebrando su victoria. De hecho, la de los camioneros era la primera victoria de una huelga de envergadura desde la derrota de PATCO en 1981, y señalaba el camino a seguir a los trabajadores en su conjunto. "Acaba con el síndrome de PATCO. Ha terminado un periodo de dieciséis años en el que *huelga* era sinónimo de derrota y desmoralización", argumentó el historiador del movimiento obrero Nelson Lichtenstein.[93] El conductor de UPS Robert Ridley lo resumió así cuando habló en un acto en Austin, Texas: "Eran los Trabajadores contra la América corporativa".[94] Y esta vez habían ganado los trabajadores.

## Caída de Carey

Un año después de liderar la victoriosa huelga de UPS, Carey fue destituido de su cargo y expulsado de la IBT, acusado de corrupción por una comisión gubernamental. Unos cargos que sin embargo años más tarde la corte federal dictaminó que eran infundados.[95] Oficialmente Carey fue acusado de no haber ejercido "su requerido deber de investigar" cuando uno de los organizadores de su campaña presidencial de 1996 participó en una trama de transacciones financieras destinadas a encauzar dinero hacia la campaña de Carey.

Así que no fue acusado de participar en esa trama, sino simplemente de no haberse enterado de ella. Por otro lado, ese tipo de transacciones constituían "el pan nuestro de cada día" en el mundo de los pesos pesados de la burocracia sindical. Paradójicamente, la comisión, aun reconociendo que el oponente de Carey, James Hoffa Jr. (hijo del famoso pandillero) estaba bajo sospecha tras declarar haber recibido 2 millones de dólares en billetes pequeños procedentes del bingo y la venta de pasteles, recibió los favores de la comisión, que decidió no sancionar a Hoffa y dejar que siguiera adelante hasta ganar la presidencia del sindicato de camioneros en las siguientes elecciones.

A los sesenta y dos años de edad, a Carey se le prohibió militar en el sindicato al que había pertenecido desde su primer empleo en UPS en 1956. En realidad, la expulsión de Carey de la IBT fue un acto de venganza por parte de los patronos, y un intento por aplastar un movimiento sindical en auge eliminando a uno de sus líderes más importantes. La expulsión también contribuía a desacreditar a los reformadores sindicales, ya que Carey había conquistado la presidencia de la IBT en 1991 al frente de un movimiento democrático reformista. Tanto los Republicanos del Congreso como la administración de UPS, acogieron encantados que el sindicato de camioneros regresara a manos del imperio Hoffa. El senador Orrin Hatch declaró: "Hoffa será el líder del movimiento sindical del siglo XXI".[96]

## Se cierra General Motors

En 1976, la militancia sindical en las plantas de componentes automovilísticos era del 70%. Sin embargo, en 1995 apenas llegaba al 18%.[97] Aún así, en 1998 los trabajadores de la UAW de la industria de componentes fueron capaces de llevar adelante una huelga de 54 días y paralizar la General Motors.[98] En el primer cuatrimestre de 1998, la General Motors había generado beneficios netos de 1,6 billones de dólares, pero aún así, seguía a la zaga de sus competidores en cuanto a productividad.[99] En 1997 la GM ganaba 850 dólares por cada automóvil que producía, mientras que Ford ganaba 1.250 dólares por coche. Esa fue la razón alegada por la administración de la General Motors para declarar que estaba en la "pobreza" y justificar así su drástica reducción de plantilla. Durante los seis años anteriores, la GM ya había despedido a casi 80.000 del total de 375.000 trabajadores que tenía en Norteamérica, había cerrado veintisiete plantas, y la empresa había anunciado planes para cerrar aún más.[100]

El 5 de junio de 1998, los 9.200 miembros de la UAW fueron a la huelga en dos plantas de repuestos de Flint para protestar la decisión de la GM de retirarles carga de trabajo y dársela a otros proveedores externos, dentro de los Estados Unidos y también en México. La huelga empezó cuando la administración de la GM sacó de la planta maquinaria para la fabricación de un nuevo modelo de automóvil, dando a entender así que éste sería fabricado en algún otro sitio. En cuestión de semanas, la huelga dejó fuera de servicio a veintisiete de las veintinueve plantas de ensamblaje que tenía la GM en Norteamérica, forzando el despido de 192.000 personas más y generando un costo para la empresa de más de 2 billones de dólares durante los 54 días que duró el conflicto.

Aunque el sindicato no obtuvo una victoria clara, el acuerdo al que llegaron logró mantener las condiciones del contrato nacional de 1999. Tampoco ganó la GM, lo cual, tras dos décadas de lograr concesiones, constituía en sí misma una victoria. Simbólicamente, la administración se vio forzada a devolver a la planta la maquinaria trasladada, y lo hizo mientras piquetes de trabajadores cogidos del brazo entonaban la canción "Solidaridad para Siempre".[101]

Al igual que sus hermanos de UPS, los trabajadores de Flint demostraron el enorme poder que tenía el arma de la huelga para enfrentarse incluso a las corporaciones económicamente más poderosas. Por mucho que los medios de comunicación no parasen de repetir que la huelga era "la técnica anticuada de un movimiento sindical obsoleto" y el *New York Times* llegara incluso a afirmar que la reciente huelga de Caterpillar había sido una "clarísima demostración de la creciente inutilidad de un arma con la que los sindicatos, en su afán por promover los intereses de sus miembros, fueron capaces de paralizar industrias enteras *en el pasado*".[102]

## La batalla de Seattle

El 30 de noviembre de 1999, más de 30.000 sindicalistas y ambientalistas portando pancartas y gritando "¡Empresas chupasangre!" marcharon por el centro de Seattle para protestar contra la Organización Mundial del Comercio (WTO). Todos ellos estaban expresando la enorme indignación que sentían millones de personas en los Estados Unidos y en el mundo entero. Miles de manifestantes enlazaron sus brazos durante horas, impidiendo la entrada de los representantes al centro de conferencias y demorando el inicio de la reunión.[103] El 30 de noviembre, cientos de trabajadores portuarios de Seattle llamaron al paro por un día y bloquearon las puertas del centro de conferencias de la WTO. A todo lo largo de la Costa Occidental, más de 9.600 trabajadores portuarios fueron a la huelga en solidaridad con sus hermanos y hermanas del sindicato portuario en Seattle.[104]

Atrapado en la habitación de su hotel, el Secretario General de las Naciones Unidas, Kofi Annan, fue incapaz de cumplir con su agenda. A la Secretaria de Estado Madeleine Albright también la borraron del programa de discursos. El gobernador de Washington declaró el estado de emergencia, en tanto que el alcalde de Seattle, Paul Schell, llamó a la Guardia Nacional para reprimir violentamente a los manifestantes. Schell declaró el centro de la ciudad y el área que rodeaba los encuentros de la WTO como "zona libre de protestas", y anunció que todo aquel que estuviese en esa área después del toque de queda de las 7pm sería arrestado.[105]

Las autoridades de Seattle culparon a los *"hooligans"* (refiriéndose a un pequeño grupo de anarquistas que rompieron las vitrinas de algunas tiendas) de haber sido los primeros en usar la violencia. Pero fue el enorme despliegue de fuerza policial mandado por las autoridades gubernamentales, y no los manifestantes, el que convirtió a la ciudad de Seattle en un escenario de guerra durante tres días, hasta que concluyó el encuentro de la WTO el 3 de diciembre. La policía disparó balas de goma, arrojó granadas y roció con gas pimienta a miles de manifestantes, al tiempo que vehículos llenos de personal armado recorrían la ciudad lanzando gas lacrimógeno y aterrorizando barrios residenciales enteros hasta bien entrada la noche. Los manifestantes gritaban "¡El mundo entero lo está viendo!", mientras la policía de Seattle les arrojaba gas pimienta. Al final del segundo día, más de 600 manifestantes habían sido detenidos y llevados a la cárcel. Como informó el testigo Bill Capowski, del Centro de Organización del Campus: "Varios barrios siguen a esta hora, la una de la madrugada hora del Pacífico, ocupados por policías que recorren sus calles lanzando bombas lacrimógenas. (...) Vecinos normales y corrientes, personas mayores, residentes que nada tienen de políticos, permanecen fuera de sus casas, con los ojos y las gargantas ardiendo por el gas lacrimógeno y gritando a la policía que se vaya, mientras sus hijos los miran tras las ventanas".[106]

La policía arrojaba bombas lacrimógenas a los autobuses llenos de manifestantes. Los cientos de personas que habían sido arrestadas durante la redada policial del 1 de diciembre –entre ellas sindicalistas, estudiantes y otros activistas– seguían presos dos días después. Cuando los detenidos llegaban a la cárcel, la policía separaba a los activistas del resto y los mandaba a celdas individuales. Pero dentro de la cárcel los presos se organizaron como un solo grupo, y se negaban a comparecer ante el tribunal hasta que fuesen liberados todos los activistas aislados en celdas individuales. Mientras tanto, iba creciendo el número de personas indignadas que espontáneamente se congregaban fuera de la cárcel, llegando a ser varios miles. El último día de los encuentros de la WTO, con los manifestantes todavía encarcelados, el Consejo Laboral del Condado de King convocó una manifestación frente a la sede del tribunal, dentro de la "zona libre de protestas".[107]

Mientras tanto, los diarios iban mostrando en sus portadas fotos de toda esa violencia. Se sentían obligados a documentar las razones que provocaban esa reacción contra la Organización Mundial del Comercio. Así que la gente normal y corriente podía leer en un solo artículo cómo la WTO le prohibía a Suráfrica producir medicinas baratas contra el SIDA porque éstas eran "propiedad intelectual" de las corporaciones farmacéuticas; o cómo el concepto de "libre comercio" de la WTO incluía el trabajo infantil y la explotación de los obreros; y cómo las corporaciones producían peligrosos alimentos transgénicos para maximizar sus beneficios. La gente podía ver por sí misma imágenes de las multitudinarias manifestaciones de trabajadores, estudiantes y ambientalistas. Los noticiarios de televisión proyectaban secuencias de la policía con equipo antimotines arrojando gas lacrimógeno y propinándoles patadas a manifestantes pacíficos, así como imágenes de saqueos y rotura de escaparates de empresas como McDonald's y Gap.

Los reportajes no dejaban duda de que el auténtico enemigo de la policía no eran los anarquistas, sino los miles de manifestantes pacíficos que, entrelazados con sus brazos, impedían el paso a los dirigentes de la WTO. El *Chicago Tribune*, por ejemplo, escribió: "Cuando en las calles de la ciudad Esmeralda* se reunieron más de 35.000 personas para dirigirse al centro de reuniones, la policía antimotines lanzó gas lacrimógeno intentando frenar a la multitud y garantizar así que la conferencia pudiese comenzar a la hora prevista. (...) Sin embargo, poco antes la policía había dejado que grupos de saqueadores recorrieran las calles impunemente simplemente porque permanecían a manzanas de distancia del centro de convenciones".[108]

La columnista del *Chicago Tribune* Mary Schmich fue muy directa y escribió: "Gente que la semana pasada no había oído jamás hablar de la Organización Mundial del Comercio se pregunta hoy, con razón, ¿quiénes son esos tipos del Comercio? ¿Será verdad que están dirigiendo el mundo a nuestras espaldas? Gente que por lo general no prestaba atención a este tipo de asuntos, de repente está empezando a hablar de trabajo infantil, de daños al medio ambiente y de salarios de vergüenza en países que no podrían ni encontrar en un mapa".[109] Una encuesta hecha por el *Business Week* durante las protestas de Seattle reveló que el 52% de los estadounidenses apoyaba a los manifestantes.[110]

En cierta medida, la enorme protesta contra la WTO cambió el mapa ideológico de la sociedad. Las manifestaciones y las confrontaciones, ampliamente cubiertas por la televisión y la prensa, sirvieron para recordar que protestar era un acto urgente y además efectivo. De hecho, en una manifestación antirracista que se produjo poco después, en enero de 2000, 46.000 manifestantes negros se congregaron frente al capitolio de Carolina del Sur pidiendo que el estado dejase de izar la bandera confederada mientras exhibían pancartas en las que podía leerse: "Tu Herencia es mi Esclavitud".[111]

# El "Milagro económico" aumenta la desigualdad

La recuperación económica que se inició a principios de los años 90 duró hasta el final de la presidencia de Clinton (2001). El séptimo año seguido de recuperación y auge económico, los economistas ya hablaban, como sus antecesores de los años 20, de un nuevo "Milagro económico". "De las salas de juntas a los salones de estar, y de las oficinas del gobierno a los parqués bursátiles, está emergiendo un nuevo consenso" –se entusiasmaba el *Wall Street Journal*: "El mal ciclo económico está controlado".[112] Clinton sacaba pecho: "La economía de Norteamérica es la más fuerte que ha habido en toda una generación", y señalaba: "Desde que asumí la presidencia, la economía ha creado 12,3 millones nuevos empleos y el desempleo ha caído por debajo del 6% en casi tres años".[113] Cuando la tasa de desempleo descendió al 4,9% en mayo de 1997 –la más baja desde 1973– los articulistas del *Business Week* apenas podían contener su regocijo: "¿Es una economía que va sobre ruedas, o qué?".[114]

Cuando Clinton acudió a la reunión del G-7+Rusia en 1997, Joel Geier y Ahmed Shawki comentaron:

> Bill Clinton aprovechó la oportunidad para sacar pecho ante los medios y compartir su sabiduría en materia económica. El *Chicago Tribune* informó: "Sonaba igual que Ronald Reagan una década atrás. El presidente Clinton dictó una conferencia económica sobre el libre mercado a los demás líderes mundiales, que estaban asustados por las protestas de sus votantes contra los recortes presupuestarios y el comercio más libre". Animó a los otros miembros del G-7 a emular la estrategia empleada por la clase dominante estadounidense de reducir los salarios y las prestaciones sociales, elevar las tasas de explotación, maximizar las ganancias y beneficiarse de los mercados globales.[115]

Pero el bajo nivel de desempleo de la década de los 90 no comportó ninguna seguridad económica para los trabajadores. En 1997, casi el 30% de los trabajadores de los Estados Unidos carecía de empleos a jornada completa y con contrato indefinido. Los trabajadores que por culpa de los recortes de plantilla sufrieron el despido, pasaron a ganar un 13% menos en su siguiente empleo, y más de la cuarta parte perdió el seguro médico aportado por el patrono. En 1990, los empleados manufactureros trabajaban 320 horas (unos dos meses) más que los de Alemania Occidental o Francia.[116] En 1996, una familia típica formada por una pareja casada trabajaba 247 horas al año (unas seis semanas) más que en 1989. Por su parte, los afroamericanos de familias trabajadoras conformadas por una pareja casada trabajaban en 1996 casi quinientas horas más al año que las parejas blancas y cobrando lo mismo, lo que muestra las disparidades de salarios que había entre negros y blancos debidas al racismo.[117]

Pero ni siquiera el hecho de trabajar jornadas más prolongadas proporcionaba seguridad económica a las familias de clase trabajadora, que a menudo se veían forzadas a pedir dinero prestado para pagar sus cuentas. Los niveles de deuda personal alcanzaron el punto más elevado de la historia, y empujaban a la bancarrota a cada vez más "familias norteamericanas típicas". No resulta exagerado decir que el milagro económico se había construido sobre los hombros de la clase trabajadora.

La oleada de despidos hechos por las corporaciones en el periodo de recesión a principios de los 90 continuó durante la fase de recuperación. En 1993, con el *boom* en marcha, los empleos sacrificados por reducciones de plantilla llegaron a la cifra récord de 600.000. Tan solo en el mes de enero de 1994, las corporaciones anunciaron una reducción de 104.000 empleos. Entre los trabajadores que perdieron sus empleos durante los años 1990 y 1992, el 17% seguía desempleado dos años después y el 12% abandonó la fuerza laboral. Del 71% que halló nuevos empleos, el 31% recibió un recorte salarial del 25% o más, en tanto que otro 31% recibió un recorte salarial de hasta el 25%. Solamente el 37% halló empleos nuevos con salarios equiparables. Por ejemplo, de las víctimas de la reducción de personal hecha por RJR Nabisco en 1993, el 72% halló nuevos empleos, pero percibiendo tan solo el 47% de su salario anterior.[118] Mientras tanto, entre 1989 y 1997 la cuota de empleos con salarios inferiores al "salario de pobreza" se mantuvo igual, lo que significaba que había familias pobres estancadas en una situación de la que no podían salir, sin importar el número de horas que trabajasen.

En mayo de 1997, una encuesta del *Wall Street Journal* informaba de que un 46% de los trabajadores estaban "bastante preocupados" ante la posibilidad de perder sus empleos, cuando en 1992 el índice de preocupación era del 31%.[119] Como admitió el vicepresidente ejecutivo de Challenger Gray, John Challenger: "Las compañías están utilizando las reducciones de plantilla para controlar las presiones salariales".[120] Mientras tanto, la productividad manufacturera a mediados de la década de los 90 crecía una media del 1,7% anual, lo que no estaba mal comparándolo con el 2,9% anual del *boom* de la posguerra.[121]

En 1996, seis años después de haberse iniciado el "milagro económico", el ingreso semanal en dólares del trabajador medio era un 19% más bajo que en 1973, pasando de 315 a 256 dólares.[122] Thurow señaló: "Desde que se empezaron a recopilar datos sobre ingresos, esta es la primera vez que el salario real medio de los estadounidenses cae de forma sostenida a lo largo de veinte años. Nunca antes habían sufrido los trabajadores norteamericanos recortes en el salario real cuando el producto interno bruto del país crecía".[123] El economista David Gordon documenta que la producción bruta real per cápita de la economía estadounidense en 1994 era un 53% mayor que la de 1973, pero que el salario neto por hora en 1994 era cuatro céntimos más bajo que veinte años antes.[124]

---

* Ciudad Esmeralda, sobrenombre de Seattle, por sus verdes bosques. [N. de la T.]

Según el extenso informe del Instituto de Política Económica, *Situación de la América Trabajadora 2000-2001*, el ingreso familiar medio en 1996 fue mil dólares *más bajo* que en 1989. Sobre el auge económico de la década de los 90, el informe exponía: "A los únicos a los que les va mejor que en el pasado es a las ganancias corporativas, al mercado de valores y al sueldo máximo de los ejecutivos". El autor John Schmitt concluía: "El auge del mercado de valores no ha rescatado a las familias trabajadoras. La mayoría de los norteamericanos no posee ningún tipo de acciones, y quien las posee, en general posee muy pocas". El 90% del valor de todas las acciones continuaba estando en manos del 10% de las familias.

Entre 1989 y 1997, el sueldo medio de un director ejecutivo se había duplicado, mientras que los salarios reales de los trabajadores habían caído una media del 3,1% –un 6,7% el de los hombres y un 0,8% el de las mujeres. Los trabajadores recién incorporados al mercado de trabajo vivieron una reducción aún mayor, y los salarios reales por hora de este grupo cayeron un 7,4% entre los hombres y un 6,1% entre las mujeres. Cuando en los cálculos se incluían prestaciones como el seguro médico, la caída aún era más brusca, pues entre 1989 y 1997, el número de patronos que ofrecía cobertura médica descendió de media un 4,2%, un 7,8% para los trabajadores varones.[125]

A pesar del *boom* económico, la desigualdad creció ininterrumpidamente durante toda la década de 1990. Aunque durante la campaña electoral de 1992 Clinton había lamentado el hecho de que los directores ejecutivos norteamericanos se estuvieran "autopagando 100 veces más que a sus trabajadores", en 1997 esa cifra había aumentado a 209 veces.[126] La riqueza poseída por el 1% de los hogares más ricos subió del 37,4% del total nacional en 1989, al 39,1% en 1997. Y los impuestos anuales pagados por el 1% de las familias más ricas bajaron 36.710 dólares/año entre 1977 y 1997. En 2004, la *Associated Press* informaba: "La mayoría de las corporaciones norteamericanas y extranjeras que operaban en los Estados Unidos entre 1996 y 2000 no pagaron impuesto de sociedades".[127] Y una auditoría dirigida por el Departamento de Contabilidad Gubernamental reveló el dato concreto de que el 61% de las corporaciones norteamericanas y el 71% de las extranjeras no habían pagado impuesto de sociedades.[128] En 2000, el 94% de las corporaciones norteamericanas y el 89% de las extranjeras pagaron impuestos de sociedades inferiores al 5% de sus ingresos totales.[129]

Pero la administración Clinton parecía ignorar la creciente desigualdad de clases que se estaba produciendo durante el *boom*. En un informe de abril de 1994 sobre la recuperación económica realizado por un asesor económico de Clinton se "aplaudía el papel de la Reserva Federal y los mercados en la contención de las tasas de interés", destacando con orgullo "el ritmo tibio de la inflación". En el apartado dedicado a los salarios, el asesor anotaba, sin añadir más comentarios: "Para 1994 tenemos previsto un crecimiento del salario real del cero por ciento". Llama la atención la gran despreocupación por los salarios de este asesor clave del Presidente, el mismo presidente que en su primer discurso había prometido ante el Congreso: "Nuestro plan económico corregirá las desigualdades de la década de los 80".[130]

## Por el amor de Enron

Kenneth Lay, director ejecutivo de Enron, era muy amigo de George W. Bush y estaba firmemente asentado dentro de los círculos políticos del Partido Republicano. Sin embargo, le fue muy bien con Clinton. Cockburn y Silverstein destacan este hecho: "Quizá se trate de mera coincidencia, y tan solo sea la forma normal de trabajar del comité ejecutivo de la burguesía, pero a Enron le ha ido muy bien con Clinton". La función pública y los intereses privados se entrelazaban completamente. Cockburn y Silverstein explican cómo funcionaban estas cosas, por ejemplo el Secretario del Tesoro de Clinton, Robert Rubin:

Poco después de ser escogido por Clinton para presidir el Consejo Económico Nacional, Rubin envió una carta a cientos de antiguos clientes, escrita en papel membretado de la banca de inversión Goldman Sachs, en la que les decía: "Deseo continuar trabajando con ustedes desde mis nuevas funciones". Uno de los destinatarios de la carta era Enron, el gigante del gas natural y de las plantas energéticas que en la declaración del estado financiero de Rubin de 1993 figuraba como una de las 44 empresas con las cuales había tenido un "contacto significativo" mientras Rubin trabajaba en Goldman Sachs.[131]

Y dicho y hecho. En marzo de 1994, los ejecutivos de Enron formaron parte del séquito de veintiocho empresas que acompañaron al Secretario de Comercio, Ron Brown cuando este viajó a Rusia. En el viaje, Enron logró cerrar un acuerdo "para abrir nuevos mercados europeos al gas ruso". En noviembre de 1993, Enron había conseguido otro acuerdo de 1 billón de dólares con Turquía para la construcción de dos centrales eléctricas.

En mayo de 1994, los funcionarios del Departamento de Estado de los Estados Unidos presionaron al dictador indonesio Mohamed Sukarno para apoyar los esfuerzos de Enron, que quería construir centrales eléctricas en aquel país. En agosto del mismo año, la empresa cerró un acuerdo por 2,5 billones de dólares para construir una central eléctrica en la India. También ese mes, Enron se las ingenió para construir dos centrales en las Filipinas. Y al mes siguiente, un representante de la empresa se unió al séquito de cincuenta ejecutivos que viajó a Pakistán con el Secretario de Energía Hazel O'Leary. En noviembre, Enron obtuvo un contrato para construir una central en la provincia China de Hainan.[132]

El candidato presidencial por el Partido Demócrata en 2004, John Kerry, también tuvo conexiones con Enron en los años 90, a través de su esposa Teresa Heinz. Kenneth Lay, director de Enron, formaba parte del consejo de administración de la Fundación Heinz, y estaba encargado de los temas referidos al calentamiento global. Cuando el desastre financiero de Enron de diciembre de 2001 puso al descubierto el saqueo sistemático y descarado de los mercados energéticos por parte de la empresa, la fundación Heinz emitió esta declaración de apoyo a Lay: "Fueren cuales fueren los problemas que tuvo en Enron, Ken Lay posee una buena reputación en la comunidad ambientalista por ser un empresario con sensibilidad para el tema ambiental. Cuando alguien comete un error en algún momento de su vida, eso no significa que no lo pueda hacer bien en otro momento de su vida".[133]

## Rescates corporativos y Bancarrota personal

Long-Term Capital Management era conocido como el "Rolls Royce" de los fondos de inversión, los fondos que tanto proliferaron y dominaron el voraz frenesí de Wall Street a mediados de los años 90. Fundado en 1994 por una panda particularmente arrogante de operadores de bonos, físicos, economistas laureados con el Nobel y programadores informáticos, los "científicos espaciales" de Long-Term Capital –como se les llegó a conocer en Wall Street– pretendían haber hallado un método infalible para apostar sobre el precio de los bonos. Basaban su estrategia de apuesta en modelos de computación y ecuaciones matemáticas que comparaban los precios actuales de los bonos, las acciones y las divisas con sus valores históricos. Como retribución por sus orientaciones exigían un honorario de gestión del 2% y un honorario "incentivo" anual del 25%. Una articulista del periódico de negocios *Barron's* los describiría más tarde como "acaudalados conductores de BMW que bebían Dom Perignon, iban de vacaciones a Vail, visitaban Hampton los fines de semana y vivían en Greenwich, Connecticut, más o menos los amos del universo".[134]

El director de Long-Term Capital, John W. Meriwether, llegó al estrellato en la década de los 80 como operador de bonos para Salomon Brothers en Wall Street. Se vio forzado a renunciar a su puesto después de que su departamento le pillara con las manos en la masa haciendo transacciones a cuenta de clientes que nada sabían sobre las mismas. Tenía fama de hacer apuestas multimillonarias contra cualquier cosa: una vez, en una partida de golf, compró una docena de langostas, les colocó números en el lomo y organizó una carrera en la que apostó contra sus compañeros de partida. Un libro publicado en 1989, *El póquer del mentiroso*, presenta a Meriwether y a su jefe de Salomon Brothers haciendo una apuesta de 10 millones de dólares sobre el número de serie de un billete de un dólar. Pero para los verdugos de Wall Street tales despliegues de extravagancia no hacían sino aumentar el estatus legendario de Meriwether.[135]

Poderosos inversores como el gobierno chino y el Banco de Italia hacían cola para realizar la inversión mínima de 10 millones de dólares que exigía Long-Term Capital.[136] Aceptaban que las apuestas estuviesen envueltas en un velo de secretismo, como requería Meriwether, cuya base de operaciones estaba ubicada lejos de Wall Street, en Greenwich, Connecticut. Gigantes de las finanzas como Merrill Lynch, J.P. Morgan, Goldman Sachs y el mayor banco europeo, la UBS de Suiza, prestaban enormes sumas a Long-Term Capital, atraídos por el señuelo de sus elevados reintegros: el 20% en 1994, el 43% en 1995 y el 41% en 1996. En los primeros tres años, los inversores duplicaron su dinero con creces.[137]

Pero la fórmula de los "científicos espaciales" tenía fallos, como luego se supo, y su apuesta no era tan infalible. Dos fueron los factores que dejaron a Long-Term Capital fuera de juego. Primero, su fórmula estaba basada en "valores históricos" y no predijo el desastre financiero que se iniciaría el 17 de agosto de 1998, cuando Rusia devaluó su moneda e incumplió el pago de parte de su deuda. Long-Term Capital había apostado masivamente y "a lo grande" a que los precios de los bonos a largo plazo estadounidenses bajarían y que los precios de los demás bonos subirían; pero las tendencias se dieron en la dirección contraria, y los inversores salieron en volandas de Rusia rumbo a los llamados "refugios seguros", o sea a comprar los bonos del Tesoro de los Estados Unidos, lo que provocó un aumento del precio de los mismos. Segundo, un número cada vez mayor de fondos de cobertura y fondos de inversión estaban haciendo las mismas apuestas que ellos, mediante fórmulas parecidas y en los mismos mercados. Y todos trataban de ser rescatados al mismo tiempo.

El 1 de agosto de 1998, el capital accionarial de Long-Term Capital era de 4,1 billones de dólares, pero el 1 de septiembre ya había bajado a 2,3 billones. Y el 21 de ese mismo mes, se había desplomado hasta los 600 millones. En tan solo cincuenta y cinco días, el 90% de su capital accionarial se había evaporado. Pero los banqueros que les habían prestado dinero con tanta facilidad durante los años anteriores, no estaban dispuestos a dejar que se fueran a pique. Alan Greenspan, presidente de la Reserva Federal, explicó que si Long-Term Capital se iba a la bancarrota, provocaría la *fire sale* o eliminación del mercado de su gigantesca cartera de bonos, lo que a su vez ocasionaría una caída de los precios y una subida de las tasas de interés que tendría repercusiones devastadoras en toda la economía mundial. El 23 de septiembre, la Reserva Federal organizó un rescate de emergencia, involucrando a todo un conjunto de prestamistas internacionales, incluidos seis bancos, además de Merrill Lynch y Goldman Sachs, que soltaron 3,5 billones de dólares para mantener a flote la empresa. Pero así lo único que hicieron fue comprar un poco de tiempo, no más de seis meses. El 9 de octubre, Long-Term Capital ya había gastado aproximadamente 1,9 billones de dólares del dinero del rescate. Merrill Lynch, que estimaba sus pérdidas por la debacle de Long-Term en 1,4 billones de dólares, anunció el 13 de octubre que reduciría su plantilla en más del 5%, eliminando 3.400 empleos.[138]

Una semana después de que Long-Term Capital estuviese a punto de desaparecer, el Congreso estudiaba deprisa y corriendo una ley que reforzara la legislación sobre bancarrotas. "El Congreso está enviando el mensaje inequívoco de que no se le va a permitir a nadie actuar irresponsablemente para luego simplemente lavarse las manos y dejar que los demás paguen el precio", dijo el demagogo Dick Arney ante la Cámara de Representantes.[139] En realidad, Arney no estaba dirigiendo su furia contra las 71 instituciones financieras que habían prestado negligentemente 90.000 millones de dólares a Long-Term Capital y que habían permitido que el fondo de cobertura utilizara su capital base de apenas 4.000 millones para hacer apuestas de 1,25 billones de dólares.[140] En realidad su discurso amenazador iba dirigido a los pobres.

Porque la ley de bancarrotas que estudiaba la Cámara se estaba preparando a instancias de las grandes empresas de tarjetas de crédito, que reclamaban adoptar medidas enérgicas contra el creciente número de consumidores de a pie que se declaraban en quiebra personal al verse endeudados hasta el cogote. Los gigantes del crédito se quejaban de que la legislación vigente sobre la bancarrota era demasiado indulgente con los consumidores, o "demandantes de bienestar", como los llamaba Tom Layman, economista principal de VISA.[141] En 1997, el número de estadounidenses que se declararon en bancarrota personal ascendió a 1,4 millones, un 400% más que en 1980.[142] Millones de personas que se habían endeudado tras perder sus empleos por culpa de las reducciones en las plantillas, o que habían enfermado, se habían visto obligadas a recurrir al préstamo simplemente para costearse las necesidades básicas y las facturas médicas.

Finalmente el Congreso aprobó un proyecto de ley de bancarrota personal en 2005, bajo el mandato de George W. Bush (proyecto que se transformaría en la Ley de Protección del Consumidor y Prevención del Abuso de la Bancarrota ese mismo año). Era una ley muy estricta, que no atendía a la inmensa mayoría de las bancarrotas personales más habituales, que eran las debidas a gastos médicos, pérdidas de empleo o divorcios. Tampoco hacía excepciones con los soldados en servicio activo, ni con los veteranos... Y ni siquiera con los supervivientes del huracán Katrina. Durante el debate en el Congreso, el senador Republicano Charles Grassley declaró: "Las personas que tienen la posibilidad de reintegrar parte de su deuda o la totalidad de la misma, no deberían poder utilizar la bancarrota como herramienta de planificación financiera para zafarse impunemente del pago de su deuda, mientras los norteamericanos honestos que cumplen las normas pagan su factura".[143]

Pero un estudio de la Universidad de Harvard mostraba que dos años antes de presentarse la ley de bancarrota "había un 19% de las familias que no podía comprar alimentos, un 40% al que le habían cortado el servicio telefónico, un 43% que no podía costearse las medicinas y un 53% que carecía de asistencia médica básica".[144]

Como comentó el economista Paul Krugman:

> La ley de bancarrota fue redactada por y para las empresas de tarjetas de crédito, pues aquí parece que la única *razón* realmente imparable es el músculo político empresarial. Pero el proyecto de ley también encaja en un contexto más amplio, en lo que Jacob Hacker, científico político de Yale, llama "privatización del riesgo". O sea, la erosión constante de la protección gubernamental para combatir la desgracia personal, así como el incremento incesante de la inseguridad económica de las familias (...) Algunos de estos fenómenos son coyunturales y resultado de una economía cambiante, pero esas tendencias económicas subyacentes han sido reforzadas por una orientación ideológica que quiere eliminar las protecciones que solía ofrecer el gobierno.[145]

La senadora Hillary Clinton declaró recientemente ante la Cámara del Senado: "Estoy muy orgullosa de que durante la década de los 90, en la que hubo una expansión de la prosperidad económica jamás conocida anteriormente por éste ni por ningún otro país, nosotros hayamos generado un montón de millonarios y multimillonarios".[146] Por su parte, el antiguo Secretario del Trabajo de Clinton, Robert Reich, explicaba en un artículo titulado "Por qué Gore es bueno para las empresas", cuáles eran las razones por las que la clase capitalista no debía preocuparse si Gore ganaba las elecciones del año 2000:

> No ha habido en la historia moderna ninguna otra administración que haya sido tan buena para el empresariado norteamericano como el equipo Clinton-Gore. Ninguna ha sido tan solícita con los intereses de las grandes empresas, ninguna ha generado tantos beneficios empresariales y ninguna ha presidido un mercado de valores tan boyante o ha visto un incremento tan enorme del sueldo de los ejecutivos. Y ningún vicepresidente en la historia moderna ha tenido tanta influencia a la hora de elaborar la agenda de la administración como el señor Gore.[147]

## Resurge el imperialismo, se hunde el liberalismo

Bill Clinton fue el primer presidente norteamericano que hubo tras la Guerra Fría. Pero su administración se encargó de que "no llegara la Paz". En diciembre de 1991, siendo aún candidato, Clinton había dejado claro que no vacilaría en emplear el poder militar si era necesario, argumentando: "Para proteger nuestros intereses y nuestros valores, a veces tenemos que plantarnos y luchar". El historiador Andrew J. Bacevich comenta: "En ese punto, Clinton fue fiel a su palabra, pues como presidente intervino militarmente más a menudo, en más lugares y con mayor variedad de propósitos que cualquier otro de sus antecesores".[148]

Antes de que los Estados Unidos y la OTAN atacaran Yugoslavia en 1999, Clinton había enviado fuerzas militares a 46 misiones de combate. Cabe comparar esa cifra con el total de 26 misiones de combate de los presidentes Ford (4), Carter (1), Reagan (14) y Bush (7) combinados. Clinton reanudó la política exterior allá donde la había dejado Bush, y continuó la invasión a Somalia en 1992, invadió Haití en 1994, bombardeó Serbia en 1995, y Sudán y Afganistán en 1997.[149]

En cuanto a Iraq, el enfoque de Clinton tampoco se diferenció mucho del de su antecesor (y sucesor) Republicano. Clinton y el primer ministro inglés Tony Blair bombardearon regularmente la "zona de exclusión aérea" de Iraq durante ocho años, matando a muchos cientos de civiles iraquíes. Las sanciones contra Iraq, patrocinadas por los Estados Unidos, así como los diez años de embargo que siguieron tras la primera Guerra del Golfo en 1991, mataron a más de un millón de personas.[150] El 12 de mayo de 1996, el programa *60 minutos*, uno de los pocos programas que informaron del número de víctimas causados por dichas sanciones, retransmitió una entrevista en la que la periodista Leslie Stahl le preguntaba a Madeleine Albright, Secretaria de Estado de Clinton: "Hemos oído que han muerto medio millón de niños. Es decir, más niños de los que murieron en Hiroshima. ¿Cree usted que vale la pena pagar ese precio?" Albright respondió: "Pienso que es una elección muy dura, y en cuanto al precio... nosotros pensamos que el precio vale la pena".[151]

En 1998 Clinton firmó el Acta de Liberación de Iraq, que establecía lo siguiente: "La política de los Estados Unidos debe ser procurar acabar con el régimen encabezado por Saddam Hussein en Iraq y promover el surgimiento de un gobierno democrático que lo reemplace". Dicho cambio de régimen lo iba a llevar a cabo su sucesor, George W. Bush (hijo) en 2003. Pero en el año 2000, el ministro de exteriores francés se quejó a la administración Clinton: "Nosotros no podemos aceptar ni un mundo políticamente unipolar, ni un mundo culturalmente uniforme, ni la unilateralidad de una sola hiperpotencia".[152]

Como ya era costumbre, Clinton justificó las invasiones de Somalia y Haití como misiones "humanitarias", obteniendo un amplio apoyo en todo el país. Muchos activistas antibélicos que se habían opuesto a la Guerra del Golfo en 1991, se quedaron callados durante las invasiones "humanitarias" de Clinton en 1992 y 1994. En 1999, Clinton volvió a obtener un amplio respaldo de la población cuando atacó Serbia alegando que era para "proteger" a Kosovo del dominio serbio. Y como era un Demócrata y no un Republicano el que había lanzado el ataque contra Kosovo –y además alegando que era para apoyar a un pueblo oprimido–, la izquierda estadounidense tuvo que abandonar su tradicional postura de firme oposición al imperialismo norteamericano.[153]

De hecho, Clinton logró cambiar los parámetros políticos del discurso dominante, escorando el Partido Demócrata aún más hacia la derecha, de modo que hasta los más liberales siguieron apoyando a Clinton incluso cuando éste abrazó las políticas internas de los conservadores. El movimiento feminista nunca protestó contra él, ni siquiera cuando permitió ataques contra el aborto legal o cuando desmanteló la asistencia social para mujeres y niños pobres. La mayoría de las organizaciones homosexuales se mantuvieron leales a Clinton incluso después de que firmara la Ley de Defensa del Matrimonio. En esencia, el derrumbe del liberalismo como fuerza durante la era de Clinton permitió el viraje a la derecha de la política dominante ya en los años previos a la presidencia de George W. Bush en 2001. La Ley de Defensa del Matrimonio de 1996 allanó el camino a la propuesta más draconiana de Bush Jr. de prohibir el matrimonio gay a nivel federal, y la Ley Antiterrorista y de Pena de Muerte Efectiva de Clinton hizo que más tarde no costase tanto digerir la Ley Patriótica de los Estados Unidos, mucho más represiva aún y que fue aprobada tras el atentado a las Torres Gemelas el 11 de septiembre de 2001. Por otro lado, cuando Bill Clinton dejó el cargo, la desigualdad de ingresos en los Estados Unidos había alcanzado unas cotas nunca vistas desde que Herbert Hoover fuera presidente. Según la Oficina del Censo de los Estados Unidos, en 1999 la riqueza se repartía de la siguiente manera: la quinta parte más pobre de la población percibía menos del 4%, la segunda quinta parte más pobre percibía el 9%, la quinta intermedia percibía el 15%, la segunda quinta parte más rica percibía el 23% y la quinta parte más rica el 49%.[154]

Como describe el economista Edward N. Wolff: "En 1976, el 10% más rico de las familias estadounidenses disponía del 50% de la riqueza nacional, pero en 1995 ya disponía del 70% de toda la riqueza. O sea, que el 20% de las familias más ricas poseía el 83% de la riqueza nacional, y el 80% de las familias restantes apenas el 17%".[155] Además, tal concentración de la riqueza en unas pocas manos se había convertido en un fenómeno global, y en 1995, los 358 mayores billonarios del mundo poseían 760 billones de dólares, lo mismo que el 20% más pobre de la población mundial.[156]

A finales de los 90, cuando los salarios apenas estaban empezando a experimentar un tímido ascenso, estalló de pronto la burbuja especulativa y la economía se sumió en una nueva recesión.

# CAPÍTULO NUEVE

# DOMINIO DE LOS NEOCONSERVADORES

Inmediatamente después de los ataques del 11 de septiembre de 2001 contra el World Trade Center y el Pentágono, el presidente George W. Bush y su grupo de *neocons* aprovecharon la excusa y la confusión general para desatar una guerra abierta contra el mundo árabe y el mundo musulmán. El primer blanco de su "Guerra contra el Terror" fue Afganistán*, aunque el objetivo último de los neoconservadores era preparar el terreno para invadir Iraq. En realidad el ataque a Iraq estaba pensado mucho antes del 11 de septiembre, y de hecho ya lo había avanzado el entonces Secretario Adjunto de Defensa, Paul Wolfowitz, que había sugerido atacar Bagdad "en cuanto encontremos la manera apropiada para hacerlo".[1]

A principios de octubre, un grupo de neoconservadores, incluido Richard Perle, por aquel entonces presidente del Comité Consultivo de la Junta de Política de Defensa, dirigió una carta abierta a Bush en la que declaraba: "No es seguro que el gobierno iraquí haya proporcionado algún tipo de asesoría en relación al reciente ataque contra los Estados Unidos, pero aunque la evidencia no vincula directamente a Iraq, cualquier estrategia que apunte a la erradicación del terrorismo y sus patrocinadores tiene que incluir un esfuerzo decidido por echar del poder a Saddam Hussein".[2] El 21 de octubre, en el programa televisivo de la cadena ABC *Esta semana,* le preguntaron al general de la Fuerza Aérea Richard Myers, jefe del Estado Mayor Conjunto, si ya "había empezado a hacer preparativos para atacar Iraq". Y Myers respondió directamente: "Esta es una guerra global contra el terrorismo y las armas de destrucción masiva. (...) Afganistán es una pieza menor. Así que, por supuesto, nosotros estamos pensando más a lo grande. Yo diría que desde la Segunda Guerra Mundial no hemos pensado tan a lo grande en ninguna otra campaña".[3]

Una vez más, la guerra exterior iría acompañada de una gran ola de represión política en el interior. En este caso, la "guerra contra el terror" desencadenó un virulento racismo contra árabes y musulmanes dentro y fuera de las fronteras de los Estados Unidos. En noviembre de 2001, el representante Republicano por Georgia Saxby Chambliss, presidente de la Subcomisión de la Cámara para el Terrorismo y la Seguridad Nacional, sugirió que para combatir el terrorismo la policía de Georgia arrestase "a cualquier musulmán que cruce la frontera del estado".[4] Mientras tanto, el Fiscal General Adjunto Michael Chertoff dijo ante el Comité Judicial del Senado: "Seré claro (...) Abusaron de nuestra hospitalidad. (...) Y ésta ya no es su casa".[5]

## La guerra en casa

Mientras cientos de árabes y musulmanes eran acosados y detenidos por las autoridades, La Ley Patriota de los Estados Unidos (*US Patriot Act*) pasó en volandas por el Congreso sin ser debatida, aprobándose por amplísima mayoría tanto en el Senado (98 a favor, 1 en contra) como en el Congreso (356 a favor, 66 en contra). Bush firmó la Ley el 26 de octubre de 2001. La Ley Patriota cercenaba gravemente las libertades civiles, confería amplios poderes de vigilancia a las autoridades federales y permitía que el gobierno estadounidense aplicara a los extranjeros la "detención obligatoria", que detiene o encarcela el tiempo que haga falta a personas consideradas inmigrantes ilegales o no autorizadas para entrar en un país, retirándoles el derecho al debido proceso. Al igual que las Leyes de Espionaje y Sedición de 1917-18 y la Ley Smith de 1940, la Ley Patriota de los Estados Unidos autorizaba a los funcionarios del FBI y de inmigración a deportar inmigrantes basándose en la mera "asociación" con una amplia lista de organizaciones designadas por el Secretario de Estado como "organizaciones terroristas extranjeras" (FTO). Nancy Chang, abogada del Centro para los Derechos Constitucionales, comentó al respecto:

> Si la ley de las FTO hubiese estado en vigor durante los años 70 y 80, el Secretario de Estado podía haber catalogado al Congreso Nacional Africano (otro grupo que había recurrido a la violencia) como una FTO. Y de haberlo catalogado como tal, los miles y miles de norteamericanos que dedicaron su tiempo y contribuyeron económicamente a la lucha de este grupo por terminar con el *apartheid* en Suráfrica hubieran podido tener que afrontar largas penas de prisión.[6]

El 13 de noviembre, Bush emitió un decreto ley que le autoconfería toda la autoridad para ordenar someter a un tribunal militar secreto "a todo aquel individuo no ciudadano de los Estados Unidos que yo determine en su momento".[7] Ese mismo mes, y frente a quienes expresaban algún tipo de críticas, el Fiscal General John Ashcroft advirtió con firmeza macartiana: "Mi mensaje para aquellos que atemorizan a los amantes de la paz con fantasmas de libertades perdidas, es que sus tácticas ayudan a los terroristas porque erosionan nuestra unidad nacional y minan nuestra firmeza. Dan munición a los enemigos de América y hacen vacilar a los amigos de América".[8]

En abril de 2002, el Departamento de Justicia ya había detenido a unos 2.000 árabes y musulmanes, y muchos de ellos habían sido arrestados "indefinidamente". Nueve meses después del 11 de septiembre, a ninguno de estos detenidos se le habían formulado cargos relacionados con los ataques, y ni siquiera habían sido ratificados como "terroristas". A pesar de ello, el Departamento de Justicia citó a otros 5.000 árabes y musulmanes varones de entre 18 y 33 años que habían entrado *legalmente* en los Estados Unidos durante los dos años anteriores, para someterse "voluntariamente" a una "entrevista" y un proceso de "registro especial". Pero aunque todas esas detenciones ilegales y redadas no sirvieron para encontrar terroristas, sí sirvieron para que las autoridades federales revisaran meticulosamente los papeles de miles de inmigrantes y se llevaran a cabo numerosísimas deportaciones basadas únicamente en tecnicismos legales.[9]

El 30 de mayo de 2002 el Fiscal General John Ashcroft implementó nuevas directrices de inteligencia que preparaban el terreno para, según apunta Chang, "retomar los peores abusos del infame programa de contrainteligencia nacional (COINTELPRO) del FBI". Con la excusa de la "seguridad nacional", se le otorgó al FBI autoridad para reanudar su eterna *vendetta* contra la izquierda norteamericana. En colaboración con el FBI y el Departamento de Justicia, los departamentos de policía local de las ciudades más importantes de los Estados Unidos reactivaron los "escuadrones rojos" de COINTELPRO, que habían permanecido oficialmente inactivos desde los años 70.[10]

Mucho antes del 11 de septiembre, el FBI ya tenía en su punto de mira al movimiento mundial por la justicia, que había ido creciendo tras las manifestaciones de Seattle de 1999. En una declaración que hizo ante el Congreso en mayo de 2001, el director del FBI Louis J. Freeh incluyó entre los "terroristas domésticos" a los "grupos de izquierda" que "generalmente profesan una doctrina socialista revolucionaria y se ven a sí mismos como protectores del pueblo contra los 'efectos deshumanizadores' del capitalismo y el imperialismo. Se proponen generar el cambio en los Estados Unidos a través de la revolución y no a través del sistema político establecido".[11] Después del 11 de septiembre, la socialista Candace Cohn señaló:

> El FBI no paraba de acosar a quienes se manifestaban por la justicia global. La agencia extendió el campo de su red "antiterrorista" a independentistas de Puerto Rico, ambientalistas, anarquistas, socialistas y a las Mujeres de Negro (un grupo pacifista

practicante de la vigilia). Protestas, piquetes, marchas, concentraciones y manifestaciones pasaron a ser catalogadas como "terroristas" si el gobierno determinaba que implicaban actividades "peligrosas para la vida humana" (lo que podría afectar también a actos de vandalismo menor, resistencia a la detención o lo que la policía determinara como "provocaciones violentas") y en definitiva, cualquier actividad que *pareciera* tener la intención de influir en la política de un gobierno mediante la intimidación'".[12]

La velocidad y agresividad con que la administración Bush pudo seguir adelante con su agenda solo fue posible porque se trataba de un proyecto bipartidista y porque los Demócratas permitieron que se aprobasen *todas* las políticas de Bush, apoyando muchas de ellas incluso con entusiasmo. "La administración Bush merece ser criticada ferozmente por la elección del momento y por cómo lleva la guerra de Iraq", señaló el comentarista político Anatol Lieven, pero "no obstante, los historiadores futuros podrían llegar a la conclusión de que fue la estrategia del presidente Bill Clinton en los años 90 la que pudo haber convertido en inevitable, más tarde o más temprano, la conquista de Iraq; y determinar que, dadas las realidades de la sociedad y la historia iraquíes, los resultados no hubiesen sido mucho menos atroces".[13]

La Ley Patriota de los Estados Unidos no fue un punto de partida, sino la aceleración de la legislación represiva de la era Clinton. Chang observa: "El 'estatuto de apoyo material' de la Ley Antiterrorista y de Pena de Muerte Efectiva de Clinton de 1996 –considerablemente reforzado en la Ley Patriota–, consideraba un delito castigable con cadena perpetua la muerte de una persona, y con quince años de cárcel la provisión de apoyo material a cualquier organización que el Secretario de Estado designara como FTO (Organización Terrorista Extranjera)".[14]

* El 7 de octubre de 2001, Operación Libertad Duradera. [N. de la T.]

# La ofensiva de los patronos, libre de trabas

Con la "guerra contra el terror" rugiendo de fondo, la *revolución* de Reagan se reencarnaba por segunda vez en los albores del siglo XXI. Y lo hizo sin depurar los excesos originales. Al igual que Reagan, Bush hizo de las reducciones fiscales para los ricos la piedra angular de su agenda económica. Y esa era apenas la punta del iceberg del ataque frontal contra los trabajadores, pues los niveles de vida de la clase trabajadora, ya muy golpeados, entraron en una nueva espiral descendente. Un estudio sobre la desigualdad de la riqueza realizado en 2005 por el *New York Times* revelaba asombrosas disparidades de clase:

> Con las reducciones fiscales de Bush, los 400 contribuyentes con ingresos más altos, aquellos que ganaron como mínimo 87 millones de dólares en el año 2000 (el último año en que el gobierno hará públicos esos datos), pasaron a pagar porcentualmente los mismos impuestos sobre la renta, Medicare y Seguridad Social que las personas que ganaron entre 50.000 y 75.000 dólares. (...) En las últimas tres décadas de gran transformación de la economía norteamericana, caracterizada entre otras cosas por la creación de un mercado más global, la nueva tecnología y una inversión parcialmente estimulada por las reducciones fiscales, los grandes ganadores han sido los hiper-ricos. El mercado de valores se disparó hacia arriba, al igual que el sueldo de los altos ejecutivos de las empresas. (...) Según el análisis del *New York Times,* entre 1950 y 1970, por ejemplo, por cada dólar adicional ganado (por ahorro, inversión..) por el 90% del estrato más bajo, el 0,01% del estrato más alto ganó 162 dólares adicionales. En cambio, entre 1990 y 2002, por cada dólar extra ganado por el 90% del estrato más bajo, cada contribuyente ubicado en el estrato más alto ganó 18.000 dólares extras.[15]

Dado que el estudio anterior solo consideraba las declaraciones de renta, y no otros datos, el reportero del *New York Times* Cay Johnston comentó: "La brecha entre los muy ricos y el resto de las personas es, con toda certeza, mucho mayor". Más de 3 millones de estadounidenses perdieron sus empleos entre 2000 y 2003, y la mayoría sin posibilidad de encontrar otro trabajo cuando en noviembre de 2001 se produjo la paradójica "recuperación *sin* empleos". El comentarista liberal Harold Meyerston escribió en 2003: "En la Norteamérica actual se están cerrando fábricas: en los últimos cuatro años Estados Unidos ha perdido casi uno de cada nueve empleos manufactureros, un 20% de ellos en las industrias de bienes duraderos, como los automóviles".[16] El cinturón industrial del Medio Oeste, que antaño había sido un floreciente centro de producción de automóviles y acero, fue golpeado con especial dureza por la ola de despidos, y muchos trabajadores industriales antes muy bien pagados fueron arrojados al desempleo y la pobreza. Para compensar los ingresos perdidos, los trabajadores recurrieron cada vez más a los préstamos, a menudo usando la tarjeta de crédito para cubrir necesidades básicas como la comida; en 2003 la deuda de los consumidores ascendió a los 2 billones de dólares, y las bancarrotas personales alcanzaron un récord de 1,6 millones.[17]

En 2002, después de que las fábricas del estado de Ohio perdieran uno de cada seis empleos, dos de los once millones de habitantes del estado se vieron forzados a recurrir a la caridad para poder comer.[18] En 2004, el Departamento de Agricultura de los Estados Unidos informó de que 12 millones de familias "han pasado alguna vez por la situación de no saber si podrían alimentar a todos sus miembros porque carecían de dinero u otros recursos. (...) Una tercera parte de esas familias pasaba hambre, mientras que las otras dos terceras partes obtenían comida suficiente para evitar el hambre empleando distintas estrategias, como recurrir a una dieta menos variada, apuntarse a programas federales de asistencia alimentaria, obtener alimentos básicos en los bancos de alimentos o acudir a comedores comunitarios de emergencia".[19]

## Movilidad descendente

Para un número cada vez mayor de familias de clase trabajadora la educación universitaria se hizo inaccesible. "Esta puede ser la primera generación en la historia de Norteamérica que no va a recibir mejor educación que la anterior", declaró Patrick Callan, presidente del Centro Nacional para la Política Pública y la Educación Superior.[20] También es la primera generación de trabajadores jóvenes en la historia de los Estados Unidos que disfruta de un nivel de vida mucho peor que el de sus padres. La tasa de empleo juvenil durante los primeros once meses de 2004 apenas fue del 36,3%, la más baja desde 1948 –el año en que el gobierno federal empezó a recopilar datos sobre el empleo de los jóvenes. Las cifras eran mucho peores entre los jóvenes afroamericanos y latinos. En Chicago, por ejemplo, en 2004 tan solo uno de cada diez jóvenes negros tenía empleo, y para los jóvenes de entre veinte y veinticuatro años la tasa de empleo era del 67,9%. Andrew Sum, director del Centro de Estudios del Mercado de Trabajo de la Universidad del Noreste, comentó: "Dos terceras partes de esta generación no alcanza el nivel de vida de sus padres".[21]

Las expectativas de vida en los Estados Unidos en el siglo XXI también han empeorado respecto a otros países. La gente vive más años en Costa Rica, cuyo PIB per cápita es la décima parte del norteamericano. La mortalidad infantil en los Estados Unidos es más alta que la de Cuba. Y más de uno de cada cuatro trabajadores carece de un seguro médico costeado por el patrono. Como planteaba James Lardner, de Inequality.org en 2004: "En el mundo desarrollado, la salud de la población no parece depender tanto del monto del ingreso nacional o per cápita, como de la manera en que éste está distribuido. Así, Grecia, donde el ciudadano medio gana aproximadamente la mitad de lo que gana el norteamericano medio, supera a los Estados Unidos en la mayoría de los indicadores referidos a la buena salud, incluida la longevidad".[22]

Estados Unidos continúa siendo también la única sociedad opulenta del mundo que carece de un sistema de salud universal. Existen más de 45 millones de norteamericanos sin cobertura médica: el 13% de los blancos, el 21% de los afroamericanos y el 34% los latinos. Aproximadamente uno de cada seis norteamericanos en edad laboral carece de seguro médico, y los niños nacidos en un hogar no asegurado tienen un 50% más de probabilidades de morir antes de alcanzar el año de edad.[23]

En los años 80 empeoraron las condiciones laborales de todos los trabajadores. También resurgió y proliferó la producción *sweatshop*\*, emblema de la explotación y la injusticia laboral a comienzos del siglo XX. La escritora y activista Miriam Ching Yoon Louie informaba en 2001: "Según el Departamento del Trabajo de los Estados Unidos, *más de la mitad* de las aproximadamente 22.000 tiendas de ropa femenina que hay en los Estados Unidos –en las que muchas mujeres inmigrantes encuentran su primer empleo– violan múltiples leyes sobre salarios, horarios y seguridad".[24]

Incluso el trabajo industrial a destajo –el peldaño más bajo del trabajo explotado, en el que familias enteras trabajan durante largas horas para cobrar por pieza producida–, ha vuelto con fuerza al sector de las industrias estacionales. A inicios de los 90 –treinta años después de que el Departamento del Trabajo del estado de Nueva York desmantelara su unidad dedicada "al trabajo a destajo" en vista de su "enorme éxito"–, los trabajadores a destajo constituían alrededor del 20% de la fuerza laboral en la industria del vestido, o sea, unos 30.000 trabajadores.[25]

Lo cierto es que, a pesar de la creencia general de que los *sweatshops* se habían borrado del mapa de los Estados Unidos a finales de los años 30, la realidad era muy distinta. Como anotó la historiadora Nancy L. Green en 2003: "Los *sweatshops* jamás han dejado de existir. (...) La explicación de que el retorno del *sweatshop* se debe al *declive* actual de la industria en el 'Primer Mundo' olvida que esas han sido las condiciones de trabajo que han prevalecido desde el *periodo de crecimiento* de finales del siglo XIX".[26]

## La depresión silenciosa

En 2001, los salarios se desplomaron a gran velocidad. Y es muy significativo que eso ocurriera *después* de que la economía saliera de la recesión y empezara a recuperarse. En 2003, los economistas liberales empezaron a darse cuenta de que, en relación a los beneficios obtenidos, la proporción que las corporaciones destinaban a los salarios era extraordinariamente baja. En diciembre de 2003, el Instituto de Política Económica (Economic Policy Institute, EPI) informaba de que en el segundo año de recuperación, las corporaciones tan solo habían dedicado a contraprestaciones laborales el 29% de sus ingresos. Eso equivale a aproximadamente la mitad de la cuota habitual –el 61%, y nunca menos del 55%– de la destinada en otros momentos de recuperación vividos después de 1949. El dinero, en cambio, fluía en abundancia y un 46% iba a parar a beneficios, casi el doble de la tasa habitual del 26%.[27]

A partir de 2004, y después de tres años de declive y pérdida de puestos de trabajo, se empezaron a crear nuevos empleos, la mayoría en el sector servicios. Pero los salarios de estos nuevos empleos eran inferiores a los salarios de los empleos perdidos en la industria.[28] En septiembre de 2004, el EPI informaba:

> Las empresas en contracción (industriales) pagaron 61.983 de *compensación* anual, incluidos todos los salarios y prestaciones, mientras que las empresas en expansión (servicios) pagaron 35.546 dólares de compensación (26.437 dólares menos, un 42,7% menos). Las empresas en contracción pagaron salarios anuales de 51.270 dólares, en tanto que las empresas en expansión pagaron 30.368 dólares (20.902 dólares menos, un 40,8% menos). En cuanto a los beneficios, las empresas en contracción pagaron

10.713 dólares al año por beneficios, mientras que las empresas en expansión pagaron 5.178 dólares por el mismo concepto, o sea, menos de la mitad. La desigualdad del ingreso en los Estados Unidos es muchísimo mayor que la de cualquier otro país avanzado. Y eso se evidencia en la pobreza, particularmente en la pobreza infantil.[29]

En 2005 el salario mínimo federal, que había permanecido invariable durante ocho años, cayó a su nivel más bajo en cincuenta y seis años, igualando apenas el 32% del salario medio de los trabajadores con empleos *no supervisores* (sin tareas de supervisión de otros empleados) del sector privado.[30] En octubre de 2005, el economista del EPI Jared Bernstein informaba de que los salarios reales estaban cayendo a una velocidad mayor que durante los años de Reagan. Aunque los costos salariales de los patronos habían crecido un 2,3% en los doce meses anteriores, Bernstein señalaba: "Teniendo en cuenta el aumento del impulso energético y su positivo impacto en la inflación, el salario real ha bajado un 2,3%, que es la mayor pérdida real registrada para esta serie desde que se iniciara en 1981. (...) Esa tasa del 2,3% constituye una ligera disminución respecto al 2,4% (el punto más bajo de la historia) habido durante los cuatro últimos trimestres". Y agregó: "Con los salarios por hora cayendo en términos reales, el único modo en que las familias trabajadoras pueden incrementar sus ingresos es trabajando aún más horas: y ciertamente, este no el camino que cabría esperar para mejorar los niveles de vida en una economía que contabiliza fuertes aumentos de productividad".[31]

En el siglo XXI, los trabajadores estadounidenses trabajan 200 horas más por año que los canadienses, y aproximadamente 400 horas más que los alemanes, sobrepasando también el número de horas trabajadas anualmente por los obreros japoneses.[32] Y sin embargo, entre 1999 y 2004, el ingreso familiar medio *cayó* un 3,8%. En la zona más golpeada, el Medio Oeste industrial, el ingreso por hogar cayó drásticamente durante ese periodo: un 12,2% en Illinois y un 18% en Michigan.[33] En Illinois, que perdió 220.000 empleos en el sector fabril, el ingreso familiar medio anual había caído 6.383 dólares.[34]

## Carrera hacia el abismo

Tras un ligero repunte del número de huelgas a finales de los años 90, en el nuevo siglo las huelgas fueron escasas. Lo cierto es que cada vez había peores empleos y peor pagados, pero los patronos se aprovecharon de los temores al desempleo para debilitar aún más a los sindicatos. En 2004, según estadísticas de la Junta Nacional de Relaciones Laborales, las empresas sancionaron o despidieron ilegalmente a 20.000 trabajadores tan solo por realizar actividades sindicales. La mitad de las empresas que afrontaban acciones sindicales amenazaban con cerrar sus plantas, en tanto que una cuarta parte despidió al menos a un sindicalista.[35] Como comentó el columnista del *New York Times* Bob Herbert: "Los trabajadores viven tan atemorizados y se les recuerda tan a menudo que son *obviamente prescindibles*, que no se han atrevido a exigir los aumentos que merecen, ni tampoco el dinero derivado de los significativos incrementos que ha experimentado la productividad en los últimos años. Así que los trabajadores estadounidenses se han tragado recortes de todo tipo sin apenas quejarse".[36]

Al igual que Reagan, Bush dio luz verde para que la patronal apostara una vez más por llevar adelante sus políticas antisindicales. En 2002, la administración Bush declaró que el probable paro anunciado por parte de los miembros de la Costa Oeste del Sindicato Internacional de Estibadores y Almaceneros (ILWU), pondría en peligro nada menos que la "seguridad nacional", y amenazó con emplear la fuerza militar para acabar con cualquier huelga en los muelles de la Costa Oeste. Incluso después de que la patronal Asociación Marítima del Pacífico practicara el *lockout* a sus trabajadores tras una disputa por el tema de la seguridad laboral, Bush invocó la Taft-Hartley para imponerles a los trabajadores un periodo de "reflexión" que les obligó a trabajar durante ochenta días sin contrato laboral. En un discurso radial del 12 de octubre, Bush declaró que había actuado así porque "la crisis de nuestros puertos del Oeste está lesionando la economía" y "el paro laboral amenaza también nuestra defensa nacional".[37] En realidad, lo hacía a instancias de los altos dirigentes de la Asociación Nacional de Fabricantes, que le habían presionado fuertemente para que aplicara la ley Taft-Hartley.[38]

En 2002, los patronos emprendieron una abierta ofensiva contra obreros y sindicatos volviendo a reclamar concesiones masivas por parte de los trabajadores. Y sus demandas fueron atendidas. La aerolínea United Airlines marcaría el patrón que luego seguirían otras grandes industrias que quisieron evitar la quiebra, y su pauta concesionaria marcó el camino a seguir a la industria del transporte aéreo y, en última instancia, a la totalidad de la industria. United Airlines se declaró en quiebra y pidió –y recibió– concesiones que suponían recortes salariales por un total de 2,56 billones de dólares anuales a lo largo de los seis años de duración del contrato. La siguiente fue la U.S. Airways, que se declaró en quiebra judicial y consiguió 7,9 billones de dólares en concesiones a lo largo de los siete años de duración del contrato, además de acabar con el plan de pensiones de los pilotos. American Airlines siguió el ejemplo, esta vez simplemente *amenazando* con declararse en quiebra, y se embolsó 1,8 billones de dólares/año durante cuatro años a costa de sus trabajadores, al tiempo que concedía un plan de pensiones a prueba de bancarrotas a todos los altos directivos de la empresa. Y todas esas enormes concesiones se habían realizado en una industria como la del transporte

* *Sweatshop* (o *sweat factory*) es un término peyorativo para designar un lugar de trabajo, normalmente talleres de ropa y calzado, con condiciones laborales socialmente inaceptables. Trabajo difícil, peligroso, sin horarios máximos, sin salario mínimo ni pago de horas extras, que además no descarta la mano de obra infantil. [N. de la T.]

aéreo, fuertemente sindicalizada y que en 2002 tenía afiliado a un 39% de sus trabajadores. Estas concesiones sentaron un precedente en las negociaciones laborales futuras.[39]

En septiembre de 2005, Delta y Northwest Airlines se dirigieron al tribunal de quiebras solicitando reducir empleos y recortes en los salarios y en las pensiones de sus trabajadores. En el caso de Northwest, se declaró en bancarrota justo el día después de haber empezado a contratar reemplazos permanentes para sustituir a los mecánicos y a los limpiadores que habían ido a la huelga en agosto para protestar contra la propuesta de la administración de reducir sus salarios un 26%. A nadie le importaba la calidad del servicio, solo abaratar costes. Y eso lo expresó muy bien el banquero e inversor aeroespacial Tom Gallagher cuando declaró con rotundidad: "Hay que convencer a la gente de que el valor de su trabajo ya no es el de antes. La gente tiene que entender que estoy dispuesto a viajar con JetBlue [vuelos de bajo coste] sin importarme que haya diferencias en el servicio".[40]

Los tribunales de quiebras permitieron que los gigantes de la industria del acero (U.S. Steel, LTV) y los gigantes del transporte aéreo (US Airways, Northwest y United Airlines) recurrieran los pagos de las pensiones negociados en contratos laborales anteriores, y también permitieron que las corporaciones cargaran a los sindicalistas jubilados con pagos mensuales de cientos de dólares, lo cual dejaba sin prestaciones de salud y bienestar a quienes no podían afrontar esos pagos. "Los patronos de las empresas estadounidenses con fuerte implantación sindical están recurriendo a los tribunales de quiebras como estrategia para vaciar de contenido los contratos firmados con los sindicatos, e imponer despidos y reducciones en las compensaciones por beneficios de mucha mayor envergadura aún que las aceptadas por los trabajadores a comienzos de la década de los 80", observaba en 2005 el activista y editor de *Labor Notes* Chris Kutalik. Añadiendo:

Después del prolongado auge económico de la década de los 90, muchas empresas estadounidenses se encontraron con nuevos problemas generados por esa rápida expansión económica. La competencia con empresas más nuevas o extranjeras, las elevadas cargas de las deudas producto de las fusiones, los esfuerzos de expansión comercial, el exceso de capacidad general (sobreproducción de bienes, o demasiados aviones o demasiadas fábricas) y la recesión de 2001-2002, hicieron que los patronos se volviesen más propensos a utilizar la bancarrota como un salvavidas. (...) Muchas empresas comenzaron a destinar menos cantidades a sus fondos de pensiones. En 2001, cuando la recesión volvió a golpear más duramente, esas empresas presentaban insuficiencia de fondos por valor de cientos de miles de millones de dólares: 305 billones de dólares en 2002, 278 billones en 2003 y 354 billones en 2004, según la Corporación de Garantía de Prestación de las Pensiones [Pension Benefit Guaranty Corporation, PBGC]. Para restaurar la confianza de los inversores, los administradores buscaron la manera de cumplir con sus obligaciones de pago. Y el Capítulo 11 de la Ley de Bancarrotas les vino que ni pintado.[41]

En 2005 los gigantes de la industria automotriz se subieron al tren de la bancarrota, y exigieron a sus trabajadores que aceptaran hacer enormes concesiones. En octubre, Delphi, el mayor fabricante de repuestos automovilísticos del mundo –creada como subsidiaria de la General Motors en 1999– apeló al Capítulo 11 de la ley para anunciar que eliminaría a dos terceras partes de los 34.000 trabajadores que trabajaban por horas en sus plantas estadounidenses, anunciando también que a los demás les rebajaría los salarios –que de media eran de 26 dólares/hora– a 12,50 dólares/hora.[42] Para completar el cuadro, el presidente de Delphi, Steve Miller, declaró al *Wall Street Journal* que tenía pensado eliminar cualquier seguro de salud complementario una vez que los jubilados alcanzaran los 65 años de edad y ya pudieran optar a acogerse al Medicare*.[43] "Esto es para compensar", comentó Miller despectivamente. "No puedo darles a todos lo que les gustaría tener".[44] Irónicamente, la página web de Delphi se jactaba del buen trato que daba a sus trabajadores: "Como corresponde a una empresa de primera categoría, Delphi ofrece a los empleados que trabajan a tiempo completo prestaciones de primera categoría". Aunque Miller también declaró ante un grupo de periodistas que los obreros de Delphi que trabajaban por horas estaban sobrepagados, mientras que sus ejecutivos estaban subpagados.[45]

## Bancarrota o no, se exigen concesiones

La jugada de Delphi estableció el patrón de concesiones de otras empresas, como la GM, Ford y Daimler Chrysler. General Motors –de quien había rumores de quiebra después de que en octubre de 2005 informase de una pérdida récord de 1,1 billones de dólares en el trimestre anterior–, anunció planes para lograr reducir su fuerza laboral manufacturera nacional a 86.000 trabajadores para finales de 2008 (en los momentos más álgidos su plantilla era de aproximadamente 600.000 trabajadores).[46] El contagio se extendió rápidamente a la Ford: "Ford acaba de notificar una pérdida de 284 millones de dólares en el tercer trimestre, y quiere recibir el mismo trato por parte de la UAW que el que este sindicato le ha dado a la GM", señaló Robert Kuttner.[47]

En un clima tan favorable a los patronos, las empresas rentables también se envalentonaron y exigieron a sus trabajadores drásticos recortes de salarios y prestaciones, pretendiendo que eran necesarios para poder seguir siendo "competitivas" en un mercado cada vez más global. Con la arrogancia descarada de los *robber barons* [barones ladrones o grandes capitalistas] de hace un siglo, Jerry Janisowski, presidente del Instituto de Manufactura de la Asociación Nacional de Fabricantes, dejó bien claras en 2005 cuáles eran las intenciones de los patronos: "Desde los pilotos de las aerolíneas a los montadores en cadena de automóviles, los empleados deben ayudar a reducir los costos. (...) No podemos permitirnos el lujo de seguir concediendo prestaciones tan generosas como hacíamos hace 10 ó 15 años". El economista Peter Morici, un negociador empresarial de la era Clinton, comentaba: "Las empresas no pueden seguir ofreciendo prestaciones médicas 'de primera categoría' ni comprometerse indefinidamente con las pensiones". Agregando: "Hace tiempo que la UAW debería haber enseñado a sus miembros a ser realistas en sus demandas.[48]

Pero los ejecutivos de las corporaciones sí que estaban pensando en autoconcederse incrementos "de primera categoría" como compensación por ser tan perfectamente "realistas". Mientras la administración de Delphi solicitaba en su plan de bancarrota de 2005 recortes de hasta dos terceras partes de los salarios, estaba ofreciendo a sus ejecutivos un plan de aumento salarial, en efectivo y en bonos, estimado en 500 millones de dólares.[49] Entre 2003 y 2004, mientras los salarios entraban en una espiral de descenso sin precedentes, el sueldo de los directores ejecutivos se elevó a la estratosfera. Según un informe de agosto de 2005 realizado por el Instituto de Estudios Políticos y por Unidos por una Economía Justa, "la diferencia entre el sueldo medio de un director ejecutivo (actualmente 11,8 millones de dólares) y la paga de un trabajador (actualmente 27.460 dólares) se disparó, pasando de los 301 a 1 en 2003 a los 431 a 1 en 2004. Si desde 1990 el salario mínimo de los trabajadores se hubiese elevado tan rápido como el sueldo de un director ejecutivo, los obreros peor pagados de los Estados Unidos estarían ganando hoy día 23.03 dólares la hora, y no 5,15".[50]

El problema no ha sido la baja productividad de la industria manufacturera. La industria del acero en los Estados Unidos produjo más en 2005 de lo que lo había hecho veinte años atrás, y produjo más incluso después de haber eliminado dos terceras partes de los empleos.[51] Las multinacionales estaban deseando que sus trabajadores locales compitieran con los trabajadores subpagados del resto del mundo. Wilbur Ross, el financiero de Wall Street que construyó el International Steel Group

(ISG) sobre las ruinas de LTV Steel y Bethlehem Steel, vendió una acería completa de la antigua LTV y la embarcó a China, colocando acero de bajo costo en el mercado.[52] Por su parte, en 2005 más de dos terceras partes de los 185.000 empleados de Delphi trabajaban fuera de los Estados Unidos, y los obreros que operaban en China, por poner un ejemplo, ganaban 3 dólares la hora.[53] Como argumenta Kuttner:

> Sería erróneo concluir que lo que está llevando a la industria estadounidense a la bancarrota sean los altos salarios o las excesivas prestaciones sanitarias. Fijémonos en nuestros competidores. Los costos del trabajo en la industria automovilística japonesa son comparables a los norteamericanos, y en Alemania son mucho más elevados. Aunque existen, eso sí, dos diferencias remarcables. Primero, los japoneses y los alemanes nos aventajan tecnológicamente y tienen el don de hacer automóviles fiables que los consumidores quieren comprar. Y segundo, su asistencia médica es financiada socialmente.[54]

En el año 2000, el 69% de las empresas norteamericanas proporcionaba un plan de seguro médico a sus trabajadores, pero en 2005 tan solo lo hacía el 60%.[55] Y los más afectados fueron los trabajadores jubilados, pues aquellos mismos fabricantes que alguna vez hablaron del "Sueño Americano", habían recortado o eliminado sus planes de pensiones y de asistencia médica. Entre 1988 y 2004, el número de empresas de doscientos o más trabajadores que concedían prestaciones de salud a los jubilados cayó del 66% al 36%. Entre 2001 y 2004 casi doscientas corporaciones incluidas en la lista Fortune de las 1000 más ricas, eliminaron o congelaron sus planes de salud para jubilados. En 2005, United Airlines y US Airways ya habían eliminado los planes garantizados de pensiones, en tanto que Delta y Northwest habían reducido radicalmente los fondos de pensiones para sus empleados jubilados.[56]

## Pesadilla Americana

Delphi-General Motors, la empresa que había establecido los nuevos patrones salariales, cedió el testigo a la virulentamente antisindical Wal-Mart. Y Wal-Mart, donde los empleados a tiempo completo ganan una media de 17.500 dólares anuales, pasó a ser la empresa que a partir de entonces fijaría esos patrones en una veloz carrera cuesta abajo.[57] En 2004, menos del 45% de los 1.330.000 trabajadores norteamericanos de Wal-Mart recibió prestaciones de salud por parte de la empresa, en tanto que el 38% de los empleados de esa corporación pagaron más de la sexta parte de sus ingresos en gastos médicos. Ese mismo año Wal-Mart obtuvo 10,5 billones de dólares de beneficios sobre ventas por valor de 285 billones de dólares.

Pero en 2005 los gerentes de Wal-Mart lanzaron un nuevo plan para hacer bajar aún más los costos de la asistencia médica de sus trabajadores. En un memorándum interno enviado a la junta directiva de la corporación por M. Susan Chambers, vicepresidenta ejecutiva, se proponía, entre otras cosas, contratar más trabajadores por horas mientras se hallaba la manera de despedir a los empleados fijos más viejos o menos sanos. El memorándum planteaba abiertamente: "Será mucho más fácil atraer y conservar una fuerza laboral más sana que cambiar los hábitos de la ya existente". Chambers señalaba que los trabajadores con siete años de antigüedad ganaban más que los nuevos, pero que no eran más productivos. Por lo tanto, proponía que Wal-Mart cambiara su política respecto a "todos los trabajos que impliquen alguna actividad física". El memorándum continuaba: "Esos cambios también disuadirán a las personas no saludables de venir a trabajar a Wal-Mart".[58]

Chambers admitía: "Los críticos de Wal-Mart pueden valerse fácilmente de algunos aspectos de nuestra oferta de prestaciones para argumentar sus acusaciones; en otras palabras, nuestros críticos tienen razón en algunas de sus observaciones. Concretamente, nuestra cobertura es cara para las familias con bajos recursos, y un porcentaje significativo del personal de Wal-Mart y de sus hijos se acoge a la asistencia pública".[59] En un movimiento destinado a mejorar la imagen de "enemiga de los trabajadores" que tenía la empresa, Wal-Mart anunció un nuevo plan de atención médica que permitiría que algunos empleados accedieran a ella pagando primas de apenas 11 dólares mensuales. Los expertos en salud denunciaron rápidamente que ese ardid era un espejismo, puro humo, señalando que con ese plan los trabajadores de Wal-Mart seguirían pagando de su propio bolsillo los gastos que excediesen los 2.500 dólares anuales.[60]

La agresividad con que los patronos han venido atacando las prestaciones negociadas con los sindicatos durante estos años, no tiene parangón en la historia. Al describir la situación que afrontan cada vez más y más trabajadores, los reporteros del *Time* Donald L. Bartlett y James B. Steele se preguntan: "¿Cómo puede ser legal todo esto?":

> Los trabajadores creyeron en las promesas de las corporaciones –a menudo reafirmadas por el Gobierno Federal– sobre las jubilaciones y los servicios médicos: recibirían una pensión garantizada; tendrían un seguro médico pagado por la empresa hasta que calificasen para el Medicare; después de los 65 años de edad recibirían un seguro médico suplementario pagado por la empresa; recibirían una indemnización fija por fallecimiento en caso de un accidente fatal y tendrían una modesta póliza de seguro de vida.
>
> Pero no tuvieron nada de eso. Ni lo tendrán.

* En general, todas las personas de 65 años o más que han sido residentes legales de los Estados Unidos por lo menos durante 5 años pueden optar a pertenecer al servicio de salud público de Medicare. Sin embargo, si ni ellos ni su cónyuge han pagado impuestos de Medicare por un mínimo de 10 años, entonces debe pagar una prima mensual para estar inscritos en este servicio. [N. de la T.]

Las promesas de las corporaciones no suelen valer ni el papel en que están impresas. Las empresas, una tras otra, están revocando los antiguos compromisos con sus trabajadores. Es como cuando tu banco te dice que necesita más que tú el dinero que depositaste en tu cuenta de ahorros... y se queda con él. Resultado: reducción al mínimo del Sueño Americano. Comenzó en la década de los 80 con la eliminación de la clase media: primero en las industrias con salarios más bajos, como la del vestido, la textil y la del calzado entre otras; luego se extendió a la clase media que tenía salarios más sólidos, comenzando por la industria del acero; luego las aerolíneas, ahora los automóviles... Y no se vislumbra el final.[61]

## El camino a seguir

Según la Oficina de Asuntos Nacionales, entre enero y agosto de 2005 hubo 231 paros laborales entre huelgas y *lockouts*, lo que suponía un aumento del 14% respecto a los 202 paros habidos en el mismo periodo el año anterior.[62] La UAW, el IBT, el Sindicato Internacional de Empleados de Servicios, la Asociación Internacional de Maquinistas y Trabajadores de la United Steel de Norteamérica tomaron parte en más paros que el año anterior. Los camioneros encabezaron el grupo con 47 paros laborales, por encima de los 38 del año anterior.[63] Este incremento de las luchas, aunque pequeño, marcó una significativa diferencia respecto a los años anteriores, y eran un claro "signo de frustración, casi de desesperación", según sostiene Gary Chaison, profesor de la Universidad Clark. "Para muchos trabajadores no había otra alternativa".[64]

El reporter Kris Maher, del *Wall Street Journal*, comentó: "En el futuro podría haber una agitación mucho mayor aún. Algunos analistas predicen una confrontación abierta entre la UAW y Delphi Corp., pues la empresa está tratando de hacer drásticos recortes de salarios, de prestaciones médicas y de pensiones que podrían culminar en una huelga y en la paralización de otras plantas que dependen del suministro continuo de los repuestos de Delphi". Ron Blackwell, economista principal de la AFL-CIO, sostiene: "Los patronos están tomando una posición negociadora mucho más dura, y eso, como es natural, va a aumentar los niveles de militancia obrera. Viendo lo que se avecina para este año, es previsible que el nivel de actividad huelguística aumente".[65] Bruce Raynor, presidente de UNITE HERE (que representa a 450.000 trabajadores hoteleros y del sector indumentaria), se hizo eco de esa impresión: "Los patronos de muchas industrias han optado innecesariamente por la línea dura. Los sindicatos están hartos", añadiendo: "Los sindicatos están en pie de guerra".[66]

Sin embargo, más allá de la retórica, cuando el año 2005 se aproximaba a su fin, nada parecía indicar que los líderes sindicales estuviesen dispuestos a enfrentarse abiertamente al ataque de los patronos. Más bien al contrario. Cuando Delphi se acogió al tribunal de quiebras en octubre de 2005, la UAW ya había permitido que la empresa hiciera un recorte de casi el 20% (o sea 15 billones de dólares) de su plan de atención médica para jubilados, y además había elevado la cuota de los sindicalistas jubilados a 752 dólares anuales.[67] La UAW, que durante los años 30 había encabezado las luchas de la clase trabajadora por conseguir mayores salarios y un mayor reconocimiento sindical, había puesto la marcha atrás hacía mucho tiempo. Por si fuera poco, para asegurar que nada empañase el éxito del trato acordado con Delphi, la dirección sindical hizo algo que no tenía precedentes: presentar una demanda judicial para *impedir* que los miembros jubilados del sindicato pudieran oponerse a los recortes.[68]

Formalmente sí se hicieron algunos progresos. En 2004, la AFL-CIO finalmente revirtió su posición respecto a los inmigrantes indocumentados, respaldando una amplia amnistía para los patronos que contratasen trabajadores sin papeles, y apoyando la idea de poner punto final a las sanciones federales por ese motivo. El 26 de julio de 2005, la federación también aprobó una resolución en la que se oponía, por primera vez en sus cincuenta años de historia, a la participación de los Estados Unidos en una guerra "de gran envergadura". La resolución pedía una "rápida" retirada de las tropas estadounidenses de Iraq, la ampliación de ayudas para los veteranos, la cancelación incondicional de la deuda externa de Iraq y el derecho de los trabajadores iraquíes a organizarse libremente en sindicatos de su elección.[69]

Sin embargo, la misma semana en que adoptó esa resolución histórica contra la guerra, la AFL-CIO sufrió una importante escisión. En junio de 2006, en la Convención celebrada con motivo del 50º aniversario de la federación, el SEIU, los Camioneros, UNITE HERE y UFCW (United Food and Commercial Workers) abandonaron la AFL-CIO para formar una federación sindical rival, la coalición Cambio para Vencer, que reunía a aproximadamente una tercera parte de la militancia de la federación. La escisión marcó la mayor fisura en el sindicalismo desde la salida del CIO de la AFL en 1935. Pero aquella escisión de 1935 representó el triunfo del sindicalismo industrial, y condujo a los mayores logros sindicales de la historia. En cambio, la escisión de 2005 simplemente puso en evidencia la impotencia de la AFL-CIO para revertir el declive de los sindicatos a lo largo de sus cincuenta años de existencia. Cuando la AFL y el CIO habían vuelto a fusionarse en 1955, uno de cada tres trabajadores del sector privado estaba sindicado. Cuando la AFL-CIO se escindió en 2005, menos del 8% de los trabajadores del sector privado pertenecía a un sindicato.

Los sindicatos escindidos y ahora reunidos para formar la coalición Cambio para Vencer, declararon que se vieron forzados a dejar el AFL-CIO porque veían necesario dedicar más recursos al fortalecimiento de la organización interna y a la captación de nuevos miembros. Pero en cuanto a su estrategia sindical, apenas se distinguía de la anterior. La periodista independiente JoAnn Wypijewski apuntó poco antes de la división: "Sería de agradecer que en la inminente y decisiva confrontación que se producirá en Chicago, los amotinados presenten un plan convincente para la regeneración del movimiento sindical, un plan creíble, que emocione como sus logros del pasado. (...) Una cosa es cierta: los sindicatos están en crisis. Pero también lo es que falta honestidad para afrontar esa crisis".[70] Y no iba errada. El presidente de la IBT, James Hoffa Jr., acusaba a los dirigentes de la AFL-CIO de "arrojar dinero a los Demócratas", pero sus socios de coalición del SEIU habían gastado en 2004 sesenta y cinco millones de dólares, *más del total de lo gastado por la AFL-CIO*, en la malograda (y poco amistosa con el sindicalismo) campaña presidencial de John Kerry.[71] ¿Qué proponía esta coalición exactamente? Para averiguarlo, Wypijewski les lanzó algunas preguntas cruciales: "¿Se van a autoexpurgar de la corrupción, el sexismo, el racismo y la arrogancia? (...) ¿Podrán desarrollar una estrategia disciplinada y políticamente independiente, no simplemente para elegir políticos sino para desafiar al estado corporativo y al poder establecido? ¿Afrontarán sus propias flaquezas para actuar globalmente y cooperar localmente? ¿Retomarán la huelga como arma de lucha?[72] Muchas eran las preguntas que la nueva coalición dejaba sin respuesta.

Las expectativas de cambio dentro del enmohecido dinosaurio de la AFL-CIO tampoco eran alentadoras. En su histórica convención de 2005, la federación seguía mostrándose especialmente reacia a afrontar su propia colaboración con la CIA en el pasado. Como describe el activista sindical Jerry Tucker:

> Entre los asuntos por acabar de resolver en la última mañana de la convención, estaba el que muchos esperaban que fuera un debate a fondo sobre el controvertido papel del Centro Americano para la Solidaridad Laboral Internacional* (ACILS), grupo integrado en la AFL-CIO. El ACILS recibió durante años importantes cantidades de dinero de la fundación gubernamental Fundación Nacional para la Democracia [National Endowment for

Democracy, NED]. La National Endowment for Democracy es conocida por su "dudoso historial, pues a menudo ha sido acusada de promover los objetivos de la política exterior del gobierno norteamericano, asesorarle para el derrocamiento de gobiernos elegidos democráticamente y para interferir en los asuntos internos de los movimientos sindicales de otros países". Pero ese debate abierto y sin precedentes no se iba a dar. En su lugar, gracias a la utilización arbitraria de algunas reglas contempladas en el Proceso de Resoluciones, se votó una resolución respaldada por la administración que sería la resolución única y final sobre el tema.[73]

## Se revierte el equilibrio de las fuerzas de clases

La crisis actual de la clase trabajadora norteamericana se ha ido fraguando a lo largo de muchas décadas y no se puede resolver mediante un simple cambio de personajes al frente del movimiento sindical, ni tampoco reemplazando a la administración Bush por una lista Demócrata, que ya hace mucho tiempo dejó de simular que luchaba por los intereses de la clase trabajadora. Porque a lo largo de la historia, el Partido Demócrata ha representado, sucesivamente, a los intereses de los dueños de esclavos que intentaron instituir un sistema de supremacía blanca en el Sur tras la Guerra Civil; a la coalición del *New Deal* que se arrimó al mundo del trabajo cuando vio que era clave para asegurarse una base de votantes de clase trabajadora entre los años 30 y 70; y, a partir de los 80, a los "Nuevos Demócratas", quienes, respaldados por las corporaciones, estaban decididos a desmantelar la coalición del *New Deal* y a dar definitivamente la espalda a los trabajadores.

Muchos observadores que se consideran pro-sindicales siguen resistiéndose –o son decididamente hostiles– a la idea de romper con el Partido Demócrata. Otros no. El historiador del movimiento obrero Nelson

Lichtenstein, por ejemplo, argumentaba en 2002: "El mundo del trabajo debe funcionar como un elemento independiente (e incluso desleal) de la Coalición del Partido Demócrata, al menos hasta que ésta haga una revisión de sus políticas".[74]

Aunque vistos históricamente, los flujos y reflujos del conflicto de clases poco tienen que ver con los ciclos electorales. Las victorias más importantes de los trabajadores han tenido lugar más bien en periodos de sacudidas sociales y políticas, por ejemplo en los albores del siglo XX, durante y después de la Primera Guerra Mundial, y en los años de la Depresión de 1930. En esas épocas, los mayores logros del movimiento sindical fueron aquellos que tuvieron una visión amplia sobre la transformación social y que no dependieron de que ganara uno u otro partido para promover las reformas.

El mundo del trabajo ha vivido un deslizamiento regresivo en los últimos treinta años, que han sido décadas marcadas por la continua ofensiva de los patronos, la política del sindicalismo de los negocios (de los dirigentes sindicales) y el declive de la lucha de clases. El resultado de todo ello ha sido un cambio radical en el equilibrio de las fuerzas de clase. Como argumentaba Krugman: "No es posible entender lo que está pasando hoy día en Norteamérica sin comprender las causas, el alcance y las consecuencias del espectacular aumento de la desigualdad que se ha producido en las últimas tres décadas, en especial la concentración del ingreso y de la riqueza en unas pocas manos".[75]

Por otro lado, los aumentos y caídas de los salarios poco tienen que ver con la productividad en el trabajo, sino más bien con el equilibrio cambiante de las fuerzas de clase, como se demuestra en la historia reciente. En los últimos treinta años, los incrementos de la productividad han ido muy por encima de los incrementos salariales, y eso indica que el equilibrio de fuerzas se ha decantado a favor del capital sobre el trabajo. Desde 1973 la productividad ha crecido más del 70%, pero el salario medio vale *menos* hoy que en 1973.[76] Como sostiene el economista Max B. Sawicky, "las tendencias a más largo plazo indican que el problema va más allá del hecho de que los Republicanos dirijan el gobierno federal". Añadiendo: "Obtener frutos del propio trabajo siempre ha sido una batalla política, no una inevitable consecuencia del mercado. La gente no debe conformarse con esta normalidad *quizás no del todo buena*; aunque eso es lo único que tendrá si no lucha".[77]

Lo cierto es que la única estrategia que cambiará el equilibrio de las fuerzas en el siglo XXI es la vuelta a la lucha de clases. Porque es evidente que la codicia de las corporaciones no tiene límites. A finales de 2005, la propuesta de presupuesto hecha por los Republicanos de la Cámara de Representantes eliminaba los desayunos escolares gratuitos para 40.000 niños y los cupones federales para la adquisición de alimentos de 225.000 familias trabajadoras, además de suprimir 12 billones de dólares para Medicaid, fundamentales para que el 25% de los niños pueda acceder a los servicios médicos.[78] Sobre la abismal disparidad entre ricos y pobres en los Estados Unidos en 2005 el economista Robert H. Frank advirtió:

> La historia ha demostrado repetidas veces que las sociedades pueden tolerar la desigualdad de ingresos tan solo hasta cierto punto, más allá del cual esas sociedades se desintegran rápidamente. Las grandes sacudidas sociales a veces vienen precedidas por años, e incluso décadas de malestar social. Si dicho malestar se está gestando actualmente en los Estados Unidos, lo cierto es que aún permanece oculto. Pero las sacudidas sociales suelen ocurrir sin advertencia previa: casi nadie predijo la caída de los gobiernos de la Europa del Este en 1989. Además, como las revoluciones casi siempre contienen importantes elementos de contagio social, cuando se alcanza el punto de inflexión incluso los más pequeños cambios pueden desatar grandes incendios en la pradera política.

Como escribió Plutarco hace casi dos mil años: "La más antigua y fatal de las enfermedades que puede sufrir una república es el desequilibrio entre ricos y pobres".[79]

## El huracán Katrina: racismo y clasismo al descubierto

El huracán Katrina golpeó la Costa del Golfo de los Estados Unidos el 29 de agosto de 2005. Katrina fue un desastre natural, pero el alcance de su devastación puso al descubierto el espantoso nivel de desigualdad existente en la sociedad más próspera del mundo, todavía saturada de racismo casi 150 años después de haber acabado formalmente con la esclavitud.

Tres años antes, en 2002, el *Times-Picayune* de Nueva Orleans informó de que, según el vicepresidente del "Servicio de Desastres" de la Cruz Roja Norteamericana, entre 25.000 y 100.000 de los residentes más pobres de la ciudad morirían en caso de que llegase un huracán de gran magnitud.[80] Pero cuando llegó Katrina, y a pesar de las advertencias de que el desastre era inminente, las autoridades de Nueva Orleans seguían sin tener un plan de evacuación y no hicieron ningún intento por ayudar a los pobres a escapar a tiempo de la ciudad. Los que pudieron permitírselo abandonaron la ciudad los días previos a la llegada de Katrina, pero cientos de autobuses permanecieron en sus cocheras aparcados mientras los pobres eran abandonados a su suerte. Miles de residentes, los más pobres de Nueva Orleans, murieron sin más explicación que la negligencia del gobierno.

Un año antes del Katrina, el Cuerpo de Ingenieros del Ejército de Louisiana calculó que era necesario y urgente destinar 18 billones de dólares para prevenir una posible inundación masiva de Nueva Orleans en caso de que llegara un huracán de gran magnitud.[81] Sin embargo, la obra de apuntalado de los diques del lago Pontchartrain no pudo acabarse a tiempo.[82] La administración Bush, que había rebajado enormemente los impuestos a los ricos y desarrollado a más no poder su enorme maquinaria de guerra, había reducido a la mitad los fondos destinados a los Cuerpos del Ejército de la región entre 2001 y 2005. Walter Maestri, responsable para situaciones de emergencia del condado de Jefferson, declaró en junio de 2004 al *Times-Picayune* de Nueva Orleans: "Parece que el dinero de los presupuestos del Presidente se desvió a la seguridad nacional y a la guerra de Iraq, y este es el precio que estamos pagando".[83]

Días después de que Katrina arrasara Nueva Orleans los televidentes del mundo entero se horrorizaron al ver decenas de miles de afroamericanos desesperados implorando ayuda. Los reporteros de televisión estaban abrumados, y describían emocionados las miserables condiciones en que se encontraban los dos lugares de "evacuación" del gobierno: el Superdome y el Centro de Convenciones de la ciudad. "Lo que el mundo conmocionado vio en Nueva Orleans la semana pasada no fue solo un dique roto. Fue una escisión entre razas y clases, familiar y sorprendentemente nueva a la vez, puesta al desnudo en un escenario en el que todo pasó de pronto a ser cuestión de vida o muerte", observó un reportero del *New York Times*.[84]

"Esto parece el cascarón de un barco de esclavos", comentó el reverendo Jesse Jackson cuando vio a miles de víctimas negras del huracán sin agua ni comida esparcidas por los alrededores del Centro de Convenciones de Nueva Orleans cinco días después de golpear Katrina. El Centro de Convenciones estaba en terreno seco y era fácilmente accesible por tierra, pero los supervivientes del huracán tuvieron que aguardar a que llegaran los autobuses prometidos por las autoridades para ponerlos a salvo, y mientras tanto permanecer a la espera bajo un calor sofo-

---

* The American Center for International Labor Solidarity (ACILS), más conocido como Solidarity Center, es una organización sin ánimo de lucro afiliada a la AFL-CIO dedicada a canalizar la ayuda exterior. [N. de la T.]

cante, rodeados de inmundicia y cadáveres en descomposición. Y los autobuses nunca llegaban, y así día tras día.[85]

"Tuvimos que envolver a los muertos en sábanas blancas y arrojarlos fuera de las casas mientras la policía permanecía ahí sin hacer nada", les explicó a los reporteros un cortador de carne de 19 años, después de haber tenido que chapotear más de tres kilómetros a través del agua tóxica que le llegaba al pecho, sembrada de cuerpos flotantes, hasta llegar al Centro de Convenciones. "La policía no bajaba de sus botes, permanecían ahí, vigilándonos. Lo único que hacían era reírse de nosotros. (...) Y mientras arrastrábamos los cuerpos que habíamos puesto sobre trozos de madera, la Guardia Nacional pasaba de largo conduciendo sus camiones militares vacíos".[86]

La población pobre de Nueva Orleans, mayoritariamente negra, se vio literalmente atrapada en el interior de la ciudad devastada durante todo el tiempo que duró la crisis. La policía del barrio suburbano de Gretna, situado en la ribera opuesta del río Misisipi y predominantemente blanco, selló el puente que cruza hacia Nueva Orleans. Cuando cientos de supervivientes del huracán trataron de cruzar a pie el puente para salvarse, fueron recibidos a tiros por la fuerza policial de Gretna, que disparaba por encima de las cabezas de los evacuados para obligarles a darse la vuelta. Arthur Lawson, el jefe de policía de Gretna, justificó el cierre del puente argumentando: "Si hubiésemos abierto el puente, nuestra ciudad estaría igual que Nueva Orleans: saqueada, quemada y a merced del pillaje".[87]

La policía de Gretna tampoco tuvo compasión con "sus propios pobres", que al igual que el resto, peleaban por conseguir comida y agua y sobrevivían como podían en unas calles nauseabundas con el sistema de alcantarillado destrozado. Un residente de Gretna que seguía esperando ayuda dos semanas después del huracán, informó de que cuando preguntaba a los policías qué debía hacer, "se burlaban de mí por no haberme marchado".[88]

El 2 de septiembre de 2005, la televisión nacional retransmitió el *Concert for Hurricane Relief*, y la estrella del rap Kanye West improvisó unas rimas sobre el Katrina: "A George Bush no le importan los negros", refiriéndose también a que el gobierno de los Estados Unidos trataba de "ayudar a los pobres y a los negros lo peor y más lentamente posible". Las afirmaciones de West fueron retransmitidas en directo en la Costa Este, pero tres horas más tarde las imágenes en diferido que llegaron a la Costa Oeste ya habían censurado y eliminado de la grabación esas palabras.[89]

Las autoridades federales parecían totalmente ajenas e indiferentes ante la terrible situación de las víctimas de Katrina.[90] El vicepresidente Dick Cheney siguió de vacaciones en su rancho de Wyoming durante toda la semana que duró la crisis, y la Secretaria de Estado Condoleezza Rice fue vista comprando zapatos y asistiendo a una obra teatral en Broadway.[91]

Tampoco Bush pisó Nueva Orleans hasta pasados cinco días del huracán. Y cuando lo hizo, como escribió el periodista Bob Herbert, "demostró (como si hiciera falta) que no había entendido nada. En lugar de centrarse urgentemente en la gente que estaba abandonada a su suerte, hambrienta, enferma y moribunda, se puso a hablar de menudencias y a recordar los días en que andaba de fiesta por Nueva Orleans, compadeciéndose de Trent Lott (senador por Misisipi) porque había perdido una de sus casas, pero que no se preocupara, porque le sería reemplazada por 'una casa fantástica... y no veo el momento de sentarme en su porche'".[92]

La entonces Primera Dama Barbara Bush se sumó a este aire de jovial indiferencia cuando acompañó a su marido en una gira por los centros de asistencia situados en Texas, el lugar donde fueron a parar finalmente decenas de miles de evacuados. Tras contemplar aquella

muchedumbre de supervivientes aturdidos y amontonados en el Astro-
dome de Houston, les dijo a los reporteros, con una risita entre dientes:
"Muchos de los que están aquí ya eran personas desfavorecidas, así que
aquí les está yendo muy bien".[93]

Michael Brown, por aquel entonces director de la Agencia Federal
para el Manejo de Emergencias (FEMA) inicialmente culpó a las propias
víctimas del huracán, declarando a la *CNN* que la larga lista de fallecidos
"sería atribuible en gran medida a las personas que no hicieron caso de
las advertencias de evacuación".[94] A pesar de la casi total ausencia de ayudas de emergencia en la región devastada, Bush elogió al director de la
FEMA varios días después del huracán: "Brownie, estás haciendo un
gran trabajo", dijo entusiasmado.[95] No había pasado una semana de esa
afirmación cuando "Brownie" se vio forzado a renunciar en medio de la
indignación general ante la absoluta incompetencia de la FEMA.

Durante los días anteriores al reparto de alimentos y agua en la
región devastada, Bush condenó a todos aquellos que, desesperados, se
llevaban de las tiendas comida, agua, pañales y otros productos necesarios, y pidió "tolerancia cero" contra el saqueo y la violación de la ley. (A
la policía local, que tampoco tenía comida, se le dio permiso para entrar
en las tiendas y proveerse de lo necesario).[96]

Tras la llegada a Nueva Orleans de un destacamento de trescientos
efectivos de la Guardia Nacional, Kathleen Blanco, la gobernadora de
Louisiana, ordenó que disparasen a matar a los "maleantes": "Estas tropas acaban de regresar de Iraq, están bien entrenadas, tienen experiencia
probada en la batalla, y bajo mis órdenes restaurarán el orden en las
calles. Tienen fusiles M-16 listos para disparar. Estas tropas saben tirar a
matar y están bien dispuestas a hacerlo si es necesario. Y espero que lo
hagan".[97]

El brigadier general Gary Jones, comandante de la Fuerza de Tarea
Conjunta de la Guardia Nacional de Louisiana, anunció que trataría el

área como una zona de guerra. "Este lugar va a parecer una Somalia en pequeño", le dijo al *Army Times*: "Vamos a salir a las calles y hacer que esta ciudad vuelva a ser lo que era. Poner esta ciudad bajo control será una operación de combate".[98]

Los policías de la ciudad se sumaron a la histeria colectiva. El 1 de septiembre, el Jefe de la Policía de Nueva Orleans, Eddie Compass, informó desde el Centro de Convenciones: "Hay gente que está siendo violada; hay individuos que están siendo golpeados". Cinco días después, el alcalde de la ciudad, C. Ray Nagin, le dijo a la presentadora de televisión Ophra Winfrey: "La Policía tiene gente destacada allá, que han estado en ese maldito Superdome viendo cadáveres y viendo cómo los rufianes mataban y violaban gente".[99]

Sin embargo, al cabo de un mes la policía admitió que la mayoría de esas acusaciones no se basaban en hechos reales. "Fue un momento caótico para la ciudad. Ahora que tenemos oportunidad de reflexionar sobre aquella situación, podemos decir que las cosas no eran lo que parecían", explicó a los reporteros el capitán de policía Marlon Defillo.[100]

Es más, los funcionarios que denunciaron a los cuatro vientos la pretendida "anarquía" de los afroamericanos, no dijeron absolutamente nada de las bandas de racistas blancos que merodearon por todo el área mientras duró la crisis, atacando y disparando a los residentes negros. Según informó desde su casa en Algiers Malik Rahim, ciudadano de Nueva Orleans, veterano del Partido de las Panteras Negras y activista del Partido Verde: "Hay pandillas de *vigilantes* blancos armados dando vueltas en camionetas, y a cualquier negro joven que ven, y ellos se figuran que no pertenece a su comunidad, le disparan".[101]

A medida que transcurrían los días iban apareciendo más y más informes que ponían encima de la mesa asuntos como la tremenda división que había en Nueva Orleans entre razas y entre clases. Como describió el *Financial Times*:

Aunque antes de la llegada del huracán evacuaron de la región a casi un millón de personas, dejaron atrás a los pobres de Nueva Orleans, en su mayoría negros. Porque dos terceras partes de los habitantes de la ciudad son negros, y casi un tercio de ellos son pobres. La tasa de pobreza de la ciudad es del 28%, más del doble de la media nacional. Los pobres que se quedaron atrás no es que fueran más valientes que los blancos ricos. Es que muchos no poseían vehículos o carecían de recursos para abandonar la ciudad. Se quedaron atrás esperando. Y muchos siguen esperando.[102]

## "El Gran Sueño Americano es una constante pesadilla"

Katrina permitió que el mundo viera la abismal diferencia entre ricos y pobres que existía en la sociedad más opulenta del mundo. La misma semana en que el huracán golpeó Nueva Orleans, la Oficina del Censo informaba de que en el año 2004 1.100.000 norteamericanos habían caído por debajo del umbral de la pobreza. Entre 2000 y 2005 el número de norteamericanos que vivía en la pobreza había aumentado del 11,3% al 12,7% de la población, un porcentaje mayor que el existente durante la década de 1970.[103]

Mientras tanto, las Naciones Unidas dieron a conocer su *Informe del Desarrollo Humano 2005*, en el que se acusaba a los Estados Unidos de dar "una superpotente respuesta militar a las amenazas contra la seguridad colectiva y una subdesarrollada respuesta a los temas humanos".[104] Según el informe, los niveles de pobreza de los norteamericanos más pobres eran los mismos que los de algunas regiones del Tercer Mundo.[105] Un reportero del *Independent* inglés concluyó: "El informe de las Naciones Unidas proporciona pruebas estadísticas de que para muchos –más allá de los afectados por la secuela de huracán Katrina– el Gran Sueño Americano es una constante pesadilla".[106]

Actualmente, la brecha entre ricos y pobres en los Estados Unidos ha alcanzado niveles récord, solo comparables a los de dos momentos previos de su historia: la década de 1890, en el siglo XIX, que fue la época de los *barones* del acero y de los ferrocarriles, y los 'locos años 20' de la Depresión.[107] Dos épocas a las que sucedieron fuertes estallidos de la lucha de clases.

Recientemente, algunos de los más fervientes partidarios del capitalismo norteamericano ya han empezado a alertar sobre el hecho de que la actual escalada de la desigualdad podría amenazar la estabilidad del sistema. El presidente de la Reserva Federal, Alan Greenspan, en una comparecencia ante el Senado de los Estados Unidos el 16 de febrero de 2005, se refirió a estos peligros: "En una sociedad democrática, una bifurcación tan marcada de las tendencias de la riqueza y el ingreso entre grandes segmentos de la población puede incentivar el resentimiento y la polarización política. Estos desarrollos sociales pueden conducir a choques políticos y a políticas económicas que operen en detrimento de la economía y de la sociedad en su conjunto".[108]

Sin embargo, lo más probable es que estas advertencias caigan en saco roto. La clase dominante de los Estados Unidos es rapaz, arrogante, y le sobra confianza en sí misma. Las últimas tres décadas no han hecho más que ahondar su creencia de que está destinada a dominar el mundo. Pero es un pensamiento iluso por su parte. La historia del movimiento de la clase trabajadora norteamericana ha demostrado una y otra vez que este sistema injusto provoca necesariamente la revuelta. Los próximos años serán testigo de inevitables estallidos sociales a escala masiva.

## Reconstruyendo la lucha de clases

Analizando cada uno de los elementos por separado, el reto que afrontan los trabajadores y el movimiento sindical hoy día resulta desalentador: romper la confianza del mundo sindical en el Partido Demócrata; organizar la tan desorganizada fuerza sindical; y elevar los niveles de vida de los trabajadores que perciben bajos salarios, tanto en el Sur de los Estados Unidos como en el Sur global. Pero la suma total de dichos elementos, vistos en su esencia, se puede afrontar si se cambia el equilibrio de las fuerzas de clase. El elemento crucial de la lucha de clases que describió Marx en el *Manifiesto comunista* sigue siendo clave: "La organización de los proletarios en una clase, y por consiguiente en un partido político, es constantemente desbaratada por la competencia entre los propios trabajadores. Pero siempre vuelve a resurgir, más fuerte, más firme, más poderosa".[109] La solidaridad *entre* los trabajadores constituye el único antídoto para enfrentarse a la competencia *entre* los trabajadores.

Existen algunas semejanzas entre el actual equilibrio de las fuerzas de clase y el que había a finales de la década de 1920. También entonces la militancia en sindicatos había caído a niveles esqueléticos, las luchas de la clase trabajadora eran casi todas defensivas, y las fuerzas de la izquierda organizada eran más bien pequeñas. Pero aunque fueran muy dramáticos, los reveses experimentados por el movimiento sindical en los años 20 fueron solo temporales. Como ha argumentado el historiador David Montgomery: "Ninguna resolución histórica del conflicto entre el trabajo y el capital ha disfrutado de una prórroga de vida permanente".[110] Por otro lado, aquellos activistas y organizaciones que mantuvieron su compromiso con las ideas de la lucha de clases en las primeras décadas del siglo XX, jugaron muchas veces un gran papel organizador y ayudaron a sentar las bases que posibilitaron las luchas masivas de los años 30, de modo que cuando éstas estallaron, la izquierda fue capaz de crecer enormemente.

Esa verdad tan simple continúa siendo válida. Hoy, como entonces, lo único que puede revertir el equilibrio de las fuerzas de clase es la lucha de masas. Las oportunidades para ese nivel de lucha son manifiestas.

Tras la escisión de la AFL-CIO en 2005, el historiador izquierdista Stanley Aronowitz escribió:

> ¿Cuál sería la política efectiva y la estrategia adecuada para frenar el rápido deterioro de los niveles de vida de los trabajadores? ¿Qué cosa podría frenar el descenso de los salarios reales, detener la proliferación del trabajo temporal y el trabajo eventual, y frenar la profunda regresión del ya debilitado sistema de relaciones industriales y laborales? Esa es la primera pregunta. *Quiero sugerir que organizar a un número mayor de trabajadores es solo una de las condiciones, y quizá no la más importante, para montar una contraofensiva.* La condición necesaria es el surgimiento de una Izquierda dentro del sindicalismo que fuerce las salidas, que abra un amplio debate en los principales sectores del Trabajo Organizado. Porque este es el primer periodo en la historia reciente en el que no hay una izquierda organizada que plantee preguntas incómodas. Pero también es la primera vez en décadas en que esas preguntas están siendo escuchadas, aunque se estén verbalizando de manera incoherente y fragmentada.[111]

Tucker hace hincapié en lo mismo, destacando las oportunidades que ofrecía la escisión de la AFL-CIO en 2005: "La ruptura del sindicalismo monopólico, incluso el provocado por unos barones de la burocracia con agendas igual de anémicas, podría forzar a que el movimiento sindical redescubriera la mayor de sus fortalezas: su militancia y una mayor representatividad social".[112] El comentarista progresista Seth Sandronsky prefiere hablar claro: "La alternativa humana al capitalismo dominante sigue siendo la Espada del socialismo".[113] Por otra parte, la historia del trabajo muestra que las ideas socialistas nunca ha venido impuestas desde fuera, sino que son producto de la propia lucha de clases. El macartismo borró de la memoria la tradición socialista pero, como sostiene Moody:

El socialismo moderno, más que una idea o una teoría, es una creación del movimiento obrero. Sus ideas se hubiesen enmohecido en los viejos libros o muerto con Carlos Marx y otros intelectuales radicales de hace más de un siglo, si no fuera porque millones de trabajadores, cientos de sindicatos y federaciones sindicales, y centenares de partidos políticos de la clase trabajadora abrazaron las ideas y las perspectivas de lo que ellos llamaron socialismo. Cuando el movimiento cobró impulso hace más de cien años su propuesta para los trabajadores y sus organizaciones era simple: el socialismo es el gobierno de la clase trabajadora.[114]

Más de un siglo después, sigue estando vigente el preámbulo del programa de los Populistas de 1892: "Nos encontramos en medio de una nación arrastrada y al borde de la ruina moral, política y material. La corrupción domina las urnas de votación, las legislaturas, el Congreso, e incluso mancha las togas de los magistrados. (...) Los frutos del arduo trabajo de millones de personas son robados descaradamente para amasar las colosales fortunas de unos pocos, algo sin precedentes en la historia de la humanidad; y los poseedores de esas fortunas, además, desprecian la República y ponen en peligro la libertad".[115]

La posibilidad de que se de una solidaridad de clase internacional podría parecer más bien mínima, de no ser por el carácter internacional que tiene la producción en la era de la globalización. Como argumenta Moody: "Si el capitalismo es hoy más global que nunca, también lo es la clase trabajadora que genera. (...) Por decirlo de alguna manera, no se trata simplemente de que quienes fabrican un coche se encuentren en muchos países, sino de que la fabricación del coche requiere la intervención de trabajadores de telecomunicaciones, transportistas e incontables 'servicios'– de muchos países.[116]

Los niveles de vida de la clase trabajadora estadounidense pueden seguir dos caminos: o continuar así y seguir cayendo hasta aproximarse a los de los trabajadores más pobres del mundo, o que los trabajadores estadounidenses se unan solidariamente para luchar por aumentar los niveles de vida de los trabajadores más pobres del mundo, y de esa manera, salvar también los suyos propios. Existen grandes posibilidades materiales de que se dé esta última opción. Como sostiene Moody: "En la mayoría de las naciones, la nueva clase trabajadora mundial que se está formando cruza las fronteras con mayor regularidad, es étnicamente más diversa, y es más internacional por naturaleza. (...) La sustancia material de la clase trabajadora internacional puede tocarse con la mano".[117] Pero para obtener resultados es necesaria la reconstrucción de una tradición obrera radical dentro del movimiento sindical en los Estados Unidos que haga revivir con más vigor que nunca la consigna más famosa del *Manifiesto comunista*: "Los proletarios no tienen nada perder, excepto sus cadenas. Y tienen, sin embargo, un mundo que ganar. ¡PROLETARIOS DE TODOS LOS PAÍSES, UNÍOS![118]

# APÉNDICE A LA EDICIÓN EN CASTELLANO

Sharon Smith, 31 diciembre 2013

Terminé de escribir la edición inglesa de *Fuego subterráneo. Historia del radicalismo de la clase obrera en Estados Unidos* a principios de 2006. Por aquel entonces, George W. Bush era aún presidente y Barack Obama era solo un senador con ambiciones presidenciales. Por otra parte, la economía de Estados Unidos estaba en pleno auge gracias a la frenética ingeniería financiera de los banqueros de Wall Street, que se jugaban el dinero de los demás.

El año 2006 trajo también consigo un aumento de la conflictividad cuando, el 10 de abril, el movimiento por los derechos de los nuevos inmigrantes hizo salir a las calles a cientos de miles de ellos –y a las personas que los apoyaban– en más de cien ciudades. El Primero de Mayo, esas cifras se convirtieron en millones; era la primera vez en seis décadas que el Día Internacional de los Trabajadores vivía en suelo estadounidense manifestaciones multitudinarias de la clase obrera.

Los organizadores del movimiento habían hecho un llamamiento a los trabajadores inmigrantes para que el Primero de Mayo "boicoteasen" sus puestos de trabajo, bautizando a la protesta con la expresión "Un día sin inmigrantes", vinculando así la capacidad de los trabajadores para conservar sus empleos con su lucha por los derechos civiles. Millones de trabajadores inmigrantes respondieron a este llamamiento, y algunos centros de trabajo cerraron por completo para poder participar en las manifestaciones multitudinarias del Primero de Mayo en ciudades de todo el país, grandes y pequeñas. Al salir a la calle, estos trabajadores demostraron que era posible empezar por fin a cambiar la dinámica de retrocesos y reveses sufridos durante décadas por la clase obrera.

Pero el movimiento por los derechos de los inmigrantes fue cortado en seco; primero por los congresistas Demócratas, que jugaron a dos bandas en el debate de la inmigración, y que en última instancia no hicieron nada. Y en segundo lugar, por la burbuja financiera que empezó a estallar en 2007 (algo inevitable). En 2008, la economía de Estados Unidos estaba sumida en la peor crisis económica que se había vivido desde la Gran Depresión de los años 30 del siglo XX.

En los años 90 del siglo XX, las empresas inversoras de Wall Street habían empezado a orquestar planes para "dar el pelotazo" inspirándose en un modelo de apuestas basado en las probabilidades de la ruleta rusa, según el cual los gestores de inversiones ofrecían a los inversores oportunidades para ganar dinero rápidamente mediante nuevas transacciones de alto riesgo gracias a los denominados *hedge funds\**", vehículos de inversión estructurada (Structured Investment Vehicles, conocidos como SIV\*\*), y otros "innovadores" productos similares, como las obligaciones de deuda colaterizada (Collateralized Debt Obligations, conocidas como CDO).

En la primera década del siglo XXI, los gestores de inversiones añadieron una fórmula más a su caja de sorpresas: los préstamos predatorios a través de hipotecas *sub-prime\**. Las hipotecas *sub-prime* atraían a las familias con escasos ingresos, que de otro modo no habrían podido conseguir una hipoteca, con la promesa de unas tasas de interés tentadoramente bajas, pero que más tarde aumentaban considerablemente y a las que se le añadían más cargos. Durante esta época, y ante la caída de sus ingresos, muchas familias de clase obrera hipotecaron por segunda o tercera vez sus casas solo para poder sobrevivir y pagar las facturas.

Los banqueros se repartieron estas hipotecas y se apresuraron a colocarlas en inversiones que cambiaban de manos antes de que se secara la tinta; empaquetaron las deudas y se las pasaron unos a otros como si del campeonato mundial de "la patata caliente" se tratara. Al comportarse de ese modo, transmitieron los riesgos a todo el sistema bancario internacional y alimentaron una burbuja inmobiliaria insostenible. La fórmula *sub-prime* solo funcionó mientras los precios de la vivienda subían, pero en 2007, cuando estalló la burbuja inmobiliaria y los precios de la vivienda cayeron en picado, se estima que unos 2,5 millones de casas –la inmensa mayoría ocupadas por propietarios que habían firmado su hipoteca entre 2005 y 2008–, vieron ejecutada dicha hipoteca.[1] A finales de 2008, uno de cada nueve propietarios de viviendas estadounidense se había atrasado en el pago mensual de la hipoteca o se encontraba en fase ejecutiva.

Muchos de los planes de inversión de Wall Street se habían fraguado sin la regulación o la supervisión del gobierno dentro de un sistema bancario a la sombra que funcionaba prácticamente en secreto, basado en modelos matemáticos que a los inversores les resultaban incomprensibles, y apuntalados por préstamos que superaban con creces el capital propio. Y siempre con condiciones que favorecían la ganancia cortoplacista de los gestores de los fondos.

Los engranajes de esta "tormenta perfecta" financiera se habían puesto en marcha muchos años antes de que estallara la crisis de las hipotecas *sub-prime*. En diciembre de 2000, en uno de sus últimos actos como presidente, Bill Clinton firmó la Ley de Modernización del Mercado de Futuros, que desregulaba formalmente a las empresas que fomentaban los derivados financieros. Fue el Republicano tejano Phil Gramm, que más tarde se convertiría en vicepresidente de la sociedad bancaria y financiera UBS (Unión de Bancos Suizos), quien propuso dicha ley. Esta legislación derogaba la Ley Glass-Steagall de 1933 –la legislación del *New Deal* que decretaba la separación entre la banca de inversión y la banca comercial– y, permitió que los bancos condujeran al irresponsable sistema bancario que actuaba en la sombra al vórtice de la crisis financiera de 2008.

Martin Wolf, columnista del *Financial Times*, había advertido: "Con una estructura retributiva 'adecuada', los gestores de inversión mediocres podían hacerse ricos mientras se ocupaban de que sus inversores dejaran de serlo". Añadiendo que están "destinados a atraer a quienes carecen de escrúpulos y de talento, al igual que otras personas del mismo talante se sienten atraídas hacia la venta de coches usados (...)".[2]

## La Gran Recesión

El 13 de marzo de 2008, el *hedge fund* de la Carlyle Capital Corporation cayó en picado, con deudas que sumaban treinta y dos veces su capital. La importancia del fin de Carlyle se vio ensombrecida por el desplome de Bear Stearns, uno de los cinco grandes bancos de inversiones de Wall Street, cuando el 19 de marzo el ambicioso equipo directivo informó a sus atónitos inversores de que habían perdido 17 billones de dólares de su patrimonio cinco días antes. La Reserva Federal (Fed) acudió al rescate de Bear concediendo fondos de emergencia que permitieron al titán comercial JP Morgan hacerse con Bear. Era la primera vez, desde los años 30 del siglo XX, que la Fed emprendía un rescate semejante.

Dos de los *hedge funds* de Bear Stearns se fueron a pique debido a la desintegración de la cartera de hipotecas *sub-prime*, pero cuando en Wall Street quedó al descubierto la consiguiente crisis en cadena, el sistema bancario que actuaba en la sombra se confundió cada vez más con los bancos comerciales. Era difícil saber dónde acababa uno y empezaban los otros, pues legalmente, los bancos podían evitar que semejantes vehículos de inversión figuraran en sus balances.

La debacle de Bear Sterns fue precisamente la primera convulsión del mercado en una concatenación de quiebras de bancos y empresas que, en 2008, llevó a Wall Street al borde del colapso e infectó al sistema financiero mundial. En la lista de insolventes se encontraban los gigantes de Wall Street Lehman Brothers y Merrill Lynch, Wachovia, la mayor caja de ahorros de Estados Unidos, Washington Mutual, el cuarto gran banco, y AIG (American International Group), la mayor aseguradora del mundo.

El gobierno federal reaccionó a velocidad supersónica, argumentando que los bancos eran "demasiado grandes para dejarlos caer" (*"too big to fail"*). La Reserva Federal recurrió a su autoridad ante la emergencia y, junto con el Departamento del Tesoro, se lanzó a un rescate corporativo de 700 billones de dólares que fue aprobado a toda prisa por el Congreso en octubre de 2008, y que se pagó con dinero de los contribuyentes. Esa cifra se disparó hasta convertirse en trillones durante los años siguientes, cuando la lista de empresas –entre ellas las de automoción General Motors, Ford y Chrysler, que se apuntaron a la cola de las ayudas financieras–, creció exponencialmente.

Buena parte del dinero del rescate acabó en manos de lo que entonces eran solventes empresas de inversión. El rescate de 182 billones de AIG para cubrir las deudas malas* de esta empresa, por ejemplo, no solo fue a parar a AIG, sino también a sus deudores: Goldman Sachs, Morgan Stanley, el Banco de América y Merrill Lynch (por no hablar de los socios comerciales europeos de AIG).

Goldman había declarado ganancias de 2,32 billones en 2008. Y aunque AIG había intentado ofrecerle 60 centavos de dólar (según el mercado de valores), el presidente de la Fed de Nueva York, Timothy Geithner (que pronto se convertiría en Secretario del Tesoro bajo el mandato de Barack Obama) desestimó la decisión de AIG por razones que nunca aclaró y Goldman recibió 100 centavos de dólar por sus obligaciones de deuda colaterizada.[3] *Bloomberg* observó: "El trato hizo que durante 18 meses se entregaran más de 14 billones a Goldman Sachs, cuyo anterior presidente, Stephen Friedman, era el presidente del Consejo de Administración de la Fed de Nueva York cuando se tomó la decisión. Friedman, de 71 años, dimitió en mayo, días después de que el *Wall Street Journal* revelase que había comprado más de 50.000 acciones de Goldman Sachs después de la absorción de AIG".[4]

La mayoría de los comentaristas de los medios de comunicación de entonces elogiaron al gobierno federal por evitar otra Gran Depresión gracias a su rescate masivo, a pesar de la enorme carga que suponía para los contribuyentes. Pero la crisis financiera también proporcionó una nueva visión del club privado de compinches que formaban el gobierno y las grandes empresas, que dirigían juntos y a puerta cerrada el sistema financiero. Todos sus miembros son culpables del desastre financiero de 2008.

Es cierto que los bancos engatusaron a sus clientes con un estilo más bien propio de la mafia, pero también las instituciones gubernamentales que tenían la potestad para vigilarlos hicieron la vista gorda hasta que las cosas ya se torcieron de un modo brutal. Pues a pesar de tres décadas de legislación desreguladora aún existían ciertas estructuras para la supervisión de Wall Street. Entre ellas, la Comisión del Mercado de Valores (la SEC, Security and Exchange Commission), el Departamento del Tesoro y la Reserva Federal, que seguramente podían haber tomado medidas contra los banqueros mientras aún se vivía el periodo de vacas gordas.

---

\* *Hedge fund*: literalmente fondo de cobertura, se trata de un fondo de inversión especulativo de alto riesgo. Se caracterizan por emplear estrategias de inversión muy agresivas, con fuertes apalancamientos, carecen de transparencia, suelen tener poca liquidez, domiciliarse en paraísos fiscales y aprovechar las ineficiencias del mercado. (N. de la T.)

\*\* También llamados «vehículos fuera de balance». (N. de la T.)

Pero la SEC no solo estaba dormida al volante mientras el sistema financiero se precipitaba a toda velocidad hacia el desastre, sino que en 2004 ya había diseñado un programa especial, conocido como el programa de "entidades consolidadas supervisadas", permitiendo el crédito temerario que más tarde provocaría la crisis bancaria. El programa especial se creó, según el *New York Times*, "después de que los cinco grandes bancos de inversiones ejercieran una gran presión lobbística. En aquel momento, el director de Goldman Sachs era el señor Paulson, quien dejó su cargo dos años después para convertirse en Secretario del Tesoro".[5]

Esos mismos cinco bancos de inversiones –Goldman, Morgan Stanley, Bear Stearns, Lehman y Merrill Lynch– no tardaron en presentarse "voluntarios" para participar en el nuevo programa que (a instancia suya) estaba creando la SEC. A través de este programa especial, la SEC permitió que estos gigantes de Wall Street incrementaran considerablemente el importe de su deuda. La normativa de la SEC exigía desde hacía tiempo a los bancos que mantuvieran aproximadamente un dólar de equidad por cada 15 dólares de deuda, es decir, un ratio de 15 a 1 de deuda neta sobre el capital. El nuevo programa elevaba esos límites. El periodista Ben Protess denunciaba: "El ratio de Merrill Lynch era posiblemente de 40 a 1 (en 2008), y el Lehman Brothers de 30 a 1".[6]

A cambio de esta gallina de los huevos de oro, los monstruos bancarios consintieron que la SEC regulara sus sociedades de cartera, aunque eso era algo que ellos mismos habían solicitado. Someterse voluntariamente a la supervisión de la SEC permitiría que sus operaciones en el exterior evitaran a los organismos reguladores de la Unión Europea. Preferían a la SEC por razones que más tarde fueron obvias: sus complacientes colegas de la SEC prácticamente no les supervisaron.

* También llamadas hipotecas basura o con el eufemismo "hipotecas de alto riesgo". (N. de la T.)

El 26 de septiembre de 2008, cuando la SEC concluyó el programa, ninguno de los cinco bancos de inversiones seguían siendo tales, aunque el rastro de su veneno seguía emponzoñando el sistema financiero internacional.

Los altos directivos de Goldman Sachs llevaban tiempo disfrutando de una relación particularmente cordial con las agencias reguladoras del gobierno. Los ejecutivos de Goldman solían acabar trabajando en el Departamento del Tesoro de Estados Unidos, como sucedió con el Secretario del Tesoro de Bill Clinton, Robert Rubin, y con el de George W. Bush, Henry Paulson. La línea separatoria entre los bancos y sus supervisores se había vuelto borrosa, pues las agencias de vigilancia reclutaban personal de los grandes bancos y viceversa, como si se tratase de una puerta giratoria por la que entraban unos y salían otros. Parece ser que durante el colapso financiero del 2008, el Departamento del Tesoro al mando de Paulsen colaboró con Goldman más que con cualquier otra empresa de Wall Street.

Tras asumir sus funciones en junio de 2006, Paulson descartó cualquier contacto oficial con Goldman para evitar un conflicto de intereses con su antiguo patrón, pero dos años más tarde, solicitó y recibió una "dispensa ética" que anulaba tal compromiso. Eso fue el 17 de septiembre de 2008, justo un día después de que el gobierno acordase conceder unos primeros 85 billones de dólares para que el gigante asegurador AIG pagara sus sustanciales deudas a Goldman y otros grandes bancos.

Goldman fue el mayor receptor del pago. Según el *New York Times*, durante la semana del rescate de AIG, Paulson habló con el presidente de Goldman, Lloyd Blankfein, "dos docenas de veces, según muestran las agendas, una frecuencia mucho mayor que con cualquier otro ejecutivo de Wall Street".[7]

Al final de esa semana de infarto, la Reserva Federal se apresuró a pedir con urgencia que Goldman y Morgan Stanley cambiaran su estatus de bancos de inversión a holdings bancarios tradicionales, saltándose de un plumazo el periodo legal de cinco días que decreta la ley antimonopolio.

Ese acuerdo se cerró en una sola semana, y Goldman y Morgan Stanley se levantaron el lunes por la mañana como si fueran entidades totalmente nuevas; un signo de que la Fed no dejaría que esas dos compañías quebrasen. Resulta interesante que su nuevo estatus, al convertirse en sociedades de cartera, transfiriese la responsabilidad de su supervisión de la SEC a la Reserva Federal.

En una nota cargada de amarga ironía, durante las sesiones del Congreso que investigaban la crisis financiera en 2010, Bernanke (que por aquel entonces era Secretario del Tesoro de Obama) rechazó las proposiciones que querían poner un tope al pago a los ejecutivos quebrados que se acogían al rescate federal, por ser innecesariamente "punitivo".[8]

Y, lo que es tal vez más importante, ningún político sugirió que se prohibiese que la América de las grandes corporaciones se vigilara a sí misma.

Justo unas semanas antes de que el 1 de enero de 2009 Merrill Lynch pasara a manos del Banco de América, y mientras la compañía declaraba que había sufrido pérdidas por valor de 27 billones en 2008, la empresa pagó 3,6 billones de dólares en concepto de bonificaciones, y tan solo cuatro de sus principales ejecutivos se repartieron 121 millones de dólares en metálico y en acciones. Las bonificaciones se concedieron un mes antes de lo previsto según la programación normal de Merrill y sin mediar explicación.[9]

La habilidad del gobierno federal para rescatar a los capitalistas más corruptos de la nación parecía inagotable, y sin embargo, a quienes trabajaban honradamente para ganarse la vida se les ofreció muy poco. Los lobos de Wall Street fueron alimentados por un pozo sin fondo financiado por los millones de trabajadores que se enfrentaban al desempleo generalizado, a los recortes salariales y de prestaciones sanitarias y a los desahucios. No llegó ninguna ayuda por parte de esos mismos responsables del gobierno que habían corrido a ayudar a sus hermanos banqueros y que habían provocado la crisis financiera. Incluso el *Wall Street Journal* advirtió esta flagrante doble vara de medir y planteó la siguiente pregunta: "¿Por qué un "rescate" para Wall Street y ninguno para los afectados por la hipoteca?".[10]

La credibilidad de todo el sistema financiero estaba hecha añicos, y sin embargo los ejecutivos de las grandes compañías permanecían ajenos a la ira que habían provocado en la clase obrera. En noviembre de 2008, cuando los ineptos directores ejecutivos de las "Tres Grandes" compañías de automoción –General Motors, Chrysler y Ford– viajaron desde Detroit a Washington D.C. para solicitar 2,5 billones de dólares en concepto de rescate, lo hicieron cada uno en su propio jet privado.[11]

Por su parte, apenas pocos días después del primer rescate de 85 billones de dólares, los ejecutivos de AIG se regalaron una estancia en un centro vacacional de lujo que costó 440.000 dólares. Dos semanas más tarde, los altos ejecutivos de la compañía viajaron en jet a Inglaterra para disfrutar durante el fin de semana de la caza del zorro, actividad que costó 85.000 dólares. A finales de año, después de recibir un total de 182 billones de dólares de rescate (y anunciar unas pérdidas de 40,5 billones de dólares en el ejercicio del 2008), AIG premió a sus setenta y tres más altos ejecutivos con primas que sumaban 165 millones de dólares.

## El presidente Barack Obama

Barack Obama se presentó como candidato a la presidencia cuando la economía de Estados Unidos estaba cayendo en picado, y se benefició políticamente de ello, pues mucha gente culpaba tanto a Wall Street

---

\* *Bad debts*: deudas incobrables. (N. de la T.)

como a la administración republicana de George W. Bush del desastre financiero. Así que cuando Obama dijo a las multitudes de simpatizantes de todo el país que él representaba el "cambio en el que se puede creer" y animó a las masas a corear "*Yes, we can!*" –eslogan que tomó directamente prestado del de los inmigrantes: "¡Sí, se puede!"–, prácticamente se había asegurado la victoria en las elecciones presidenciales de 2008. Obama creó expectativas en la población estadounidense y despertó un entusiasmo que no se veía desde hacía décadas.

Así, la elección de Obama propagó el optimismo entre millones de personas: no solo significaba que el despreciado presidente Bush dejaba por fin la Casa Blanca, sino que lo reemplazaba el primer presidente afroamericano de la historia. Al fin una mayoría Demócrata elegía a un afroamericano para la presidencia de Estados Unidos, un país construido sobre la esclavitud.

La elección de Obama se debió en parte al cambio demográfico en Estados Unidos. La combinación de votos afroamericanos, latinos, árabes, musulmanes y de otros grupos de población racialmente oprimida contribuyó a preparar el terreno electoral. Pero la victoria de Obama solo fue posible –incluso de manera determinante–, porque el 43% de los blancos votó por él. Por Obama votó un porcentaje mayor de hombres blancos que por Bill Clinton en los noventa.

Una encuesta elaborada por Gallup en 2007 había revelado que un 94% de los encuestados manifestaba su intención de votar a un candidato presidencial negro, mientras que un 88% indicaba que votaría a una mujer. Pero una encuesta realizada por *Newsweek* en 2008 ponía de manifiesto que apenas el 70% de los votantes consideraba que el país estaba preparado para que un hombre negro fuera presidente de Estados Unidos, lo cual era sin embargo un 37% más que en las elecciones de 2000.[12]

Las semanas siguientes a la elección de Obama, en noviembre de 2008, tuvieron lugar dos importantes luchas: una, la de un pujante movimiento LGTB (lesbianas, gays, bisexuales y transexuales), y la otra, la ocupación de una fábrica. Cada una ofrecía una muestra de lo extendida que estaba la ira contra la clase política y de que la situación podía derivar hacia una lucha de clases.

En California, el día después de las elecciones de 2008, y después de que los votantes aprobasen por un estrecho margen la prohibición de los matrimonios entre personas del mismo sexo, miles de activistas del movimiento LGTB se echaron a las calles. La prohibición anulaba una decisión del Tribunal Supremo de California –dictada apenas unos meses antes– que legalizaba los matrimonios entre personas del mismo sexo. En California ya se habían casado unas 18.000 parejas, y cuando se aprobó la prohibición que negaba aquello por lo que tanto se había luchado, se produjo una manifestación espontánea de descontento.

En Los Ángeles, activistas indignados desfilaron por las calles de la ciudad, interrumpiendo el tráfico y enfrentándose a la policía, animando a los activistas de todo el país a que manifestaran su apoyo. Un apoyo que cuajó en un movimiento nacional que culminaría en una marcha en Washington D.C. al año siguiente, en la que participaron cientos de miles de partidarios del matrimonio entre personas del mismo sexo.

Al igual que el movimiento por los derechos de los inmigrantes, la lucha por el matrimonio entre personas del mismo sexo combinaba la lucha por derechos civiles con demandas propias de la clase obrera. Sin el derecho a un matrimonio legalmente constituido, a las parejas LGTB se les negaban no solo derechos financieros esenciales, sino también los derechos humanos básicos –como el de acompañar a tu compañero o compañera en su lecho de muerte– que sí se conceden a las parejas heterosexuales.

La semana siguiente a la elección de Obama también vivió un episodio de lucha de clases en un centro de producción, cuando los trabajadores de la fábrica Republic Windows and Doors de Chicago ocuparon y se instalaron en su centro de trabajo, una táctica que se había empleado con gran éxito en los años 30 del siglo XX. Después de recibir una nota de aviso con solo tres días de antelación, los 250 trabajadores de la fábrica se enteraron de que perderían su empleo porque su patrón, que se declaraba insolvente, iba a cerrar la planta, en la que había sindicatos, para abrir otra en Iowa, un estado que no los tenía. La compañía había violado los pocos derechos que les quedaban a los trabajadores según la ley laboral de Estados Unidos, pero declararon que no le quedaba más remedio porque el Banco de América, su principal acreedor, se negaba a concederle más préstamos.

Los trabajadores de Republic Windows and Doors, miembros del Sindicato de Trabajadores de la Industria Eléctrica, Radio y Maquinaria de América (United Electrical, Radio and Machine Workers of America, UE), se negaron a abandonar la planta el 5 de diciembre, el último día en que estaba operativa, y prometieron quedarse dentro hasta que se les concediera el millón y medio de dólares que les debía la dirección en concepto de indemnizaciones por despido y vacaciones no remuneradas. La noticia de la ocupación se propagó rápidamente, movilizando tanto a los activistas de temas laborales como a los activistas por los derechos de los inmigrantes, que acudieron enseguida a Republic Windows and Doors para prestar su apoyo a una mano de obra constituida en gran medida por negros y latinos.

Desafiando los rigores del invierno, los sindicatos –y miles de simpatizantes de Chicago y el Medio Oeste– empezaron a organizar entregas inmediatas de alimentos y mantas a los trabajadores que se enfrentaban a las bajas temperaturas en el interior de la planta. Al mismo tiempo, se movilizaban para recaudar fondos y organizar mítines de trabajadores en el exterior. Portando pancartas que decían: "¡Al Banco de América lo rescatan, a nosotros nos venden!", los trabajadores y sus simpatizantes también se concentraron frente al banco, exigiendo que concedieran el dinero para que la empresa pagara las deudas que tenía con sus trabajadores.

El 10 de diciembre, el banco y otras entidades crediticias acordaron conceder unos dos millones de dólares en concepto de indemnizaciones, vacaciones y seguros de salud. Y los trabajadores votaron unánimemente concluir la ocupación de seis días. Habían salido victoriosos. Con 600.000 puestos de trabajo perdidos en el sector industrial durante la recesión del año anterior, el apoyo a los trabajadores de Republic Windows and Doors se extendió a más sectores de la población, e incluso el presidente electo, Obama, se sintió obligado a anunciar su apoyo a la ocupación. Cuando le preguntaron sobre dicho tema en una conferencia de prensa, respondió: "Los trabajadores están reclamando los beneficios y pagas que se han ganado", y añadió: "Creo que tienen toda la razón y entiendo que lo que les ha sucedido es un reflejo de lo que le está sucediendo a esta economía".[13]

## Promesas hechas, promesas rotas

Obama hizo muchas promesas a lo largo de su campaña. Prometió cerrar el infame centro de detención en Guantánamo. Prometió aprobar una Ley de Libertad de Elección que concediera a las mujeres el derecho al aborto. Dijo que aprobaría la Ley de Libre Elección del Empleado, que permitiría a los trabajadores sindicarse simplemente firmando una tarjeta sindical, evitando así la intimidación del patrón durante las elecciones sindicales.

Sin embargo, una vez asumió el cargo, Obama no mantuvo ninguna de estas promesas. En su campaña electoral se había beneficiado de las generosas donaciones de Wall Street y les estaba devolviendo el favor. El planteamiento de Obama con respecto a la crisis bancaria fue incluso más generoso con los banqueros que el de Bush; en la práctica, entregó a Wall Street un cheque en blanco. A pesar de que los rescates daban al gobierno participaciones mayoritarias o de control en una compañía –en la aseguradora AIG y Citibank, por ejemplo–, la administración Obama no asumió ese control, sino que dejó que los directivos de las compañías siguieran al mando.

Actualmente, cinco años después del descalabro financiero de 2008 que desató la larga crisis del capitalismo global, ésta sigue persistiendo y es evidente. También es evidente que Obama no ha hecho casi nada por los trabajadores, a pesar del creciente declive del nivel de vida de la clase obrera, persistente incluso en la fase de recuperación de la recesión. El primer presidente negro de Estados Unidos también ha guardado un llamativo silencio sobre el deterioro constante en otros campos, como el brusco aumento del racismo y la brutalidad policial a las que se enfrenta la inmensa mayoría de la población negra.

De hecho, cinco años después del desastre de Wall Street, las estadísticas son más funestas para los trabajadores que en sus inicios. En 2012, la afiliación sindical descendió hasta los niveles del año 97, y el porcentaje de trabajadores sindicados cayó hasta un 11,3%, mientras que en el sector privado el índice de afiliación sindical cayó hasta un 6,6%. En Wisconsin e Indiana, donde las legislaturas estatales dominadas por los Republicanos aniquilaron los derechos a la negociación colectiva de los trabajadores del sector público, la afiliación sindical cayó un 13% y un 18% respectivamente con respecto al año anterior.[14]

La brecha entre ricos y pobres también ha alcanzado niveles que no se veían desde hacía un siglo, y el porcentaje de ingresos del 10% de las personas más ricas de Estados Unidos supera ahora al 90% de las más pobres. El economista de Berkeley Emmanuel Saez, advierte: "En 2012 la proporción del decil (índice que mide la desigualdad) de población más rico es del 50,4%, un nivel que supera al de cualquier otro año desde 1917, e incluso supera al de 1928, momento en que se alcanzó el apogeo de la burbuja bursátil, en los 'felices' años veinte".[15]

La periodista Caroline Fairchild lo resumió así: "Los ingresos del 5% de personas más ricas de Estados Unidos aumentaron el año pasado, mientras que los ingresos de la media de los hogares descendieron, situando a la desigualdad en un punto récord, según datos de la Oficina del Censo".[16]

Al 1% de los más ricos aún les había ido mejor. Durante la recuperación económica producida entre 2009 y 2012, los ingresos del 1% de personas más ricas de Estados Unidos se dispararon en más de un 31%, frente al 0,4% de aumento de los ingresos del 99% de las personas más pobres.[17]

Mientras crecía la riqueza de la clase dirigente, el número de pobres se incrementaba, y desde 2008 los índices de desempleo de larga duración, pobreza y hambre se han disparado. En 2011, la Oficina del Censo de Estados Unidos estimó el índice oficial de pobreza en un 15% del total de la población. Ese mismo estudio revelaba que cuatro de cada diez adultos consideraban que habían vivido en situación de pobreza durante al menos un año de sus vidas.

Pero este cálculo oficial subestima la magnitud de la pobreza actual en Estados Unidos. Un estudio más exhaustivo, que publicó sus resultados en 2013, declaraba que ocho de cada diez adultos estadounidenses se habían enfrentado a la "inseguridad económica" en algún momento de sus vidas al llegar a los sesenta años de edad. La inseguridad económica se define como "un año o más de desempleo periódico, dependencia de la ayuda del gobierno, por ejemplo en cupones de alimentos, o una renta inferior al 150% del umbral de la pobreza".[18]

Según un informe que *Oxford University Press* publicará en 2014, las desigualdades raciales en cuanto al índice de inseguridad económica han disminuido de manera significativa durante las últimas tres décadas. El estudio muestra que, aunque el índice de inseguridad económica descrito anteriormente afecta a la población negra y a otros grupos racialmente oprimidos en la astronómica proporción del 90%, la población blanca se ve afectada en una proporción del 76% al alcanzar los 60 años. Aproximadamente la mitad del total de niños estadounidenses viven durante cierto periodo de tiempo en un hogar que depende de los cupones de alimentos para comer.[19]

Los datos del censo sobre las últimas décadas revelan que unos dos tercios de quienes viven en la pobreza son blancos.[20]

Mark R. Rank, un estudioso del bienestar social, lo describió así: "El patrón típico es el de un individuo que experimenta la pobreza durante un año o dos, supera el umbral de pobreza durante un largo periodo de tiempo, y luego tal vez vuelve a sufrirla más tarde. Circunstancias como el hecho de perder el empleo, los recortes laborales, los divorcios o los problemas médicos graves pueden sumir a los hogares en la pobreza".[21]

En los últimos años, las altas tasas de desempleo, junto con la prevalencia de empleos a tiempo parcial, los sueldos bajos y una red de protección social hecha trizas han contribuido en gran medida a las dificultades económicas de las familias de clase obrera. La tasa de paro en 2012 se situó en más del 21% entre aquellos que ganaban menos de 20.000 dólares, más o menos la misma tasa que existió durante la Gran Depresión; pero esta estadística minimiza el efecto de la crisis de empleo que se vive desde 2008 y que cuatro años más tarde dejó al 40% de los trabajadores de hogares que ingresaban menos de 20.000 dólares en paro o como subempleados (trabajadores a tiempo parcial mientras buscan un empleo a tiempo completo) o formando parte de los millones de desempleados de larga duración que ya estaban demasiado hundidos como para buscar trabajo activamente.[22]

La crisis de las ejecuciones hipotecarias dejó a barrios obreros enteros salpicados de hogares embargados y vacíos. Sin embargo, como destacaba el *Financial Times*: "La legislación sobre la quiebra contempla que casi cualquier forma de propiedad (casas de vacaciones, para un negocio o para el alquiler) excepto la residencia principal de una persona, puede ser embargada si la persona tiene un plan de quiebra convenientemente aprobado por el tribunal".[23]

El racismo es un rasgo característico del capitalismo estadounidense. Incluso en épocas de bonanza, la tasa de desempleo entre la población negra dobla la de la población blanca. Este simple hecho garantiza que en cualquier crisis económica, las comunidades negras sean, con mucho, las que más sufran, y las crisis más recientes han seguido ese patrón: han dejado al 48,4% de los trabajadores negros de hogares que ganan menos de 20.000 dólares subempleados o sin empleo. Lo cual, debido a la segregación que hay por barrios, hace que comunidades negras enteras vivan esta tasa de pobreza y paro como una auténtica devastación económica. La tasa para los latinos con bajos ingresos era del 38%, y para los blancos con bajos ingresos del 36,8%.[24]

Entre principios de 2007 y finales de 2009, las entidades crediticias ejecutaron la hipoteca de unos 2,5 millones de hogares. Durante este periodo, aproximadamente el 8% de propietarios afroamericanos y el 8% de propietarios latinos perdieron sus hogares al ejecutarse la hipoteca; mientras que los propietarios blancos que sufrieron esta pérdida fueron el 4,5%.[25]

La extensión de las dificultades financieras a toda la población obrera no reduce, por tanto, la pobreza más profunda y persistente, la que sufren negros, latinos y otros grupos racialmente oprimidos. Y sí demuestra, sin embargo, que los trabajadores blancos no se han beneficiado de ello. Por el contrario, los trabajadores blancos han visto deteriorarse sus condiciones de vida así como una creciente desigualdad de clases.[26]

Con el declarado propósito de seguir siendo "globalmente competitivos", la clase corporativa estadounidense ha bajado los sueldos de los trabajadores, entre ellos los del sector manufacturero (antaño mejor pagado), por mucho que la productividad hubiera aumentado claramente.

De hecho, recientemente ha habido una tendencia a la "reindustrialización", y los puestos de trabajo del sector productivo que habían ido a parar otros países, han regresado a suelo estadounidense. Uno de los factores clave de esta nueva inversión es el descenso de los costes de la mano de obra en Estados Unidos, según un informe de 2013 del Departamento de Investigación Económica Euler Hermes, que destaca la "reducción de la brecha entre los salarios chinos y los estadounidenses" y "los precios más bajos de la mano de obra, en especial en los estados del sur de EEUU".[27] El informe destacaba en particular el creciente nivel de inversión por parte de compañías de automoción extranjeras en el sur del país, donde no hay sindicatos:

> Los fabricantes de coches extranjeros se han aprovechado de esta situación y han trasladado la producción al sur de Estados Unidos, donde han podido evitar los elevados salarios sindicales y los elevados costes de los "legacy"*. A su vez, esos costes inferiores hacen que el coste total de la fabricación de coches en el sur sea menor que los costes de producirlos en el extranjero y transportarlos en barco a Estados Unidos. Por su parte, las Tres Grandes** de la industria automovilística de Estados Unidos experimentan ahora una segunda concentración en los siete estados sureños de Alabama, Georgia, Kentucky, Mississippi, Carolina del sur, Tennessee, y Texas.[28]

Así pues, los trabajadores sindicados de los tradicionales centros de producción de coches del Medio Oeste se han visto obligados a competir con los trabajadores del sector automovilístico de los estados del sur que no están sindicados, lo cual ha provocado un descenso de los salarios de los primeros. Y la respuesta de la Unión de Trabajadores de la Industria

Automotriz (United Auto Workers, UAW) no ha sido la lucha, sino el consentimiento. En 2007, la Unión de Trabajadores de la Industria Automotriz acordó por primera vez aceptar una escala permanente de dos niveles, y permitir que a los trabajadores recién contratados ajenos a la cadena de montaje se les pagasen únicamente entre 14 y 16 dólares por hora, aproximadamente la mitad del salario que se les pagaba a los trabajadores que llevaban más tiempo.[29]

La inmensa mayoría de los puestos de trabajo creados durante las últimas décadas han sido en el sector de servicios y de bajos salarios. Pero desde la recesión de 2008, la constante creación de empleo de bajos salarios no ha aumentado en la misma proporción que el número de trabajadores que buscan empleo, lo cual ha producido un efecto dominó en el que los trabajadores que antes ganaban salarios medios se han visto obligados a aceptar trabajos con salarios bajos, desplazando a los trabajadores con salarios bajos y provocando a su vez el descenso del salario medio. Todo esto ha hecho que aumente la tasa de precariedad y pobreza de larga duración. Entre los perceptores de salarios bajos han aumentado tanto la edad –gente cada vez mayor– como el nivel educativo –cada vez más titulados universitarios.

## Rebelión en Madison

El año 2011 empezó de un modo muy prometedor en todo el mundo. En Túnez, un levantamiento masivo había derrocado a su brutal dictador, y la lucha se propagó rápidamente a Egipto y más allá desatando lo que pronto se daría en llamar la Primavera árabe. La revolución victoriosa en Egipto, que depuso al dictador Hosni Mubarak en unas pocas semanas, despertó la euforia entre activistas de todo el mundo, sembrando la esperanza entre trabajadores de lugares tan distantes como Madison, Wisconsin.

El 11 de febrero de 2011, el gobernador de Wisconsin, Scott Walker, presentó el proyecto de ley presupuestaria denominado *"budget repair bill"*, que era un ataque frontal a los trabajadores del sector público. El movimiento derechista del Tea Party apoyó a Walker, quien también recibió el significativo apoyo de Charles y David Koch, los dos hermanos dueños de Industrias Koch, cuyos ingresos anuales se estiman en cien billones de dólares.

Además de los drásticos recortes en los salarios y las prestaciones sanitarias, el proyecto de ley de Walker acababa con los derechos a la negociación colectiva de los sindicatos de funcionarios. Tal vez la parte más devastadora del proyecto era el requisito de que los sindicatos de funcionarios celebraran elecciones anuales para poder ser "recertificados" por sus miembros como agentes para la negociación colectiva al año siguiente.

Decenas de miles de miembros de sindicatos y simpatizantes salieron a las calles en los aledaños del Capitolio del Estado de Wisconsin, en Madison, y quedó claro por los carteles que portaban que se habían inspirado en la revolución egipcia. Decían: "Esta es nuestra plaza Tahrir" y "Tratadnos como a los egipcios", mientras agitaban pancartas mostrando fotos de Walker al lado de otras de Mubarak. Días después, miles de manifestantes, entre ellos familias enteras de clase obrera, ocuparon tres pisos del interior del edificio del Capitolio, sosteniendo pancartas y coreando consignas como: "Decidnos ¿a qué se parece la democracia? ¡La democracia se parece a ESTO!" (por ellos mismos) y "¿Qué es repugnante? ¡El acoso a los sindicatos!" (*What's disgusting? Union busting!*)

Los revolucionarios egipcios pronto empezaron a expresar su solidaridad con los obreros de Wisconsin. Cuando una pizzería local anunció que solo aceptaría pedidos de los manifestantes, empezaron a llegar "pizzas de parte de la plaza Tahrir". Un manifestante egipcio, Muhammad Saladin Nusair, subió una foto a Facebook en que aparecía en la plaza Tahrir sosteniendo un letrero que decía: "Egipto apoya a los obreros de Wisconsin: *One World, One Pain*, (Un mundo, un dolor)".[30] La lucha para acabar con el proyecto de ley (*Kill the Bill\**) en Wisconsin marcó un punto de inflexión en la historia reciente del movimiento obrero, porque la desigual guerra de clases manifestó una fuerte resistencia por parte de los de abajo. Los profesores de Madison, aunque legalmente tenían prohibido ir a la huelga, solicitaron masivamente la baja médica y se unieron a las protestas en el Capitolio. Fue tan grande la tormenta desatada por la lucha de Madison durante aquellas semanas, que el 17 de febrero, 14 senadores Demócratas de Wisconsin salieron del estado para evitar que hubiera el quórum necesario en la votación de la propuesta de ley, al tiempo que los manifestantes empezaban a ocupar las cámaras del Senado.

Días más tarde, la South Central Federation of Labor, SCFL, que representaba a 100 sindicatos, aprobó plantear la posibilidad de ir a la huelga general si se aprobaba el proyecto de ley de Walker, diciendo, entre otras cosas: "La SCFL aprueba una huelga general, posiblemente para el día en que Walker firme su *budget repair bill*", y solicita al comité de educación (de la SCFL) que empiece de inmediato a formar a afiliados y miembros sobre la organización y el funcionamiento de una huelga general".[31]

La valiente apuesta que se hizo en la batalla de Wisconsin conduciría pronto a un enfrentamiento que en un el futuro previsible podría afectar al equilibrio de las fuerzas de clase. Así que el gobernador Scott Walker y sus compinches Republicanos estaban resueltos a ganar esa batalla. El 10 de marzo aprobaron el proyecto de ley empleando en el procedimiento artimañas legales y lograron una rotunda derrota sobre la clase obrera de Wisconsin.

A pesar de esa derrota, la federación de trabajadores no llamó a la huelga general. Dos días más tarde, los 14 Demócratas que habían salido del estado fueron recibidos como héroes por una multitud de 70.000 personas que se habían agrupado ante el Capitolio. Pero los políticos usaron su estatus de héroes para instar a los manifestantes a aceptar su derrota. Les dijeron a los reporteros: "Han ganado la batalla, aunque nosotros ganaremos la guerra", al tiempo que prometían pasar a la "fase dos" de la lucha.[32]

La fase dos resultó ser una campaña electoral para destituir al Republicano Walker de su cargo y reemplazarlo por un gobernador del Partido Demócrata. Los activistas sindicales reunieron de forma entusiasta 900.000 firmas para proceder a esa destitución, pero cuando los trabajadores del sector público se vieron obligados a soportar los efectos de la legislación que les despojaba de los derechos de negociación colectiva cundió un fuerte sentimiento de desmoralización.

En 5 de junio de 2012, más de un año después, Scott Walker resultó reelegido como gobernador de Wisconsin. Es significativo que la maquinaria del Partido Demócrata permitiera que la guerra de los trabajadores de Wisconsin se desarrollara sin hacer ningún tipo de declaración al respecto. Ni siquiera la posibilidad de sustituir a Walker por un Demócrata había logrado obtener el apoyo de los Demócratas del resto del país.

Y es que parece ser que no apoyaron la posibilidad de que saliera elegido un Demócrata porque ello también significaba una victoria del movimiento obrero de Wisconsin. De hecho, Obama no dijo ni hizo nada para apoyar a los trabajadores del sector público de Wisconsin, ni siquiera cuando las legislaturas estatales de Ohio, Indiana y Michigan siguieron el ejemplo de Walker y forzaron la legislación, desarmando seriamente a los sindicatos en estos tres estados manufactureros, antaño altamente sindicados.

* Sistemas informáticos anticuados y obsoletos. (N. de la T.)
** The Big Three, las tres grandes compañías automovilísticas de los EEUU: General Motors, Chrysler y Ford. (N. de la T.)

## Occupy Wall Street

También el movimiento Occupy Wall Street se inspiró en la revolución egipcia. El 13 de julio de 2011, la fundación anticonsumo canadiense Adbusters publicó en su web el siguiente llamamiento, usando el hashtag #OCCUPYWALLSTREET: "¿Estás preparado para un momento Tahrir? / El 17 de septiembre inundad el sur de Manhattan, levantad tiendas, cocinas, barricadas pacíficas y ocupad Wall Street".[33]

En aquel momento no había ningún motivo concreto para esperar que Occupy Wall Street se convirtiera en un movimiento transformador dentro de la política de Estados Unidos. Adbusters ya había publicado numerosas llamadas a la protesta en sus veinte años de historia y ninguna había recibido una gran respuesta.

Occupy Wall Street empezó poco a poco. El 17 de septiembre, un grupo de activistas plantaron sus tiendas en el Zuccotti Park, situado en el corazón del distrito financiero de Nueva York. A esta protesta en Wall Street se presentaron menos de 1.000 personas, pero el mensaje de quienes protestaban, "El 99% contra el 1%", pronto tocó la fibra sensible de muchos millones de personas afectadas por la Gran Recesión y la colosal hipocresía de los rescates a los bancos de 2008-2009.

A medida que los grandes medios de comunicación empezaron a cubrir la historia, los participantes en las protestas empezaron a hablar de la crisis de las hipotecas, del aumento exorbitado de la deuda estudiantil, de estudiantes que se graduaban en la universidad y no recibían ofertas de trabajo, y de los trabajos basura que dejaban sin futuro a los jóvenes. Miles de obreros y estudiantes neoyorkinos visitaban diariamente el Zuccotti Park, y muchos se implicaban en sus "asambleas generales" diarias, reuniones celebradas al aire libre para decidir los próximos pasos, llegando a alcanzar las mil personas o más una noche cualquiera.

Occupy Wall Street tendió la mano a los sindicatos locales, y consiguió el apoyo del Sindicato de Transportes (Transit Workers Union, TWU) y otros importantes sindicatos de la ciudad de Nueva York. Este apoyo resultó crucial en las semanas que siguieron. Cuando en octubre la policía arrestó a 700 manifestantes pacíficos en el puente de Brooklyn, una coalición de sindicatos y grupos comunitarios organizó una manifestación de más de 20.000 personas en el centro de Manhattan.

El 13 de octubre, el alcalde de Nueva York, Michael Bloomberg, anunció planes para desalojar a los ocupantes del Zuccotti Park a las 7 de la mañana siguiente alegando motivos "sanitarios". En cuanto fueron alertados, miles de activistas empezaron a movilizarse y consiguieron 300.000 firmas contrarias al desalojo. En mitad de la noche, los sindicatos de Nueva York convocaron a sus miembros, y estudiantes y trabajadores que apoyaban los objetivos del movimiento empezaron a acudir al parque para defender físicamente el campamento de la policía.

A la mañana siguiente, Bloomberg anunció que paraba el desalojo del campamento, lo que supuso una inyección de moral para el movimiento. Al día siguiente, aproximadamente 100.000 partidarios de Occupy Wall Street se manifestaron llenos de júbilo en Times Square.

Las protestas de Occupy Wall Street se propagaron rápidamente por todo el país. Muchas ciudades con sus propias acampadas, y unas cuantas, entre ellas Occupy Wall Street, Occupy Chicago y Occupy Oakland, con sus propios periódicos. Occupy Wall Street llamó a su campamento Plaza de la Libertad, mientras que Oakland llamó al suyo Plaza de Oscar Grant, como tributo al joven negro desarmado que había sido brutalmente ejecutado por la policía del Distrito de Transporte Rápido de la Bahía de San Francisco (Bay Area Rapid Transit, BART). Siguiendo el modelo de Nueva York, cada protesta del movimiento Ocuppy tenía su propia asamblea general en la que se tomaban decisiones, normalmente por consenso, en un aguerrido experimento de democracia directa.

En general, las protestas del movimiento Occupy llevaron a la lucha a muchos miles de activistas de todo el país, entre ellos numerosas personas que se habían radicalizado después de que Obama los decepcionara. La radicalización se agudizó a medida que la policía asaltaba una y otra vez a quienes protestaban pacíficamente y perpetraban arrestos masivos para acallar las protestas.

El 24 de septiembre se produjo el primer ataque importante en la ciudad de Nueva York, menos de una semana después de que empezara la ocupación. Un vídeo que se subió a internet muestra a la policía rociando con espray de pimienta a un grupo de mujeres cuando ya estaban controladas tras un cordón policial de color naranja. Numerosos incidentes de brutalidad policial empezaron a colgarse en la red, así que los activistas de todo el país ofrecieron su apoyo y organizaron protestas solidarias entre ellos.

El 25 de octubre, miembros de una docena de fuerzas policiales del área de Oakland entraron antes del amanecer para desalojar el campamento de Occupy Oakland, usando gases lacrimógenos, balas de poliestireno y pelotas de goma para despertar a los acampados, que dormían. Más tarde, ese mismo día, mientras 1.000 partidarios del movimiento desfilaban para protestar contra el desalojo, la policía volvió a atacarles empleando gas lacrimógeno y pelotas de goma, causando numerosos heridos. Un veterano de la guerra de Iraq de treinta y cuatro años de edad resultó malherido y sufrió una perforación de bazo que puso en peligro su vida. Los manifestantes utilizaron los medios de comunicación para expresar su indignación ante la brutalidad policial y poder así volver a ocupar la plaza al día siguiente sin que la policía interviniera.

* Juego de palabras con el título de la película *Kill the Bill*. "Kill the Bill" sería "Matar la Ley". (N. de la T.)

De este modo, tanto Occupy Wall Street como Occupy Oakland se las arreglaron para frustrar los intentos policiales de desalojarlos, humillando a los administradores de la ciudad e insuflando confianza a los Ocupantes de todo el país. En noviembre, la administración Obama intervino por medio del Departamento de Seguridad Nacional (DNS) en la coordinación de una campaña nacional para derrotar al movimiento Ocuppy por la fuerza.

El periodista progresista Dave Lindorff explicó que el Departamento de Seguridad Nacional empleó a diversas agencias en la organización de "una serie de llamamientos a las fuerzas del orden de múltiples ciudades con objeto de coordinar la respuesta policial al movimiento Occupy, lo que condujo de inmediato a una oleada de ofensivas violentas. En estas reuniones se aconsejó a la policía que, entre otras cosas, actuara de noche, empleara tácticas agresivas y armas como tasers (pistolas y porras eléctricas) y espráis de pimienta, y tomara medidas para apartar a periodistas y cámaras de la escena de las ofensivas".[34]

El resultado fue el desalojo efectivo de los manifestantes, mediante los métodos de represión policial anteriormente descritos, en Nueva York, Denver, Portland, Oregón, Salt Lake City y Oakland, entre los días 12 y 15 de noviembre, con el propósito de acabar con el movimiento en toda la nación.

Después de los desalojos, los manifestantes de Occupy Wall Street hicieron la siguiente declaración: "Algunos políticos podrán apartarnos físicamente de los espacios públicos, nuestros espacios", y añadieron: "Pero no se puede desalojar una idea cuyo momento ha llegado". El movimiento Occupy no se recuperó, pero sus ideas siguen vivas.

# Los profesores de Chicago señalan el camino a seguir

En septiembre de 2012, los 26.000 miembros del Sindicato de Profesores de Chicago (Chicago Teachers Union, CTU) fueron a la huelga durante nueve días. Era la primera huelga que el Sindicato de Profesores de Chicago —el tercer sindicato de profesores más grande del país—hacía en 25 años, y se convocó en medio del ataque masivo que ya había despojado a los funcionarios de Wisconsin y del Medio Oeste de sus derechos a la negociación colectiva.

Los líderes del Sindicato de Profesores de Chicago habían sido elegidos para hacer reformas dentro de la Coalición de Educadores de Base (Coalition of Rank and File Educators, CORE), un comité de profesores progresistas, entre los que se encontraba un pequeño pero importante número de socialistas comprometidos a combatir la privatización de la escuela pública y democratizar al sindicato desde abajo.

Este grupo de reformistas se había constituido hacía muy poco tiempo, en 2008, pero dos años después de conseguir la jefatura del sindicato, dirigieron una huelga contra el alcalde de Chicago, Rahm Emanuel, un partidario acérrimo de la privatización de las escuelas que no había escondido su intención de combatir al sindicato con uñas y dientes. Emanuel había dejado su puesto como jefe de Gabinete en la Casa Blanca de Obama para presentarse a la alcaldía de Chicago en 2011, con la intención de demostrar su habilidad para dirigir una urbe importante y satisfacer así futuras ambiciones políticas a más largo plazo.

El programa de Emanuel para la "reforma" educativa incluía un plan para el cierre masivo de escuelas públicas con la excusa del "fracaso escolar". La segunda parte del plan implicaba sustituirlas por escuelas "concertadas"* con ánimo de lucro y sin presencia sindical, junto con competitivas escuelas "imán"**, que eligen a sus estudiantes mediante sorteo o ciertos requisitos académicos.

Las escuelas seleccionadas para su clausura estaban casi exclusivamente situadas en barrios obreros negros y latinos, mientras que las nuevas escuelas imán ofrecían sus servicios básicamente a estudiantes (casi todos blancos y de clase media) con un buen rendimiento escolar. Las nuevas escuelas concertadas solían ocupar los edificios de las escuelas públicas a las que sustituían.

Los habitantes de Chicago ricos, como el alcalde Emanuel, enviaban a sus hijos a caros colegios privados.

Tras tomar posesión de su cargo, Emanuel se dedicó de inmediato a prevenir las huelga de profesores, y logró convencer a los legisladores estatales para que aprobaran una ley que exigía que el 75% del total de miembros de un sindicato (no solo los miembros que votaban) autorizaran una huelga. Emanuel pensó que el Sindicato de Profesores de Chicago nunca sería capaz de alcanzar este umbral absurdo, pero era un modo de anticiparse a posibles huelgas de profesores en un futuro previsible. Mientras tanto, Emanuel declaró su intención de pagar a los docentes en función de sus méritos, de forma que el salario base de los profesores se incrementaría según lo bien que pasaran sus estudiantes los exámenes.

Cuando en la primavera del 2012 Emanuel se dispuso a cerrar un número de escuelas sin precedentes, quedó claro que el Sindicato de Profesores de Chicago tenía ante sí un futuro muy negro. Empezaron a circular rumores de que se clausurarían 120 escuelas de un total de 600.[35]

Aunque los miembros de la Coalición de Educadores de Base eran líderes sindicales inexpertos, estos activistas tenían mucha experiencia en las organizaciones de base en Chicago, y habían forjado lazos entre profesores, padres y organizaciones de la comunidad mientras combatían juntos el implacable ataque de la Junta de Educación de Chicago (Chicago Board of Education), que no había sido elegida democráticamente, contra las escuelas que ofrecían "pobres resultados". Ahora no solo se trataba de cierres de escuelas, sino también de cambios radicales, como despedir a todo el personal de la escuela o culpar a los profesores de los problemas de la escuela. Estos ataques hicieron que los profesores que estaban amenazados con perder su trabajo se convirtieran en aliados naturales de padres y estudiantes cuyas escuelas se enfrentaban a la posibilidad de ser clausuradas y transformadas.

Robert Barlett describió en *Monthly Review*:

> Las personas que querían luchar contra la privatización abusiva empezaron a sentirse atraídas hacia la Coalición de Educadores de Base, que inició una serie de acciones audaces contra la clausura de escuelas. Cuando se señalaba una escuela para su inminente cierre o transformación, los miembros de la Coalición de Educadores de Base iban a la escuela y se reunían con los profesores y padres que querían impedir el cierre y hacían lo que podían para ayudar a crear una resistencia en esa comunidad, desde repartir panfletos en la escuela a acampar durante la noche delante de la Junta de Educación en enero, o estar frente a la escuela con los padres (...)
>
> Muchos profesores, amenazados con perder su trabajo, intentaron defenderse y respondieron inmediatamente, pero una gran masa crítica empezó a acudir a las reuniones del consejo escolar, llevándose consigo a padres y profesores de las escuelas afectadas, así como a organizaciones de la comunidad que también se oponían a las políticas de la Junta de Educación, para testificar en las reuniones y convertirse en una oposición pública a la privatización.[36]

El Sindicato de Profesores de Chicago siguió este método de activismo comunitario contra el cierre de escuelas, mientras se preparaba para una posible huelga tan pronto como sus miembros fueran elegidos. La presidenta negra del sindicato, Karen Lewis, solía mantener debates públicos con Emanuel, recibiendo el desdén de los medios de comunicación corporativos (que la tacharon de "agresiva").[37]

Cuando Emanuel culpó a los profesores de la mala calidad de la educación en las escuelas de la ciudad, el sindicato de profesores replicó que el problema era la escasez de fondos que la ciudad destinaba a las escuelas públicas porque gravaba con pocos impuestos a las corporaciones. En febrero de 2012, el sindicato de profesores publicó un informe muy documentado, *Las escuelas que los niños de Chicago merecen* (*Schools Chicago's Children Deserve*),[38] poniendo de relieve que el racismo conducía a un sistema de "apartheid educativo" en Chicago.

Los líderes sindicales de la Coalición de Educadores de Base, a diferencia de sus predecesores, se recortaron el salario y dotaron de recursos financieros a su departamento organizativo, cuyos miembros pasaban más tiempo en las escuelas que en las oficinas del sindicato. Y quizás lo más importante, los líderes del Sindicato de Profesores de Chicago reconocieron que un sindicato no es más fuerte que el compromiso de sus bases. Lee Sustar advirtió en *International Socialist Review*: "La formación de delegados y otros miembros del Sindicato de Profesores de Chicago fue más allá de la típica red de activistas y supo crear una columna vertebral organizativa de entre mil y tres mil profesores y auxiliares educativos que fueron quienes mantuvieron el diálogo sobre las demandas contractuales y quienes argumentaron las razones por las que sería necesaria una huelga".[39]

En junio, cuando se votó la autorización de la huelga, no solo se alcanzó, sino que se superó con creces, el umbral del 75% que requería la ley de Emanuel, pues casi el 90% de los miembros elegibles del sindicato votaron autorizarla. El Sindicato de Profesores de Chicago se pasó el verano formando a sus miembros sobre temas referidos a la huelga y preparándolos para liderar los piquetes y la organización en cada escuela.

Como describió Sustar, cuando por fin el 10 de septiembre el Sindicato de Profesores de Chicago declaró la huelga, "decenas de miles de simpatizantes y miembros del Sindicato de Profesores de Chicago vestidos con camiseta roja inundaron el centro de la ciudad, cerrando el tráfico alrededor de la sede de la Junta de Educación y el ayuntamiento en lo que un reportero de noticias de la radio local describió con acierto como 'una versión más vieja y más amable de Ocuppy Chicago'".[40]

Durante los nueve días de huelga, padres, estudiantes y partidarios de la comunidad se unieron diariamente a los profesores en huelga montando piquetes escolares por toda la ciudad. Los profesores organizaron protestas por los barrios donde estaban sus escuelas y miles de ellos se manifestaron repetidamente por el centro de Chicago, rodeando la Junta de Educación y el ayuntamiento. Los huelguistas fueron muy populares entre los conductores de autobús, camioneros y otros paseantes, que hicieron sonar sus bocinas como muestra de solidaridad cada vez que veían la camiseta roja del sindicato de profesores por la calle. Las encuestas de opinión mostraron que el 66% de los padres apoyaba la huelga del sindicato, un porcentaje muy alto, pues los padres que trabajaban tuvieron que espabilarse y encontrar guarderías para sus hijos mientras duraba la huelga.

El compromiso del Sindicato de Profesores de Chicago con la democracia de bases hizo que, incluso después de que los negociadores sindicales hubieran llegado a un posible acuerdo contractual con la administración, sometieron los detalles del contrato a la votación de los 800 delegados del sindicato. Así, los delegados votaron extender la huelga dos días más para trasladar el acuerdo a las líneas de piquetes, de modo que todos los miembros pudieran debatirlo. Durante los dos días siguientes, los miembros del sindicato participaron en largas reuniones celebradas en las aceras frente las escuelas de toda la ciudad, debatiendo los términos del contrato.

El 18 de septiembre, la cámara de delegados del Sindicato de Profesores de Chicago votó a favor de terminar la huelga y de volver al trabajo a la mañana siguiente.

El nuevo contrato desestimó la remuneración según méritos a favor de seguir con los aumentos salariales por antigüedad, asestando un duro golpe a la columna vertebral del plan del alcalde. Pero el contrato también contenía numerosas e importantes concesiones por parte de los profesores: la más importante, que dejaba abierta la posibilidad de cerrar más escuelas.

No obstante, el éxito de la huelga debe medirse en su contexto. Al tener lugar en medio del feroz ataque a los sindicatos del sector público, los profesores de Chicago marcaron un significativo avance no solo para los sindicatos del sector público, sino también para todos los demás sindicatos. Con todos los pronósticos en contra, se levantaron como una sola fuerza y obligaron al bróker del poder del Partido Demócrata, Rahm Emanuel, a afrontar una huelga muy seria en la ciudad natal de Obama. Y eso era lo último que esperaba el alcalde cuando llegó al cargo.

En este contexto, el Sindicato de Profesores de Chicago consiguió una insólita victoria para el movimiento organizado, usando una estrategia de sindicalismo basada en la justicia social. Al hacerlo, señaló el camino hacia un renacimiento de todo el movimiento sindical.

Efectivamente, Emanuel volvió al ataque en la primavera de 2013, cerró 54 escuelas públicas y despidió a miles de profesores y empleados,

* Una *charter school* es una escuela concertada que firma un contrato con el estado de modo que recibe a fondos públicos para poder cumplir sus objetivos. (N. de la T.)

** Una *magnet school* es una escuela que imparte programas que no están disponibles en el resto de escuelas de la región, de manera que se convierte en un imán y atrae estudiantes que proceden de muy lejos. (N. de la T.)

las cifras más altas en la historia de Chicago, al tiempo que aprobaba financiar la construcción de un estadio de baloncesto local con capacidad para diez mil espectadores para la universidad privada DePaul. Miles de profesores, padres y estudiantes volvieron a tomar las calles para protestar, aunque sin éxito esta vez.

## El futuro de la lucha social y de la lucha de clases

Mientras escribo esta introducción para la edición española de *Fuego subterráneo* a finales de 2013, los movimientos sociales y de clases presentan un futuro incierto. Ni Ocuppy Wall Street ni el movimiento de profesores contra la privatización de las escuelas ni los profesores de Chicago han entablado nuevas batallas este año pasado, dando la sensación de que la lucha de clases se encuentra en un estado de muerte aparente

Sin embargo, es posible sacar algunas conclusiones sobre las luchas que han surgido desde el inicio de la Gran Recesión. Aunque son significativas por su carácter masivo, también se han producido a trompicones, con estallidos masivos de rabia y posteriores retiradas. La clase trabajadora está intentando reconstruir sus propias organizaciones después de cuatro décadas de lucha de clases desigual. Además, el dominio abrumador de Demócratas y Republicanos, los dos partidos corporativos que gobiernan juntos la sociedad estadounidense, limita la expresión electoral de la conciencia de la clase obrera.

Las cuatro décadas de implacable ofensiva de los patronos han tenido unas consecuencias directas para la clase obrera de Estados Unidos. El hilo que une a la actual generación de trabajadores con su propia tradición de lucha ha sido cortado con eficacia y debe ser reconstruido de nuevo. Es una tarea colosal, pero necesaria para reconstruir el movimiento sindical. Y el cometido de los radicales en este proceso no es menos importante hoy de lo que lo era hace un siglo.

La Gran Recesión es obra de las políticas neoliberales, que sin embargo, siguen firmemente arraigadas, y así seguirán hasta que sean retiradas por la lucha de la gente. Aunque los derechistas del Tea Party disfrutan llamando a Obama "socialista", el presidente no dejaba ninguna duda sobre sus lealtades de clase en un discurso pronunciado en una reunión de importantes directores de empresas a finales de 2013:

> A veces la gente me llama socialista, pero ustedes han conocido a auténticos socialistas y tienen una auténtica noción de lo que es un socialista. Les estoy hablando de bajar la tasa de impuestos a las corporaciones, mi reforma sanitaria se basa en el mercado privado, al mercado de valores le estaba yendo muy bien la última vez que lo comprobé, y es cierto que estoy preocupado por el crecimiento de las desigualdades en el sistema, pero nadie cuestiona la eficacia de la economía de mercado en términos de producción de riqueza e innovación y en el mantenimiento de nuestra competitividad.[41]

La decepción de Obama pesa como una losa sobre aquellos que depositaron sus esperanzas y expectativas en su presidencia. Y sin embargo, esta decepción ha sido la causa de la radicalización de mucha gente.

A pesar de todo, la clase obrera ha obtenido una importante victoria a través del movimiento LGTB, que ofrece un rayo de luz sobre las posibilidades de transformación que quedan por delante. Este movimiento no se centraba en el puesto de trabajo, pero enseña una lección crucial sobre la importancia de la integración de la lucha social con la lucha de clases. En 2008, los activistas del movimiento LGTB de California tomaron las calles contra la prohibición del matrimonio entre personas del mismo sexo y generaron un nuevo movimiento que cambió los corazones y las mentes de la población estadounidense. En 2013, la mayoría de la población de Estados Unidos aprueba el matrimonio entre personas del mismo sexo, en comparación con el 27% que lo aprobaba en 1996, lo que representa un cambio radical en la conciencia.[42]

En 2013 el Tribunal Supremo de Estados Unidos finalmente dictaminó que la Proposición 8 era inconstitucional, y California se convirtió en uno de los 16 estados que habían legalizado los matrimonios entre personas del mismo sexo. El propio Obama rectificó su anterior oposición a este derecho civil básico en 2012, debido a la presión de la gente.

La mayoría de las luchas que han tenido lugar en el curso del año pasado han sido menores, pero contienen las semillas de la futura lucha de masas. Los trabajadores del comercio y la comida rápida que reciben bajos salarios han empezado a organizarse, y a emprender huelgas a pequeña escala y protestas ante gigantes corporativos como Wal-Mart y Whole Foods. Con el respaldo del Sindicato Internacional de Empleados de Servicios (Service Employees International Union, SEIU) –un sindicato que históricamente ha obstaculizado el ejercicio de la democracia entre sus propios afiliados–, estos trabajadores han organizado un movimiento de justicia social comprometido con la causa de los trabajadores que reciben un salario mínimo y se ven obligados a sobrevivir con salarios de miseria.

Sus campañas, que reciben nombres como "Lucha por 15" –en referencia a los 15 dólares la hora que pueden proporcionar a los trabajadores un salario digno que les permita vivir, en lugar del salario mínimo federal de 7,25 dólares la hora– se han ganado el apoyo del conjunto de la población. Una encuesta de opinión realizada en el verano de 2013 mostraba que el 80% de los encuestados apoyaba la subida del salario mínimo a 10,10 dólares la hora y el consiguiente incremento en función del coste de vida.[43]

A principios de 2012, Kim Moody, historiador del movimiento obrero argumentó:

Aunque no existe ningún mecanismo automático que haga aumentar la actividad propiamente obrera, la resistencia liderada por la clase obrera que ha comenzado a gran escala en Europa, Latinoamérica y, más recientemente, en China, plantea la posibilidad de una nueva oleada. Acontecimientos en apariencia inconexos, como la ocupación de una planta en Republic Doors and Windows en diciembre de 2008, y el espectacular movimiento de masas en Wisconsin a principios de 2011, parecen signos de lo que está por venir.[44]

Moody añade: "Que el debilitado movimiento sindical estadounidense se alce para la ocasión, como hizo a principios de los años 30 del siglo XX, cuando tenía unos niveles de organización bajos en comparación con los de nuestros días, es tanto una cuestión de práctica y política como de economía".[45]

La siguiente lucha importante podría surgir en cualquier parte, como el levantamiento de Wisconsin u Ocuppy Wall Street, o podría entrañar la organización inexorable de una huelga, como hizo el Sindicato de Profesores de Chicago. La cuestión no es si se reanudará la lucha, sino cuándo.

# NOTAS

## INTRODUCCIÓN

1. Ver Brigitte Buhmann y otros, "Equivalence Scales, Well-Being, Inequality,and Poverty: Sensitivity Estimates Across Ten Countries Using the Luxembourg Income Study (LIS) Database", *Review of Income and Wealth* 34 (junio de 1988): 126-33.

2. United Nations Development Program, *Human Development Report 2005: International Cooperation at a Crossroads: Aid, Trade and Security in an Unequal World* (Nueva York: United Nations, 2005), 152.

3. Ibíd., 58.

4. Ibíd.

5. Ibíd.

6. Kevin Phillips, *The Politics of Rich and Poor: Wealth and the American Electorate in the Reagan Aftermath* (Nueva York: Random House, 1990).

7. Estadísticas citadas en in Paul Krugman, "For Richer: How the Permissive Capitalism of the Boom Destroyed American Equality", *New York Times Magazine*, 20 de octubre de 2002.

8. Richard Fletcher, "Buffett Lashes Out at Corporate Greed", *Sunday Telegraph* (UK), 7 de marzo de 2004.

9. Kim Moody, *An Injury to All: The Decline of American Unionism* (Nueva York: Verso, 1988), 17.

10. U.S. Bureau of Labor Statistics, "Union Members Summary", boletín de prensa, 27 de enero de 2005, http://www.bls.gov.

11. Michael Zweig, *The Working Class Majority: America's Best Kept Secret* (Ithaca, NY: Cornell University Press, 2000), 32.

12. Ibíd., 24-31.

13. Ibíd., 30-31.

14. David Montgomery, *The Fall of the House of Labor: The Workplace, the State and American Labor Activism, 1865-1925* (Nueva York: Cambridge University Press, 1987), 345.

15. *Seattle Union Record*, 23 de junio de 1919, citado en Montgomery, *The Fall of House of Labor,* 429.

16. Bert Cochran, ed., *American Labor in Midpassage* (Nueva York: Monthly Review Press, 1959), 15-16 (las cursivas pertenecen al original).

17. Anotaciones de Cochran: "Las cifras para los Caballeros del Trabajo son tomadas de las tabulaciones oficiales de los miembros de la Orden en Norman J. Ware, *The Labor Movement in the United States* (Nueva York, 1929). La cifra para los primeros sindicatos es la estimada por Selig Perlman en John R. Commons y asociados, *History of Labor in the United States*, vol. 2 (Nueva York, 1918). Las cifras para el periodo 1897-1934 son las estimadas por Leo Wolman en *Ebb and Flow in Trade Unionism* (Nueva York, 1936). Las cifras para el periodo 1934-1943 son las estimadas por Florence Peterson en *American Labor Unions* (Nueva York, 1952). En todas las referencias subsiguientes, las cifras para el periodo 1934-1951 son las de Florence Peterson. Para los años más recientes, las cifras provienen de la Oficina de Estadísticas del Movimiento Laboral". Ibíd., 16.

18. Citado en Cochran, *American Labor in Midpassage*, 17.

19. Eric Thomas Chester, *True Mission: Socialists and the Labor Party Question in the U.S.* (Londres: Pluto Press, 2004), 22.

20. *To the Workingmen of America* (Nueva York: I.W.P.A., Committee of Agitation, 1883), citado en Avrich, *Haymarket Tragedy*, 75.

21. Ibíd., citado en Avrich, *Haymarket Tragedy*, 75.

22. Montgomery, *Fall of House of Labor*, 343.

23. Ibíd., 425.

## CAPÍTULO 1

1. Citado en Avrich, *Haymarket Tragedy,* 184.

2. Citado en Mike Davis, *Prisoners of the American Dream* (Londres: Verso, 1986), 32.

3. Carta de Federico Engels a Florence Kelley Wischnewetsky, 3 de junio de 1886,en Marx and Engels, *Selected Correspondence* (Moscú: Progress Publishing, 1982), 371.

4. Carta de Federico Engels a Adolph Sorge, 2 de diciembre de 1893, en *Marx and Engels on the United States* (Moscú: Progress Publishers, 1979), 333.

5. Sidney Lens, *The Labor Wars: From the Molly Maguires to the Sitdowns* (NuevaYork: Doubleday & Company, 1973), 111.

6. Eric Hobsbawm, *Labouring Men: Studies in the History of Labor* (Nueva York:Basic Books, 1964), 7.

7. Jeremy Brecher, *Strike!* (Boston: South End Press, 1972), 34.

8. *Writings of Leon Trotsky [1934-1935]* (Nueva York: Pathfinder Press, 1971), 74.

9. Philip S. Foner, *Women and the American Labor Movement: From the First Trade Unions to the Present* (Nueva York: The Free Press, 1982), 154. El 8 de marzo fue adoptado como Día Internacional de la Mujer en el Congreso Internacional Socialista en 1910.

10. Citado en B. C. Forbes, *Men Who Are Making America* (Nueva York: B. C..Forbes Publishing Co., 1926), 316.

11. Citado en Michael Zuckerman, "The Dodo and the Phoenix", en Rick Halpern and Jonathan Morris, eds., *American Exceptionalism? U.S. Working-Class Formation in an International Context* (Nueva York: St. Martin's Press, 1997), 18.

12. Citado en Brecher, *Strike!,* xxi.

13. Ver, por ejemplo, Seymour Martin Lipset, *American Exceptionalism: A Double-Edged Sword* (Nueva York: W. W. Norton & Company, 1996).

14. Halpern y Morris, *American Exceptionalism?,* 2-3.

15. Neville Kirk, "The Limits of Liberalism", en Halpern y Morris, *American Exceptionalism?,* 118.

16. Ibíd.

17. Para un tratamiento más a fondo de estos temas, ver Mike Davis, "Why the American Working Class Is Different", en *Prisoners of the American Dream,* 3-51; Duncan Hallas, "The American Working Class", en *Socialist Review* 88 (1986): 17-18; Halpern y Morris, *American Exceptionalism?*

18. Citado en Hallas, "American Working Class", 17-18.

19. Federico Engels, "Appendix to *The Condition of the Working-Class in England,* primera edición norteamericana (Nueva York: 1887), en Carlos Marx y Federico Engels, *Collected Works* (Nueva York: International Publishers, 1990), 402-03.

20. Hallas, "American Working Class", 17-18.

21. Citado en Irving Howe, *Socialism and America* (Nueva York: Harcourt Brace Jovanovich, 1977), 117.

22. Citado en Montgomery, *Fall of House of Labor,* 272.

23. Ibíd., 70, 172.

24. Daniel Bell, *The End of Ideology* (Glencoe, IL: The Free Press, 1960), 84; Daniel Bell, *The Cultural Contradictions of Capitalism* (Nueva York: Basic Books, 1976), 251.

25. Benjamin S. Kleinberg, *American Society in the Postindustrial Age: Technocracy, Power, and the End of Ideology* (Columbus, OH: Merrill, 1973), 37.

26. Nelson Lichtenstein, *State of the Union: A Century of American Labor* (Princeton, NJ: Princeton University Press, 2002), 14-15; Krugman, "For Richer".

27. Ibíd., 213.

28. Halpern and Morris, *American Exceptionalism?,* 1.

29. Lipset, *American Exceptionalism,* 75-76.

30. Ibíd., 281-92.

31. Herbert Marcuse, *One Dimensional Man* (Boston: Beacon Press, 1991), 1-2.

32. Moody, *Injury to All,* 86-87; Glenn Perusek y Kent Worcester, eds., *Trade Union Politics: American Unions and Economic Change, 1960s-1990s* (Atlantic Highlands, NJ: Humanities Press, 1995), 8-10.

33. Paul F. Clark, *The Miners' Fight for Democracy: Arnold Miller and the Reform of the United Mine Workers* (Ithaca, NY: Cornell University, 1981), 24; Dan Georgakas y Marvin Surkin, *Detroit I Do Mind Dying: A Study in Urban Revolution* (Nueva York: St. Martin's Press, 1975).

34. Karl Marx, *Capital,* vol. 1 (Nueva York: International Publishers, 1996), 639.

35. Ibíd.

36. Kim Moody, *Workers in a Lean World: Unions in the International Economy* (Nueva York: Verso, 1997), 88.

37. Thomas Ferguson y Joel Rogers, *Right Turn: The Decline of the Democrats and the Future of American Politics* (Nueva York: Hill & Wang,

1986), 49; Moody, *Injury to All,* 13; Nigel Harris, *The End of the Third World: Newly Industrializing Countries and the End of an Ideology* (Londres: Penguin Books, 1986), 106, 111.

38. James R. Green, *The World of the Worker: Labor in Twentieth Century America* (Nueva York: Hill & Wang, 1980), 219-20; Stanley Aronowitz, *False Promises* (Nueva York: McGraw-Hill, 1973), 21-50.

39. Studs Terkel, *Working: People Talk About What They Do All Day and How They Feel About What They Do* (Nueva York: Pantheon Books, 1972), 261-62.

40. Hal Draper, *Karl Marx's Theory of Revolution, Vol. II: The Politics of Social Classes* (Nueva York: Monthly Review Press, 1978), 42.

41. Davis, *Prisoners of the American Dream,* 4.

42. *Writings of Leon Trotsky,* 335.

43. Halpern and Morris, *American Exceptionalism?,* 125

## CAPÍTULO 2

1. Carta de Engels a Hermann Schlüter, 30 de marzo de 1892, en *Marx and Engels on the United States* (Moscú: Progress Publishers, 1979), 328.

2. Saul K. Padover, *The Letters of Karl Marx: Selected and Translated with Explanatory Notes and an Introduction* (Englewood Cliffs, NJ: Prentice-Hall,Inc., 1979), 341.

3. Citado en Avrich, *Haymarket Tragedy,* 97.

4. Leo Huberman, "No More Class War?" en Cochran, *American Labor in Midpassage,* 87.

5. Stephen H. Norwood, *Strikebreaking and Intimidation: Mercenaries and Masculinity in Twentieth Century America* (Chapel Hill: University of North Carolina Press, 2002), 3-4.

6. Kirk, "The Limits of Liberalism", 118.

7. Ibíd., 126.

8. Citado en Lens, *Labor Wars,* 5.

9. Carta citada en Matthew Josephson, *The Robber Barons: The Great American Capitalists, 1861-1901* (Nueva York: Harcourt, Brace & World, 1962), 15.

10. Lens, *Labor Wars,* 5; Josephson, *Robber Barons,* 441.

11. U.S. National Advisory Commission on Racial Disorders, *The Kerner Report* (Nueva York: Pantheon Books, 1988), 1-2.

12. Fundación Milton S. Eisenhower y Corporación What Works, compendio ejecutivo, *The Millennium Breach: The American Dilemma, Richer and Poorer,* http://www.eisenhowerfoundation.org.

13. Ver Jonathan Kozol, *Shame of the Nation: The Restoration of Apartheid Schooling in America* (Nueva York: Crown Publishers, 2005).

14. Erica Frankerberg, Chungmei Lee, y Gary Orfield, *A Multiracial Society with Segregated Schools:* Harvard University, 16 de enero de 2003, http://www.civilrightsproject.harvard.edu.

15. Diana Jean Schemo, "Neediest Schools Receive Less Money, Report Finds", *New York Times,* 9 de agosto de 2002.

16. Douglas S. Massey y Nancy A. Denton, *American Apartheid: Segregation and the Making of the Underclass* (Cambridge, MA: Harvard University Press,1993), 2.

17. Paul Street, "A Whole Lott Missing: Rituals of Purification and Racism Denial" (ZNET, 22 de diciembre de 2002), http://www.zmag.org.

18. Carta de Carlos Marx a Pavel Vasilyevich Annenkov, 28 de diciembre de 1846, en *Marx and Engels Collected Works,* vol. 38 (Nueva York: International Publishers,1975), 95.

19. Carlos Marx, *Capital,* vol. 1, 925-26.

20. Theodore W. Allen, "On Roediger's *Wages of Whiteness", Cultural Logic: An Electronic Journal of Marxist Theory and Practice* 4, no. 2 (Primavera de 2001), http://eserver.org/clogic/4-2/allen.html.

21. Jack M. Bloom, *Class, Race, and the Civil Rights Movement* (Bloomington e Indianapolis: Indiana University Press, 1987), 29.

22. Ibíd., 29-30.

23. W. E. B. Du Bois, *Black Reconstruction in America: An Essay Toward a History of the Part Which Black Folk Played in the Attempt to Reconstruct Democracy in America, 1860-1880* (Nueva York: The Free Press, 1965), 670.

24. Bloom, *Class, Race, and Civil Rights,* 19.

25. Peter Camejo, *Racism, Revolution and Reaction, 1861-1877* (Nueva York: Monad Press, 1976), 88.

26. Ahmed Shawki, *Black Liberation and Socialism* (Chicago: Haymarket Books, 2005), 70.

27. Max Shachtman, *Race and Revolution* (Londres: Verso, 2003), 16-25.

28. Citado en Paul Ortiz, *Emancipation Betrayed: The Hidden History of Black Organizing and White Violence in Florida from Reconstruction to the Bloody Election of 1920* (Berkeley: University of California Press, 2005), 10.

29. Ortiz, *Emancipation Betrayed*, 10.

30. Citado en Ortiz, *Emancipation Betrayed*, 18.

31. C. Vann Woodward, *Origins of the New South: 1871-1913* (Baton Rouge: Louisiana State University Press, 1951), 59.

32. Bloom, *Class, Race, and Civil Rights*, 33.

33. Ibíd.

34. Ibíd., 32-33.

35. Ibíd., 28, 34.

36. Citado en Angela Y. Davis, "From the Convict Lease System to the Super-max Prison", en *States of Confinement: Policing, Detention, and Prisons*, ed. Joy James (Nueva York: St. Martin's Press, 2000), 67-68.

37. Lee Sustar, "The Roots of Multi-Racial Labour Unity in the United States", *International Socialism Journal* 63 (verano de 1994): 91.

38. Bloom, *Class, Race, and Civil Rights*, 42; Norwood, *Strikebreaking and Intimidation,* 197.

39. Bloom, *Class, Race, and Civil Rights*, 43; Robin D. G. Kelley, *Hammer and Hoe: Alabama Communists During the Great Depression* (Chapel Hill: University of North Carolina Press, 1990), 16.

40. Norwood, *Strikebreaking and Intimidation,* 78-86; Charles C. Moskos Jr., "Racial Integration in the Armed Forces", en *The Making of Black America,* vol. 2: *The Black Community in the Modern America,* eds., August Meier and Elliott Rudwick (Nueva York: Atheneum, 1969), 427-31.

41. Norwood, *Strikebreaking and Intimidation,* 82.

42. Bloom, *Class, Race, and Civil Rights,* 40.

43. Du Bois, *Black Reconstruction in America,* 706.

44. Ibíd.

45. Michael Reich, "The Economics of Racism", en *The Capitalist System,* eds., Edwards, Reich, and Weisskopf (Englewood Cliffs, NJ: Prentice-Hall, 1972), 316, 318.

46. Victor Perlo, *Economics of Racism U.S.A.: The Roots of Black Inequality* (Nueva York: International Publishers, 1975), 168.

47. Du Bois, *Black Reconstruction in America,* 713.

48. Citado en Bloom, *Class, Race, and Civil Rights,* 45.

49. Montgomery, *Fall of House of Labor,* 81.

50. Ibíd., 67-68, 85-86.

51. Ibíd., 460-61.

52. David Gersh, "The Corporate Elite and the Introduction of IQ Testing in American Public Schools", en Michael Schwartz, ed., *The Structure of Power in America: The Corporate Elite as a Ruling Class* (Nueva York: Holmes & Meier,1987), 164.

53. Citado en Lens, *Labor Wars,* 143.

54. Gersh, "The Corporate Elite", 164-65.

55. Citado en Gersh, "The Corporate Elite", 165.

56. Bloom, *Class, Race, and the Civil Rights Movement,* 44.

57. Montgomery, *Fall of House of Labor,* 242-43.

58. Margaret Sanger, *An Autobiography* (W. W. Norton & Company, Nueva York, 1938), 110-11.

59. Hartmann, *Reproductive Rights and Wrongs,* 99.

60. Ibíd., 98.

61. Rickie Solinger, ed., *Abortion Wars: A Half Century of Struggle, 1950-2000* (Berkeley: University of California Press, 1998), 132.

62. Ibíd.; Susan E. Davis, ed., *Women Under Attack* (Boston: South End Press,1988), 28.

63. Hartmann, *Reproductive Rights and Wrongs,* 111-15, 232.

64. Davis, *Prisoners of American Dream,* 20.

65. David Brody, *In Labor's Cause: Main Themes on the History of the American Worker* (Nueva York: Oxford University Press, 1993), 49-50.

66. Davis, *Prisoners of American Dream,* 28.

67. Lens, *Labor Wars,* 57.

68. Ibíd.; Montgomery, *Fall of House of Labor,* 147.

69. Montgomery, *Fall of House of Labor,* 209.

70. Julius Jacobson, ed., *The Negro and the American Labor Movement* (Nueva York: Doubleday & Company, 1968) 28, 33; Montgomery, *Fall of House of Labor,* 85.

71. Citado en Montgomery, *Fall of House of Labor,* 194; Lens, *Labor Wars,* 57-58.

72. Frederick Engels, *The Condition of the Working Class in England* (Stanford, CA: Stanford University Press, 1968), 357.

73. Bernard Mandel, "Samuel Gompers and the Negro Workers, 1886-1914", en *The Making of Black America,* vol. 2, eds., Meier y Rudwick, 87.

74. Brody, *In Labor's Cause,* 114-15.

75. Montgomery, *Fall of House of Labor,* 31-32.

76. Citado en Jacobson, *Negro and American Labor,* 159; Brody, *In Labor's Cause,* 117.

77. Citado en Jacobson, *Negro and American Labor,* 159.

78. Ibíd., 158.

79. Citado en Philip S. Foner, *Organized Labor and the Black Worker, 1619-1973* (Nueva York: International Publishers, 1974), 137; Jacobson, *Negro and American Labor,* 46.

80. Foner, *Organized Labor and the Black Worker*, 137.

81. Citado en Jacobson, *Negro and American Labor,* 159.

82. Lens, *Labor Wars,* 143.

83. Montgomery, *Fall of House of Labor,* 338.

84. Citado en Foner, *Organized Labor and the Black Worker,* 84.

85. Ibíd., 100.

86. Montgomery, *Fall of House of Labor,* 339.

87. Lens, *Labor Wars,* 142.

88. Norwood, *Strikebreaking and Intimidation,* 107.

89. Ibíd., 108.

90. Montgomery, *Fall of House of Labor*, 84-85 (las cursivas son nuestras).

91. Ibíd, 55.

92. Citado en Michael Kazin, *The Populist Persuasion: An American History* (Nueva York: Basic Books, 1995), 38.

93. Lens, *Labor Wars*, 147.

94. Citado en Bloom, *Class, Race, and the Civil Rights Movement*, 40.

95. Ibíd., 40-41.

96. Ibíd., 41.

97. Ibíd., 44.

98. Sustar, "Roots of Multi-racial Labour Unity", 90-98.

99. Citado en Sustar, "Roots of Multi-racial Labour Unity", 93.

100. Ibíd., 92.

101. Ibíd., 94.

102. Ibíd., 94.

103. Citado en Montgomery, *Fall of House of Labor*, 111.

104. Shawki, *Black Liberation and Socialism*, 249.

105. David Roediger, *The Wages of Whiteness: Race and the Making of the American Working Class* (Londres: Verso, 1991), 9.

106. Ibíd.

107. Du Bois, *Black Reconstruction in America*, 700.

108. Ibíd.

109. Ibíd., 701.

110. Roedigen, *Wages of Whiteness*, 176.

111. Brian Kelly, *Race, Class and Power in the Alabama Coalfields, 1908-1921* (Chicago: University of Illinois Press, 2001), 8 (las cursivas pertenecen al original).

112. Roediger, *Wages of Whiteness*, 175-76.

113. Ibíd., 170.

114. Ibíd., 14-15.

115. Para un análisis detallado de la política de la identidad, ver Sharon Smith, "Mistaken Identity", *International Socialism* 62 (primavera de 1994): 3-50.

116. Ernesto Laclau y Chantal Mouffe, *Hegemony and Socialist Strategy: Towards a Radical Democratic Politics* (Londres: Verso, 1985).

117. Ibíd., 191 (las cursivas pertenecen al original).

118. Ibíd., 180, 184.

119. Gregory Meyerson, "Rethinking Black Marxism: Reflections on Cedric Robinson and Others", *Cultural Logic: An Electronic Journal of Marxist Theory and Practice* 3, no. 2 (primavera de 2000).

120. Roediger, *Wages of Whiteness,* 7 (las cursivas pertenecen al original).

121. Meyerson, "Rethinking Black Marxism".

122. Karl Marx, *Capital,* vol. 1, capítulo 10 "The Working Day", sección 7 (Nueva York: International Publishers, 1967), 301.

123. Frederick Douglass, "Life and Times of Frederick Douglass", en *The Oxford Frederick Douglass Reader* (Nueva York: Oxford University Press, 1996), 267. 124. Frederick Douglass, *My Bondage and My Freedom,* William L. Andrews, ed. (Chicago: University of Illinois Press, 1987), 188.

124. Roediger, *Wages of Whiteness,* 9.

125. Roediger, *Wages of Whiteness,* 176.

126. Carlos Marx y Federico Engels, *The Communist Manifesto: A Road Map to History's Most Important Political Document,* Phil Gasper, ed. (Chicago: Haymarket Books, 2005), 68.

127. Marx y Engels, *Communist Manifesto,* 53.

128. Karl Marx, *The German Ideology* (Nueva York: International Publishers, 1947), 95 (las cursivas pertenecen al original).

129. Josephson, *Robber Barons,* 347.

130. Ver Davis, *Prisoners of American Dream,* 19. Las primeras organizaciones laborales en ingresar formalmente en el Partido Demócrata fueron los Partidos de los Trabajadores de Nueva York, autodenominadas "Locofocos", que trataron de conformar el ala pro derechos de los trabajadores en la década de los 30 del siglo XIX. En respuesta, el presidente Demócrata Martin Van Buren propuso (pero no pudo hacer aprobar) una jornada de diez horas para los trabajadores federales.

131. Brody, *In Labor's Cause,* 50.

132. Citado en Noam Chomsky, *Year 501: The Conquest Continues* (Boston: South End Press, 1993), 201.

133. David Sprague Herreshoff, *The Origins of American Marxism, from the Transcendentalists to De Leon* (Nueva York: Monad Press, 1967), 123-4.

134. Brody, *In Labor's Cause,* 56, 60.

135. Citado en Lichtenstein, *State of the Union,* 25.

136. Citado en Lenni Brenner, *The Lesser Evil: The Democratic Party* (Secaucus, NJ: Lyle Stuart Inc., 1988), 63-64.

137. Lens, *Labor Wars,* 246-47.

138. Carta de Franklin Delano Roosevelt a Felix Frankfurter, 9 de febrero de 1937, http://newdeal.feri.org/court/fdr01.htm.

139. Citado en Davis, *Prisoners of American Dream,* 5.

140. Ferguson y Rogers, *Right Turn,* 46-47; Brenner, *Lesser Evil,* 62.

141. Ferguson and Rogers, *Right Turn,* 46.

142. Marx, Engels, *Selected Correspondence* (Moscú: Progress Publishers, 1982), 374.

143. Kelley, *Hammer and Hoe,* xii-xiii.

144. Davis, *Prisoners of American Dream,* 15-16.

145. Brecher, *Strike!,* 57-58.

146. Ibíd., 58-63; Guérin, *100 Years of American Labor,* 62.

147. Lens, *Labor Wars,* 112-13.

148. Ibíd., 148; Montgomery, *Fall of House of Labor,* 345-50.

149. Citado en Lens, *Labor Wars,* 96.

150. Citado en Lens, *Labor Wars,* 95-96.

151. Guérin, *100 Years of Labor,* 64.

152. Lens, *Labor Wars,* 95-109.

153. Citado en Lens, *Labor Wars,* 107.

154. Ibíd.

155. Ibíd.

156. Ibíd., 100-101.

157. Ibíd., 97.

158. Avrich, *Haymarket Tragedy,* 35.

159. Brecher, *Strike!*, 38-39.

160. Citado en Lens, *Labor Wars,* 59.

161. Brecher, *Strike!,* 43-46; Avrich, *Haymarket Tragedy,* xi.

162. Ibíd.; Lens, *Labor Wars,* 64.

163. Citado en Lens, *Labor Wars,* 63.

164. Citado en Avrich, *Haymarket Tragedy,* 216-17.

165. Ibíd., 218-9.

166. Ibíd., 222; Lens, *Labor Wars,* 63-64.

167. Philip Yale Nicholson, *Labor's Story in the United States* (Filadelfia: Temple University Press, 2004), 191-92.

168. Howe, *Socialism and America,* 42.

169. Montgomery, *Fall of House of Labor,* 376.

170. David Caute, *The Great Fear: The Anti-Communist Purge Under Truman and Eisenhower* (Nueva York: Simon and Schuster, 1978), 62.

171. Ibíd., 64.

172. Ibíd., 67.

173. David Caute, *The Great Fear*, 68

174. Joy James, ed., *States of Confinement: Policing, Detention and Prisons* (Nueva York: St. Martin's Press, 2000), xii.

175. Ibíd., xi.

## CAPÍTULO 3

1. Citado en Lance Selfa, "U.S. Imperialism: A Century of Slaughter", *International Socialist Review* 7 (primavera de 1999): 16-21.

2. Citado en Harvard Sitkoff, *A New Deal for Blacks: The Emergence of Civil Rights as a National Issue,* vol. 1: *The Depression Decade* (Nueva York: Oxford University Press, 1978), 19.

3. Sitkoff, *New Deal for Blacks,* 18.

4. Nicholson, *Labor's Story in the United States,* 199.

5. Sitkoff, *New Deal for Blacks,* 18.

6. Nicholson, *Labor's Story in the United States,* 145.

7. Lens, *Labor Wars,* 137.

8. Nicholson, *Labor's Story in the United States,* 142-43.

9. Lens, *Labor Wars,* 138.

10. Nicholson, *Labor's Story in the United States,* 144.

11. Ibíd., 144-45.

12. Lens, *Labor Wars,* 135.

13. Ibíd., 136.

14. La información en esta sección está tomada de Meredith Tax, *The Rising of the Women: Feminist Solidarity and Class Conflict, 1880–1917* (Nueva York: Monthly Review Press, 1980), 205-40.

15. Lens, *Labor Wars,* 138.

16. Howe, *Socialism and America,* 3-5.

17. Nicholson, *Labor's Story in the United States,* 149.

18. Informe presentado por el Comité Ejecutivo de la Organización Nacional Letona a la Convención Nacional del PS, mayo de 1912, en *Proceedings: National Convention of the Socialist Party, 1912,* John Spargo, ed. (Chicago: The Socialist Party), 244-48.

19. Biographical Directory of the United States Congress, 1774 al presente. Disponible online en http://bioguide.congress.gov.

20. Chester, *True Mission,* 39-65.

21. Nicholson, *Labor's Story in the United States,* 180.

22. Ibíd., 181.

23. Ibíd.

24. Howe, *Socialism and America,* 42-43.

25. Ibíd., 43.

26. Rhonda F. Levine, *Class Struggle and the New Deal: Industrial Labor, Industrial Capital, and the State* (Lawrence, Kansas: University Press of Kansas, 1988), 38.

27. U.S. Supreme Court: Debs v. U.S., 249 U.S. 211 (1919), http://www.justia.us/us/ 249/211/case.html.

28. Eugene V. Debs, "The Canton, Ohio, Speech" (16 de junio de 1918), *International Socialist Review* 20 (noviembre-diciembre de 2001): 80-91; Jean Y. Tussey, ed., *Eugene V. Debs Speaks* (Nueva York: Pathfinder Press, 1970), 251-52, 253, 256-57, 260-61, citado en Howard Zinn y

Anthony Arnove, eds., *Voices of the People's History of the United States* (Nueva York: Seven Stories Press, 2004), 295-297.

29. Directorio Biográfico del Congreso de los Estados Unidos, 1774 al presente. Localizable online en http://bioguide.congress.gov.

30. Ver Duncan Hallas, *The Komintern* (Londres: Bookmarks, 1985).

31. Citado en Ira Kipnis, *The American Socialist Movement, 1897-1912* (Chicago:Haymarket Books, 2004), 202.

32. Duncan Hallas, "American Working Class", 17-18.

33. Citado en Kipnis, *American Socialist Movement,* 169-70.

34. Leon Trotsky, *My Life: An Attempt at an Autobiography* (Londres: Penguin, 1975), 282-84.

35. Tussey, *Eugene Debs Speaks,* 293.

36. Ibíd., 65.

37. Citado en Philip S. Foner, *American Socialism and Black Americans: From the Age of Jackson to World War II* (Westport, CT: Greenwood Press, 1977), 105-06.

38. Kipnis, *American Socialist Movement,* 130-32.

39. Citado en Manning Marable y Leith Mullings, eds., *Let Nobody Turn Us Around; Voices of Resistance, Reform and Renewal: An Afro-American Anthology* (Lanham, MD: Rowan & Littlefield, 1999), 232-33.

40. Tussey, *Eugene Debs Speaks,* 92.

41. Citado en Philip S. Foner, *American Socialism and Black Americans: From the Age of Jackson to World War II* (Westport, CT: Greenwood Press, 1977), 114.

42. Citado en Tax, *Rising of the Women,* 194.

43. Citado en Kipnis, *American Socialist Movement,* 278-80.

44. Ibíd., 287.

45. Kipnis, *American Socialist Movement,* 288.

46. Citado en Kipnis, *American Socialist Movement,* 284.

47. Citado en Lens, *Labor Wars,* 151.

48. Ibíd., 152.

49. Ibíd., 140, 152, 155.

50. Ibíd., 152.

51. Citado en Lens, *Labor Wars,* 152-53.

52. Ibíd., 153.

53. Lens, *Labor Wars,* 154.

54. Ibíd.

55. Ibíd., 153.

56. Ibíd.

57. Ibíd., 155.

58. Ibíd.

59. Ibíd.

60. Ibíd., 156.

61. Tax, *Rising of the Women,* 242.

62. Ibíd., 243.

63. Citado en Tax, *Rising of the Women,* 243-44.

64. Lens, *Labor Wars,* 172-74.

65. Tax, *Rising of the Women,* 248; Lens, *Labor Wars,* 174.

66. Lens, *Labor Wars,* 173.

67. Ibíd., 179-80.

68. Ibíd., 175.

69. Tax, *Rising of the Women,* 248.

70. Citado en Tax, *Rising of the Women,* 248.

71. Ibíd., 249.

72. Ibíd., 256.

73. Lens, *Labor Wars,* 181.

74. Ibíd., 183.

75. Ibíd.

76. Guérin, *100 Years of Labor,* 32, 79; Howe, *Socialism and America,* 14; Lens, *Labor Wars,* 159.

77. Lens, *Labor Wars,* 223.

78. Kipnis, *American Socialist Movement,* 381.

79. Ibíd., 386.

80. Citado en Kipnis, *American Socialist Movement,* 386.

81. Ibíd., 382.

82. Ibíd., 408.

83. Ibíd., 407.

84. Ibíd., 417-18.

85. Brody, *In Labor's Cause,* 60-61.

86. Montgomery, *Fall of House of Labor,* 402.

87. Citado en Brecher, *Strike!,* 104.

88. Montgomery, *Fall of House of Labor,* 401.

89. Brecher, *Strike!,* 104-14.

90. Ibíd., 104.

91. Ibíd., 106-7.

92. Montgomery, *Fall of House of Labor,* 389.

93. Nicholson, *Labor's Story in the United States,* 188.

94. Citado en Nicholson, *Labor's Story in the United States,* 111.

95. Citado en Brecher, *Strike!,* 113.

96. Ibíd., 104-5.

97. Howe, *Socialism and America,* 41.

98. Ibíd., 41, 46.

99. Ibíd., 49-50.

100. Esa absurda pendencia continuó durante la mayor parte de la década de 1920. Ver, por ejemplo, R. A. Archer, trad., *Second Congress of the Communist International: Minutes of the Proceedings,* vol. 2 (Londres: New Park Publications, 1977), 151-53.

101. Hallas, "American Working Class", 17-18.

102. Alix Holt y Barbara Holland, trads., *Theses Resolutions and Manifestos of the First Four Congress of the Third International* (Londres: Ink Links, 1980), 267.

103. Montgomery, *Fall of the House of Labor,* 432.

104. Ibíd., 436-47.

105. Nicholson, *Labor's Story in the United States,* 182.

106. Ibíd.

107. Ibíd., 189.

108. Ibíd., 190.

109. Montgomery, *Fall of the House of Labor,* 394-95.

110. Lens, *Labor Wars,* 222.

111. Levine, *Class Struggle and the New Deal,* 38-39.

112. Montgomery, *Fall of the House of Labor,* 461.

113. Citado en Montgomery, *Fall of the House of Labor,* 461.

114. Montgomery, *Fall of the House of Labor,* 400-401.

115. Ibíd., 135.

116. Ibíd., 463.

117. Ibíd., 395.

118. Eric Leif Davin, "Defeat of the Labor Party Idea", in *We Are All Leaders: The Alternative Unionism of the Early 1930s* (Chicago: University of Illinois Press, 1996), 120.

119. Levine, *Class Struggle and the New Deal,* 23.

120. Ibíd., 24.

121. Ibíd., 26.

122. Citado en Brecher, *Strike!,* 144; Louis Corey, *The Decline of American Capitalism* (Nueva York: Covici Friede Publishers, 1934), 16.

123. Nicholson, *Labor's Story in the United States,* 196.

124. Levine, *Class Struggle and the New Deal,* 36.

125. Lens, *Labor Wars,* 223.

126. Ibíd.

127. Guérin, *100 Years of Labor,* 95.

128. Nicholson, *Labor's Story in the United States,* 198.

129. Irving Bernstein, *The Lean Years: A History of the American Worker, 1920-1933* (Baltimore: Penguin Books, 1966), 2.

130. Ibíd., 10.

131. Citado en Bernstein, *Lean Years,* 10.

132. Bernstein, *Lean Years,* 3.

133. Citado en Bernstein, *Lean Years,* 8.

134. Bernstein, *Lean Years,* 2-3.

135. Citado en Bernstein, *Lean Years,* 8.

136. Bernstein, *Lean Years,* 6.

137. Citado en Bernstein, *Lean Years,* 10.

138. Ibíd., 11.

139. Ibíd., 17.

140. Ibíd.

141. Ibíd., 17-18.

142. Ibíd., 19-20.

143. Para una elaboración más completa de esta argumentación, ver *Russia: From Workers' State to State Capitalism (*Chicago: Haymarket Books, 2004).

144. Citado en Harvey Klehr, *Heyday of American Communism* (Nueva York: Basic Books, 1984), 171. Para un análisis del estalinismo en Rusia, ver Tony Cliff, *Trotsky: The Darker the Night the Brighter the Star, 1927-1940,* vol. 4 (Londres: Bookmarks, 1993).

145. Ver Leon Trotsky, *The Revolution Betrayed: What Is the Soviet Union andWhere Is It Going?* (Nueva York: Pathfinder, 1970). Publicado por primera vez en 1937.

146. Citado en Klehr, *Heyday of American Communism,* 13-14.

147. Ver Cliff, *Trotsky: Darker the Night,* 381.

148. Ver James P. Cannon, *The History of American Trotskyism* (Nueva York: Pathfinder Press, 1972), 65-74, 123-24.

149. Bernstein, *Lean Years,* 20-22.

## CAPÍTULO 4

1. Levine, *Class Struggle and the New Deal,* 52.

2. Nicholson, *Labor's Story in the United States,* 200.

3. Levine, *Class Struggle and the New Deal,* 1.

4. Art Preis, *Labor's Giant Step* (Nueva York: Pathfinder Press, 1972), 9.

5. Nicholson, *Labor's Story in the United States,* 200.

6. Ibíd., 202.

7. Ibíd.

8. Citado en Klehr, *Heyday of American Communism,* 63, 67.

9. Norwood, *Strikebreaking and Intimidation,* 196.

10. Ibíd., 207, 217.

11. Nicholson, *Labor's Story in the United States,* 208.

12. Bert Cochran, *Labor and Communism: The Conflict that Shaped American Unions* (Princeton, NJ: Princeton University Press, 1977), 84.

13. Brecher, *Strike!,* 172.

14. Citado en Brecher, *Strike!,* 177.

15. Citado en Cochran, *Labor and Communism,* 35.

16. Brecher, *Strike!,* 172-73.

17. Lens, *Labor Wars,* 262.

18. Breecher, *Strike!,* 174-75.

19. Ibíd., 169, 175.

20. Lens, *Labor Wars,* 262.

21. Davin, "Defeat of the Labor Party",126.

22. Ibíd., 129.

23. Ibíd., 131.

24. Lens, *Labor Wars,* 246.

25. Ibíd., 264.

26. Muste rehuía al Partido Comunista y se unió brevemente a los trotskistas. Sin embargo pronto se reunió con pacifistas religiosos. Ver A. J. Muste, "My Experience in the Labor and Radical Struggles of the Thirties", en Rita James Simon, ed., *As We Saw the Thirties: Essays on Social and Political Movements of a Decade* (Chicago: University of Illinois Press, 1969), 123-150.

27. Citado en Lens, *Labor Wars,* 264-65.

28. Lens, *Labor Wars,* 265-66.

29. Aunque Bridges siempre negó ser miembro del Partido Comunista, con certeza era un simpatizante muy cercano que seguía la disciplina partidista.

30. Lens, *Labor Wars,* 250.

31. Citado en Lens, *Labor Wars,* 250.

32. Lens, *Labor Wars,* 250-53.

33. Ibíd., 255.

34. Ibíd., 256.

35. Preis, *Labor's Giant Step*, 32.

36. Brecher, *Strike!*, 157. Ver también Klehr, *Heyday of American Communism*, 126-27.

37. Nicholson, *Labor's Story in the United States*, 211.

38. Preis, *Labor's Giant Step*, 25.

39. Ibíd., 28.

40. Brecher, *Strike!*, 162.

41. Ibíd.; Lens, *Labor Wars*, 268.

42. Lens, *Labor Wars*, 269; Brecher, *Strike!*, 162-63.

43. Farrell Dobbs, *Teamster Rebellion* (New York: Pathfinder Press, 1972), 80-81.

44. Ibíd., 88.

45. Citado en Brecher, *Strike!*, 166.

46. Preis, *Labor's Giant Step*, 29.

47. Brecher, *Strike!*, 165.

48. Preis, *Labor's Giant Step*, 29.

49. Ibíd., 30.

50. Guérin, *100 Years of Labor*, 101.

51. Brody, *In Labor's Cause*, 104; Foner, *Organized Labor and the Black Worker*, 218; Guérin, *100 Years of Labor*, 151.

52. Nicholson, *Labor's Story in the United States*, 201.

53. Citado en Guérin, *100 Years of Labor*, 152.

54. Ibíd.

55. Walter Galenson, *The CIO Challenge to the AFL: A History of the American Labor Movement, 1935-1941* (Cambridge, MA: Harvard University Press, 1960), 3.

56. Klehr, *Heyday of American Communism*, 224-25.

57. Cochran, *Labor and Communism*, 48.

58. Brecher, *Strike!*, 177.

59. Guérin, *100 Years of Labor*, 102-03; Cochran, *Labor and Communism*, 95.

60. Jacobson, *Negro and American Labor*, 188-89.

61. Foner, *Organized Labor and the Black Worker*, 231.

62. Preis, *Labor's Giant Step,* 16.

63. Brecher, *Strike!,* 177.

64. Davis, *Prisoners of American Dream,* 62-63.

65. Foner, *Organized Labor and the Black Worker,* 200-01.

66. Davis, *Prisoners of American Dream,* 63 (en cursivas en el original).

67. Cochran, *Labor and Communism,* 156.

68. Ibíd.

69. Davin, "Defeat of the Labor Party",122.

70. Ibíd., 123.

71. Davis, *Prisoners of American Dream,* 63; Brody, *In Labor's Cause,* 68.

72. Nicholson, *Labor's Story in the United States,* 213.

73. Citado en Davin, "Defeat of the Labor Party", 123.

74. Davin, "Defeat of the Labor Party", 141-42.

75. Ibíd., 136.

76. Davin, "Defeat of the Labor Party", 140.

77. Citado en Chester, *Ballot Box,* 69; Davin, "Defeat of the Labor Party", 140.

78. Preis, *Labor's Giant Step,* 47-48.

79. Citado en Davin, "Defeat of the Labor Party", 144.

80. Ibíd., 145.

81. Preis, *Labor's Giant Step,* 48.

82. Ibíd., 49.

83. Levine, *Class Struggle and the New Deal,* 16.

84. Cochran, *Labor and Communism,* 46; Klehr, *Heyday of American Communism,* 171-72, 366.

85. Roger Keeran, *The Communist Party and the Auto Workers' Unions* (Bloomington: Indiana University Press, 1980), 185.

86. Cochran, *Labor and Communism,* 107.

87. Nicholson, *Labor's Story in the United States,* 213.

88. Citado en Mark Naison, *Communists in Harlem During the Depression* (Nueva York: Grove Press, 1983), 18-19.

89. Citado en Kelley, *Hammer and Hoe,* 73-75.

90. Ibíd., 74.

91. Ibíd., 72-73.

92. Ibíd., 29.

93. Ibíd., 45.

94. Kelley, *Hammer and Hoe,* 102.

95. Ibíd, 161.

96. Ibíd., 74.

97. Ibíd., 102, 161-67.

98. Ibíd., 51, 132.

99. Ibíd., 51, 132, 163.

100. Naison, *Communists in Harlem,* 37, 87.

101. Citado en Naison, *Communists in Harlem,* 149.

102. Dave Zirin, *What's My Name Fool? Sports and Resistance in the United States* (Chicago: Haymarket Books, 2005), 28; Naison, *Communists in Harlem,* 213-14.

103. Naison, *Communists in Harlem,* 58.

104. Citado en Naison, *Communists in Harlem,* 62.

105. Ibíd., 58.

106. Ibíd., 82.

107. Theodore Draper, *American Communism and Soviet Russia* (Nueva York: Vintage Books, 1986), 55; Klehr, *Heyday of American Communism,* 348.

108. Kelley, *Hammer and Hoe,* 143-44; Foner, *Organized Labor and the Black Worker,* 231.

109. Citado en Klehr, *Heyday of American Communism,* 178; Chester, *Ballot Box,* 45.

110. Citado en Klehr, *Heyday of American Communism,* 205.

111. Chester, *Ballot Box,* 43; Klehr, *Heyday of American Communism,* 206.

112. Naison, *Communists in Harlem,* 37-38.

113. Ibíd., 65-66.

114. Ibíd., 174.

115. Ibíd., 182

116. Ibíd., 170; Chester, *Ballot Box,* 45.

117. Klehr, *Heyday of American Communism,* 207.

118. Citado en Chester, *Ballot Box,* 45-46; Klehr, *Heyday of American Communism,* 222.

119. Las estadísticas de la militancia están citadas en Chester, *Ballot Box,* 58.

120. Ver Naison, *Communists in Harlem,* 290-91.

121. Brecher, *Strike!,* 185.

122. Ibíd., 184-85.

123. Irving Bernstein, *Turbulent Years: A History of the American Worker, 1933-1941* (Boston: Houghton Mifflin Co., 1971), 595.

124. Cochran, *Labor and Communism,* 114.

125. Preis, *Labor's Giant Step,* 53.

126. Norwood, *Strikebreaking & Intimidation,* 203.

127. Ibíd., 194.

128. Cochran, *Labor and Communism,* 118.

129. Galenson, *CIO Challenge to the AFL,* 135-36.

130. Citado en Galenson, *CIO Challenge to the AFL,* 136.

131. Ibíd., 137.

132. Ibíd.

133. Galenson, *CIO Challenge to the AFL,* 138.

134. Citado en Galenson, *CIO Challenge to the AFL,* 138-39.

135. Ibíd., 139.

136. Galenson, *CIO Challenge to the AFL,* 139.

137. Citado en Preis, *Labor's Giant Step,* 60.

138. Galenson, *CIO Challenge to the AFL,* 140.

139. Citado en Galenson, *CIO Challenge to the AFL,* 140.

140. Preis, *Labor's Giant Step,* 63.

141. Galenson, *CIO Challenge to the AFL,* 146-48.

142. Citado en Preis, *Labor's Giant Step,* 54, 59-60.

143. Citado en Sidney Fine, *Sit-Down: The General Motors Strike of 1936-1937* (Ann Arbor, MI: University of Michigan Press, 1969), 201.

144. Galenson, *CIO Challenge to the AFL,* 141.

145. Fine, *General Motors Strike,* 331.

146. Nicholson, *Labor's Story in the United States,* 220.

147. Preis, *Labor's Giant Step,* 61.

148. Cited in Brecher, *Strike!,* 203.

149. Fine, *General Motors Strike,* 229.

150. Ibíd, 332.

151. Citado en Galenson, *CIO Challenge to the AFL,* 31.

152. Citado en Preis, *Labor's Giant Step,* 54.

153. Brecher, *Strike!,* 205; Chester, *Ballot Box,* 73.

154. Guérin, *100 Years of Labor,* 115.

155. Cochran, *Labor and Communism,* 96-97.

156. Citado en Cochran, *Labor and Communism,* 97, 100.

157. Citado en Chester, *Ballot Box,* 73-74.

158. Cochran, *Labor and Communism,* 138; Chester, *Ballot Box,* 83.

159. Preis, *Labor's Giant Step,* 53-54; Chester, *Ballot Box,* 71, 73-74.

160. Citado en Galenson, *CIO Challenge to the AFL,* 149.

161. Chester, *Ballot Box,* 71-72.

162. Citado en Galenson, *CIO Challenge to the AFL,* 154.

163. Galenson, *CIO Challenge to the AFL,* 150-51.

164. Citado en Galenson, *CIO Challenge to the AFL,* 154.

165. Galenson, *CIO Challenge to the AFL,* 154.

166. Citado en Galenson, *CIO Challenge to the AFL,* 156.

167. Citado en Chester, *Ballot Box,* 80.

168. Galenson, *CIO Challenge to the AFL,* 158, 159.

169. Citado en Galenson, *CIO Challenge to the AFL,* 158.

170. Para un recuento más detallado de la huelga de Pontiac, ver Chester, *Ballot Box,* 78-83

171. Preis, *Labor's Giant Step,* 72.

172. Ibíd., 73; Chester, *Ballot Box,* 90.

173. Davis, *Prisoners of American Dream,* 68.

174. Nicholson, *Labor's Story in the United States,* 220.

175. Preis, *Labor's Giant Step,* 69.

176. Ibíd., 70.

177. Nicholson, *Labor's Story in the United States,* 225.

178. Ibíd., 225-26.

179. Guérin, *100 Years of Labor,* 105.

180. Cochran, *Labor and Communism,* 143, 145-47.

181. Leon Trotsky, "The Labor Party Question in the United States" (Mayo 19, 1932), en *Writings of Leon Trotsky [1932]* (Nueva York: Pathfinder, 1981), 94.

182. Ibíd., 95.

183. Leon Trotsky, "US and European Labor Movements: A Comparison" (31 de mayo de 1938), en *The Transitional Program for Socialist Revolution* (Nueva York: Pathfinder, 1977), 164.

184. Leon Trotsky, "How to Fight for a Labor Party in the United States" (21 de marzo 21 de 1938) in *The Transitional Program,* 82.

185. Trotsky, "U.S. and European Labor Movements: A Comparison", 166.

186. Davin, "Defeat of the Labor Party",158.

## CAPÍTULO 5

1. Citado en Preis, *Labor's Giant Step,* 134.

2. Ibíd.

3. Nicholson, *Labor's Story in the United States,* 230.

4. Citado en Martin Glaberman, *Wartime Strikes: The Struggle Against the No-Strike Pledge in the UAW During World War II* (Detroit: Bewick Editions, 1980), 2.

5. Ibíd.

6. Glaberman, *Wartime Strikes,* 3-7.

7. Preis, *Labor's Giant Step,* 148.

8. Davis, *Prisoners of American Dream,* 74-75.

9. Cochran, *Labor and Communism,* 160.

10. Citado en Preis, *Labor's Giant Step,* 150.

11. Citado en Glaberman, *Wartime Strikes,* 7.

12. Nicholson, *Labor's Story in the United States,* 230; Brecher, *Strike!,* 223.

13. Nicholson, *Labor's Story in the United States,* 232.

14. Cochran, *Labor and Communism,* 231.

15. Glaberman, *Wartime Strikes,* 10, 14.

16. Citado en Brecher, *Strike!,* 221.

17. Guerin, *100 Years of Labor,* 121.

18. Glaberman, *Wartime Strikes,* 70.

19. Ibíd., 67-68; Guérin, *100 Years of Labor,* 122.

20. Citado en Guérin, *100 Years of Labor,* 121; Glaberman, *Wartime Strikes,* 68.

21. Citado en Glaberman, *Wartime Strikes,* 67-68.

22. Citado en Brecher, *Strike!,* 221.

23. Davis, *Prisoners of American Dream,* 90.

24. Citado en Page Smith, *Democracy on Trial* (Nueva York: Simon & Schuster, 1995), 120.

25. Citado en Howard Zinn, *A People's History of the United States* (Nueva York: Harper Perennial, 1995), 412.

26. Cochran, *Labor and Communism,* 229.

27. Citado en Cochran, *Labor and Communism,* 230-31.

28. Davis, *Prisoners of American Dream,* 80.

29. Cochran, *Labor and Communism,* 145.

30. Nicholson, *Labor's Story,* 227.

31. Para un recuento pormenorizado, ver Preis, *Labor's Giant Step,* 139-43.

32. Preis, *Labor's Giant Step,* 139.

33. Citado en Preis, *Labor's Giant Step,* 140.

34. Ibíd., 143.

35. Ibíd.

36. Nicholson, *Labor's Story in the United States,* 228.

37. Preis, *Labor's Giant Step,* 143.

38. Glaberman, *Wartime Strikes,* 98.

39. Preis, *Labor's Giant Step,* 236.

40. Glaberman, *Wartime Strikes,* 94-95.

41. Citado en Glaberman, *Wartime Strikes.*

42. Lichtenstein, *Labor's War at Home: The CIO in World War II* (Nueva York: 1982), 134-35.

43. Glaberman, *Wartime Strikes*, 51-53.

44. Citado en Glaberman, *Wartime Strikes*, 45-46.

45. Aunque una amplia gama de socialistas e izquierdistas independientes estuvieron incluidos en el Comité de Base, la fuerza conductora provenía del Partido de los Trabajadores.

46. Guérin, *100 Years of Labor*, 129. Para un recuento pormenorizado del intento del Comité de Base de rescindir el compromiso de no hacer huelga de la UAW, ver Glaberman, *Wartime Strikes*, 101-20.

47. Citado en Bloom, *Class, Race, and Civil Rights*, 78 (en mayúsculas en el original).

48. Bloom, *Class, Race, and Civil Rights*, 78-79.

49. Citado en Bloom, *Class, Race, and Civil Rights*, 234.

50. Lichtenstein, *Labor's War at Home*, 125.

51. Davis, *Prisoners of American Dream*, 75; Glaberman, *Wartime Strikes*, 17-20.

52. Nicholson, *Labor's Story in the United States*, 234.

53. Cochran, *Labor and Communism*, 221.

54. Davis, *Prisoners of American Dream*, 81; Cochran, *Labor and Communism*, 221-22.

55. Citado en Guérin, *100 Years of Labor*, 122; Brecher, *Strike!*, 226.

56. Preis, *Labor's Giant Step*, 258, 260.

57. Ibíd., 228; Davis, *Prisoners of American Dream*, 86.

58. Brecher, *Strike!*, 223.

59. Preis, *Labor's Giant Step*, 273.

60. Ibíd., 272-75.

61. Citado en Bloom, *Class, Race, and Civil Rights*, 79.

62. Bloom, *Class, Race, and Civil Rights*, 78.

63. Nelson Lichtenstein, *State of the Union: A Century of American Labor* (Princeton, NJ: Princeton University Press, 2002), 107.

64. Citado en Brecher, *Strike!*, 228.

65. Brecher, *Strike!*, 228-30; Preis, *Labor's Giant Step*, 258.

66. Davis, *Prisoners of American Dream*, 87.

67. Para un compendio de las muchas provisiones de la Taft-Hartley, ver Guérin, *100 Years of Labor*, 161-63; Nicholson, *Labor's Story in the United States*, 251.

68. *Labor*, 161-63; Nicholson, *Labor's Story in the United States*, 251.

69. Nicholson, *Labor's Story in the United States*, 252.

70. Preis, *Labor's Giant Step*, 353.

71. Lichtenstein, *State of the Union*, 117.

72. Citado en Lichtenstein, *State of the Union*, 368.

73. Davis, *Prisoners of American Dream*, 88.

74. Nicholson, *Labor's Story in the United States*, 252.

75. Caute, *Great Fear*, 356.

76. Nicholson, *Labor's Story in the United States*, 253.

77. Robert Zieger, *The CIO: 1935-1955* (Chapel Hill: University of North Carolina Press, 1995), 344.

78. Citado en Caute, *Great Fear*, 27.

79. Caute, *Great Fear*, 358-59.

80. Ibíd., 50.

81. Citado en Victor Navasky, *Naming Names* (Nueva York: Viking Press, 1980), 48.

82. Citado en Navasky, *Naming Names*, 48-51.

83. Citado en Gabriel Kolko, *The Politics of War* (Nueva York: Pantheon Books, 1968), 251.

84. Caute, *Great Fear*, 44.

85. Preis, *Labor's Giant Step*, 355.

86. State Department Policy Planning Study, 23 de febrero de 1948, citado ein Noam Chomsky, *On Power and Ideology: The Managua Lectures* (Boston: South End Press, 1987), 15-16.

87. Nicholson, *Labor's Story in the United States*, 250.

88. Caute, *Great Fear*, 30 (en cursivas en el original).

89. Navasky, *Naming Names*, 21.

90. Ibíd., 22.

91. Caute, *Great Fear*, 112, 270-71, 275.

92. Citado en Caute, *Great Fear,* 273.

93. Davis, *Prisoners of American Dream,* 92.

94. Citado en Caute, *Great Fear,* 280-81.

95. Ibíd., 281.

96. Ibíd., 89.

97. Ibíd., 166.

98. Citado en Navasky, *Naming Names,* 109.

99. Caute, *Great Fear,* 90; Navasky, *Naming Names,* 109.

100. Citado en Caute, *Great Fear,* 252.

101. Ibíd., 208.

102. Ibíd., 187-88 (en cursivas en el original).

103. Navasky, *Naming Names,* 31-36.

104. Cirtado en Caute, *Great Fear,* 369.

105. Navasky, *Naming Names,* 24.

106. Citado en Caute, *Great Fear,* 43, 60-61, 325.

107. Caute, *Great Fear,* 94

108. Navasky, *Naming Names,* 23.

109. Caute, *Great Fear,* 46.

110. Ibíd., 96.

111. Ibíd., 102.

112. Navasky, *Naming Names,* 37.

113. Caute, *Great Fear,* 176.

114. Citado en Caute, *Great Fear,* 95.

115. Caute, *Great Fear,* 360-75.

116. Ibíd., 182-83.

117. Ibíd., 230; Navasky, *Naming Names,* 23.

118. Citado en Caute, *Great Fear,* 38.

119. Ibíd., 57.

120. Dell H. Hymes, "Robin Hood Goes to College", *Nation* 178, no. 0023 (5 Junio, 1954).

121. Caute, *Great Fear,* 71-72, 78-79.

122. Ibíd., 93.

123. Ibíd., 122.
124. Ibíd., 168.
125. Citado en Navasky, *Naming Names,* 86.
126. Citado en Caute, *Great Fear,* 105.
127. Citado en Navasky, *Naming Names,* 82-83.
128. Ibíd., 15.
129. Caute, *Great Fear,* 47.
130. Ibíd., 48.
131. Ibíd., 321-24.
132. Ibíd., 107-8.
133. Ibíd., 67.
134. Ibíd., 364.
135. Navasky, *Naming Names,* 87; Nicholson, *Labor's Story in the United States,* 255.
136. Cochran, *Labor and Communism,* 317-18.
137. Ibíd., 319.
138. Citado en Caute, *Great Fear,* 353.
139. Nicholson, *Labor's Story in the United States,* 254.
140. Preis, *Labor's Giant Step,* 358, 401, 404-05, 410-11; Guérin, *100 Years of Labor,* 176.
141. Caute, *Great Fear,* 353.
142. Ibíd., 354.
143. Cochran, *Labor and Communism,* 192-95.
144. Citado en Cochran, *Labor and Communism,* 221.
145. Preis, *Labor's Giant Step,* 460.
146. Cochran, *Labor and Communism,* 193; Preis, *Labor's Giant Step,* 341.
147. Preis, *Labor's Giant Step,* 459-60.
148. Caute, *Great Fear,* 67.
149. Navasky, *Naming Names,* 333.
150. Ibíd., xii-xiii.
151. Caute, *Great Fear,* 198, 211.
152. Navasky, *Naming Names,* 188; 84.

153. Caute, *Great Fear,* 356.

154. Ibíd., 215 -25.

155. Preis, *Labor's Giant Step,* 417-18.

156. Citado en Caute, *Great Fear,* 35.

157. Citado en Navasky, *Naming Names,* 49.

158. Citado en Cochran, *Labor at Midpassage,* 75.

159. Citado en Noam Chomsky, *Necessary Illusions: Thought Control in Democratic Societies* (Boston: South End Press, 1989), 30.


### CAPÍTULO 6

1. Cochran, *Labor at Midpassage,* 46.

2. Ibíd., 48.

3. Ibíd., 50.

4. Lichtenstein, *State of the Union,* 113.

5. Leo Huberman, "No More Class War?" en Cochran, *Labor at Midpassage,* 84.

6. Nicholson, *Labor's Story in the United States,* 267.

7. Ibíd., 267-68.

8. Guérin, *100 Years of Labor,* 191.

9. Nicholson, *Labor's Story in the United States,* 268.

10. Dennis Anderson, "Corruption and Racketeering", en Cochran, *Labor at Midpassage,* 151.

11. Ibíd., 151-52.

12. Ibíd., 153.

13. Ibíd., 160.

14. Nicholson, *Labor's Story in the United States,* 265.

15. Anderson, "Corruption and Racketeering", 161; Nicholson, *Labor's Story in the United States,* 264-66.

16. Lichtenstein, *Labor's War at Home,* 237.

17. Preis, *Labor's Giant Step,* 412.

18. Ibíd.

19. Cochran, *Labor and Communism,* 330.

20. Ibíd, 85.

21. Guérin, *100 Years of Labor,* 185.

22. Lichtenstein, *State of the Union,* 129.

23. Nicholson, *Labor's Story in the United States,* 256; Sharon Smith, "Twilight of the American Dream", *International Socialism Journal,* 54 (Spring 1992).

24. Cochran, *Labor and Communism,* 320.

25. Lichtenstein, *State of the Union,* 123.

26. Cochran, *Labor at Midpassage,* 85.

27. Peter B. Levy, *The New Left and Labor in the 1960s* (Urbana, IL: University of Illinois Press, 1994), 39.

28. Levy, *New Left and Labor,* 39; Bloom, *Class, Race, and Civil Rights,* 182-83.

29. Nicholson, *Labor's Story in the United States,* 263.

30. Levy, *New Left and Labor,* 14.

31. Ibíd., 175.

32. Ibíd., 47-48.

33. Ibíd., 60.

34. Nicholson, *Labor's Story in the United States,* 257.

35. Cochran, *Labor at Midpassage,* 32.

36. Ibíd., 45.

37. Citado en Davis, *Prisoners of American Dream,* 102.

38. Sharon Smith, "Twilight of the American Dream".

39. Nicholson, *Labor's Story in the United States,* 258.

40. Kim Moody, "The American Working Class in Transition", *International Socialism* 36 (old series, octubre-noviembre de 1969): 13.

41. Sharon Smith, "Twilight of the American Dream".

42. Sidney M. Peck, "The Economic Situation of Negro Labor", en Julius Jacobson, ed., *The Negro and the American Labor Movement* (Nueva York: Anchor Books, 1968), 212-13.

43. Lichtenstein, *State of the Union,* 99.

44. Cochran, *Labor in Midpassage,* 87.

45. Huberman, "No More Class War?" 90-91.

46. Ibíd., 88.

47. Stan Weir, "U.S.A.: The Labor Revolt", *International Socialism Journal* (abril-junio de 1967); James Green, *The World of the Worker: Labor in Twentieth Century America* (Nueva York: Hill & Wang, 1980), 213.

48. Weir, "U.S.A.: The Labor Revolt", 280.

49. Moody, *Injury to All*, 68.

50. Perusek y Worcester, *Trade Union Politics*, 8.

51. Lichtenstein, *State of the Union*, 125.

52. Ibíd., 144.

53. Ibíd., 143.

54. Ibíd., 143-44.

55. Nicholson, *Labor's Story in the United States*, 243.

56. Lichtenstein, *State of the Union*, 126.

57. Lichtenstein, *Labor's War at Home*, 240.

58. Lichtenstein, *State of the Union*, 127.

59. Ibíd., 99.

60. John D'Emilio, *Sexual Politics, Sexual Communities: The Making of a Homosexual Minority in the U.S. 1940-1970* (Chicago: University of Chicago Press, 1983), 46, citadoen Sherry Wolf, "The Roots of Gay Oppression", *International Socialist Review* 37: 55 (septiembre-octubre de 2004).

61. Nicholson, *Labor's Story in the United States*, 257.

62. Sidney M. Peck, "The Economic Situation of Negro Labor", en *The Negro and the American Labor Movement, Julius Jacobson*, ed. (Nueva York: Anchor Books, 1968), 212-13.

63. Cochran, *Labor at Midpassage*, 58-59.

64. Betty Friedan, *The Feminine Mystique* (Nueva York: W. W. Norton & Company, 1997), 18.

65. Ibíd., 17.

66. Bride's Magazine, *The Bride's Reference Book* (Nueva York: M. Barrows & Company, 1956), 299-301.

67. Lichtenstein, *State of the Union*, 117.

68. James Fallows, "What Did You Do in the Class War, Daddy?" *Vietnam: Anthology and Guide to a Television History,* Steven Cohen, ed. (Nueva York: Alfred A. Knopf, 1983), 384, citado en Joel Geier, "Vietnam: The Soldier's Revolt", *International Socialist Review* 9 (agosto-septiembre 2000): 39.

69. Levy, *New Left and Labor,* 53.

70. Ibíd., 61.

71. Ibíd., 1-2, 61.

72. Ibíd., 2.

73. Ibíd., 50.

74. Para una visión general de la política de la Nueva Izquierda en los años 60, ver *New Left and Labor* [La Nueva Izquierda y el movimiento laboral], de Levy.

75. Ver Chris Harman, *The Fire Last Time: 1968 and After* (Londres: Bookmarks, 1988).

76. Ver Jerry Lembcke, *The Spitting Image: Myth, Memory, and the Legacy of Vietnam* (Nueva York: New York University Press, 1998).

77. Levy, *New Left and Labor,* 56.

78. Gerald Nicosia, *Home to War* (Nueva York: Three Rivers Press, 2001), 141, citado en Joe Allen, "Vietnam: The War the U.S. Lost: From Quagmire to Defeat", *International Socialist Review* 40 (marzo-abril de 2005): 45.

79. Geier, "Soldier's Revolt", 46. Las estadísticas del lanzamiento de granadas citadas en este artículo fueron tomadas de: Matthew Rinaldi, "The Olive-Drab Rebels: Military Organizing during the Vietnam Era", *Radical America* 8, no. 3 (mayo-junio de 1974): 29; Richard Moser, *The New Winter Soldiers: GI and Veteran Dissent During the Vietnam Era (Perspectives in the Sixties)* (New Brunswick: Rutgers, 1996), 48; y Christian Appy, 246.

80. Richard Boyle, *GI Revolts: The Breakdown of the U.S. Army in Vietnam* (San Francisco: United Front Press, 1972), 28.

81. Citado en Andrew Bacevich, *The New American Militarism: How Americans Are Seduced by War* (Nueva York: Oxford University Press, 2005), 36.

82. Levy, *New Left and Labor,* 57-58.

83. Citado en Tom Wells, *The War Within: America's Battle Over Vietnam* (Nueva York: Henry Holt, 1994), 421 y Allen, "War the U.S. Lost", 42.

84. Levy, *New Left and Labor,* 60-62.

85. Ibíd., 62.

86. Lichtenstein, *State of the Union,* 175-76.

87. Foner, *Organized Labor and the Black Worker,* 411-12.

88. Georgakas y Surkin, *Detroit: I Do Mind,* 24.

89. Ver Georgakas y Surkin, *Detroit: I Do Mind.*

90. Foner, *Organized Labor and the Black Worker,* 423.

91. Moody, *Injury to All,* 86-87.

92. Aaron Brenner, "Rank-and-File Teamster Movements", en Perusek y Worcester,n *Trade Union Politics,* 114.

93. Moody, *Injury to All,* 223-26.

## CAPÍTULO 7

1. John Herbers, "The 37th President; in Three Decades, Nixon Tasted Crisis and Defeat, Victory, Ruin and Revival", *New York Times,* 24 de abril de 1994.

2. David Cunningham, "What the G-Men Knew", *New York Times Magazine,* 20 de junio de 2004.

3. Ver *Brian Glick, War at Home: Covert Action Against U.S. Activists and What We Can Do About It* (Boston: South End Press, 1989).

4. Ferguson y Rogers, *Right Turn,* 79-80.

5. Joshua Cohen y Joel Rogers, "Reaganism After Reagan", en *Socialist Register 1988: Problems of Socialist Renewal: East and West,* eds. Ralph Miliband, Leo Panitch, et al. (Londres: The Merlin Press, 1988), 390; Nigel Harris, *The End of the Third World,* 106, 111.

6. Alexander Cockburn y Ken Silverstein, *Washington Babylon* (Nueva York: Verso, 1996), 8.

7. Ibíd.

8. Ibíd., 11.

9. Holly Sklar, Barbara Ehrenreich, Karin Stallard, et al., *Poverty in the American Dream: Women and Children First* (Boston: South End Press, 1983), 31.

10. Ferguson y Rogers, *Right Turn,* 67.

11. Philip Mattera, *Prosperity Lost* (Reading, MA: Addison-Wesley Publishing Company, Inc., 1990), 15.

12. Perusek y Worcester, *Trade Union Politics,* 10.

13. Moody, *Injury to All,* 138.

14. Nicholson, *Labor's Story in the United States,* 318-19.

15. Ferguson y Rogers, *Right Turn,* 111.

16. Citado en Bacevich, *New American Militarism,* 181.

17. Ferguson y Rogers, *Right Turn,* 109.

18. Mattera, *Prosperity Lost,* 107.

19. Citado ein Michael Goldfield, *The Decline of Organized Labor in the United States* (Chicago: University of Chicago Press, 1987), 109, 193.

20. Citado en Moody, *Injury to All,* 148-49.

21. Moody, *Injury to All*, 155, 165-66.

22. Nicholson, *Labor's Story in the United States*, 297.

23. Kenneth O'Reilly, *Nixon's Piano: Presidents and Racial Politics from Washington to Clinton* (Nueva York: The Free Press, 1995), 339.

24. Citado en Laurence H. Tribe, *Abortion: The Clash of Absolutes* (Nueva York: W. W. Norton & Company, 1990), 154.

25. Alphonso Pinkney, *The Myth of Black Progress* (Cambridge: Cambridge University Press, 1984), 153-54.

26. J. Harvie Wilkinson, III, *From Brown to Bakke-The Supreme Court and School Integration: 1954-1978* (Nueva York: Oxford University Press, 1979), 267, 275.

27. Ferguson y Rogers, *Right Turn,* 121. Ver también Kim Moody, "Reagan, the Business Agenda and the Collapse of Labor", en *Socialist Register 1987* (Londres: The Merlin Press, 1987), 165-66.

28. Citado en Ferguson y Rogers, *Right Turn,* 122.

29. Perusek y Worcester, *Trade Union Politics,* 36.

30. Citado en Ferguson y Rogers, *Right Turn,* 119.

31. Phillips, *Politics of Rich and Poor,* 53.

32. Cohen y Rogers, "Reaganism After Reagan", 395-96.

33. Phillips, *Politics of Rich and Poor,* 80; Ferguson y Rogers, *Right Turn,* 123.

34. Phillips, *Politics of Rich and Poor,* 10 (en cursivas en el original).

35. Paul Farhi, "Number of U.S. Millionaires Soars; Boom in Highest Incomes Raises Debate on Equity, Class", *Washington Post,* Julio 11, 1992.

36. Citado en Phillips, *Politics of Rich and Poor,* 87; Sklar, Ehrenreich, Stallard, et al., *Poverty in the American Dream,* 42.

37. Phillips, *Politics of Rich and Poor,* 8, 180. Ver también Labor Research Association, *Economic Clips* (noviembre-diciembre de 1990); Judith H. Dobrzynski, "CEO Pay: Something Should Be Done-But Not by Congress", *Business Week* 3250 (3 de febrero de, 1992): 29.

38. Robert Sherrill, "The Looting Decade: S&Ls, Big Banks and Other Triumphs of Capitalism", *Nation* 251, no. 17 (19 de noviembre de 1990): 589-622.

39. Elliot Blair Smith, "Keating Clan Tears Down Walls: Exec's Family Still Open, Unified Despite Uncertainty", *Chicago Tribune,* 5 de enero de 1992.

40. Sherrill, "Looting Decade", 609-10.

41. Ibíd., 599.

42. Ibíd., 590.

43. U.S. Dept of Commerce, Bureau of the Census, *Statistical Abstract of the United States, 1991* (Washington, DC, 1991), 391; Albert R. Karr, "A Special News Report on People and Their Jobs in Offices, Fields and Factories", *Wall Street Journal,* 21 de enero de1992; Kevin Phillips, *Boiling Point: Democrats, Republicans and the Decline of Prosperity* (Nueva York York: HarperCollins, 1994), 158.

44. Chris Toulouse, "Political Economy After Reagan", en *Trade Union Politics,* Perusek y Worcester, 36.

45. Aaron Bernstein, "What Happened to the American Dream—The Under-30 Generation May Be Losing the Race for Prosperity", *Business Week,* 19 de agosto de 1991, 80; Mattera, *Prosperity Lost,* 139; Man-

ning Marable, "Black Politics in Crisis", *Progressive* 51, no. 1 (enero de 1987): 20.

46. Vicente Navarro, "Social Movements and Class Politics in the United States", en *Socialist Register 1988: Problems of Socialist Renewal: East and West,* eds. Ralph Miliband, Leo Panitch, y John Saville (Londres: Merlin Press, 1988), 390, 437; Mattera, *Prosperity Lost,* 18.

47. Susan B. Garland, "The Health Care Crisis-a Prescription for Reform", *Business Week,* 7 de octubre de 1991, 59.

48. Phillips, *Boiling Point,* 152.

49. Vicki Kemper, "The Great American Health-Care Sellout", *Washington Post,* 13 de octubre de 1991, 28.

50. Mark Feinberg, "Warning: Work Is Hazardous to Your Health", *Progressive* 56, no. 1 (enero de 1992): 26.

51. M. L. Kerr, "Chickens Come Home to Roost", *Progressive* 56, no. 1 (enero de 1992): 29.

52. Rae Tyson y Mark Mayfield, "How Safe Is Your Workplace?" *Chicago Sun Times,* 5 de septiembre de 1991.

53. Sharon Smith, *Women and Socialism: Essays on Women's Liberation* (Chicago: Haymarket Books, 2005), 73; Michael Bronski, "Shove, the second time around: Those who remember the past are doomed to repeat it", Boston Phoenix, 12 de septiembre de 2002.

54. Sharon Smith, *Women and Socialism,* 51. Durante la década de 1980 los Republicanos procuraron en repetidas oportunidades, pero sin éxito, ganar la aprobación de una prohibición constitucional del aborto, conocida como la Enmienda por la Vida Humana.

55. Manning Marable, "Race and Realignment in American Politics", en *The Year Left:* An American Socialist Yearbook Vol. 1, eds. Mike Davis, Fred Pfeil, y Michael Sprinker (Londres: Verso, 1985), 19.

56. Lee Sigelman y Susan Welch, *Black Americans' Views of Racial Inequality: The Dream Deferred* (Cambridge: Cambridge University Press, 1991), 36.

57. Manning Marable, "Black America in Search of Itself", *Progressive 55,* no. 11 (noviembre de 1991): 22; Kevin Davis, "Latino Poverty Grew Over Decade, Study Finds", *Los Angeles Times,* 16 de diciembre de

1989; J. T. Gibbs, *Young, Black and Male in America: An Endangered Species* (Dover, MA: Auburn House Publishing Co., 1988), 7.

58. Citado en Don Colburn, "The Risky Lives of Young Black Men; Key Factors in Soaring Homicide Rate: Poverty, Drug Culture, Guns", *Washington Post,* 18 de diciembre de 1990. Ver también C. McCord y H. P. Freeman, "Excess Mortality in Harlem", *New England Journal of Medicine* 322, no. 3 (18 de enero de 1990): 173-77.

59. Dennis R. Judd, "Segregation Forever", *Nation* 253, no. 20 (9 de diciembre de 1991): 742; Manning Marable, *How Capitalism Underdeveloped Black America* (Boston, 1983), 127; Gibbs, *Young, Black and Male,* 3.

60. Citado en Marable, *How Capitalism Underdeveloped,* 127.

61. Bart Landry, *The New Black Middle Class* (Berkeley: University of California Press, 1987), 229.

62. Manning Marable, "The Contradictory Contours of Black Political Culture", en *The Year Left 2: Toward a Rainbow Socialism,* eds., Mike Davis, Manning Marable, Fred Pfeil, Michael Sprinker (Londres: Verso, 1987), 6.

63. Marable, "Black America in Search of Itself", 22.

64. David A. Bositis, *Black Elected Officials: a Statistical Summary* (Washington, D.C.: Joint Center for Political and Economic Studies, 2001), 13.

65. "Black Mayors Back Subminimum Wage for Youth", *New York Times,* 6 de mayo de 1984.

66. Lindsey Gruson, "Expert Disputes Decision on Bomb", *New York Times,* 6 de noviembre de 1985.

67. Lenni Brenner, *The Lesser Evil: the Democratic Party* (Seacaucus, NJ: Citadel Press, 1988), 188, 278-79.

68. Sharon Smith, "Twilight of the American Dream", 22.

69. Manning Marable, "A New Black Politics", *Progressive* 54, no. 8 (agosto de 1990): 21.

70. Citado en JoAnn Wypijewski, "The Instructive History of Jackson's Rainbow", en *A Dimes' Worth of Difference: Beyond the Lesser of Two Evils,* eds. Alexander Cockburn y Jeffrey St, Clair (Petrolia y Oakland, CA: Counter Punch Y AK Press, 2004), 80.

71. Jesse Jackson, "Excerpts from Jackson to Convention Delegates for Unity in Party", *New York Times,* 18 de Julio de 1984.

72. JoAnn Wypijewski, "The Rainbow's Gravity", *Nation* 279, no. 4 (2-9 de agosto de 2004): 83.

73. Ibíd.

74. Citado en Ferguson y Rogers, *Right Turn,* 9.

75. Moody, *Injury to All,* 139-41.

76. Citado en Editorial, *Socialist Worker* (U.S.), septiembre de 1981.

77. Citado en "Solidarity Forever", *Socialist Worker* (U.S.), octubre de 1981.

78. Moody, *Injury to All,* 148.

79. Nicholson, Labor's *Story in the United States,* 300.

80. Citado en Moody, *Injury to All,* 148, 154, 166.

81. Citado en Mattera, *Prosperity Lost,* 112-13.

82. Moody, *Injury to All,* 185.

83. Nicholson, *Labor's Story in the United States,* 302.

84. Moody, *Injury to All,* 116-17.

85. Goldfield, *Decline of Organized Labor,* 46.

86. Citado en *Trade Union Politics,* Perusek y Worcester, 181.

87. Sharon Smith "Brown and Sharpe: How Not to Win", *Socialist Worker* (U.S.), febrero de 1983.

88. Citado en Ahmed Shawki y Alan Maass, "Victory to the P-9 Strike!" *Socialist Worker* (U.S.), abril de 1986.

89. Citado en Dave Hage y Paul Klauda, *No Retreat, No Surrender: Labor's War at Hormel* (Nueva York: William Morrow and Company, Inc., 1989), 242.

90. Hage y Klauda, *No Retreat, No Surrender,* 346-51.

91. Nicholson, *Labor's Story in the United States,* 302.

92. Ibíd., 303.

93. Labor Research Association, *Economic Notes,* enero-febrero de 1990 y mayo-junio de 1991.

94. Navarro, "Social Movements and Class Politics", 429.

95. Phillips, *Politics of Rich and Poor,* 89-90.

96. Sylvia Nasar, "Employment in Service Industry, Impetus to Boom in 80's, Falters", *New York Times,* 2 de enero de 1992.

97. Phillips, *Politics of Rich and Poor,* 133.

98. Michael R. Sesit, "Global Finance (A Special Report): Japan's Challenge— When Tokyo Picks Up the Tab: America's Appetite for Japanese Capital Grows Producing Worries on Both Sides of the Pacific", *Wall Street Journal,* 18 de septiembre de 1987.

99. Mattera, *Prosperity Lost,* 22; Mike Dorning, "Bankruptcy filings gaining with the public", *Chicago Tribune,* 5 de enero de 1992.

100. Lawrence K. Altman, "Deadly Strain of Tuberculosis Is Spreading Fast, U.S. Finds", *New York Times,* 24 de enero de 1992; Mireya Navarro, "New York Asks U.S. Help in Tracking New TB Cases", *New York Times,* 24 de enero de 1992.

101. Susan C. Faludi y Marilyn Chase, "Surging Welfare Costs, Struggle to Control Them Join Health-Care Expense as Hot Political Issue", *Wall Street Journal,* 11 de diciembre de 1991; Jason DeParle, "California Plan to Cut Welfare May Prompt Others to Follow", *New York Times,* 18 de diciembre de 1991.

102. Ver el informe de la Comisión de Investigación Independiente de la invasión norteamericana a Panamá, *The U.S. Invasion of Panama: The Truth Behind Operation "Just Cause"* (Boston: South End Press, 1991) y Anthony Arnove, ed., *Iraq Under Siege: The Deadly Impact of Sanctions and War* (Boston: South End Press, 2002).

103. Citado en Julius Jacobson, "Pax Americana: The New World Order", *New Politics* 111, no. 3 (nueva serie, verano de 1991): 18 (las cursivas son nuestras).

104. Joe Klein y Anne McDaniel, "What Went Wrong?" *Newsweek,* 24 de agosto de 1992, 22; Robin Toner, "Casting Doubts: Economy Stinging Bush", *New York Times,* 26 de noviembre de 1991.

105. Janice Castro, "Condition: Critical", *Time* 138, no. 21 (25 de noviembre de 1991): 36.

106. Mark N. Vamos y Judith H. Dobrzynski, "Prescriptions for a Sick Economy", *Business Week* 3242 (2 de diciembre de 991): 32.

107. Dan Balz y Richard Morin, "A Tide of Pessimism and Political Power-lessness Rises", *Washington Post,* 3 de noviembre de 1991. Ver también Phillips, *Boiling Point,* 75.

108. Ver William J. Eaton y Michael Ross, "President Signs Measure to Extend Jobless Benefits", *Los Angeles Times,* 16 de noviembre de 1991; Mitchell Locin, "Bush, Congress OK Extending Jobless Benefits", *Chicago Tribune,* 14 de noviembre de 1991; v "Bush Gets Jobless Bill-Demos Assail Veto Vow", *San Francisco Chronicle,* 10 de octubre de 1991.

109. Editorial, "We're for a Universal Health Care System", *Business Week,* 7 de octubre de 1991, 158.

110. Alan Abelson, "Up and Down Wall Street", *Barron's,* 13 de enero de 1992.

111. Citado en Maureen Dowd, "White House Isolation", *New York Times,* 22 de noviembre de 1991.

112. Phillips, *Boiling Point,* 156.

113. Sharon Smith, "Twilight of the American Dream", 37-38.

114. Lester Thurow, "Almost Everywhere: Surging Inequality and Falling Wages", en *The American Corporation Today,* ed. Carl Kaysen (Nueva York: Oxford University Press, 1996), 384.

115. Marc Levinson con Eleanor Clift, Daniel Glick, y Rich Thomas, "Capitol Gridlock", *Newsweek* 118, no. 24 (9 de diciembre de 1991): 45.

116. Balz and Morin, "Tide of Pessimism".

117. Citado en Phillips, *Boiling Point,* 3.

118. Christopher Jenks citado en Irene Sege, "Growing Gap Shown Between Rich, Poor", *Boston Globe,* 15 de mayo de 1989; Phillips, *Politics of Rich and Poor,* 209.

119. William Serrin, "Negotiating Democracy: The Teamsters' Toughest Contract", *Nation* 253, no. 4 (29 de Julio de 1991): 151.

## CAPÍTULO 8

1. Thurow, "Almost Everywhere", 386.

2. Citado en David M. Gordon, *Fat and Mean: The Corporate Squeeze of Working Americans and the Myth of Managerial "Downsizing"* (Nueva York: The Free Press, 1996), 35.

3. Para un compendio de la presidencia de Clinton, ver Alexander Cockburn y Jeffrey St. Clair, *A Dimes' Worth of Difference.* Ver también Lance Selfa, "Eight Years of Clinton-Gore: The Price of Lesser-Evilism", *International Socialist Review* 13 (agosto-septiembre de 2000): 7-15.

4. Cockburn y Silverstein, *Washington Babylon,* 17.

5. Citado en Mimi Abramovitz, *Under Attack, Fighting Back: Women and Welfare in the United States* (Nueva York: Monthly Review Press, 1996), 14.

6. Harley Sorensen, "Dems Have Only Themselves to Blame", *San Francisco Chronicle,* 11 de noviembre de 2002.

7. O'Reilly, *Nixon's Piano,* 410.

8. Citado en Alan Maass, "Anybody But Bush?" *International Socialist Review* 30 (julio-agosto de 2003): 19; "A Talk with Bill Clinton", *Business Week* 3257 (23 de marzo de 1992): 28.

9. Cockburn y Silverstein, *Washington Babylon,* 68-69.

10. Citado en Paul Krugman, "The Medical Money Pit", *New York Times,* 15 de abril de 2004.

11. Selfa, "Eight Years of Clinton-Gore", 8.

12. Bob McIntyre, Institute on Taxation and Economic Policy, "Study Finds Resurgence in Corporate Tax Avoidance", comunicado de prensa, 19 de octubre de 2000.

13. Citado en Lee Sustar, "U.S. Tax System: Rigged in Favor of the Rich", *Socialist Worker* (U.S.), 13 de junio de 2003.

14. Selfa, "Eight Years of Clinton-Gore", 8.

15. Abramovitz, *Under Attack, Fighting Back,* 14.

16. Alexander Cockburn y Jeffrey St. Clair, "War on the Poor", en *Dimes' Worth of Difference,* Cockburn y St. Clair, 45.

17. Ver Robin Blackburn, "How Monica Lewinsky Saved Social Security", en *Dimes' Worth of Difference,* Cockburn y St. Clair, 31-42.

18. Citado en Jeffrey St. Clair, "Oil for One and One for Oil", en *Dimes' Worth of Difference,* Cockburn y St. Clair, 195-214; Selfa, "Eight Years of Clinton-Gore", 8.

19. David Lauter, "Clinton Asks New Rules on Asylum Immigration", *Los Angeles Times,* 28 de julio de 1993.

20. Jonathan S. Landay, "Legal Immigrants Deported If They Have a Criminal Past", *Christian Science Monitor,* 5 de septiembre de 1996.

21. Robert Scheer, "New National Monument: The Jailhouse", *Los Angeles Times,* 27 de agosto de 1995.

22. Marc Mauer y The Sentencing Project, *Race to Incarcerate,* revised ed. (Nueva York: The New Press, 2006). Citado también en "Insights Into the Inmate Population", *Washington Post,* 21 de mayo de 2003.

23. Salim Muwakkil, "Have We Put Racism Behind Us? Don't Kid Yourselves", *Milwaukee Journal Sentinel,* 29 de septiembre de 2003.

24. Manning Marable, *The Great Wells of Democracy: The Meaning of Race in American Life* (Nueva York: Basic Books, 2003), 88-89.

25. Cockburn y St. Clair, "War on the Poor", 60.

26. Harvey Grossman, "Gun Sweeps in Public Housing", Congressional Testimony by Federal Clearing House, 22 de abril de 1994; Lynn Sweet y Daniel J. Lehmann, "Clinton Pushes Housing Sweeps; Judge Rules Searches Are Unconstitutional", *Chicago Sun-Times,* 8 de abril de 1994.

27. Sharon Smith, "War on the Poor", *Socialist Review* (UK) 175 (mayo de 1994).

28. Citado en "As of Now, Everybody Works in Wisconsin", *Seattle Times,* 1º de septiembre de 1997.

29. Cockburn y St. Clair, "War on the Poor", 52.

30. Citado en Ellen Goodman, "In 'Ending Welfare as We Know It,' We've Left Many Families in Poverty", *Boston Globe,* 4 de enero de 2001.

31. Cockburn y Silverstein, *Washington Babylon,* 258.

32. Citado en Cockburn y Silverstein, *Washington Babylon,* 258.

33. Selfa, "Eight Years of Clinton-Gore", 8.

34. Leo Troy, "Unions 'Charge' Into the 21st Century", *Wall Street Journal,* 18 de marzo de 1997.

35. *Socialist Worker,* 31 de enero de 1997, citado en Lee Sustar, "A New Labor Movement?" *International Socialist Review* 1 (verano de 1997): 21.

36. Mara Liasson, "Business Support of Clinton's Policies Not Solid", *All Things Considered,* National Public Radio, 26 de abril de 1994.

37. Aaron Bernstein, "Why America Needs Unions, But Not the Kind It Has Now", *Business Week* 3373 (23 de mayo de 1994): 70.

38. Sharon Smith, "Dogs Bite Back", *Socialist Review* (UK) 178 (septiembre de 1994).

39. Robert Fitch, *Solidarity for Sale: How Corruption Destroyed the Labor Movement and Undermined America's Promise* (Nueva York: Public Affairs, 2006), 3.

40. John Sweeney, *America Needs a Raise* (Boston y Nueva York: Houghton Mifflin, 1996), 90.

41. Boletín de la AFL-CIO, marzo de 1996, citado in Sustar, "A New Movement?", 22.

42. Robert Fitch, "Labor Pain", *Nation* 263, no. 17 (25 de noviembre de 1996).

43. Citado en Frank Swoboda, "AFL-CIO Chief in Close Contest for Top Union Post", *Washington Post,* 4 de septiembre de 1995; Peter G. Gosselin, "Clinton Pushes Pact at AFL-CIO Convention", *Boston Globe,* 5 de octubre de 1993; Jim McKay, "Labor Embraces Clinton for Stand on Workers", *Pittsburg Post-Gazette,* 24 de octubre de 1995.

44. Fitch, "Labor Pain;" Sustar, "A New Movement?", 22.

45. Sustar, "A New Movement?" 22.

46. Boletín de la AFL-CIO, abril de 1996, citado en Sustar, "A New Movement?", 22.

47. Citado en Jane Slaughter, "AFL-CIO's Report Card: Sweeney; Pass, Fail or Incomplete?" *Against the Current* 12, no. 1, número especial.

48. Joann Muller, "Has the UAW Found a Better Road?" *Business Week* 3791 (15 de Julio de 2002): 108.

49. Citado en Steven Greenhouse, "Labor's Lost Love", *New York Times,* 8 de junio de 1997.

50. "Work Week", *Wall Street Journal,* 20 de mayo de 1997.

51. Fitch, *Solidarity for Sale,* 3.

52. William Serrin, prefacio a *Three Strikes: Labor's Heartland Losses and What They Mean for Working Americans,* Stephen Franklin (Nueva York: Guilford Press, 2001), x.

53. Kim Moody, *Workers in Lean World,* 29.

54. Ibíd.

55. Ibíd., 28.

56. Sustar, "A New Movement?", 24.

57. Associated Press, Christopher Wills, "Three Big Strikes Make Decatur Labor-Management Battleground", *Buffalo News,* 18 de julio de 1994.

58. "Strikes, Scabs and Tread Separations: Labor Strife and the Production of Defective Bridgestone/Firestone Tires". National Bureau of Economic Research Website. Disponible online en http://papers.nber.org/papers/w9524.

59. Moody, *Workers in a Lean World,* 27; Sharon Smith, "Fighting Talk", *Socialist Review* (UK) 192 (diciembre de 1995).

60. Franklin, *Three Strikes,* 2.

61. Moody, *Workers in Lean World,* 26.

62. "Locked-out Staley Workers Speak Out: Lessons from the War Zone", Entrevistas con los trabajadores de Staley Art Dhermy, Dan Lane, y Lorell Patterson por Lance Selfa, Carole Ramsden, y Paul D'Amato, *Socialist Worker,* 19 de enero de 1996.

63. Moody, *Workers in Lean World,* 27.

64. Ibíd., 26.

65. Citado en Franklin, *Three Strikes,* 44.

66. Franklin, *Three Strikes,* 43.

67. Associated Press, "UAW Strikes at Caterpillar Plant Over Banned Slogans", 8 de junio de 1994.

68. Kim Moody "Caterpillar: UAW Ends Strike, But Workers Refuse to Ratify Contract", *Labor Notes* 202 (enero de 1996): 14-16.

69. Sustar, "A New Movement?" 22.

70. Franklin, *Three Strikes,* 255.

71. Citado en Bill Roberts, "Caterpillar Report", *Socialist Worker,* 19 de enero de 1996.

72. Sustar, "A New Movement?", 24.

73. Franklin, *Three Strikes,* 283.

74. Christopher Wills, "UAW OKs 6-Year Caterpillar Contract", Associated Press, 23 de marzo de 1998; "Union to Drop 441 Unfair Labor Practice Charges for Contract at Caterpillar", *Labor Notes* (marzo de 1998).

75. Franklin, *Three Strikes,* 176-77.

76. Ibíd., 175.

77. Franklin, *Three Strikes,* 176.

78. "Interview with Robert Borders", *Socialist Worker* (U.S.), septiembre de 1994.

79. Carl Quintanilla y Robert L. Rose, "Caterpillar-UAW Feud Drags On", *Wall Street Journal,* 24 de febrero de 1998.

80. Citado en Sharon Smith, "Kick the Cat", *Socialist Review* (UK) 218 (abril de 1998).

81. Louis Uchitelle, "Strike Points to Inequality in 2-Tier Job Market", *New York Times,* 8 de agosto de 1997.

82. Christina Duff, "We Are So Attached to Our UPS Man, We Feel for Him", *Wall Street Journal,* 14 de agosto de 1997.

83. Brian Jenkins y Lou Waters, "Long-time Union Vet Carey Wins Results, Applause Once More", CNN, 20 de agosto de 1997; Dave Murray, UPS negociador principal en conferencia de prensa en Washington, DC, "Teamsters Union and UPS Have Made a Tentative Agreement", CNN, 19 de agosto de 1997.

84. Deepa Kumar, *Outside the Box: Corporate Media, Globalization, and the Globalization, and the UPS Strike* (Urbana Champaign: University of Illinois Press, de próxima aparición).

85. Ibíd.

86. Bob Herbert, "A Workers' Rebellion", *New York Times,* 7 de agosto de 1997.

87. Sharon Smith, "A crusade against corporate greed", *Socialist Review* (UK) 211 (septiembre de 1997).

88. USA Today/CNN/encuesta Gallup citada en David Field, "Poll: 55% Support Strikers at UPS", *USA Today,* 15 de agosto de 1997.

89. Robert A. Rosenblatt, "Teamsters, UPS Hint at Progress", *Chicago Sun-Times,* 18 de agosto de 1997.

90. Bernard J. Wolfson et al., "15 Arrested as Cops Clash with Striking UPS Workers", *Boston Herald,* 6 de agosto de 1997; C. Eugene Emery Jr., "UPS Strike Hits Home", *Providence Journal-Bulletin,* 5 de agosto de 1997.

91. Smith, 'Crusade Against Corporate Greed".

92. Ibíd.

93. Steven Greenhouse, "A Victory for Labor, But How Far Will It Go?" *New York Times,* 20 de agosto de 1997.

94. Dirk Johnson, "Rank and File's Verdict: A Walkout Well Waged", *New York Times,* 20 de agosto de 1997.

95. Lee Sustar, "The Labor Movement: State of Emergency, Signs of Renewal", *International Socialist Review* 34 (marzo-abril de 2004): 39.

96. Citado en Sharon Smith, "A Striking Contrast", *Socialist Review* (UK) 222 (ago/sept de 1998).

97. Simon Head, "The New, Ruthless Economy", *New York Review of Books* 43, no. 4 (29 de febrero de 1996): 47.

98. James R. Healey, "GM Strike: It's Over", *USA Today,* 29 de julio de 1998.

99. RobertL. Simison, "GM Profit Falls 11% Due to Asia, Sale of Hughes Defense Assets", *Wall Street Journal,* 20 de abril de 1998.

100. Warren Brown y Frank Swoboda, "At GM, a Stalled Revolution", *Washington Post,* 12 de Julio de 1998.

101. Associated Press, Brian S. Akre, "GM-UAW Strike Talks Press into Morning", 27 de Julio de 1998; Reuters News Service, "GM Returns Machinery to Plant", *St. Louis Post-Dispatch,* 27 de Julio de 1998.

102. Peter T. Kilborn, "Caterpillar Workers Forced to Crawl", *New York Times,* 5 de diciembre de 1995.

103. Robert Evans, "WTO Chief Says Protesters Working Against Poor", Reuters News, 30 de noviembre de 1999; ver también "Organizing to Fight Corporate Greed: The Battle in Seattle", *Socialist Worker,* 10 de diciembre de 1999.

104. Rick DelVecchio y Stacy Finz, "Dockworkers Shut Down Oakland Port", San Francisco Chronicle, 1 de diciembre de 1999.

105. Robert Collier, "Turmoil in Seattle Streets", *San Francisco Chronicle,* 1 de diciembre de 1999; Patrick McMahon, "Seattle Police Chief Resigns in Wake of WTO Riots", *USA Today,* 8 de diciembre de 1999; Rebecca Cook, "More Arrests at WTO Meeting", *Chicago Sun-Times,* 1 de diciembre de 1999.

106. Carta de Bill Capowski, "WTO and the Real Story", 2 de diciembre de 1999. Konformist Newswire, www.konformist.com/1999/wto/wtore-ports.htm.

107. Ver Alexander Cockburn y Jeffrey St. Clair, *Five Days That Shook the World: Seattle and Beyond* (Nueva York: Verso, 2000); Lee Sustar, "Organizing to fight corporate greed: The battle in Seattle", *Socialist Worker* (US), 10 de diciembre de 1999.

108. David Mendell y David Greising, "Seattle Cops Retake Streets: Anatomy of a Riot", *Chicago Tribune,* 2 de diciembre de 1999.

109. Mary Schmich, "WTO Protests Catch Attention of Dozing Nation", *Chicago Tribune,* 3 de diciembre de 1999.

110. Citado en Kumar, *Outside the Box.*

111. David Firestone, "46,000 March on South Carolina Capitol to Bring Down Confederate Flag", *New York Times,* 18 de enero de 2000.

112. Jacob Schlesinger, "Scary Optimism: The Business Cycle Is Tamed, Many Say, Alarming Some Others", *Wall Street Journal,* 15 de noviembre de 1996.

113. David Wessel y David Schlesinger, "U.S. Economy's Report Card: Not All A's", *Wall Street Journal,* 5 de mayo de 1997; Hubert Herring, "Diary", *New York Times,* 8 de junio de 1997.

114. James C. Cooper y Kathleen Madigan, "Enjoy the Ride, But Keep Your Seat Belt Fastened; Labor Costs Will Stay Subdued Only If the Economy Slows", *Business Week* 3526 (12 de mayo de 1997).

115. Joel Geier y Ahmed Shawki, "Contradictions of the 'Miracle' Economy", *International Socialist Review* 2 (otoño de 1997): 6.

116. Juliet Schorr, *The Overworked American* (Nueva York: Basic Books, 1991), 2.

117. Lawrence Mishel, Jared Bernstein, y John Schmitt, *The State of Working America, 2000-2001,* Economic Policy Institute. (Ithaca: Cornell University Press, 2001)

118. Thurow, "Almost Everywhere", 386-88.

119. Carl Quintanilla, "Work Week: Getting Fired", *Wall Street Journal,* 27 de mayo de 1997.

120. Aaron Bernstein, "Commentary: Who Says Job Anxiety Is Easing?" *Business Week* 3521 (7 de abril de 1997), citado en Geier and Shawki, "Contradictions of the 'Miracle' Economy", 22.

121. Geier y Shawki, "Contradictions of the 'Miracle' Economy", 7.

122. Marc Miringoff y Marque-Luisa Miringoff, *The Social Health of the Nation: How America Is Really Doing* (Oxford: Oxford University Press, 1999), 92.

123. Thurow, "Almost Everywhere", 383.

124. Gordon, *Fat and Mean,* 20.

125. Ver Economic Policy Institute, *State of Working America, 2000-2001.*

126. Marc Cooper, "The Heartland's Raw Deal: How Meatpacking Is Creating a New Immigrant Underclass", *Nation* 264, no. 4 (3 de febrero de 1997).

127. Informe de la Government Accounting Office citado en Associated Press, "Most Corporations Paid No U.S. Taxes in Late 1990s", 2 de abril de 2004.

128. Asociated Press y Reuters, "Washington in Brief", *Washington Post,* 3 de abril de 2004.

129. Ibíd.

130. Gordon, *Fat and Mean,* 17.

131. Cockburn y Silverstein, *Washington Babylon,* 293.

132. Ibíd.

133. Citado en Cockburn and St. Clair, *Dimes' Worth of Difference,* 213.

134. Kathryn M. Welling, "Up and Down Wall Street: Crony Capitalism?" *Barron's,* 28 de septiembre de 1998.

135. Michael Lewis, *"Liar's Poker: Rising Through the Wreckage on Wall Street* (Nueva York: Norton, 1989).

136. Ben Laurance y Anthony Browne, "Panic Grips the Markets", *Observer* (UK), 4 de octubre de 1998; Peter Truell, "Fallen Star: The Managers", *New York Times,* 25 de septiembre de 1998; Steven Mufson, "What Went Wrong?", *Washington Post,* 27 de septiembre de 1998.

137. Sharon Smith, "Up Like a Rocket", *Socialist Review* (UK) 224 (noviembre de 1998).

138. Ibíd.

139. Associated Press, Marcy Gordon, "House Passes Bill to Make Bankruptcy Less Easy", *Los Angeles Daily News,* 10 de octubre de 1998.

140. Associated Press, "Critics Raise Questions About the Propriety of the Hedge Fund Rescue", *St. Louis Post-Dispatch,* 11 de octubre de 1998.

141. Citado en David Cay Johnson, "Narrowing the Bankruptcy Escape Hatch", *New York Times,* 4 de octubre de 1998.

142. Katherine Pfleger, "Proposed Bancruptcy Law Has Tougher Look", *St. Petersburg Times,* 17 de abril de 1998.

143. Entrevista con el senador Charles Grassley por Kitty Pilgrim, *Moneyline,* CNN, 7 de julio de 2003.

144. Molly Ivins, "Bad to Worse: Republicans Vote Down Military Exemption to Bankruptcy Bill, Add Loopholes for Rich", Working for Change, 3 de marzo de 2005. Diario on line journal, disponible en www.workingforchange.com/about/index.cfm.

145. Paul Krugman, "The Debt-Peonage Society", *New York Times,* 8 de marzo de 2005.

146. Testimonio de la senadora Hillary Rodham Clinton ante el Senado, "Keep America Working: Restoring Jobs to Ensure American Prosperity", 3 de marzo de 2004, http://clinton.senate.gov/news/statements/details.cfm?id=233755.

147. Robert Reich, "Why Gore Is Good for Business", *Financial Times,* 14 de Julio de 2000.

148. Bacevich, *New American Militarism,* 120.

149. Robert L. Borosage, "Money Talks: The Implications of U.S. Budget Priorities", en *Global Focus,* eds. Martha Honey y Tom Barry (Nueva York: St. Martin's Press, 2000), 12.

150. Ver Arnove, *Iraq Under Siege.*

151. Madeleine Albright, entrevistada por Leslie Stahl, "Punishing Saddam", *60 Minutes,* CBS, 12 de mayo de 1996; Citado en Edward S. Herman, "The 'Price Is Worth It,'" *ZNET,* 25 de septiembre de 2001, www.zmag.org.

152. Citado en Steve Chapman, "Clinton Is Gone, But His Policies Carry On", *Chicago Tribune,* 27 de junio de 2004.

153. Ver Lance Selfa, "From Cold War to Kosovo", *International Socialist Review* 8 (verano de 1999).

154. U.S. Census Bureau, 1999 Income, Table F. http://www.census.gov/.

155. Citado en Americans for Democratic Action, *Income and Inequality: Millions Left Behind,* 3ª ed. (Washington, D.C.: Americans for Democratic Action, 2004), 9.

156. David Korten, *When Corporations Rule the World* (Bloomfield, Connecticut: Kumarian Press, 1995), 83.

## CAPÍTULO 9

1. Citado en Karen DeYoung y Rick Weiss, "U.S. Seems to Ease Rhetoric on Iraq", *Washington Post,* 24 de octubre de 2001.

2. Citado en Matthew Rothschild, "Iraq, Anthrax, and the Hawks", *Progressive* 65, no. 12 (22 de octubre de 2001): 9-10.

3. Respuesta a George Stephanopoulos, general de la Fuerza Aérea Richard Myers, *Esta semana,* ABC, 21 de octubre de 2001.

4. Citado en Derrick Z. Jackson, "The Masking of a Conservative", *Boston Globe,* 23 de noviembre de 2005.

5. Citado en Candace Cohn, "The Assault on Civil Liberties", *International Socialist Review* 22 (marzo-abril de 2002): 21

6. Nancy Chang y el Centro para los Derechos Constitucionales, *Silencing Political Dissent* (Nueva York York: Seven Stories Press, 2002), 107.

7. "President Bush's Order on the Trial of Terrorists by Military Commission", *New York Times,* 4 de noviembre de 2001.

8. Citado en Susan Milligan, "Critics Aid Terrorists, AG argues", *Boston Globe,* 7 de diciembre de 2001.

9. Cohn, "Assault on Civil Liberties", 21.

10. Chang y CCR, *Silencing Political Dissent,* 119.

11. Testimonio de Louis J. Freeh ante las Comisiones de Apropiaciones y de Fuerzas Armadas, y el Comité Selecto del Senado Para Inteligencia, "Threat of Terrorism to the United States", May 10, 2001, http://www.fbi.gov/congress/congress01/freeh051001.htm.

12. Cohn, "Assault on Civil Liberties", 26 (las cursivas son nuestras).

13. Anatol Lieven, "Decadent America Must Give Up Imperial Ambitions", *Financial Times,* 29 de noviembre de 2005.

14. Chang y CCR, *Silencing Political Dissent,* 105.

15. David Cay Johnston, "Richest Are Leaving Even the Rich Far Behind", *New York Times,* 5 de junio de 2005.

16. Harold Meyerson, "In Wal-Mart's America", *Washington Post,* 27 de agosto de 2003.

17. William Branigin, "U.S. Consumer Debt Grows at Alarming Rate: Debt Burden Will Intensify When Interest Rates Rise", *Washington Post,* 12 de enero de 2004.

18. Julian Borger, "Long Queue at Drive-In Soup Kitchen", *Guardian* (UK), 3 de noviembre de 2003.

19. Citado en Bob Herbert, "Shhh, Don't Say 'Poverty,'" *New York Times,* 22 de noviembre de 2004.

20. Citado en William C. Symonds, "Colleges in Crisis", *Business Week* 3830 (28 de abril de 2003): 72.

21. Citado en Bob Herbert, "The Young and the Jobless", *New York Times,* 12 de mayo de 2005.

22. James Lardner, "Many Causes, One Obstacle", trabajo actualizado presentado en la conferencia nacional sobre "Income Inequality, Socioeconomic Status, and Health: Exploring the Relationships", 4 de junio de 2004, http://www.inequality.org.

23. Programa de Desarrollo de las Naciones Unidas, *Human Development Report 2005: International cooperation at a crossroads: Aid, trade and security in an unequal world,* 58.

24. Miriam Ching Yoon Louie, *Sweatshop Warriors: Immigrant Women Workers Take on the Global Factory* (Boston: South End Press, 2001), 4 (en cursivas en el original).

25. Daniel E. Bender y Richard A. Greenwald, eds., *Sweatshop USA: The American Sweatshop in Historical and Global Perspective* (Nueva York: Routledge, 2003), 47.

26. Nancy L. Green, "Fashion, Flexible Specialization, and the Sweatshop", en Bender y Greenwald, *Sweatshop USA* (en cursivas en el original).

27. Robert Kuttner, "Growth Without Jobs", *Boston Globe,* 9 de diciembre de 2003.

28. Jared Bernstein, "The Fog Machine", *American Prospect,* exclusivamente en web, 9 de agosto de 2004, http://www.prospect.org/web/page.ww?section=root&name=ViewWeb&articleId=8316.

29. Economic Policy Institute, "Recovery Yet to Arrive for Working Families", boletín de prensa, 5 de septiembre de 2004 (en cursivas en el original).

30. Jared Bernstein e Isaac Shapiro, "Unhappy Anniversary: Federal Minimum Wage Remains Unchanged for Eighth Straight Year, Falls to 56-Year Low Relative to the Average Wage", Center on Budget and Policy Priorities and Economic Policy Institute, 1 de septiembre de 2005, http://www.epi.org/content.cfm/epi_cbpp_20050901.Disponible como PDF.

31. Jared Bernstein, "Wages Picture: Economy Continues to Expand, While Real Average Wages Experience Fastest Decline on Record", Economic Policy Institute, 28 de octubre de 2005, http://www.epi.or/content.cfm/webfeat_econindicators_wages_20051028.

32. Lichtenstein, *State of the Union,* 14.

33. Bernstein, "Economy Continues to Expand".

34. The Center for Tax and Budget Accountability and Northern Illinois University, *2005 State of Working Illinois,* http://www.stateofworkingillinois.niu.edu/swil/index.html. Disponible como PDF.

35. Steven Greenhouse, "How Do You Drive Out a Union? South Carolina Factory Provides a Textbook Case", *New York Times,* 4 de diciembre de 2004.

36. Herbert, "Young and the Jobless".

37. George W. Bush, "President's Remarks on West Coast Ports", boletín de prensa, 8 de octubre de 2002.

38. Lee Sustar, "An Attack on All Workers", *Socialist Worker,* 18 de octubre de 2002.

39. Sustar, "Labor Movement: State of Emergency", 22.

40. Mark Skertic y Michael Oneal, "Chapter 11 Closing in for Delta, Northwest Bankruptcy Filings Possible This Week", *Chicago Tribune,* 14 de septiembre de 2005.

41. Chris Kutalik, "The Bankruptcy Bomb: Companies Use Bankruptcy Threats and Courts to Force Bigger Givebacks, Break Unions", *MRZine,* 25 de octubre de 2005, http://mrzine.monthlyreview.org/kutalik251005.html.

42. Danny Hakim, "For a G.M. Family, the American Dream Vanishes", *New York Times,* 19 de noviembre de 2005.

43. Robert J. Samuelson, "The Fate of 'Made in the USA,'" *Washington Post,* 19 de octubre de 2005.

44. Hakim, "For G.M. Family".

45. David Streitfeld, "U.S. Labor Is in Retreat as Global Forces Squeeze Pay and Benefits", *Los Angeles Times,* 18 de octubre de 2005.

46. Hakim, "For G.M. Family".

47. Robert Kuttner, "Desperation Deal at GM", *Boston Globe,* 22 de octubre de 2005.

48. Streitfeld, "U.S. Labor Is in Retreat".

49. Jeffrey McCracken, "UAW Files Protest to Delphi Bonuses for Top Executives", *Wall Street Journal,* 25 de noviembre de 2005.

50. Unidos por una Economía Justa y el Instituto de Estudios Políticos, "CEO/Worker Pay Ratio Shoots Up to 431:1", boletín de prensa, 30 de agosto de 2005.

51. Samuelson, "The Fate of 'Made in the USA.'"

52. "Shuttered Steel Plants Sail from U.S. to China", *Wall Street Journal,* 8 de diciembre de 2003.

53. McCracken, "UAW Files Protest"; Streitfeld, "U.S. Labor Is in Retreat".

54. Kuttner, "Desperation Deal at GM".

55. Streitfeld, "U.S. Labor Is in Retreat".

56. Donald L. Bartlett and James B. Steele, "The Broken Promise", *Time* 166, no. 18 (31 de octubre de 2005).

57. Meyerson, "In Wal-Mart's America;" Bartlett and Steele, "Broken Promise".

58. Steven Greenhouse y Michael Barbaro, "Wal-Mart Memo Suggests Ways to Cut Employee Benefit Costs", *New York Times,* 26 de octubre de 2005.

59. Ibíd.

60. Ibíd.

61. Bartlett and Steele, "Broken Promise".

62. Kris Maher, "Strikes Multiply Amid Increase in Labor Fights", *Wall Street Journal,* 15 de noviembre de 2005. La Oficina de Asuntos Nacionales, con sede en Washington, D.C., rastrea los paros laborales en empresas de todo tamaño, a diferencia de la Oficina de Estadísticas Laborales de Estados Unidos, que solo contabiliza paros laborales que involucren a mil empleados o más.

63. Ibíd.

64. Ibíd.

65. Ibíd.

66. Ibíd.

67. Hakim, "For G.M. Family".

68. El Movimiento por Nuevas Direcciones de la UAW, "Protect UAW Retirees: Their Future Is Our Future", *MRZine,* 26 de octubre de 2005, http://mrzine.monthlyreview.org/ndm261005.html.

69. U.S. Labor Against War, "AFL-CIO Calls for Rapid Return of U.S. Troops", boletín de prensa, 27 de Julio de 2005.

70. JoAnn Wypijewski, "Showdown in Chicago: Is This *Really* an 'Insurgency' to Shake Up the Labor Movement?" CounterPunch.org, 22 de Julio de 2005, http:// www.counterpunch.org/jw07222005.html.

71. Robert Fitch, "A More Perfect Union? Why Andy Stern Isn't Helping the American Labor Movement", *Slate,* 27 de julio de 2005, http:// www.slate.com/id/ 2123481/?nav=navoa.

72. Wypijewski, "Showdown in Chicago".

73. Jerry Tucker, "Whither Labor? A House Divided: For Better or for Worse" *MRZine,* 6 de agosto de 2005, http://mrzine.monthlyreview.org/aflcio2005.html.

74. Lichtenstein, *State of the Union,* 276.

75. Krugman, "For Richer", 63-64.

76. Max B. Sawicky, "The Fruits of One's Labor", TomPaine.com, 13 de mayo de 2005, http://www.tompaine.com/articles/20050513/the_ fruits _of_ones_labor.php. 77. Ibíd.

77. Ibíd.

78. Robert H. Frank, "The Income Gap Grows", *Philadelphia Inquirer,* 27 de noviembre de 2005.

79. Ibíd.

80. John Clizbe, citado en John McQuaid y Mark Schleifstein, "The Big One: AMajor Hurricane Could Decimate the Region, But Flooding from Even a Moderate Storm Could Kill Thousands", *Times-Picayune* (Nueva Orleans), 24 de junio de 2002.

81. Edward Alden, "Bush's Policies Have Crippled Disaster Response Capabilities", *Financial Times,* 3 de septiembre de 2005.

82. Christopher Drew y Andrew C. Revkin, "Design Shortcomings Seen in New Orleans Flood Walls", *New York Times,* 21 de septiembre de 2005.

83. Sheila Grissett, "Shifting Federal Budget Erodes Protection from Levees", *Times-Picayune* (Nueva Orleans), 8 de junio de 2004.

84. Jason DeParle, "What Happens to a Race Deferred", *New York Times,* 4 de septiembre de 2005.

85. John M. Broder, "Amid Criticism of Federal Efforts, Charges of Racism Are Lodged", *New York Times,* 5 de septiembre de 2005.

86. Jamie Doward, "They're Not Giving Us What We Need to Survive", *Observer* (UK), 4 de septiembre de 2005.

87. Gardiner Harris, "Police in Suburbs Blocked Evacuees, Witnesses Report", *New York Times,* 10 de septiembre de 2005; Andrew Buncombe, "'Racist' Police Blocked Bridge and Forced Evacuees Back at Gunpoint", *Independent* (UK), 11 de septiembre de 2005.

88. Scott Gold, "'Forgotten' Forced to Survive on Katrina's Edge", *Los Angeles Times,* 16 de septiembre de 2005.

89. Associated Press, Frazier Moore, "Kanye West Rips Bush During NBC Concert", 3 de septiembre de 2005; Lisa de Moraes, "Kanye West's

Torrent of Criticism, Live on NBC", *Washington Post,* 3 de septiembre de 2005.

90. Ver Scott Henkel, "Bush Ignoring Poverty in the U.S", *South Bend Tribune,* 9 de septiembre de 2005.

91. "Four Bloggers Make Their Marks and Money, Too", *Crain's Business New York* 21, no. 45 (7 de noviembre de 2005): 22; Maureen Dowd, "United States of Shame", *New York Times,* 3 de septiembre de 2005.

92. Bob Herbert, "A Failure of Leadership", *New York Times,* 5 de septiembre de 2005.

93. Associated Press, "White House Says Barbara Bush Was Making a 'Personal Observation'", 7 de septiembre de 2005; Bob Moon, "Houston, We May Have a Problem", *Marketplace,* American Public Media, 5 de septiembre de 2005, http://marketplace.publicradio.org/shows/2005/09/05/PM200509051.html.

94. Michael Brown hablando en *The Situation Room,* CNN, 1 de septiembre de 2005; Cynthia Tucker, "Hurricane Katrina: Poor Didn't Deserve This; Neglected by Nation, They Had No Options", *Atlanta Constitution-Journal,* 7 de septiembre de 2005; Henkel, "Bush Ignoring Poverty".

95. Gannett News Service, Chuck Raasch, "Katrina Aftermath Spins Off Political Problems for Bush, Other Politicians", 3 de septiembre de 2005; Dowd, "United States of Shame".

96. Dow Jones Commodities Service, "Special Summary of Hurricane Katrina's Impact", 1 de septiembre de 2005; Associated Press, Kevin McGill, "Mayor of New Orleans Stepping Up Enforcement of Looting", 1 de septiembre de 2005; Knight Ridder Newspapers, "Police, residents loot New Orleans stores after storm", miércoles, 31 de agosto de 2005.

97. AFP/Reuters, "Troops Told 'Shoot to Kill' in New Orleans", 2 de septiembre de 2005.

98. Joseph R. Chenelly, "Troops Begin Combat Operations in New Orleans", ArmyTimes.com, 2 de septiembre de 2005, http://www.armytimes.com/story.php?f= 1-292925-1077495.php.

99. Associated Press, Michelle Roberts, "Reports of New Orleans Mayhem Probably Exaggerated", 28 de septiembre de 2005.

100. Ibíd.

101. "'This Is Criminal': Malik Rahim Reports from New Orleans", SF Bayview.com, 1 de septiembre de 2005, http://www.sfbayview.com /083105/thisis criminal083105.shtml.

102. Alden, "Bush's Policies Have Crippled Disaster Response".

103. David Leonhardt, "U.S. Poverty Rate Was Up Last Year", *New York Times,* 31 de agosto de 2005.

104. Programa de Desarrollo de las Naciones Unidas, *Human Development Report 2005,* 152.

105. Ibíd.

106. Paul Vallely, "UN Hits Back at US in Report Saying Parts of America Are as Poor as Third World", *Independent* (UK), 8 de septiembre de 2005.

107. Ver Phillips, *Politics of Rich and Poor.*

108. Testimonio de Alan Greenspan, Presidente de la Junta de Gobernadores del Sistema de Reserva Federal de los Estados Unidos, ante el Comité de Banca, Vivienda, y Asuntos Urbano del Senado de los Estados Unidos, Washington, DC., 16 de febrero de 2005, Transcripciones de la FDCH, Congressional Hearings, http://cq.com/.

109. Marx y Engels, *Communist Manifesto,* 53.

110. Montgomery, *Fall of the House of Labor,* 464.

111. Stanley Aronowitz, "On the AFL-CIO Split", *Logos* 4, no. 3, verano de 2005, http://www.logosjournal.com/issue_4.3/aronowitz.htm. (las cursivas son nuestras).

112. Tucker, "Whither Labor?".

113. Seth Sandronsky, "GM, the UAW, and U.S. Health Care", *MRZine,* 18 de agosto de 2005, http://mrzine.monthlyreview.org/sandronsky1808 05.html.

114. Moody, *Lean World,* 294.

115. Richard Hofstadter, *The Age of Reform from Bryan to F.D.R.* (Nueva York: Vintage, 1955), 66-67.

116. Moody, *Lean World,* 309.

117. Ibíd.

118. Marx and Engels, *Communist Manifesto,* 89.

## APÉNDICE

1. Debbie Gruenstein Bocian, Wei Li, y Keith S. Ernst, "Foreclosures by Race and Ethnicity: The Demographics of a Crisis, Center for Responsible Lending Research Report", *Center for Responsible Lending,* 18 de junio, 2010.

2. Martin Wolf, "Why today's hedge fund industry may not survive", *Financial Times*, 19 de marzo, 2008.

3. The Goldman Sachs Group, "Goldman Sachs Reports Earnings per Common Share of $4.47 for 2008", comunicado de prensa, 16 de diciembre, 2008.

4. Richard Teitelbaum y Hugh Son, "New York Fed's Secret Choice to Pay for Swaps Hits Taxpayers", *Bloomberg*, 27 de octubre, 2009. http://www.bloomberg.com/apps/news?pid=newsarchive&sid=a7T5HaOgYHpE.

5. Stephen Labaton, "S.E.C. Concedes Oversight Flaws Fueled Collapse, *The New York Times*, 27 de septiembre, 2008. http://www.nytimes.com/2008/09/27/business/27sec.html?pagewanted=print&_r=0.

6. Ben Protess, "'Flawed' SEC Program Failed to Rein in Investment Banks", *ProPublica,* 1 de octubre, 2008.
http://www.propublica.org/article/flawed-sec-program-failed-to-rein-in-investment-banks-101.

7. Gretchen Morgenson y Don Van Natta, Jr., "Paulson's Calls to Goldman Tested Ethics", *The New York Times*, 9 de agosto, 2009. http://www.nytimes.com/2009/08/09/business/09paulson.html?pagewanted=all.

8. Greg Hitt, Sudeep Reddy y Deborah Solomon, "Bernanke, Paulson Face Skeptics On the Hill Despite Dire Warnings", *The Wall Street Journal,* 24 de septiembre, 2008. http://online.wsj.com/news/articles/SB122217048963566935.

9. Michael J. de la Merced y Louise Story, "Nearly 700 at Merrill in Million-Dollar Club", *The New York Times,* 11 de febrero, 2009. http://www.nytimes.com/2009/02/12/business/12merrill.html?_r=0.

10. David Wessel, "After Bear, a New Game: Line Between Banks, Securities Firms Blurs; Homeowner Bailout?" *The Wall Street Journal*, 20 de marzo, 2008. http://online.wsj.com/news/articles/SB12059649661895 0023.

11. Dana Milbank, "Flying From Detroit on Corporate Jets, Auto Executives Ask Washington for Handouts", *The Washington Post,* 20 de noviembre, 2008. http://www.washingtonpost.com/wp-dyn/content/article/2008/11/19/AR2008111903669.html.

12. Lance Selfa, *The Democrats: A Critical History* (Haymarket Books, Chicago 2008), p. 6.

13. Monica Davey, "In Factory Sit-In, an Anger Spread Wide", *The New York Times*, 7 de diciembre, 2008. http://www.nytimes.com/2008/12/08/us/08chicago.html?_r=0.

14. Steven Greenhouse, "Share of the Work Force in a Union Falls to a 97-Year Low, 11.3%", *The New York Times,* 23 de enero, 2013. http://www.nytimes.com/2013/01/24/business/union-membership-drops-despite-job-growth.html.

15. Emmanuel Saez, UC Berkeley, "Striking it Richer: The Evolution of Top Incomes in the United States" (actualizado con unas estipmaciones preliminaries de 2012), 3 de septiembre, 2013. http://elsa.berkeley.edu/~saez/saez-UStopincomes-2012.pdf.

16. Caroline Fairchild, "Top-Tier CEO Pay Grew Nearly 15 Times Faster Than Worker Pay Last Year", *Huffington Post*, 22 de octubre, 2013. http://www.huffingtonpost.com/2013/10/22/ceo-pay-worker-pay_n_4143859.html.

17. Connie Stewart, "Income gap between rich and poor is biggest in a century", *The Los Angeles Times*, 11 de septiembre, 2013. http://articles.latimes.com/2013/sep/11/nation/la-na-nn-income-inequality-2013 0910.

18. "80 percent of U.S. adults face near-poverty, unemployment, survey finds", *CBS News*, 28 de julio, 2013. http://www.cbsnews.com/news/80-percent-of-us-adults-face-near-poverty-unemployment-survey-finds.

19. Ibíd.

20. Mark R. Rank, "The Great Divide: Poverty in America is Mainstream", *The Opinion Pages, The New York Times*, 2 de noviembre, 2013. http://opinionator.blogs.nytimes.com/2013/11/02/poverty-in-america-is-mainstream/?_r=0.

21. Ibíd.

22. Hope Yen, "Rich-Poor Employment Gap Now Widest On Record", *Huffington Post*, 16 de septiembre, 2013. Online at http://www.huffingtonpost.com/2013/09/16/rich-poor-employment-gap_n_3933757.html.

23. Lawrence Summers, "America needs a way to stem foreclosures", *The Financial Times*, 24 de febrero, 2008. http://www.ft.com/cms/s/0/471e6794-e2e7-11dc-803f-0000779fd2ac.html.

24. Yen, op. cit.

25. Bocian et al., op. cit.

26. Yen, op. cit.

27. Euler Hermes Economic Research Department, "Special Report: The Reindustrialization of the United States, Euler Hermes Economic Outlook, nº 1187, 25 de enero, 2013, p. 5. http://www.eulerhermes.us/economic-research/economic-publications/Documents/economic_outlook_1187.pdf.

28. Ibíd.

29. Lee Sustar, "A Historic Surrender", *International Socialist Review*, nº 56: noviembre-diciembre, 2007. http://isreview.org/issues/56/report-UAWsurrender.shtml.

30. Medea Benjamin, *Huffington Post*, 21 de febrero, 2011. http://www.huffingtonpost.com/medea-benjamin/from-cairo-to-madison-hop_b_826143.html.

31. Roger Bybee, "Presidential Ambitions Behind Wis. Gov. Walker's Unionbusting Stance?" *In These Times*, 22 de febrero, 2011. http://inthesetimes.com/working/entry/6991/wisconsins_walker_like_wallace_tries_hard-line_stance_presidential_amb.

32. Bill Glauber y Tom Held, "Democratic senators return to Madison to tell crowd fight isn't over", *Milwaukee Journal Sentinel*, 12 de marzo, 2011. http://www.jsonline.com/news/statepolitics/117862214.html.

33. Thomas Stackpole, "Meet the Ad Men Behind Occupy Wall Street, *The New Republic*, 12 de noviembre, 2011. http://www.newrepublic.com/article/politics/97353/adbusters-kalle-lasn-occupy-wall-street.

34. Dave Lindorff, "White House and Dems back banks over protests: Newly discovered Homeland Security files show Fed central to Occupy crackdown", *Nation of Change,* 15 de mayo, 2012. http://www.nationofchange.org/white-house-dems-back-banks-over-protests-newly-discovered-homeland-security-files-show-feds-central.

35. Eric (Rico Gutstein y Pauline Lipman, "The Rebirth of the Chicago Teachers Union and Possibilities for a Counter-Hegemonic Education Movement", *Monthly Review*, volumen 65, número 02 (junio). http://monthlyreview.org/2013/06/01/the-rebirth-of-the-chicago-teachers-union-and-possibilities-for-a-counter-hegemonic-education-movement.

36. "CORE and the Chicago Teachers Union", *Monthly Review*, http://monthlyreview.org/2013/06/01/creating-a-new-model-of-a-social-union.

37. Cynthia Dizikes y John Byrne, "She will not cower: Union President Karen Lewis forged her confrontational style in the classroom", *Chicago Tribune*, 11 de septiembre, 2012. http://articles.chicagotribune.com/2012-09-11/news/ct-met-teachers-strike-karen-lewis-20120911_1_chicago-teachers-union-union-president-chemistry-teacher.

38. Disponible online en http://www.ctunet.com/blog/text/SCSD_Report-02-16-2012-1.pdf.

39. Lee Sustar, "Toward a renewal of the labor movement: US labor after the Chicago teachers' strike", *International Socialist Review,* n° 89, mayo 2013. http://isreview.org/issue/89/toward-renewal-labor-movement.

40. Lee Sustar, "What the Chicago teachers accomplished", *International Socialist Review*, n° 86, noviembre 2012.

41. Rebekah Metzler, "Obama: I Am Not a Socialist: At CEO Council, Obama says Washington must shed rhetoric to work", *US News & World Report*, 19 de noviembre, 2013. http://www.usnews.com/news/articles/2013/11/19/obama-i-am-not-a-socialist.

42. Huffpost Gay Voices, "Gallup Gay Marriage Poll Finds Majority Of U.S. Citizens Would Support Nationwide Marriage Equality Law", *Huffington Post*, 31 de julio, 2013.

Frank Newport, "For First Time, Majority of Americans Favor Legal Gay Marriage, *Gallup Politics*, 20 de mayo, 2011. http://www.gallup.com/poll/147662/first-time-majority-americans-favor-legal-gay-marriage.aspx.

43. David Winograd, "80 Percent Want Minimum Wage Raised To $10.10 Per Hour: Poll", *Huffington Post*, 1 de agosto, 2013. http://www.huffingtonpost.com/david-winograd.

44. Kim Moody, "Contextualising Organised Labour in Expansion and Crisis: The Case of the US", *Historical Materialism*, Brill, 20.1 (2012), p. 25.

45. Ibíd.

# LISTA ALFABÉTICA DE SINDICATOS

**ACTU** - American Catholic Trade Union (Sindicato Católico Norteamericano)

**ACW** - Amalgamated Clothing Workers (Trabajadores Unidos de la Confección)

**AFL** - American Federation of Labor (Federación Americana del Trabajo)

**ARU** (o **ARA**) - American Railway Union (Sindicato Norteamericano del Ferrocarril)

**BTW** - Brotherhood of Timber Workers (Hermandad de Trabajadores de la Madera)

**CIO** - Congress of Industrial Organizations (Congreso de Organizaciones Industriales)

**CORE** - Coalition of Rank and File Educators (Coalición de Educadores de Base)

**CTU** - Chicago Teachers Union (Sindicato de Profesores de Chicago)

**CWA** - Communications Workers of America (Trabajadores de Comunicaciones de Norteamérica)

**DRUM** - Dodge Revolutionary Union Movement (Movimiento Sindical Revolucionario de Dodge)

**IAM** - International Association of Machinists (Asociación Internacional de Maquinistas)

**IBT** - International Bhotherhood of Teamsters (Sindicato Internacional de Camioneros). Popularmente, son los Teamsters.

**ILA** - International Longshoremen's Association (Asociación Internacional de Estibadores)

**ILGWU** - International Ladies' Garment Workers' Union (Sindicato Internacional de Trabajadores de Ropa Femenina)

**ILWU** - International Longshore and Warehouse Union (Unión Internacional de Estibadores y Almaceneros)

**IPA** - Independent Pilots Association (Asociación de Pilotos Independientes)

**IWPA** - International Working People's Association (Asociación Internacional del Pueblo Trabajador)

**IWW** - Industrial Workers of the World (Trabajadores Industriales del Mundo)

**PATCO** - Professional Air Traffic Controllers Organization (Organización de Controladores Profesionales del Tráfico Aéreo)

**RUM** - Movimiento Sindical Revolucionario

**SCFL** - South Central Federation of Labor (Federación del Trabajo del Centro-Sur)

**SCU** - Share Croppers Union (Sindicato de Aparceros)

**SEIU** - Service Employees International Union (Sindicato Internacional de Empleados de Servicios)

**SWOC** - Steel Workers Organizing Committee (Comité Organizador de los Trabajadores del Acero)

**TDU** - Teamsters for a Democratic Union (Camioneros por un Sindicato Democrático)

**TUEL** - Trade Union Educational League (Liga de Educación Sindical)

**TUUL** - Trade Union Unity League (Liga de la Unidad Sindical)

**TWU** - Transit Workers Union (Sindicato de Transportes)

**UAW** - United Automobile Workers (Unión de Trabajadores de la Industria Automotriz)

**UE** - United Electrical, Radio and Machine Workers of America (Sindicato de Trabajadores de la Industria Eléctrica, Radio y Maquinaria de América)

**UFCW** - United Food and Commercial Workers (Trabajadores Unidos de Alimentos y Comercio)

**UMWA** - United Mine Workers of America (Mineros Unidos de Norteamérica)

**UPIU** - United Paperworkers International Union (Sindicato Internacional de los Trabajadores Unidos del Papel)

**URW** - United Rubber Workers (Trabajadores Unidos del Caucho)

**USWA** - United Steel Workers of America (Trabajadores Siderúrgicos Unidos de Norteamérica)

**UTW** - United Textile Workers of America (Trabajadores Textiles Unidos)

**WTUL** - Women's Trade Union League (Liga Sindical de las Mujeres)

# ÍNDICE